哈尔滨工业大学·高水平研究生教材

Road Capacity Theory and Related Cases
道路通行能力理论与案例

马艳丽　张亚平　编著

人民交通出版社股份有限公司
China Communications Press Co.,Ltd.

内 容 提 要

本书共分为两篇,第 1 篇为道路通行能力基础理论,主要内容包括道路通行能力基本概念与分析程序、路段、匝道及匝道与主线连接点、交织区、收费站、无信号交叉口、信号交叉口、环形交叉口、立体交叉、区域路网、公共交通客运的通行能力计算与服务水平评价方法,交通仿真与通行能力;第 2 篇为国内外相关研究案例,主要内容包括高速公路基本路段、附加车道、施工作业区、城市快速路、北美公共交通通行能力理论研究与方法,货车的 PEC 值确定,通行能力在展宽车道设计中的应用以及 HCM 应用满意度调查等研究案例。

本书可作为高等学校交通工程、交通设备与控制工程、交通运输工程等专业的研究生教材,也可供交通运输工程专业本科生及交通规划、设计、建设和管理等领域的有关科技人员参考。

图书在版编目(CIP)数据

道路通行能力理论与案例/马艳丽,张亚平编著.—北京:人民交通出版社股份有限公司,2018.11
ISBN 978-7-114-14810-1

Ⅰ.①道⋯ Ⅱ.①马⋯ ②张⋯ Ⅲ.①道路运输—交通通过能力 Ⅳ.①U491.1

中国版本图书馆 CIP 数据核字(2018)第 131693 号

书　　名：	道路通行能力理论与案例
著 作 者：	马艳丽　张亚平
责任编辑：	朱明周
责任校对：	张　贺
责任印制：	张　凯
出版发行：	人民交通出版社股份有限公司
地　　址：	(100011)北京市朝阳区安定门外外馆斜街 3 号
网　　址：	http://www.ccpress.com.cn
销售电话：	(010)59757973
总 经 销：	人民交通出版社股份有限公司发行部
经　　销：	各地新华书店
印　　刷：	北京印匠彩色印刷有限公司
开　　本：	787×1092　1/16
印　　张：	21.75
字　　数：	524 千
版　　次：	2018 年 11 月　第 1 版
印　　次：	2018 年 11 月　第 1 次印刷
书　　号：	ISBN 978-7-114-14810-1
定　　价：	55.00 元

(有印刷、装订质量问题的图书由本公司负责调换)

前　言

　　道路通行能力广泛应用于交通运输工程的诸多领域,是道路交通基础设施建设的重要依据。截至2016年底,全国公路总里程达到469.63万km,公路密度48.92km/100km^2,拥有高速公路13.1万km,高速公路里程位居世界第一;我国城市道路长度达38.2万km,道路面积75.4亿m^2;全国有30个城市建成轨道交通,线路长度3586km。在蓬勃发展的同时,交通运输业也出现诸如基础理论不足、过分依赖国外经验等问题。作为道路基础设施建设主要依据之一的道路通行能力,如果对其分析不科学,则会导致决策失误而由此引发道路资源分配不平衡。

　　随着公路与城市道路相关设计标准、规范的修订,对道路通行能力与服务水平也作出了新的规定。因此,对道路通行能力融入全新的知识结构和最新研究成果已迫在眉睫。本书采用或参考的最新设计标准和规范有:《公路工程技术标准》(JTG B01—2014)、《公路路线设计规范》(JTG D20—2017)、《城市道路工程设计规范》(CJJ 37—2012)、《道路通行能力手册》(HCM2010)、《公共交通通行能力和服务质量手册》(2013)等。

　　本书全面系统地介绍了道路通行能力与服务水平的基本概念、计算原理和方法,融合国内外在道路通行能力领域的最新研究动态及发展趋势。全书分为两篇,第1篇为道路通行能力基础理论,第2篇为国内外相关研究案例。第1篇共13章,介绍道路通行能力基础理论,主要内容包括:道路通行能力基本概念与分析程序,路段、匝道及匝道与主线连接点、交织区、收费站、无信号交叉口、信号交叉口、环形交叉口和立体交叉、区域路网及公共交通等设施的通行能力计算与服务水平评价。第2篇主要内容包括:高速公路基本路段、附加车道、作业区通行能力,信号交叉口货车的PEC值,城市快速路基本路段通行能力,通行能力在展宽车道设计中的应用,HCM的应用满意度调查以及北美公共交通(常规公交、轨道交通、轻轨、列车)通行能力。第2篇的案例分析部分,补充附加车道、作业区、城市快速路、轨道交通、通勤列车等通行能力等内容,试图使全书系统完整、通俗易懂、先进实用。

　　全书由哈尔滨工业大学马艳丽、张亚平编著并统稿。各章编写分工为:马艳丽编写第1章部分内容、第2章、第3章部分内容、第11章、第12章第13章部分内容及案例一至案例六、案例八至案例九,张亚平编写第 1 章部分内容、第 3 章部分内容、第 4 章、第 6 章、第 7 章、第 9 章、第 10 章、第 13 章部分内容及案例七,程国柱编写第 5 章,蒋贤才编写第 8 章。顾高峰、冷雪、韦钰、史惠敏、范璐洋、张鹏、朱洁玉等共同参与完成了本书的编校工作。本书得到了人民交通出版社股份有限公司韩亚楠、朱明周编辑的大力支持和帮助,在此一并表示感谢。

  本书在编写过程中,参阅了大量国内外的有关文献资料,由于条件所限,未能与作者一一取得联系,引用和理解上不免存在偏颇之处,敬请见谅,并向这些文献资料的作者表示衷心的感谢。

  鉴于道路通行能力研究尚在不断发展和完善之中,且编写人员水平和手中资料有限,书中错误不当之处在所难免,恳请读者和专家批评指正。

作者

2018 年 3 月

目 录

第1篇 道路通行能力基础理论

第1章 绪论 ·· 3
1.1 概述 ·· 3
1.2 道路通行能力研究进展与发展趋势 ··· 4
1.3 道路通行能力研究的攻关目标与关键技术 ································ 7
1.4 道路通行能力的应用与决策 ·· 7

第2章 道路通行能力基本概念与分析程序 ······································ 9
2.1 交通流基本参数 ·· 9
2.2 交通参数特性 ··· 13
2.3 车型分类及车辆折算系数 ·· 17
2.4 交通运营设施 ··· 19
2.5 道路通行能力分析基本程序 ··· 20
2.6 道路服务水平分析基本程序 ··· 25

第3章 路段通行能力 ·· 30
3.1 概述 ·· 30
3.2 高速公路基本路段通行能力与服务水平 ································· 31
3.3 一级公路基本路段通行能力与服务水平 ································· 35
3.4 双车道公路路段通行能力与服务水平 ···································· 39
3.5 快速路基本路段通行能力与服务水平 ···································· 44
3.6 其他等级城市道路路段通行能力与服务水平 ·························· 46

第4章 匝道及匝道与主线连接点通行能力 ···································· 49
4.1 概述 ·· 49
4.2 匝道车行道通行能力与服务水平 ·· 53
4.3 匝道与主线连接点通行能力与服务水平 ································ 59

第5章 交织区通行能力及服务水平 ··· 69
5.1 概述 ·· 69
5.2 交织区交通运行特性 ·· 74
5.3 交织区通行能力与服务水平 ··· 77

I

第 6 章　收费站通行能力 ·· 86
6.1　概述 ·· 86
6.2　收费站的通行能力计算 ·· 92
6.3　规划和设计阶段通行能力分析 ·· 93

第 7 章　无信号交叉口通行能力 ·· 96
7.1　概述 ·· 96
7.2　无信号交叉口通行能力分析方法 ·· 96
7.3　无信号交叉口通行能力 ·· 100
7.4　无信号交叉口服务水平 ·· 103

第 8 章　信号交叉口通行能力 ··· 106
8.1　概述 ·· 106
8.2　信号交叉口通行能力 ·· 106
8.3　信号交叉口服务水平 ·· 117

第 9 章　环形交叉口通行能力 ··· 119
9.1　概述 ·· 119
9.2　无信号环形交叉口通行能力与服务水平 ······································ 120
9.3　信号控制环形交叉口通行能力 ·· 126

第 10 章　立体交叉通行能力 ··· 128
10.1　概述 ·· 128
10.2　立体交叉通行能力分析方法 ·· 130
10.3　立体交叉服务水平 ·· 132

第 11 章　区域路网通行能力 ··· 134
11.1　概述 ·· 134
11.2　区域路网通行能力分析方法 ·· 134
11.3　区域路网服务水平评价方法 ·· 138

第 12 章　公共交通客运通行能力 ··· 141
12.1　概述 ·· 141
12.2　常规公共交通通行能力 ·· 142
12.3　快速公交通行能力 ·· 149
12.4　轨道交通通行能力 ·· 153

第 13 章　交通仿真与通行能力 ··· 155
13.1　交通仿真分析软件介绍 ·· 155
13.2　交通仿真模型 ·· 157
13.3　交通仿真在道路通行能力分析中的应用 ···································· 158

第2篇　国内外相关研究案例

案例一　高速公路基本路段通行能力研究 ･･････････････････････････････････ 177
 1.1 简介 ･･ 177
 1.2 高速公路基本路段通行能力估算方法 ･･･････････････････････････････････ 177
 1.3 研究方法 ･･ 179
 1.4 数据分析及结果 ･･ 182
 1.5 结论 ･･ 187

案例二　高速公路附加车道对道路通行能力的影响研究 ･･･････････････････ 188
 2.1 简介 ･･ 188
 2.2 研究方法 ･･ 189
 2.3 CORSIM 仿真分析 ･･･ 194
 2.4 结论 ･･ 198

案例三　高速公路作业区通行能力仿真研究 ････････････････････････････････ 199
 3.1 简介 ･･ 199
 3.2 文献综述 ･･ 199
 3.3 仿真方法与通行能力估计 ･･･ 202
 3.4 变量参数与通行能力关系 ･･･ 206
 3.5 通行能力评估模型构建 ･･･ 216
 3.6 结论 ･･ 232

案例四　高速公路施工作业区道路通行能力分析方法 ･････････････････････ 233
 4.1 简介 ･･ 233
 4.2 文献综述 ･･ 233
 4.3 现场调查与模型选择 ･･･ 235
 4.4 结论 ･･ 238

案例五　信号交叉口货车的 PCE 值研究 ･･････････････････････････････････ 239
 5.1 简介 ･･ 239
 5.2 文献综述 ･･ 239
 5.3 数据调查与处理 ･･ 240
 5.4 数据分析及仿真模型检验 ･･･ 243
 5.5 仿真结果 ･･ 248
 5.6 结论 ･･ 255

案例六　通行能力在信号交叉口展宽车道设计中的应用 ･･･････････････････ 256
 6.1 简介 ･･ 256

6.2 ATL 特性 ··· 256
6.3 ATL 交通量估算 ··· 260
6.4 安全性 ··· 267
6.5 结论 ··· 269

案例七 城市快速路基本路段通行能力研究 ·· 270
7.1 简介 ··· 270
7.2 数据调查与处理 ··· 270
7.3 快速路基本路段通行能力确定 ·· 276
7.4 结论 ··· 291

案例八 HCM 在交通规划中的应用满意度调查 ··· 293
8.1 简介 ··· 293
8.2 HCM 在交通规划中的应用 ··· 294
8.3 相关工作 ··· 294
8.4 调查方案与结果 ··· 295
8.5 结论 ··· 300

案例九 北美公共交通通行能力 ··· 302
9.1 公共交通通行能力与影响因素 ·· 302
9.2 常规公交通行能力 ·· 307
9.3 轨道交通通行能力 ·· 319
9.4 轻轨通行能力 ··· 325
9.5 通勤铁路通行能力 ·· 331

参考文献 ·· 338

第1篇
道路通行能力基础理论

第1章 绪 论

道路通行能力反映了交通设施在保持规定运行质量的前提下所能疏导交通流的能力，是道路规划、设计和运营、管理的重要参数。道路通行能力及其案例分析可为道路规划、设计和运营、管理人员提供参考。

1.1 概 述

1.1.1 通行能力的研究意义

交通运输行业是国民经济的基石，伴随着社会的发展而发展，可以说具备着永久的社会需求。我国目前正处于改革开放、快速发展的关键时期，交通基础设施建设成就举世瞩目。截至 2016 年底，全国公路总里程达到 469.63 万 km，公路密度 48.92km/100km^2，拥有高速公路 13.1 万 km，高速公路里程位居世界第一，规划到 2030 年，将全面建成国家高速公路"71118"网，即 7 条北京放射线、11 条纵向路线和 18 条横向路线，总规模约 11.8 万 km，另规划远期展望线约 1.8 万 km。

公路交通快速发展的同时，城市交通发展也十分迅速。1990 年，我国城市道路总长度仅为 9.5 万 km，道路面积 8.9 亿 m^2；截至 2016 年末，我国城市道路长度达 38.2 万 km，道路面积 75.4 亿 m^2，其中人行道面积 16.9 亿 m^2，人均城市道路面积 15.8m^2。截至 2016 年末，全国有 30 个城市建成轨道交通，线路长度 3586km；有 39 个城市在建轨道交通，线路长度 4870km。预计到 2020 年，全国拥有轨道交通的城市将达到 50 个，总规模将达到近 6000km，在轨道交通方面的投资将达 4 万亿元。

在蓬勃发展的同时，交通运输业也出现诸如基础理论不足、过分依赖国外经验等问题。在通行能力研究方面，目前还没有真正形成适合我国道路交通特色的完整的道路通行能力分析指标体系，尤其在城市道路通行能力研究方面仍很薄弱。而作为道路基础设施建设主要依据之一的道路通行能力，如果对其分析不科学，则会导致决策失误进而引发道路资源分配不平衡——有的地方建设标准过高，造成资源浪费；有的地方建设标准过低，造成交通拥堵。这将严重束缚我国交通运输行业自身的发展，影响国民经济的总体提高。因此，合理确定道路交通基础设施建设的规模和标准，将是道路交通基础设施建设中成本控制的关键，而确定道路交通基础设施建设规模和总体设计方案的重要依据之一便是道路通行能力。

作为道路交通建设的一项基础性工作，道路通行能力与交通量适应性分析，不仅可以确定道路建设的合理规模及合理建设模式，还可为道路网规划、道路工程可行性研究、道路设计、建设后评估等提供科学的理论依据，如图 1-1.1 所示。

1.1.2 通行能力分析的主要作用

道路通行能力是交通流理论研究和工程应用中的重要参数。确定道路通行能力是道路交通规划、设计、管理与养护的需要，通行能力分析的主要作用可以概括为以下几方面：

（1）用于道路规划设计，通过对道路通行能力和设计交通量进行分析，可以正确地确定新建道路的等级、性质、规模、主要技术指标和线形几何要素。

（2）用于交通运行分析，通过对现有道路通行能力的观测、分析、评定，并与现有交通量对比，可以确定现有道路系统或某一路段存在的问题，针对问题提出改进方案或措施，作为老路或旧街改建的主要依据。

（3）道路通行能力可以作为铁路、公路、水路、航空等各种交通运输方式的方案比选与采用的依据，还可以作为交通管理、运营、行车组织及控制方式确定或方案选择的依据。

（4）对现有的或潜在的瓶颈路段进行服务水平分析和交通量预测，根据道路某一路段通行能力的估算，以及路况和通行能力状况的分析，可以提出某一地段线形改善的方案。

（5）道路通行能力可作为交通枢纽的规划、设计改建及交通设施配置的依据，也可以作为城市街道网规划、公路网设计和方案比选的依据。

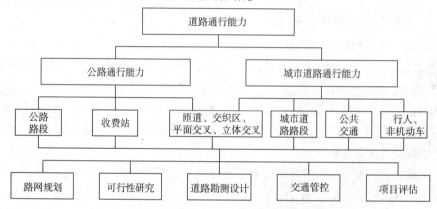

图 1-1.1　道路通行能力分析结构及意义

1.2　道路通行能力研究进展与发展趋势

1.2.1　国外研究概况

道路通行能力研究始于 20 世纪 40 年代的美国。随着第二次世界大战的结束，美国掀起了新一轮的经济发展热潮，伴之而来的服务于军事及民用的全国高速公路网建设迫切需要通过通行能力分析确定道路建设规模、模式及建后评估。1950 年，美国交通研究委员会（Transportation Research Board, TRB）出版了第一部《道路通行能力手册》（Highway Capacity Manual, HCM），为从事交通行业的工程技术人员提供了有据可查、有章可循的标准，从而奠定了它在交通理论发展中的重要地位。1965 年，HCM 第二版首次正式提出服务水平的概念。1985 年，第三版 HCM 问世，与前两版相比做了较大的改动，增加了高速公路、自行车道、人行道和无信号交叉口等交通设施内容。经过 1994 年和 1997 年两次修订，2000 年的第四版 HCM 2000，引入了交通流仿真模型和智能交通技术 ITS，丰富了通行能力研究的试验手段。2010 年推出第五版 HCM 2010。随着交通工具的更新、交通设施的发展，通行能力的理论也在不断充实和完善。

一些发达国家也不甘落后，在充分借鉴美国经验的基础上进行了本土化的实际研究，先后出版发行了适合各自国情的通行能力手册或规程。如瑞典 1977 年的《瑞典通行能力手册》、加拿大 1984 年的《加拿大信号交叉口通行能力规程》、日本 1986 年的《道路通行能力》、德国 1994 年的《道路通行能力手册》(HBS)等。

另外,发展中国家如印度、巴西、马来西亚等国也在各自政府的支持下开始研究适合各自国情的通行能力分析理论和方法。

随着通行能力研究的深入开展,国际学术交流也在不断加强。1990 年,美国交通研究委员会所属的道路通行能力和服务水平分委员会(Committee on Highway Capacity and Quality of Service)在德国卡尔斯鲁厄召开了第 1 届公路通行能力与服务水平国际研讨会;1994 年,在澳大利亚悉尼举办了第 2 届公路通行能力与服务水平国际研讨会;1998 年,在丹麦哥本哈根举办了第 3 届公路通行能力与服务水平国际研讨会;2002 年,在美国夏威夷举办了第 4 届公路通行能力与服务水平国际研讨会;2006 年,在日本横滨举办了第 5 届公路通行能力与服务水平国际研讨会。此外,TRB 年会是美国交通运输界的年度盛事,每年约有一万名来自世界各地的交通运输业人士聚集华盛顿,讨论交流交通运输领域的有关研究成果,其中道路通行能力和服务水平分委员会针对通行能力和服务水平的有关问题进行专题讨论。最近一次 TRB 年会是 2017 年的第 96 届年会。

1.2.2 国内研究现状

经过半个多世纪的发展,我国在交通工程研究领域有了长足的发展,各部门相继出台了《公路工程技术标准》《公路路线设计规范》《城市道路工程设计规范》等标准和规范,为道路通行能力理论在交通实践中的应用提供了行业指导。我国对通行能力的研究始于 20 世纪 80 年代初,国内交通学者取得了不少标志性的研究成果。例如:

1982—1987 年,交通部公路科学研究所等 8 家单位的"混合交通双车道公路路段设计通行能力"。

1992—1994 年,交通部公路科学研究所的"等级公路适应交通量和折算系数标准的研究"。

1996 年,国家"九五"科技攻关项目"国道主干线设计集成系统开发与研究"中,由交通部公路科学研究所、中交公路规划设计院、东南大学、北京工业大学联合 6 个省市科研设计单位进行的"公路通行能力研究的装备与技术"专题研究。

1997 年,辽宁省公路勘测设计院、哈尔滨工业大学的"寒冷地区公路路段交通运行特性和通行能力研究"。

1998—2000 年,吉林省交通科学研究所、哈尔滨工业大学的"高等级公路通行能力与运营管理研究"。

2001—2005 年,交通部公路科研所联合北京工业大学"十五"攻关项目智能运输系统子项目"快速路通行能力研究"。

2003 年,交通部公路科学研究院与多所高校合作编制完成了《公路通行能力手册》,包括了高速公路基本路段、交织区、匝道、多车道、双车道、交叉口通行能力及仿真。

2003—2005 年,哈尔滨工业大学国家自然科学基金项目"城市快速路系统交通流理论及其应用研究"。

2004—2006 年,哈尔滨工业大学高等学校博士学科点专项科研基金项目"城市快速路系统通行能力计算与服务水平评价研究"。

2007—2010年，北京工业大学联合哈尔滨工业大学等高校的"十一五"国家科技支撑计划"城市综合交通系统功能提升与设施建设关键技术研究"之课题三"城市道路通行能力与交通实验系统研究"。

随着我国城市规模的快速扩大，如何解决城市交通拥挤、缓解交通压力，已成为城市发展迫切需要解决的问题。

1.2.3 道路通行能力研究的发展趋势

关于道路通行能力，目前研究的热点主要集中在下列三个方面：

（1）传统的流量、速度、密度关系需要进行重新研究。由于智能交通系统（Intelligent Transportation System，ITS）的应用，使得交通流的稳定速度区间扩大，车流变化规律受更多的外部条件影响，传统的流量—速度、速度—密度和流量—密度关系将有所变化。

（2）如何在ITS条件下定义通行能力。ITS的目的之一是提高通行能力。ITS技术的应用将使交通流的分布和运动状态发生很大变化。一旦各种ITS控制技术应用到交通系统，交通流中运动车辆间距会进一步缩小，而交通流仍能以一定的稳定速度运动。这将导致传统的通行能力饱和概念发生改变。

（3）交通间断流条件下通行能力模型的研究。由于交通的暂时中断（周期性或随机性的）引起交通流的突然压缩和停止，不同的路口控制方法和车流随机到达模式变化引起冲突点时间上的运动变化，给通行能力计算带来很大困难。

ITS是将先进的信息技术、数据通信传输技术、控制技术以及人工智能技术等有效地综合运用于整个交通管理体系而建立起来的一种在大范围内全方位发挥作用，实用、准确、高效的运输综合管理系统。ITS与公路通行能力有关的主要方面包括：交通管理自动化、驾驶员信息系统、车辆控制系统、车辆自动导航和控制、交通信息实时跟踪与提供等。此外，研究表明，收费站停车对高等级公路、大桥的通行能力影响很大，国外在20世纪90年代后期大力发展电子不停车收费（ETC）系统，对提高收费道路通行能力具有显著效果。

随着计算机技术的发展，以计算机为辅助工具，利用其可重复性、可延续性模拟交通运行状况进行道路通行能力分析研究，对于再现复杂交通环境条件下的车流运行特征、弥补观测数据不足、解决交通流车速—流量关系曲线的外延问题等都有着其他方法和手段无可比拟的优势。因此，通过计算机集成和优化，采用模拟预测和实时仿真系统进行分析研究将是公路通行能力研究的未来发展方向。

目前，国际上较为流行的有关道路通行能力分析的四套模拟软件分别是：美国HCM系统，它与HCM相配套，用于各种交通设施下的交通运行分析；澳大利亚ARRB开发的SIDRA系统，主要适用于各类交叉口的运行分析；瑞典公路局的CAPCAL系统和荷兰公路局的PTDFSGN软件，分别为交叉口和环岛的交通模拟模型。其中，以美国的HCM系统应用最为普及，也最具权威。美国交通研究委员会（TRB）研制开发的与HCM配套使用的道路通行能力系统软件HCS（Highway Capacity Software）应用最为广泛。该软件由交叉口、干道、公路网等模块组成。数据输入包括交通设施几何参数（车道数和车道宽度等）及交通和道路条件（交通流量、自由流速度、地形条件、道路等级、横向干扰、重车混入率等）；输出结果为各种交通设施通行能力及其相应服务水平和相关图表。HCS软件为美国公路运输与交通工程设计、规划与控制提供了良好的服务，发挥着巨大的作用。

1.3 道路通行能力研究的攻关目标与关键技术

1.3.1 攻关目标

(1) 总体目标

提出适合我国道路交通状况的通行能力分析方法及其相关计算机软件系统，为有关部门进行道路规划、设计、交通控制与管理及工程可行性研究提供依据。

(2) 具体攻关目标

提出我国交通流的运行特性、速度与流量关系模型以及在不同道路交通条件下各车型的当量换算方法。

提出高速公路和混合交通二、三级公路的通行能力、服务水平建议值以及相应的分析方法和分析软件。

提出各种常见类型道路交叉口、匝道、交织区、收费站的通行能力建议值以及相应的分析方法和分析软件。

编制适合我国国情同时又能与国际接轨的《道路通行能力分析指南》。

1.3.2 关键技术

(1) 数据采集、处理及结构标准化技术。
(2) 交通流运行特性模拟技术及模拟模型。
(3) 车型当量换算方法及其分析模型。
(4) 交通流三参数关系模型及其建模技术。
(5) 高速公路通行能力分析模型及建模技术。

1.4 道路通行能力的应用与决策

进行道路通行能力分析，一般希望达到以下三个目的之一，即：找出问题、选择对策或评价已采取的措施。

当路网或交通设施的性能指标不能满足设定的标准时，问题就会被识别出来。例如，当交通设施的服务水平低于 D 级服务水平时，车辆排队可能干扰其上游的运行。尽管通行能力分析适合于预测性能指标，但是分析人员在研究当前运行现状时，仍应该到现场观测实际的运行特征。这些直接的观测值与预测值一样可以应用于确定服务水平。同时，应按照将来条件研究现有设施的状况，或者考虑往道路系统中增加新的要素时，道路通行能力分析同样有效。

一旦问题通过实测的方式被发现，根据改善运行状况的目标、计划，设计人员就可找出潜在的原因和对策。例如，分析人员可能会识别出交叉口行人排队问题，考察其物理条件，可提出多个备选对策方案。分析人员可以比选交叉口控制方式、改善线形几何条件或优化交通信号配时等。此外，基于一般的评价框架程序，通过对适当的性能指标进行实地观测，道路通行能力分析对于评价改善措施实施后的效果同样有效。

通常，道路通行能力应用的分析层次分为三类：运行、设计与规划分析。

(1)运行分析

运行分析是在当前条件或预计条件下道路通行能力分析的初始应用。其目的是为了判断是否需要尽快实施较小的(通常指费用低的)改进措施,一般关注的焦点是接近过饱和状态或达不到期望服务水平的道路网或其中一部分。此外,运行分析不只是发现问题,通常也涉及纠正问题的决策。一般提出几个改进方案以备决策,选择一个方案作为推荐方案。通行能力分析可预测每个备选方案性能指标的变化,以帮助选择和推荐方案。

由于运行分析关注的是当前的、短期的交通状况,所以有可能为分析模型提供详细的输入数据。许多输入数据是在实际观测交通特性、设施物理特征和控制设备的基础上得到的。

(2)设计分析

设计分析主要是对交通设施的详细物理特征进行通行能力分析,以使新建或改建的交通设施在期望的服务水平上运行。设计目标通常以中、长期建设为目标。通过分析可确定基本车道数、是否需要附加车道或转向车道等;也可确定部分交通设施要素的数值,如车道宽度、纵坡的坡度、附加车道的长度等。

设计分析所需要的数据较为详细,以设计项目的特征为基础。但在以中、长期为重点的分析工作中,使用交通预测值设计,其准确性和精度有限,需要采用部分理论值进行适当的简化。

(3)规划分析

规划分析是面向战略问题的道路通行能力分析应用,分析时间往往是长远的。通常研究的是公路系统的可能结构、一组公交线路或者设计开发项目可能产生的影响。通常,分析人员必须估计当前的运行状态和系统什么时候将变得低于期望的服务水平。规划分析也能够评价交通管理和控制的应用决策,如重型车车道使用的控制、高速公路匝道控制的应用和需求管理技术的使用(如拥挤收费)等。

第2章 道路通行能力基本概念与分析程序

2.1 交通流基本参数

道路上的行人或运行的车辆构成行人流或车流,行人流和车流统称为交通流,没有特指时一般指机动车流。交通流运行状态的定性、定量特征称为交通流特性,用以描述交通流特性的一些物理量称为交通流参数,参数的变化规律反映了交通流的基本性质。交通流的基本参数有三个:交通量、速度和密度,也称为交通流三要素。常用的参数还有车头时距、车头间距等。

2.1.1 交通量和流率

交通量是指单位时间内通过道路某一地点或某一断面的实际车辆数,又称交通流量或流量。交通量本身不是一个静止不变的量,具有随时间和空间变化而变化的特征。度量城市交通特性的一种方法是在道路系统内一系列的位置上观察交通量在时间和空间上的变化规律,并绘制出交通量分布图。当交通量超过某一水平时,就认为发生拥挤。然而,这种判断存在的问题是同一交通量水平可以对应两种截然不同的交通流状态,因此这种参数应该与其他方法相结合,而不是单独使用。

流率是指在给定不足 1h 的时间间隔(通常为 15min)内,车辆通过一条车道或道路的指定点或指定断面的当量小时交通量。

交通量与流率之间的区别很重要。交通量是在一段时间间隔内,通过一点的观测或预测实际车辆数。流率则表示在不足 1h 的间隔内通过一点的车辆数,但以当量小时流率表示。取不足 1h 时段观测的车辆数,除以观测时间(单位为小时),即得到流率。因此,在 15min 内观测到的交通量为 100 辆,则表示流率为 100veh/0.25h 或 400veh/h。

表 1-2.1 进一步说明了两种度量之间的区别(交通计数是在 1h 调查周期内得到的)。

交通量调查表 表 1-2.1

时 间 段	交通量(veh)	流率(veh/h)
5:00—5:15	1000	4000
5:15—5:30	1200	4800
5:30—5:45	1100	4400
5:45—6:00	1000	4000
5:00—6:00	4300	

表 1-2.1 中的交通量是在 4 个连续 15min 时段内观察到的。1h 的总交通量是这些数量之和,即 4300veh/h(因为测量时间为 1h),然而流率在每个 15min 时段内都不相同。

考虑高峰时间流率,在通行能力分析中是非常重要的。如果上例公路路段的通行能力是4500veh/h,当车辆以4800veh/h的流率到达,在峰值15min的交通量时段内,交通就会出现阻塞。尽管整个小时内,交通量少于通行能力。这个情况是严重的,因为消散阻塞的动态过程会使拥挤延续到阻塞时间之后几个小时。

高峰流率通过高峰小时系数与小时交通量密切联系。高峰小时系数PHF的定义为整个小时交通量与该小时内最大15min流率之比。

因此,如果采用15min为观测时段,PHF可以按下式计算:

$$PHF = \frac{V}{4 \times V_{15}} \tag{1-2.1}$$

式中:PHF——高峰小时系数;

V——1h交通量,veh/h;

V_{15}——在高峰小时内高峰15min期间的交通量,veh/15min。

多数情况下是分析高峰15min时段或其他有关的15min时段的流率。如果已知高峰小时系数,就可以用它将高峰小时交通量换算成高峰流率。

$$v = \frac{V}{PHF} \tag{1-2.2}$$

式中:v——高峰15min时段的流率,veh/h;

V——高峰小时交通量,veh/h;

PHF——高峰小时系数。

2.1.2 速度

1)地点速度(也称为即时速度、瞬时速度)

地点速度s为车辆通过道路某一点时的速度,公式为:

$$s = \frac{dx}{dt} = \lim_{t_2 - t_1 \to 0} \frac{x_2 - x_1}{t_2 - t_1} \tag{1-2.3}$$

式中:x_1、x_2——时刻t_1和t_2的车辆位置。

雷达和微波调查的速度非常接近此定义。车辆地点速度的近似值也可以通过小时路段调查获得(通过间隔一定距离的感应线圈来调查)。

2)平均速度

(1)时间平均速度$\bar{s}_t$,即观测时间内通过道路某断面所有车辆地点速度的算术平均值:

$$\bar{s}_t = \frac{1}{N} \sum_{i=1}^{N} s_i \tag{1-2.4}$$

式中:s_i——第i辆车的地点速度;

N——观测的车辆数。

(2)区间平均速度$\bar{s}_s$,有两种定义。一种定义为车辆行驶一定距离L与该距离对应的平均行驶时间的商:

$$\bar{s}_s = \frac{L}{\frac{1}{N} \sum_{i=1}^{N} t_i} \tag{1-2.5}$$

式中:t_i——车辆i行驶距离D所用的行驶时间。

$$t_i = \frac{L}{s_i} \tag{1-2.6}$$

式中：s_i——车辆 i 行驶距离 D 的行驶速度。

式(1-2.5)适用于交通量较小的条件，所观察的车辆应具有随机性。对式(1-2.5)进行变形可得到：

$$\bar{s}_s = \frac{L}{\frac{1}{N}\sum_{i=1}^{N}t_i} = \frac{L}{\frac{1}{N}\sum_i \frac{L}{s_i}} = \frac{1}{\frac{1}{N}\sum_i \frac{1}{s_i}} \tag{1-2.7}$$

此式表明区间平均速度是观测路段内所有车辆行驶速度的调和平均值。区间平均速度也可以用行程时间和行程速度进行定义和计算。行驶时间与行程时间的区别在于行驶时间不包括车辆的停车延误时间，而行程时间包括停车时间，为车辆通过距离 L 的总时间。行驶速度和行程速度则分别为对应于行驶时间和行程时间的车速。

区间平均速度的另一种定义为某一时刻路段上所有车辆地点速度的平均值，可通过沿路段长度调查法得到。以很短时间间隔 Δt 对路段进行两次（或多次）航空摄像，据此得到所有车辆的地点速度（近似值）和区间平均速度，公式如下：

$$s_i = \frac{l_i}{\Delta t} \tag{1-2.8}$$

$$\bar{s}_s = \frac{1}{N}\sum_{i=1}^{N}\frac{l_i}{\Delta t} = \frac{1}{N\Delta t}\sum_{i=1}^{N}l_i \tag{1-2.9}$$

式中：s_i——第 i 辆车的平均速度；

Δt——两张照片的时间间隔；

l_i——在 Δt 间隔内，第 i 辆车行驶的距离。

研究表明，这种方法获得的速度观测值的统计分布与实际速度的分布是相同的。

(3)时间平均速度和区间平均速度的关系。

对于非连续交通流，例如含有信号控制交叉口的路段或严重拥挤的高速公路上，区分这两种平均速度尤为重要，而对于自由流，区分这两种平均速度意义不大。当道路上车辆的速度变化很大时这两种平均速度的差别非常大。时间平均速度和区间平均速度的关系如下：

$$\bar{s}_t - \bar{s}_s = \frac{\sigma_s^2}{\bar{s}_s} \tag{1-2.10}$$

$$\sigma_s^2 = \frac{\sum D_i (s_i - \bar{s}_s)^2}{D}$$

式中：D_i——第 i 股交通流的密度；

D——交通流的整体密度。

有关研究人员曾用实际数据对式(1-2.9)进行回归分析，得到两种平均速度的如下线性关系：

$$\bar{s}_s = 1.026\bar{s}_t - 1.890 \tag{1-2.11}$$

2.1.3 密度

密度是指在已知长度的车道或道路上的车辆数，按长度取平均值，通常表示为 veh/km。在现场直接测定密度是困难的，需要一处有利的位置，能对较长一段道路进行摄影、录像或观测。密度可以由更容易测定的平均行程速度和流率计算。

$$D = \frac{Q}{S} \qquad (1\text{-}2.12)$$

式中：Q——流率，veh/h；
　　　S——平均行程速度，km/h；
　　　D——密度，veh/km。

某一路段，其流率为1000veh/h，平均行程速度50km/h，则其密度 D = 1000veh/h/50km/h = 20veh/km。

密度是一个描述交通运行的重要参数。它表示车辆之间相互接近的程度，反映在交通流中驾驶的自由度。

任何已知交通设施的最大流率就是它的通行能力，这时出现的交通密度称为临界密度，相应的速度称为临界速度。当接近通行能力时，流量趋于不稳定，因为交通流中有效间隙更少。达到通行能力时，交通流中不再有可利用的间隙，并且车辆进出设施，或在车道内部改变行驶所带来的任何干扰，都会产生难以抑制或消除的障碍。除通行能力外，任何流率能在两种不同的条件下出现：一种是高速度和低密度，另一种是高密度和低速度。曲线的整个高密度、低速度区间是不稳定的，它代表强制流或阻塞流。曲线的低密度、高速度区间是稳定流范围，通行能力分析正是针对这个流量范围进行的。

2.1.4 车头时距和车头间距

车头间距是一个距离量度，以米表示，可以通过在道路某一点上直接测量相邻车辆的标志点之间的距离得到。车头间距可利用复杂的航空摄影技术量测得到。车头时距则可利用秒表记录车辆通过公路上的一点的时间差来测量，比较容易测量。因此，一般采用车头时距来表征车辆间运行特性。

在同向行驶的车流中，将前后相邻的两辆车驶过道路某一断面的时间间隔称为车头时距。在特定时段内，观测路段上所有车辆的车头时距的平均值称为平均车头时距。

车头时距是一个非常重要的微观交通特性参数，其取值与驾驶员的行为特征、车辆的性能、道路的具体情况密切相关，同时又受到交通量、交通控制方式、交叉口几何特征等因素的影响。与交通量参数相似，相同的车头时距也对应着两种截然不同的交通状态，因此，车头时距不能单独用于交通状态的判别。

在交通流中，平均车头间距和平均车头时距之间的关系是由速度来决定的，见式(1-2.13)：

$$h_t = \frac{h_s}{V} \qquad (1\text{-}2.13)$$

式中：h_t——车头时距，s/veh；
　　　V——速度，m/s，在成对的车辆中，速度以第二辆车的速度为主。

流率与交通流的平均车头时距有关，见式(1-2.14)：

$$Q = \frac{3600}{h_t} \qquad (1\text{-}2.14)$$

式中：Q——流率，veh/h；
　　　h_t——车头时距，s/veh。

2.2 交通参数特性

2.2.1 交通量特性

交通量在时间和空间上都是变化的。这些变动与公路设施类型有关,在充分满足交通需求的前提下,这种变化就成为公路设施规划和设计的基础数据。在时间方面,因为交通量在一整天不是均匀分布,因此设计的公路设施通常需要满足交通量的高峰需求,那么在其他时段就不能充分利用公路设施;在空间方面,对于给定的设施,交通流也不会在所有可利用的车道或方向上均匀地分布,必然存在方向性差别和不同车道的差异。

1)时间变化特性

交通需求是随着一年中的每个月、每一天、一天中的每个小时以及在 1h 之内的时间间隔而不断变化。时间跨度越长,交通不均匀性越大。在这些时段内,即使通过相同的交通量,但由于交通量不均匀分布,使单位时间内的运行质量有时高、有时低,而且时间单位越长,在一个单位时间内运行质量变化幅度就会越大。

(1)按季节和月份的变化

交通需求的季节性波动反映了公路服务地区中社会和经济活动的变化,这里取一段普通公路路段来体现交通量的季节性变化,数据来自黑龙江省国道 221 线(三级公路)佳木斯某观测站,见表 1-2.2。

代表路段交通量月变系数　　　　　表 1-2.2

路段	1月	2月	3月	4月	5月	6月	7月	8月	9月	10月	11月	12月
佳木斯普通公路	0.91	0.74	0.96	0.99	1.09	1.02	0.99	1.01	1.08	1.30	1.09	1.02

在利用交通量月变系数时,如果相关公路中有连续式交通量观测站,则应该用当地观测站的统计结果,如果没有连续式观测站,可采用与所选地区具有相似气候条件、公路季节性交通量和公路拥挤程度类似的公路交通量月变系数,否则采用表 1-2.3 所列的默认值。

平均交通量月变系数　　　　　表 1-2.3

地区	3月	4月	5月	6月	7月	8月	9月	10月	11月	12月
东部	1.00	1.09	1.08	0.98	1.00	1.02	1.07	1.10	1.00	0.97
中部	1.00	1.04	0.99	1.00	0.96	1.07	1.09	1.08	1.06	1.02
西部	0.89	1.00	1.06	1.01	1.03	1.07	1.06	1.09	1.02	1.10

(2)交通量的周变化

周变化是指交通量在一周内各天的变化,也称日变化。交通量在一周内有一定的波动,反映交通量的周日不均匀分布。通常可采用周变系数 WF_i 来描述交通量的周日不均匀分布特征,计算公式如式(1-2.15)所示:

$$WF_i = \frac{星期\,i\,年平均日交通量}{周年平均日交通量} = \frac{ADT_i}{\frac{1}{7}\sum_1^7 ADT_i} = \frac{ADT_i}{AADT} \quad (1\text{-}2.15)$$

式中：ADT_i——星期i年平均日交通量。

周变系数是反映全年平均意义下的交通量周日分布情况。对于城际公路而言，公路交通量主要是长途汽车交通量；而近郊路段交通量则包括两类，一类是长途过境汽车交通，一类是城镇短途通勤和生活交通。短途通勤和生活出行在工作日与双休日的数量有显著的差别，一般双休日的短途交通量会小得多。因此，受短途通勤和生活出行影响很小的城际路段，交通量在一周内将会有较均匀的分布；而在近郊路段，工作日和双休日的交通量会发生显著变化。另外，在工作日中，星期二到星期五的周变系数值十分接近，而星期一的周变系数明显要小于其他工作日。

由于不同地区的不同路段受城镇短途交通和公务交通的影响程度不同，从而使假日和工作日的周变系数取值的离散性较大。表1-2.4给出了城市近郊路段周边系数WF_i默认取值表。

近郊路段周变系数默认取值　　　　　　　　　　表1-2.4

项　　目	星期一	星期二	星期三	星期四	星期五	星期六	星期日
WF_i	1.00	1.02	1.02	1.02	1.02	0.98	0.94

注：对于有大量双休日短途旅游交通的近郊旅游路段，该默认值表不再适用。

(3) 交通量的小时变化

小时交通量的变化规律，受公路类型和时间变化的影响。在公路上，一般情况下交通量主要集中于白天，而且在工作日和周末之间的变化差别很小。但旅游公路有其独特的日高峰。在这种公路上，高峰时间一般发生在星期六的上午和星期日午后时段。图1-2.1为典型路段的小时交通量分布系数图。

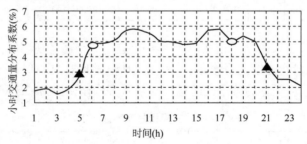

图1-2.1　小时交通量分布

2) 空间变化特性

交通量随着时间变化，同时也随着空间而变化。在通行能力分析中，两种关键的空间特性是交通流在方向上的分布和在车道上的分布。此外，交通量也会沿着一条公路的不同路段纵向地变化。因此，在通行能力分析中，不同交通需求的交通设施都应该分别进行分析。

(1) 方向性分布特性

在任何特定的时间内，公路上的交通量都会有一个方向上的交通量大于另一个方向上的交通量的不平衡现象，在设施的设计过程中必须予以考虑。在通行能力分析中，方向性分布是一个重要的因素，尤其是双车道公路，由于其不同方向的流量相互影响，因此对双车道公路的分析必须考虑方向性分布。通常用方向不均匀系数K表示道路上两个行驶方向的交通量不均匀性。

$$K = \frac{主要行驶方向的交通量}{道路上总的交通量}$$

利用该系数可估算高峰方向上的高峰小时交通量,见式(1-2.16):

$$DDHV = AADT \times K \times D \qquad (1-2.16)$$

式中:DDHV——某方向的设计小时交通量,veh/h;

　　AADT——年平均日交通量,veh/d;

　　K——方向不均匀系数,%;

　　D——高峰小时交通量占年平均日交通量的比例,%。

(2)按车道分布

当一个方向上的交通流有几条车道可以利用时,各车道的使用率会出现差异。交通流在车道上的分布取决于交通规则、交通组成、车速和交通量、公路进口的位置和数量、驾驶员出行的起讫点位置以及路侧街道化程度和驾驶员的习惯等。

较重车辆趋向于右侧车道,这是由于它们的速度较低,交通法规规定它们只能在最外侧的车道行驶。另外,尽管交通组织将最左侧车道定为超车道,但在交通量较大的情况下,这种规定的作用已不明显,左侧车道仍分担了较多的车流量。

表 1-2.5 列出的是广佛高速公路上不同的车型的车道分布数据。这些数据只是做说明用,而不是做默认值使用。

分车型的交通量车道分布　　　　　　　　　表 1-2.5

车　　型	按车道的分布百分数(%)		
	车道 1	车道 2	车道 3
微型车	42.3	43.94	13.76
小客车	39.26	48.77	11.97
大、中型车	10.13	38.45	45.42
集装箱车	15.49	43.66	40.85
所有车辆	29.67	45.4	24.93

2.2.2　速度特性

行车速度既是公路规划设计中的一项重要控制指标,又是车辆运营效率的一项主要评价指标,对于运输的经济、安全、迅捷、舒适具有重要意义。了解和掌握各级公路上行车速度及其变化规律是正确进行公路网规划、设计、运营、管理的基础。速度是对汽车驾驶员所提供的交通服务质量的一个重要量度标准。对于许多交通设施类型,都采用速度作为确定各级服务水平的一项重要评价指标。如图 1-2.2 所示,各车型在不同交通量下速度有明显的差异。

公路设施的设计速度反映了公路几何条件对自由流速度的影响。因此,设计速度不同将直接导致公路上车辆实际行驶速度的差异。图 1-2.3 表明了不同自由流速度下的速度与流量的关系,该曲线是连续流设施确定通行能力和服务水平的基础。从图中可以看出:公路设施由于受地形、地物的影响,自由流速度逐渐降低,不仅会导致设施基本通行能力的减少,而且会降低各种流量下的车流运行质量。换言之,在同样服务质量要求下,公路设施所能通行的交通量和行驶速度都会有不同程度的降低。

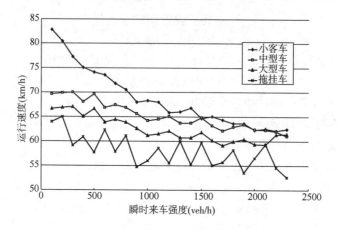

图 1-2.2　各车型在不同交通量下的速度差异曲线

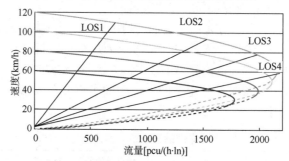

图 1-2.3　不同自由流速度下的速度与流量关系图

2.2.3　车头时距特性

根据广州—深圳高速公路上采集到的车头时距数据,绘制出服务水平在一到二级之间的车头时距分布图,如图 1-2.4 所示。

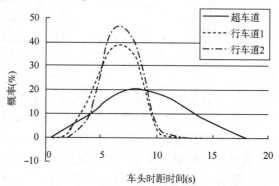

图 1-2.4　广州—深圳高速公路上的车头时距分布

注:行车道 1 为靠近超车道的车道,车道数是从中央开始数向路侧,按升序排列。

由图 1-2.4 可见,超车道上车头时距的分布最不均匀,这可由该车道上车头时距的取值范围和最常见收敛值的频率大小-分布曲线的峰值情况得到证明。行车道 2 上的车头时距分布与行车道 1 的类似,但稍微离散一些。超车道上的车头时距则显示一个很不同的模式,它比前两者离散得多,其车头时距的取值范围很广,而且它的最常见值的频率仅是其他车道的二分之一到三分之一。这反映了较低的流量通常发生在超车道上,也反映了超车道的使用者的驾驶愿望。

车头时距对通行能力的影响因素主要有：

(1) 临界间隙和车头时距的大小直接影响到通行能力的大小，临界间隙与车头时距的差值越小，车头间距越小，其通行能力会越大。

(2) 冲突交通量的大小直接影响到通行能力的大小，主路车流量越大，能给予支路车辆的空当越少，即车头时距越小，允许支路通过的交通量越小。

(3) 通行能力的大小与主路车流的车头时距分布模式有关，其车头时距分布不同，通行能力也不同，但相比之下，它对通行能力的影响较小。

2.3 车型分类及车辆折算系数

2.3.1 车型分类

混合交通是我国交通流的一个重要特性。在一般公路上，机动车行驶受拖拉机等慢速车以及自行车、行人等非机动车的干扰。即使在高速公路上，交通构成也远比西方发达国家复杂。考虑到综合运输规划时客货运力分析的需要和路面设计时车辆轴载换算要求，在国道网交通量统计中，规定了 3 类 11 种车型，分别是汽车(即小客车、大客车、小货车、中型货车、大货车和拖挂车)，拖拉机(大、小型)，以及非机动车(畜力车、人力车和自行车)。但是从通行能力和适应交通量确定的角度考虑，这种以车辆的外形尺寸和客货特征为分类标准的划分方法，车辆种类较多，而且部分车型间动力性能差异不大，极易出现运行特性类似的车型，并增加了交通数据统计分析的工作量。对于通行能力分析而言，车辆分类的目的就是把混有多种车型交通流中运行特征相似的车辆归为一类，以便确定各种运行车辆对标准车交通量的不同影响。因此，应以车辆运行特征(平均运行速度和标准差)作为车辆分类的首要标准。

《公路工程技术标准》(JTG B01—2014)中给出的车型分类如下：小型车——≤19 座客车、载质量≤2t 的货车；中型车——>19 座客车、2t 载质量≤7t 的货车；大型车——7t<载质量≤20t 的货车；汽车列车——载质量>20t 的货车；拖拉机。其优点在于：同种车型运行速度稳定，不同车型运行特性差异明显，交通组成稳定。

2.3.2 车辆折算系数

影响通行能力的因素主要有道路、交通和交通管理水平等几个方面。在一般公路上，交通条件对通行能力的影响较其他发达国家要突出一些，主要表现在交通构成复杂且各种车型之间动力性能相差较大，造成行驶速度相差悬殊，车辆间的相互干扰较大，降低了车辆运行质量和道路通行能力。因此，为了比较和量化各种车型对通行能力的影响，就需要对各种车型的影响程度进行深入细致的分析。

车辆折算系数(Passenger Car Equivalent, PCE)是用于将混合交通流中的各车型转化为标准车的当量值。作为通行能力研究的基础数据，其概念在 1965 年出版的美国《道路通行能力手册》中首次提出，但没有明确给出是哪一方面的当量，并且至今也没有统一的定义。各国对折算系数的分析方法也不尽一致，但普遍接受的原则是车辆折算系数的分析应该考虑服务水平以及数据采集的难易程度。因此，在确定模型之前，首先要建立描述路段服务水平的有效衡量指标。服务水平的有效度量应是对交通流特性变化灵敏度较高的参数,以该参数作为车型折算的当量标准,能最大程度上保证交通流状况的一致性。

车辆折算系数PCE的具体含义是:在交通流中,某种车平均每增加或减少一辆对标准车小时平均运行速度(车流延误或密度)的影响值,与平均每增加或减少一辆标准车对标准车小时平均运行速度(车流延误或密度)的影响值的比值,即为折算系数。

车辆折算系数一般具有如下特性:

(1)车辆折算系数不是一个定值,它受道路几何条件、横向干扰、交通组成及交通量的大小和管理水平等诸多因素的影响,是随各种条件变动而变化的变量。

(2)总的来说,我国双车道公路上各种车型的折算系数差别不大,主要是由于各种车型都占有一定比例,它们之间相互影响,导致每种车型的性能都不能得到完全的发挥。

(3)中型车与大型车的折算系数值较离散,表明这两种车不仅外形尺寸不同,而且动力性能差别也较大。因此,大、中型车的折算系数只能采用适中值。

(4)交通流中随着某车型交通量的增加,该车型对标准车的影响就会减少,因而折算系数的计算值也随之降低。

PCE的计算方法有很多种,从不同的观点和不同的角度出发得出的方法各不相同,而且,PCE的值也有较大的差异。

PCE的确定方法主要有三类:直接计算法、间接计算法、计算机仿真法。不同的PCE计算方法见图1-2.5。

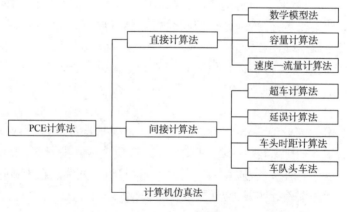

图1-2.5 PCE计算方法

数学模拟型法:考虑路段上车流的车速分布,并注意到它们的超车行为,将这个过程看成一个车辆的排队服务过程,服务台是允许超车的空隙。由此建立数学模型进行推导而得出PCE值的方法。

容量计算法:此方法通过在某服务水平下的容量中所含一定比例的载重车来计算PCE值。此方法比较困难,主要是因为某服务水平的容量难以观测到。

速度—流量计算法:通过分析车流中速度和车流之间的关系,这里包括载重车比例,在不同载重车比例情况下通过比较等价车流,类比求出载重车在不同道路条件下的PCE值。

超车计算法:根据在某一区间的超车率和观测该区间速度的分布值,在给定的服务水平下,保持所观测车的速度分布,其超车率即可定义为计算的PCE值。

延误计算法:延误计算法是超车率法的进一步发展。将延误时间和等待超车机会结合起来,是延误等价计算法的基本原理。

车头时距计算法:在大流量的车流中,取得不同车型的车头时距,以及不同车型所占的时间间距为等价标准进行计算。

车队头车法:观测车流中的车队头车,考查载重车和小汽车作为头车的比例多少,以此作为等价标准计算PCE。

计算机仿真法:通过数学分析或物理建模,在计算机上进行模拟计算。此方法可求算不同车型在各种情况下的PCE值。然而,这种方法不能脱离实际的试验与观测,它可以分析归纳理论与实际的差别,并可方便地对理论进行修正。

总之,由于折算系数分析的复杂性,导致了各种分析方法得出的结果的差异性。所以,最终的折算系数建议值不仅要参考各种分析结果,还应加入专家系统的判断。

《公路工程技术标准》(JTG B01—2014)中给出的公路各汽车代表车型和车辆折算系数如表1-2.6所示。另外,畜力车、人力车、自行车等非机动车,按照路侧干扰因素计;拖拉机折算系数取为4.0。

各汽车代表车型与车辆折算系数　　　　表1-2.6

汽车代表车型	车辆折算系数
小客车	1.0
中型车	1.5
大型车	2.5
汽车列车	4.0

2.4 交通运营设施

交通运营设施,按照交通特性可分为连续交通流交通设施和间断交通流交通设施两大类。

2.4.1 连续交通流交通设施

连续交通流交通设施(简称连续流交通设施),没有如交通信号等固定因素从外部来导致交通流的中断,交通流状况是交通流内部各车辆之间相互作用和影响以及道路几何构造、环境条件等对车辆作用和影响的结果。在这些道路设施上,交通流状态是车辆相互之间,以及车辆与公路线形、公路环境之间相互影响的结果,而没有停车或让路一类的交通标志,也不会由于信号灯控制平面交叉而中断车流。

2.4.2 间断交通流交通设施

间断交通流交通设施(简称间断流交通设施),这类交通流设施是指由于外部条件而导致交通流周期性中断的交通设施,导致间断流的主要设施装置包括交通信号、停车标志和其他类型的管制设备。不管车流量多大,这些设施都会导致交通流产生周期性的停止或车速明显的减慢。

连续流和间断流描述的是交通设施的类型,而与交通设施内部交通流性质无关。因此,一条高度拥挤的高速公路,尽管交通流状态已经不稳定了,但高速公路设施仍然是"连续流交通设施"。因为,此刻的交通拥挤是源于交通流内部的相互干扰,而不是外部设备所导致。对于中断性交通流的道路设施,其通行能力不仅受到几何构造等的限制,而且还受到交通流中各行驶方向车流有效利用道路设施的时间的限制,连续流交通设施的通行能力则不受时间利用的限制。常见交通运营设施见表1-2.7。

交通运营设施型式表　　　　　　　　表 1-2.7

连续流交通设施	间断流交通设施
1.高速公路	1.信号控制平面交叉口
(1)基本路段	2."停""让"标志控制的无信号交叉
(2)交织区	(1)十字交叉口
(3)匝道(包括匝道—主线连接处)	(2)T形交叉口
2.多车道公路(一级公路)	(3)环形交叉口
3.双车道公路路段	3.收费站

2.5　道路通行能力分析基本程序

根据公路建设的工作阶段和通行能力分析目的,按要求不同,主要从以下两个层次对公路设施的通行能力进行分析:

2.5.1　运行状况分析

其目的是在现有的或规划的交通需求下,确定交通流的运行状况,以及公路设施所能提供的服务水平等级,计算实际道路条件下的通行能力,以及在保持某一特定运行状况的前提下所能通过的最大服务流量。通过运行分析,可以发现现有交通设施的问题,并寻找解决问题的办法,正确评价公路运行状况,为公路交通管理部门制定正确的交通管理措施提供依据,保证公路处于良好的运行状况。

2.5.2　规划和设计分析

其目的是确定公路设施的几何参数。在规划、设计阶段,计算在特定的运行状况条件下,承担给定交通量所需要的公路设施几何参数,如车道数、行车道宽度、平交类型等,并预测其他一些设计要素(如预留中央分隔带、调整路肩宽度、设置爬坡车道)对通行能力和运行特性的影响。规划分析与设计分析的根本目的是一致的,但由于规划分析交通资料仅有规划年的年平均日交通量(AADT),其他必要的分析参数则由分析人员假定或采用推荐的默认值,所以与设计分析相比,规划分析相对比较简单。

2.5.3　几种通行能力

确定道路通行能力的种类主要考虑两点:一是通行能力分析必须与运行质量相联系;二是需要有一种能与之参照对比的基本通行能力。因此,通行能力分为三种:

(1)基本通行能力(Basic Capacity)

基本通行能力是指道路组成部分在理想的道路、交通、管制及环境条件下,该组成部分的一条车道或均匀路段,不考虑规定运行条件,1h所能通过标准车的最大车辆数。

(2)可能通行能力(Possible Capacity)

可能通行能力是指已知道路组成部分在实际或预计的道路、交通、管制及环境条件下,该组成部分的一条车道或均匀路段,不考虑规定运行条件,1h 所能通过标准车的最大车辆数。

(3)设计通行能力(Design Capacity)

设计通行能力是指设计道路组成部分在预计的道路、交通、管制及环境条件下,该组成部分的一条车道或均匀路段,在规定运行条件下,1h 所能通过标准车的最大车辆数。

①道路条件

道路条件是指道路的几何特征与路面条件,包括道路等级、设计速度、车道数、车道和路肩宽度、侧向净空、平面和纵断面线形及路面平整度等。

②交通条件

交通条件涉及使用该道路的交通流特性。它是由交通流中车辆种类的分布、交通流的方向性分布共同确定的。

③管制条件

管制条件是指针对已知设施提出的管制设备和具体设计的种类,以及交通规则。交通信号的位置、种类和配时是影响通行能力的关键性管制条件。其他重要管制包括停车和让路标志、车道使用限制、转弯限制及类似的措施。

④环境条件

环境条件是指街道化程度、商业化程度、横向干扰、非交通占道、公交车站和停车位置等因素及天气条件。

⑤规定运行条件

规定运行条件主要是指计算通行能力的限制条件,这些限制条件通常根据速度和行程时间、驾驶自由度、交通间断、舒适和方便性及安全等因素来规定。其运行标准是针对不同的交通设施用服务水平来定义的。

道路通行能力与交通量不尽相同,交通量是指道路在某一定时段内实际通过的车辆数。一般道路的交通量均小于道路的通行能力,当道路上的交通量比其通行能力小得多时,则驾驶员驾驶操作的自由度就大,既可以随意变更车速、变换车道,又可以方便地实现超车。当交通量等于或接近道路通行能力时,车辆行驶的自由度就逐渐降低,一般只能以同一速度循序行进,如稍有意外,就会发生降速、拥挤,甚至阻滞。当交通量超过通行能力时,就会出现拥挤,甚至堵塞。因此,道路通行能力是在一定条件下道路所能通过的车辆的极限数值。条件不同,要求不同,其通行能力也就不同。故道路通行能力是一个变数。

2.5.4 通行能力调查

按交通流运行状况的特征,道路通行能力可分为下列几种情况:

(1)路段的通行能力(连续车流)。
(2)信号交叉口的通行能力(间断车流)。
(3)匝道的通行能力(分流、合流)。
(4)交织路段的通行能力。

在城市道路的主要交叉口处,在地方道路及高速公路的爬坡段、隧道、桥梁等狭窄地段,匝道与其他干线的合流处,由于发生阻塞的原因不尽相同,其通行能力自然也就不同,因而调查的对象、地点和所采用的方法亦应随实际情况的不同而改变。

例如，在进行路段通行能力调查时，应把调查地点选在其上的瓶颈路段（道路爬坡、狭窄地段等）处。因为随着交通量的增加，车辆相互之间的影响增加，自由行驶受到限制，道路上的车辆密度加大，平均行驶车速下降；当交通量进一步增加，所有车辆均将尾随在前面的慢车之后以同一车速行驶。通常，就选定这一时刻观测最大交通量。当然，这种状态并不稳定，一旦车流中的某辆车突然减速，则此影响必将传递至后方，迫使尾随车减速，最终导致交通量降低，同时还会进一步影响后面的交通量。一般认为上述尾随同速行驶的车流最适宜作为通行能力调查的对象，而这种车流仅在瓶颈路段才易形成。

又例如，由于合流区间的通行能力一般较难定义，在合流后的干线上会产生与连续路段相类似的阻塞现象，有时干道上畅流无阻，但因合流要限制匝道上进入的车辆，在匝道上会形成排队而造成阻塞。因此，要确定合流区间的通行能力，首先必须要把探明阻塞发生的原因作为交通调查的对象。

探明阻塞发生的原因和最大交通量的调查应看作是对交通流进行客观记述的综合的交通调查。

关于通行能力的调查，国内目前尚未有比较统一而成熟的方法，即使是对同一对象、同一地点、同一时刻进行观测也会因为计算方法的不同而使观测方法有所差异。以下就连续通行路段、平面交叉路口以及合流区间通行能力的调查方法分别予以介绍。

1）连续通行路段的调查

连续通行路段的通行能力必须考虑到车道分工及车道位置，如是专用车道还是混合车道、是中间车道还是靠路边的车道。如果靠路边车道上还设置有公共汽车停靠站，还须调查公共汽车停靠站处的通行能力。除道路条件以外，还要对交通条件及交通流进行综合观测，通常还要调查交通量、车速、车流密度、车头时距、车头间距、车道利用率、超车次数等参数。

观测方法主要分为摄影观测和非摄影观测两种。其中，摄影观测最为方便，而且上述七项调查可同时进行。但是，由于摄像机的位置往往受到各种条件的限制，且测量成本高，观测后数据资料整理工作量大，所以目前国内较少采用。采用非摄影观测时，车头时距可以通过测量车速及驾驶员跟车行驶的反应时间推算而得。各个项目可以分别进行，但必须在同一时间范围内同步观测，这样做需用较多的人力，而且观测技术上亦有一定困难。

有关交通量、车速、车流密度的调查方法不少教材中已有论述，此处不再赘述。下面主要介绍车头时距等参数的调查方法。

(1) 车头时距的观测

调查地点应选在平直路段而且不受交叉口停车、加减速、车辆换道及行人过街等的影响。调查的车流应是连续行驶的车队。当车队中混有各种车型时，应分别调查各种车型的车头时距。由于车头时距与行驶车速关系极大，因此在观测车头时距的同时要测量被测车辆的地点车速。

(2) 车头间距的观测

在高处进行摄影观测时，要预先在路面上按一定距离间隔设置标记（例如粘贴白色纸带），供分析时量测距离用。有时亦可通过测量现场实物来决定距离（车道线虚线、护栏柱或电杆的间距等）。观测时摄像机的位置越高越好，最好高于三层楼房，其画面速度应视现场车辆行驶速度和摄像范围大小决定。对于市区道路一般取每秒4画面；对于高速公路要取每秒8画面。通常使用16mm录像带，如欲提高观测精度则需用35mm录像带。

(3) 车道利用率的观测

车道利用率是指一个车道的交通量与全部车道交通量的比率。观测者只需分别测出每一车道的交通量即可算出。

(4) 超车次数的观测

分别在调查区间的前后断面记录每辆车的通过时间与车牌号,对照两断面的记录,再根据车辆的通过顺序即可求得超车次数。另外,还可以从高处直接观测一定路段内的超车次数。

(5) 公共汽车停靠站的通行能力调查

公共汽车停靠站的通行能力对于公交车辆专用车道及单向一车道的道路影响很大。有些道路尽管在正常路段的通行能力较大,但由于受停靠站的限制,仍然可能出现交通阻塞现象,因此有必要确定它对道路通行能力的影响。

为了计算公交停靠站点的通行能力以及对它的影响确定合理的修正系数,通常应调查以下内容:

① 停靠站的长度和同一时间停靠的车辆数;
② 相应于各种候车人数时不同大小公共汽车的停靠时间;
③ 道路上不同车道的交通量。

2) 信号交叉口的调查

在信号交叉口处,由于入口引道的待行车队在每次绿灯信号放行时通过停车线进入交叉口的车辆数往往有限,因此易形成交通阻塞。通过停车线进入交叉口的车辆数与待行车队的长短无关,而与交叉口处的道路、交通条件以及入口的信号显示情况有关。通行能力一般由各入口引道决定,在交叉口的几何构造、交通条件一定的前提下,有时也可以认为是一个绿灯小时可能通过的车辆数。但应区别于通常说的每绿灯小时通行能力。因为当使用每绿灯小时通行能力时,信号的周期和绿信比将按交通控制的需要而改变,在确定适宜的绿信比时常常要用到通行能力这一概念,亦即每绿灯小时通行能力是确定绿信比的基本资料。所以根据实际要求,最好不要把绿信比包含在入口引道的固有通行能力上。也就是说,信号交叉口某一入口的通行能力应等于每绿灯小时通行能力乘以绿信比。

(1) 停车线法

停车线法的基本思路是以车辆通过停车线作为通过路口的依据,将饱和通行能力经修正后得到设计通行能力。所以调查主要集中在对通过某一信号交叉口进口道的饱和车流进行观测和分析上。所谓饱和流量是指在一次绿灯时间内,入口道上车队能连续通过停车线的最大流量。

观测地点:选择有两条或两条以上入口车道、交通流量大、右转、直行、左转有明确分工的交叉口进口引道。

调查内容与方法:

① 调查交叉口的几何组成,各入口引道车道数、停车线位置及各车道功能划分情况。
② 观测信号灯周期时长及各相位时长。
③ 观测交叉口高峰小时交通流量流向分布。
④ 饱和流量的测定。

(2) 冲突点法

冲突点法的基本思想是以车辆通过"冲突点"作为通过路口的依据。所谓冲突点是指本向直行车(右转车)和对向左转车在同一绿灯时间内交错通过,此两向车流轨线的交会点。该算法所得的饱和通行能力是以车辆通过冲突点的各平均饱和车头时距为基础的,因而此时的调查内容除与前述有不少相似之处外,还要着重观测在冲突点车辆穿插流动的规律。研究表明,若直行车流车辆到达分布属泊松分布时,直行车流中出现的可供左转车穿越的空当分布符合负指数分布。

3) 环形交叉口的调查

环形交叉口是自行调节交通的交叉口,进入交叉口的所有车辆都以同一方向绕中心岛行进,变车流的交叉为合流、交织、分流。它的功能介于平面交叉与立体交叉之间。国内城市中有一定数量的这类交叉口,研究它的通行能力有现实意义。但是迄今尚未有成熟的理论计算公式可循,往往凭经验估计或参考国外类似情况处理。环形交叉口的通行能力受多种因素影响,既与它的各要素的几何尺寸、相交道路的交角有关,又与交通组成流量流向的分布有关。国外的公式多半也是经验性的,同一环交路口的通行能力,采用不同国家的公式计算所得的结果有较大的差异,并不能准确反映我国交通的实际情况。

因此,仅仅从理论方面计算探讨环形交叉口的通行能力显然是不够的,必须进行实地观测以取得环形交叉口饱和通行能力的可靠数据。

通常有两种实测方式:

第一种是专门组织一定数量的汽车按一定速度、一定流向进出交叉口使其达到饱和,同时进行观测。这一方式的主要缺点在于需要调动大量汽车、大量人力,难于组织实施。此外,行驶路线和运行状况也不同于原交叉口的实际情况,存在着一定程度的失真,所以用得不多。

第二种方式是阻车观测。它利用原有线路上的车辆,使其在一段较短时间内暂停通行,当各进口引道上积累了一定数量的车辆之后再开始放行,于是便可使环形交叉在一个短时间内处于饱和状态。第二种方式的实施也有不少困难,尤其是如果准备不充分又缺乏经验时,可能会造成短时间的交通阻塞,影响正常交通运行。国内几个城市的阻车试验表明,事先做好充分的准备、选择适当的阻车时间、适当缩短阻车持续时间、仔细分析可能发生的阻塞情况并准备好相应的疏导方案,那么采用阻车观测较为方便,而且观测结果的真实性也较好。

4) 合流区的调查

合流区间的通行能力,特别是高速公路上合流区间的通行能力是一个十分重要的问题。但是迄今为止,人们对这种路段处的交通现象还不能透彻地阐明,这是因为合流区间发生阻塞的原因比较复杂。所以合流区间通行能力的调查一般是通过对阻塞时的交通情况进行多方面的观测、分析来探讨阻塞发生的原因和推算通行能力,而对于复杂的合流现象也常有用模拟演示来研究的,此时的交通调查的主要工作是获取建立模拟模型的基本资料,为分析和计算提供数据。

用摄影方法观测合流区间的交通现象比较方便,可以同时测定多个交通因素。整个合流区间(自合流区喇叭口向前或自交通岛端部向前约50m)应能处于同一幅画面上,为此可以利用附近高大建筑物、电线杆或自搭拍摄架从高处进行摄影。

为了分析的需要,有时要把合流区间全部车辆的运行情况拍摄下来,往往要使用2~3台摄像机且各自的摄像区要互相搭接。有时也采取同时拍摄整个合流区间的办法,要求对行驶车辆逐个追踪并能绘制时间—距离曲线图。

2.5.5 通行能力分析方法

通行能力分析的基本程序一般是从理想条件下的通行能力开始,然后根据规划、设计或运营高速公路的实际条件,对理想通行能力进行修正,得到实际条件下的通行能力值后,再进行多车道公路的规划、设计和运行状况分析。

通行能力的研究通常有 3 种方法:理论分析法、实测法和仿真法。

1)理论分析法

理论分析法是以跟驰理论为基础,理论推导通行能力,它的核心是如何确定车头间距(或车头时距),实质就是分析车辆在相互跟驰的情况下,驾驶员如何选择跟车距离。目前的理论模型大多数是以时间度量的车头时距或以空间距离度量的车头间距为基础,推导出通行能力的理论分析模型。由于理论分析法不能反映车辆间的相互作用,缺乏对其内在交通机理的深入分析,计算的通行能力值往往与实际观测值相差较大,因此实际的通行能力设计中已很少直接使用理论计算值作为道路设计依据的基础。

2)实测法

目前各国关于基本通行能力的规定值并不是来源于上述的理论分析,而是直接取自实际的观测结果。实测法就是在交通需求充足的高峰期间,根据实测数据,建立速度—流量统计模型,估算通行能力。实测法简单、成熟,并且可靠性较好,目前美国和日本等发达国家的道路通行能力手册的制定大多采用这一方法。

3)仿真法

随着计算机技术的飞速发展,交通仿真已成为研究交通问题的一种重要手段。针对我国道路路段通行能力影响因素众多、缺乏大量实测数据的现状,利用交通仿真进行道路通行能力研究更具优势。仿真法是先构建交通仿真模型,再通过设计仿真试验,估算通行能力。用仿真法求解通行能力的基本步骤包括明确问题、建立数学模型、编制程序、模型标定和验证、试验求解等。其中,数学建模中的车辆跟驰模型和换车道模型是道路通行能力仿真的两个最基本的动态模型。

采用计算机模拟的方法,就可利用计算机的重复性、实时性、延续性、易控制等特点,真实地再现各种交通条件下的车流运行状况,模拟未来或某种特殊道路交通条件下的交通流状况,深入地分析车辆、驾驶员和行人、道路以及交通流的交通特性,有效地进行道路通行能力、交通规划、交通组织与管理等方面的研究。

此外,通过计算机模拟方法,还可避免进行一些费用昂贵且周期长的交通调查和现场试验,用安全、经济和便捷的方法,获得难以调查的数据,再现多种交通现象,从而在大范围、深层次上对问题展开研究。

2.6 道路服务水平分析基本程序

2.6.1 服务水平

服务水平(Level of Service,LOS)是交通流中车辆运行及驾驶员和乘客所感受的质量量度,亦即道路在某种交通条件下所提供运行服务的质量水平。服务水平的定义一般用诸如速度、行驶时间、驾驶自由度、交通间断、舒适、方便和安全等因素来描述。

服务交通量(Service Traffic Volume)是指在通常的道路条件、交通条件和管制条件下，保持规定的服务水平时，道路中一条车道或均匀路段在单位时间内所能通过的最大小时交通量，服务交通量通常取1h为一时段。在不同的服务水平下服务交通量是不同的，服务水平高的道路行车速度快、驾驶自由度大、舒适与安全性好，但是其相应的服务交通量就小；反之，服务交通量大，则服务水平低。值得注意的是，服务交通量不是一系列连续的值，而是不同的服务水平条件允许通过的最大值。服务交通量规定了不同服务水平之间的流量界限。

服务流率(Service Flow)：在通常的道路条件、交通条件和管制条件下，在给定的时间周期内保持规定的服务水平，道路中一条车道或均匀路段在单位时间内所能通过的最大小时交通量，服务流率通常取15min为一时段。

服务水平亦称服务等级，是用来衡量道路为驾驶员、乘客所提供的服务质量等级，其服务等级可以从自由运行、高速、舒适、方便、安全满意的最高水平直到拥挤、受阻、停停开开、难以忍受的最低水平。各国等级划分不一，一般均根据本国的道路交通的具体条件划分3~6个服务等级，如日本分为3个等级，美国为6个等级。

美国各级服务水平的交通流状况描述如下：

服务水平A。交通量很小，交通为自由流，使用者不受或基本不受交通流中其他车辆的影响，有非常高的自由度来选择所期望的速度，为驾驶员和乘客提供的舒适便利程度高。

服务水平B。交通量较服务水平A增加，交通处于稳定流范围内的较好部分。在交通流中，开始易受其他车辆的影响，选择速度的自由度相对来说还不受影响，但驾驶自由度比服务水平A稍有下降。由于其他车辆开始对少数驾驶员的驾驶行为产生影响，因此所提供的舒适和便利程度较服务水平A低一些。

服务水平C。交通量大于服务水平B，交通处在稳定流动范围的中间部分，但车辆之间的相互影响变得大起来，选择速度的自由度受到其他车辆的影响，驾驶时需当心其他车辆的干扰，舒适和便利程度有明显下降。

服务水平D。交通量继续增大，交通处在稳定交通流动范围的较差部分。速度和驾驶自由度受到严格约束，舒适和便利程度低下。当接近这一服务水平下限时，交通量有少数增加就会在运行方面出现问题。

服务水平E。交通常处于不稳定流动范围，接近或达到该水平相应的最大交通量时，交通量有小的增加，或交通流内部有小的扰动就将产生大的运行问题，甚至发生交通中断。所有车速降到一个低的但相对均匀的值，驾驶自由度极低，舒适和便利程度也非常低。此服务水平下限时的最大交通量即为基本通行能力(理想条件下)或可能通行能力(实际条件下)。

服务水平F。交通处于强制性流动状态，车辆经常形成排队现象，走走停停、极不稳定。在此服务水平，交通量与速度同时由大变小，直到零为止，而交通密度则随交通量的减少而增大。

目前，我国对道路服务水平的研究尚不够深入。公路方面，根据实际观测分析并综合考虑美国、日本的分级标准，从便于公路规划设计及使用方便、可操作性强的原则出发，以区分自由流、稳定流和拥堵流为基本条件，《公路工程技术标准》(JTG B01—2014)将服务水平划分为一、二、三、四、五、六级共6个等级。我国各级公路服务水平的交通流状况描述如下：

一级服务水平:交通流处于完全自由流状态。交通量小、速度高、行车密度小,驾驶员能自由按照自己的意愿选择所需速度,行驶车辆不受或基本不受交通流中其他车辆的影响。在交通流内驾驶的自由度很大,为驾驶员、乘客或行人提供的舒适度和方便性非常优越。较小的交通事故或行车障碍的影响容易消除,在事故路段不会产生停滞排队现象,很快就能恢复到一级服务水平。

二级服务水平:交通流处于相对自由流的状态,驾驶员基本上可按照自己的意愿选择行驶速度,但是开始要注意到交通流内有其他使用者,驾驶员身心舒适水平很高,较小交通事故或行车障碍的影响容易消除,在事故路段的运行服务情况比一级差些。

三级服务水平:交通流状态处于稳定流的上半段,车辆间的相互影响变大,选择速度受到其他车辆的影响,变换车道时驾驶员要格外小心,较小交通事故仍能消除,但事故发生路段的服务质量大大降低,严重的阻塞后面形成排队车流,驾驶员心情紧张。

四级服务水平:交通流处于稳定流范围下限,但是车辆运行明显地受到交通流内其他车辆的相互影响,速度和驾驶的自由度受到明显限制。交通量稍有增加就会导致服务水平的显著降低,驾驶员身心舒适水平降低,即使较小的交通事故也难以消除,会形成很长的排队车流。

五级服务水平:为拥堵流的上半段,其下是达到最大通行能力时的运行状态。对于交通流的任何干扰,例如车流从匝道驶入或车辆变换车道,都会在交通流中产生一个干扰波,交通流不能消除它,任何交通事故都会形成很长的排队车流,车流行驶灵活性极端受限,驾驶员身心舒适水平很差。此服务水平下限时的最大交通量即为基本通行能力(理想条件下)或可能通行能力(具体公路)。

六级服务水平:拥堵流的下半段,是通常意义上的强制流或阻塞流。这一服务水平下,交通设施的交通需求超过其允许的通过量,车辆排队行驶,队列中的车辆出现停停走走现象,运行状态极不稳定,可能在不同交通流状态间发生突变。

高速公路、一级公路设计服务水平不应低于三级,一级公路作为集散公路时,设计服务水平可降低一级。二级公路、三级公路设计服务水平不应低于四级;四级公路未做规定。长隧道和特长隧道路段、非机动车及行人密集路段、互通式立体交叉的分合流区段,设计服务水平可降低一级。

城市道路方面,《城市道路工程设计规范》(CJJ 37—2012)将快速路服务水平分为一、二、三、四共4个等级,并规定新建快速路应按三级服务水平设计。关于其他等级城市道路通行能力和服务水平的分析与评价,由于目前国内尚未有成熟的研究成果,规范只给出了基本通行能力与设计通行能力取值,而未给出具体的服务水平评价标准。

效率度量(Measure of Effectiveness)为评价每种设施服务水平而选择的参数,表示能最好地描述该类设施的运行质量。表1-2.8列出了用于每种设施服务水平的效率度量。

确定服务水平的效率度量 表1-2.8

设施类型		效率度量
高速公路、一级公路、快速路	高速、一级公路基本路段	饱和度V/C、小客车实际行驶速度与自由流速度之差
	快速路基本路段	密度$[pcu/(h \cdot ln)]$、平均行程车速(km/h)、饱和度V/C
	匝道及匝道与主线连接点	饱和度V/C、流率$[pcu/(h \cdot ln)]$
	交织区	密度$[pcu/(h \cdot ln)]$

续上表

设施类型	效率度量
二、三、四级公路	延误率(%)、平均行程车速(km/h)、饱和度 V/C
收费站	平均延误(s/veh)
城市主干路、次干路、支路	平均行程车速(km/h)
人行道	人均占用面积(m^2)、人均纵向间距(m)、人均横向间距(m)、步行速度(m/s)
自行车道	路段:骑行速度(km/h)、占用道路面积(m^2/veh)、负荷度;交叉口:停车延误时间(s)、通过交叉口的骑行速度(km/h)、负荷度、路口停车率(%)、占用道路面积(m^2/veh)
无信号交叉口	流率(pcu/h)
信号交叉口	平均控制延误(s/veh)、负荷度、排队长度(m)

2.6.2 服务水平的分析程序

道路的服务水平与道路上的车辆运行速度正相关,与运行时间反相关。对于不同的道路部分来说,服务水平的分析程序是不同的。首先是对道路基本路段的分析,分析步骤如下:

1) 确定自由流速度

当不能从类似道路获得数据时,就需要在现有数据和经验的基础上,综合考虑影响自由流速度的不同因素来计算基本自由流速度。速度限制是基本自由流速度的一个影响因素。其次,根据道路等级的不同,还要考虑其他不同的影响因素。一般用两种常用的方法来确定道路的自由流速度:实地观测法和间接计算法。

通过实地观测法得到的小交通量自由流速度一般无须进行修正,道路结构不同,该小交通量也不同。双车道公路用小交通量(双向交通量小于 200 辆小客车/h)状态下的车辆平均速度可以直接表示自由流速度。对于多车道公路来说,如若在流量不大于 1400 辆小客车/h·/n 的情况下做实地观测,低流量条件下的平均车辆速度可以作为自由流速度。在较低至中等流量(最大为 1300 辆小客车/h·/n)条件下的高速公路上测得的车辆平均速度可以作为自由流速度。

如果无法直接获得实地数据,可以间接计算自由流速度。为了计算自由流速度,分析员必须依据基本自由流速度来描述设施的运行条件特征。基本自由流速度(BFFS)反映了交通和设施线形特征,可以根据当地相似设施运行条件和速度数据进行计算,也可考虑用设计速度和道路上设置的限速标志确定基本自由流速度。式(1-2.17)、式(1-2.18)、式(1-2.19)所示分别为双车道公路、多车道公路和高速公路的计算自由流速度的公式:

$$FFS = BFFS - f_{LS} - f_A \tag{1-2.17}$$

$$FFS = BFFS - f_{LW} - f_{LC} - f_M - f_A \tag{1-2.18}$$

$$FFS = BFFS - f_{LW} - f_{LC} - f_N - f_{ID} \tag{1-2.19}$$

式中:FFS——估算自由流速度,km/h;

BFFS——自由流速度,km/h;

f_{LS}——车道宽度和路肩宽度的修正值,km/h;

f_A——出入口密度修正值,km/h;

f_{LW}——车道宽度修正值,km/h;

f_{LC}——总侧向净空值,km/h;
f_{M}——中央带类型修正值,km/h;
f_{N}——车道修正值,km/h;
f_{ID}——立交密度修正值,km/h。

2) 确定需求流率

在服务水平分析当中,为了能得到当量小客车交通流率,无论是基于交通调查还是估计,小时需求交通量都要进行修正,同样是不同的道路等级其考虑的修正因子不同,见式(1-2.20)、式(1-2.21):

$$V_p = \frac{V}{PHF \times f_G \times f_{HV}} \qquad (1\text{-}2.20)$$

$$V_p = \frac{V}{PHF \times N \times f_{HV} \times f_p} \qquad (1\text{-}2.21)$$

式中:V_p——高峰15min小客车当量流率,veh/h;
　　　V——高峰小时需求交通量,veh/h;
　　PHF——高峰小时系数;
　　　f_G——纵坡修正系数;
　　　f_{HV}——重型车修正系数;
　　　N——车道数;
　　　f_p——驾驶员总体特征修正系数。

其中,多车道公路和高速公路的需求流率均是用式(1-2.21)表示。

可根据需求流率,确定服务水平。

第3章 路段通行能力

路段通行能力是指道路交叉口之间的路段上连续车流的最大允许通过量。由于受道路、交通、管制等条件的影响和限制，不同等级公路和城市道路的路段通行能力也就各不相同。本章讨论除匝道和交织区以外的公路和城市道路路段通行能力。

3.1 概 述

3.1.1 基本路段界定

道路是由路段和交叉口组成的。对于高速公路、一级公路和城市快速路，路段一般是由基本路段、交织区和匝道三部分组成，如图1-3.1所示。

图1-3.1 道路路段划分示意图

(1) 基本路段。不受匝道附加合流、分流及交织流影响的路段。

(2) 交织区。沿一定长度的道路，两条或多条车流穿过彼此的行车路线的路段。交织路段一般由相距较近的合流区和分流区组成。

(3) 匝道及匝道与主线连接处，进口匝道和出口匝道与道路主线的连接处。由于连接处汇集了合流或分流的车辆，因而形成一个紊流区。

基本路段处于任何匝道或交织区的影响区域之外。对于稳定车流而言，具体是指驶入匝道及主线连接处上游150m至下游760m以外、驶出匝道及主线连接处上游760m至下游150m以外，以及表示交织区开始的合流点上游150m至交织区终端分离点下游150m以外的主线路段。

在交通拥挤和堵塞情况下，合流、分流或交织区可能会形成车辆排队现象，排队长度的变化范围很大，可长达几公里。因此，合流、分流或交织区的影响范围将随交通流状况发生改变。

3.1.2 通行能力影响因素

基本路段通行能力分析是假设在良好的路面条件、没有交通事故、良好的气候条件的基础上计算的，如果这些条件不具备，应该在考虑上述假设条件的基础上，对计算结果进行分析、修正。

实际高速公路的道路、交通条件往往不是理想条件，其中对通行能力构成影响的主要因素包括：车道宽度及路侧宽度、车道数、交通组成和驾驶员总体特性，这些条件的变化都将引起通行能力发生变化。

(1) 车道及路侧宽度影响——当车道宽度不足3.75m时，车辆行驶时的横向间距比在理想条件下小。为此,驾驶员将拉大与同向车辆间的行驶间距,或者降低行驶速度,以保证安全,因此,该路段的通行能力有所下降。当左侧路缘带宽度和右侧路肩宽度受限时,也会导致类似的情况发生。

(2)车道数影响——当单向车道数量从2车道到6车道变化时,车道数对基准自由流速度影响不同,其通行能力不会按车道数成倍增加。原因在于车道增多,将使交通量在各车道上的分布发生显著的变化,即使在拥挤的情况下,交通量分布也不均匀,每增加一条车道,其通行能力增长不到一条车道的基本通行能力。

(3)交通组成影响——由于中型车、大型车和拖挂车在外形尺寸和车辆行驶性能上与小客车存在显著差别:中型车、大型车和拖挂车比小客车占用更多的道路行驶空间;中型车、大型车和拖挂车的加速、减速和保持速度的能力低于小客车。因此,中型车、大型车和拖挂车会在交通流中占用更大的动态空间。

(4)驾驶员总体特征影响——驾驶员的技术熟练程度、遵守交通法规的程度、高速公路驾驶经验、对所在高速公路的熟悉程度以及驾驶员健康状况与理想条件存在差别时,都将使交通流的速度降低,导致通行能力发生变化。

由于我国幅员辽阔,各地区经济发展水平不一致,所以各影响因素的作用可能因地而异。

3.2 高速公路基本路段通行能力与服务水平

高速公路是指专供汽车分向、分车道行驶,全部控制出入的多车道公路,其年平均日设计交通量宜在100000辆小客车以上。高速公路是唯一一种能提供完全不间断交通流的公路设施类型,车辆只有通过匝道才能进出主线。

3.2.1 高速公路基本路段通行能力

高速公路基本路段通行能力分析的基本思路是从基本通行能力开始,再按照实际道路、交通条件对基本通行能力进行折减得到实际通行能力。

1)基本通行能力

基本通行能力又称理论通行能力,是指在理想的道路与交通条件下,车辆以连续车流形式通过时的通行能力。高速公路基本路段的理想道路与交通条件包括:

(1)车道宽度大于或等于3.75m。

(2)左侧路缘带宽度为0.75m,右侧路肩宽度>2.00m,纵坡为0,具有良好的线形。

(3)交通组成全部为小汽车。

(4)驾驶员熟悉高速公路几何线形,且驾驶技术熟练、遵守交通法规。

《公路路线设计规范》中给出的高速公路基本路段基准自由流速度与基本通行能力取值如表1-3.1所示。

高速公路基本路段基准自由流速度与基本通行能力　　　　表1-3.1

设计速度(km/h)	基准自由流速度(km/h)	基本通行能力[pcu/(h·ln)]
120	110	2200
100	100	2100
80	90	2000

理想条件下每车道最大服务流率为：

$$MSF_i = C_{bj} \times (V/C)_i \tag{1-3.1}$$

式中：MSF_i——理想条件下，i 级服务水平相应的每车道最大服务流率，[pcu/(h·ln)]；

C_{bj}——理想条件下，设计速度为 j 的高速公路基本路段基本通行能力，[pcu/(h·ln)]；

$(V/C)_i$——与 i 级服务水平相应的饱和度阈值。

高速公路基本路段的基本通行能力受车道数、车道和路侧宽度的影响，应根据实际行驶速度进行修正，得到高速公路基本路段基本通行能力修正值。高速公路基本路段的实际行驶速度可根据当地观测资料或按下式计算：

$$v_R = v_0 + \Delta v_W + \Delta v_N \tag{1-3.2}$$

式中：v_R——自由流状态下，高速公路基本路段的实际行驶速度，km/h；

v_0——高速公路基本路段的基准自由流速度，km/h；

Δv_W——车道宽度与路侧宽度对基准自由流速度的修正值，见表 1-3.2，km/h；

Δv_N——车道数对基准自由流速度的修正值，见表 1-3.3，km/h。

车道宽度与路侧宽度对基准自由流速度修正值　　表 1-3.2

宽度(m)		基准自由流速度修正值 Δv_W(km/h)	
		高速公路	一级公路
车道	3.25	−5.0	−8.0
	3.50	−3.0	−3.0
	3.75	0.0	0.0
左侧路缘带	0.25	−3.0	−5.0
	0.50	−1.0	−3.0
	0.75	0.0	0.0
右侧路肩	≤0.75	−5.0	−8.0
	1.00	−3.0	−5.0
	1.50	−1.0	−3.0
	>2.00	0.0	0.0

车道数对基准自由流速度修正值　　表 1-3.3

车道数(单向)	基准自由流速度修正值 Δv_N(km/h)
>4	0
3	−4.0
2	−8.0

高速公路基本路段基本通行能力修正值，可根据计算的实际行驶速度对表 1-3.1 中的基本通行能力值进行线性内插获得。

2)实际通行能力

实际通行能力又称可能通行能力,高速公路基本路段实际通行能力的计算公式如下:

$$C_{\mathrm{p}} = C_{\mathrm{R}} \times f_{\mathrm{N}} \times f_{\mathrm{HV}} \times f_{\mathrm{P}} \tag{1-3.3}$$

式中:C_{p}——高速公路基本路段实际通行能力,pcu/(h·ln);

C_{R}——高速公路基本路段基本通行能力修正值,pcu/(h·ln);

f_{N}——车道数修正系数,双向6车道及其以上取0.98~0.99;

f_{HV}——交通组成修正系数;

f_{P}——驾驶员总体特征修正系数,通常取0.95~1.00。

中型车、大型车和拖挂车在外形尺寸和车辆行驶性能上与小客车存在显著差别,动力特性比小客车差,导致交通流中出现很大空隙,故应对其进行修正,其修正系数计算公式如下:

$$f_{\mathrm{HV}} = \frac{1}{1 + \sum_{i} P_{i}(\mathrm{PCE}_{i} - 1)} \tag{1-3.4}$$

式中:P_i——第 i 种车型交通量占总交通量的百分比;

PCE_i——第 i 种车型折算系数,应根据交通量与实际行驶速度在表1-3.4中选取。

高速公路基本路段车辆折算系数 表1-3.4

车型	交通量[veh/(h·ln)]	实际行驶速度(km/h)		
		120	>100	>80
中型车	<800	1.5	1.5	1.5
	800~1200	1.5	1.5	2.0
	1200~1600	1.5	1.5	2.0
	1600~2000	1.5	1.5	2.0
	>2000	1.5	1.5	1.5
大型车	<800	1.5	1.5	2.0
	800~1200	1.5	2.0	2.5
	1200~1600	2.5	3.0	3.5
	1600~2000	2.0	2.5	3.0
	>2000	2.0	2.5	2.5
拖挂车(含集装箱车)	<800	2.0	2.5	3.0
	800~1200	2.5	3.0	4.0
	1200~1600	3.0	4.0	5.0
	1600~2000	2.5	3.5	4.0
	>2000	2.5	3.0	3.5

根据实际通行能力,可计算得到实际条件下高速公路基本路段的单向服务流率:

$$\mathrm{SF}_i = C_{\mathrm{R}} \times (V/C)_i \times N \times f_{\mathrm{N}} \times f_{\mathrm{W}} \times f_{\mathrm{HV}} \times f_{\mathrm{P}} \tag{1-3.5}$$

式中:SF_i——在实际的道路交通条件下,i 级服务水平相应的单向服务流率,pcu/h;

N——单向车道数。

3）规划和设计阶段通行能力

规划和设计阶段通行能力分析是根据预测的交通量和交通特性,以及期望的服务水平,确定高速公路基本路段所需车道数。相对于设计分析而言,由于规划分析交通资料仅有规划年的年平均日交通量,其他必要的分析参数由分析人员假定或采用推荐的默认值,所以与设计分析相比,规划分析是比较粗略的。

（1）数据要求

设计分析需要的资料主要涉及预测的设计年限年平均日交通量、设计小时交通量系数、方向不均匀系数、高峰小时系数、交通流组成及驾驶员特征。同时,还需要事先确定设计速度、车道宽度、左侧路缘带宽度和右侧路肩宽度等设计数据。

新建公路的设计小时交通量系数,可参照公路功能、交通量、地区气候、地形等条件相似的公路观测数据确定。缺乏观测数据地区,设计小时交通量系数可参照表 1-3.5 取值。

各地区高速公路设计小时交通量系数(%)　　表 1-3.5

地区	华北 京、津、冀、晋、内蒙古	东北 辽、吉、黑	华东 沪、苏、浙、皖、闽、赣、鲁	中南 豫、湘、鄂、粤、桂、琼	西南 川、滇、黔、藏	西北 陕、甘、青、宁、新
近郊	8.0	9.5	8.5	8.5	9.0	9.5
城际	12.0	13.5	12.5	12.5	13.0	13.5

（2）设计和规划分析步骤

①将设计年限的年平均日交通量换算成为单方向设计小时交通量,高速公路、一级公路的设计小时交通量应选取重交通量方向,按照下式计算。

$$DDHV = AADT \times K \times D \tag{1-3.6}$$

式中:DDHV——单向设计小时交通量,veh/h;

　　　AADT——预测年平均日交通量,veh/h;

　　　K——设计小时交通量系数,为选定时位的小时交通量与年平均日交通量的比值;

　　　D——方向不均匀系数,通常取 0.5~0.6,亦可根据当地交通量观测资料确定。

②将预测的单向设计小时交通量 DDHV 折算成为高峰小时流率。

$$SF = DDHV/PHF/f_{HV} \tag{1-3.7}$$

式中:SF——高峰小时流率,pcu/h。

③假设车道数,据式(1-3.3)计算实际通行能力 C_p。

④确定设计服务水平,高速公路通常取三级服务水平作为设计服务水平;当高速公路作为主要干线公路时,可按二级服务水平进行设计。

⑤计算单向所需车道数:$N = SF/[C_p \times (V/C)_i]$,最后计算出的车道数通常不是整数,应向上取整。

3.2.2　高速公路基本路段服务水平

1）服务水平影响因素

（1）行车速度和运行时间。高速公路的一个重要标志就是行车速度比一般公路快,行驶速度越快,运行时间越短,服务水平越高。因此,服务水平与行车速度正相关,与行驶时间负相关。

(2)车辆行驶时的自由程度。服务水平与行驶的自由程度(通畅性)正相关,行驶自由程度越大,服务水平越高。

(3)交通受阻或受干扰程度。行车延误和每公里停车次数负相关。

(4)行车的安全性。服务水平与行车事故率和经济损失负相关。

(5)行车的舒适性和乘客满意程度。服务水平与行车的舒适性和乘客满意程度正相关。

(6)经济性。服务水平与行驶费用正相关。

2)服务水平评价

服务水平是道路使用者从安全、舒适、效率、经济等多方面所感受到的服务程度,也是驾驶员和乘客对道路交通状态和服务质量的一个客观评价。正确合理地确定服务水平准则是进行服务水平评价的基础和前提。高速公路基本路段服务水平评价采用饱和度(V/C)作为主要指标,采用小客车实际行驶速度与自由流速度之差作为次要评价指标。高速公路基本路段服务水平分级见表1-3.6。

高速公路基本路段服务水平分级　　　表1-3.6

服务水平等级	V/C 值	设计速度(km/h)		
		120	100	80
		最大服务交通量 [pcu/(h·ln)]	最大服务交通量 [pcu/(h·ln)]	最大服务交通量 [pcu/(h·ln)]
一	≤0.35	750	730	700
二	(0.35,0.55]	1200	1150	1100
三	(0.55,0.75]	1650	1600	1500
四	(0.75,0.90]	1980	1850	1800
五	(0.90,1.00]	2200	2100	2000
六	>1.00	0~2200	0~2100	0~2000

3.3 一级公路基本路段通行能力与服务水平

一级公路指供汽车分方向、分车道行驶,可根据需要控制出入的多车道公路。一级公路的年平均日设计交通量宜在15000辆小客车以上,设计速度可以取为100km/h、80km/h和60km/h。

3.3.1 一级公路基本路段通行能力

1)基本通行能力

《公路路线设计规范》中给出的一级公路基本路段基准自由流速度与基本通行能力取值,如表1-3.7所示。与高速公路基本路段相比,在同一设计速度下,一级公路基本路段的基准自由流速度相同,但其基本通行能力却有所降低。

一级公路基准自由流速度基本路段基本通行能力　　　表1-3.7

设计速度 (km/h)	基准自由流速度 (km/h)	基本通行能力 [pcu/(h·ln)]
100	100	2000
80	90	1800
60	80	1600

(1) 车道与路侧对基准自由流速度的影响

一级公路车道宽度和路侧宽度对其基准自由流速度的影响可按表1-3.2选取,车道数对基准自由流速度的影响可按表1-3.3选取。一级公路基本路段的实际行驶速度可根据当地观测资料确定或按式(1-3.2)计算。受车道数、车道和路侧宽度的影响,不同行驶状态下一级公路基本路段的基本通行能力,应根据实际行驶速度对表1-3.7所列的数值进行修正后确定。

(2) 影响一级公路基本路段通行能力的路侧干扰因素

①路侧干扰因素

一级公路基本路段的路侧干扰因素主要包括:路侧行驶的拖拉机数量TRA、支路进出主路的车辆数量EEV、路侧停靠的机动车数量PSV、路侧与横穿公路的行人数量PED、路侧非机动车数量SMV及路侧街道化程度LU。

如图1-3.2所示,当道路街道化程度从无到完全街道化时,内侧车道、中间车道和外侧车道上的小客车速度分别下降约18%、14%、20%。

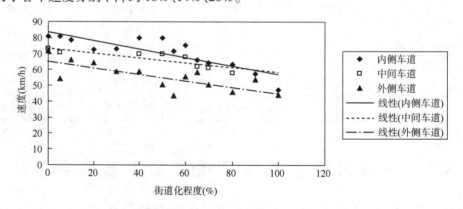

图1-3.2 街道化程度对运行速度的影响

上述六个路侧干扰因素对多车道公路的交通流速度有着不同程度的影响。在一级公路上,拖拉机与支路进出主路的车辆对交通流速度影响程度最大,其次是路侧停靠的机动车,而路侧与横穿公路的行人和非机动车及路侧街道化的影响较小。为简化分析计算,各路侧干扰的权重值规定为:$W_{TRA}=0.25$、$W_{EEV}=0.2$、$W_{PSV}=0.18$、$W_{PED}=0.15$、$W_{SMV}=0.12$、$W_{LU}=0.1$。

②路侧干扰分级

《公路路线设计规范》将路侧干扰分为1~5五个等级:

1级:轻微干扰,公路条件符合标准、交通状况基本正常、各类路侧干扰因素很少。

2级：较轻干扰,公路设施两侧为农田、有少量自行车、行人出行或横穿公路。
3级：中等干扰,公路穿过村镇或路侧偶有停车,被交支路有少量车辆出入。
4级：严重干扰,公路交通流中有较多的非机动车或拖拉机混合行驶。
5级：非常严重干扰,路侧设有集市、摊位、交通管理或交通秩序很差。

路侧干扰等级值 FRIC(取1、2、3、4、5)可根据式(1-3.8)计算：

$$\text{FRIC} = \text{Int}(0.25 \times G_{\text{TRA}} + 0.2 \times G_{\text{EEV}} + 0.18 \times G_{\text{PSV}} + 0.15 \times G_{\text{PED}} + 0.12 \times G_{\text{SMV}} + 0.10 \times G_{\text{LU}} + 0.5)$$

(1-3.8)

式中：G_{TRA}——拖拉机数量对应的路侧干扰等级值；

G_{EEV}——支路进出主路车辆数量对应的路侧干扰等级值；

G_{PSV}——路侧停车数量对应的路侧干扰等级值；

G_{PED}——路侧行人数量对应的路侧干扰等级值；

G_{SMV}——路侧非机动车数量对应的路侧干扰等级值；

G_{LU}——路侧街道化程度对应的路侧干扰等级值。

式(1-3.8)中的各项参数可根据表1-3.8查取。

路 侧 干 扰 分 级   表1-3.8

级别 G	拖拉机数量 TRA [veh/(200m/h)]	支路车辆数 EEV [veh/(200m/h)]	路侧停车数 PSV [veh/(200m/h)]	行人数量 PED [veh/(200m/h)]	非机动车数 SMV [veh/(200m/h)]	街道化程度 LU (%)
1	TRA≤2	EEV≤1	PSV≤2	PED≤6	SMV≤50	LU≤20
2	2<TRA≤4	1<EEV≤2	2<PSV≤4	6<PED≤12	50<SMV≤100	20<LU≤40
3	4<TRA≤6	2<EEV≤3	4<PSV≤6	12<PED≤18	100<SMV≤150	40<LU≤60
4	6<TRA≤8	3<EEV≤4	6<PSV≤8	18<PED≤24	150<SMV≤200	60<LU≤80
5	8<TRA≤10	EEV>4	PSV>8	PED>24	SMV>200	80<LU≤100

2)实际通行能力

实际条件下一级公路基本路段的通行能力可按下式计算：

$$C_p = C_R \times f_{\text{HV}} \times f_p \times f_f \times f_j$$

(1-3.9)

式中：C_p——一级公路基本路段实际通行能力,pcu/(h·ln)；

C_R——一级公路基本路段基本通行能力修正值,可根据计算的实际行驶速度对表1-3.7中的基本通行能力值进行线性内插获得,pcu/(h·ln)；

f_{HV}——交通组成修正系数,按照式(1-3.4)计算,车辆折算系数选取同高速公路基本路段,见表1-3.4；

f_p——驾驶员总体特征修正系数,通常取0.95~1.0；

f_f——路侧干扰影响修正系数；

f_j——平面交叉修正系数。

路侧干扰对一级公路基本路段通行能力的影响与路侧干扰等级有关,其修正系数f_f可参照表1-3.9选取。

一级公路基本路段通行能力路侧干扰修正系数   表1-3.9

路侧干扰等级	1	2	3	4	5
修正系数	0.98	0.95	0.90	0.85	0.80

平面交叉对一级公路基本路段通行能力的影响主要与平面交叉间距、设计速度及平均停车延误有关,其修正系数f_j可参照表1-3.10选取。

一级公路基本路段通行能力平面交叉修正系数   表1-3.10

平面交叉间距（m）	设计速度（km/h）	平面交叉平均停车延误(s)			
		15	30	40	50
2000	100	0.60	0.53	0.51	0.48
	80	0.68	0.61	0.59	0.57
	60	0.77	0.70	0.68	0.66
1000	100	0.42	0.36	0.34	0.22
	80	0.56	0.48	0.46	0.44
	60	0.63	0.54	0.51	0.48
500	100	0.28	0.23	0.20	0.18
	80	0.35	0.28	0.25	0.22
	60	0.46	0.37	0.33	0.30
300	100	0.18	0.15	0.13	0.12
	80	0.24	0.20	0.18	0.15
	60	0.35	0.26	0.23	0.20

3) 规划和设计阶段通行能力分析

一级公路基本路段在规划和设计阶段的通行能力分析目的在于确定其车道数,其分析方法与高速公路基本路段相同,可按式(1-3.10)计算一级公路基本路段所需车道数。

$$N = \mathrm{DDHV}/\mathrm{PHF}/[C_R/\times(V/C)_i \times f_{HV} \times f_p \times f_j \times f_f] \qquad (1-3.10)$$

一级公路通常取三级服务水平作为设计服务水平;当一级公路为集散公路时,可按四级服务水平进行设计。

3.3.2 一级公路基本路段服务水平

一级公路基本路段服务水平评价采用饱和度V/C作为主要指标,采用小客车实际行驶速度与自由流速度之差作为次要评价指标。一级公路基本路服务水平分级,见表1-3.11。

一级公路基本路段服务水平分级   表1-3.11

服务水平等级	V/C值	设计速度(km/h)		
		100	80	60
		最大服务交通量[pcu/(h·ln)]	最大服务交通量[pcu/(h·ln)]	最大服务交通量[pcu/(h·ln)]
一	$V/C \leqslant 0.3$	600	550	480
二	$0.3 < V/C \leqslant 0.5$	1000	900	800
三	$0.5 < V/C \leqslant 0.7$	1400	1250	1100

续上表

服务水平等级	V/C 值	设计速度(km/h)		
		100	80	60
		最大服务交通量 [pcu/(h·ln)]	最大服务交通量 [pcu/(h·ln)]	最大服务交通量 [pcu/(h·ln)]
四	0.7<V/C≤0.90	1800	1600	1450
五	0.90<V/C≤1.00	2000	1800	1600
六	V/C>1.00	0~2000	0~1800	0~1600

3.4 双车道公路路段通行能力与服务水平

双车道公路是指具有两条车行道、双向行车的公路,双车道公路包括二、三、四级公路。二级公路:供汽车行驶的双车道公路,年平均日设计交通量宜为5000~15000辆小客车;三级公路:供汽车、非汽车交通混合行驶的双车道公路,年平均日设计交通量宜为2000~6000辆小客车;四级公路:供汽车、非汽车交通混合行驶的双车道或单车道公路,双车道四级公路年平均日设计交通量宜在2000辆小客车以下,单车道四级公路年平均日设计交通量宜在400辆小客车以下。目前,我国大多数干线及非干线公路均为双车道公路,同时双车道公路亦为我国公路网中最常见、最普遍的一种公路形式。

3.4.1 双车道公路交通运行特性

由于双车道公路交通的独特性,每条车道用于一个方向的交通,只有在视距和对向交通流间隔允许的情况下,车辆才可占用对向车道,超越慢速车辆,具体过程见图1-3.3。双车道公路中任一方向的车辆在行驶过程中,不仅受到同向车辆的制约,还受到对向车流的影响。故不能对单个方向,而是必须对车行道双向通行能力和服务水平进行总的分析计算。

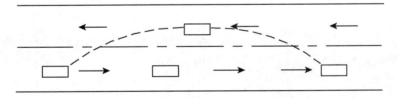

图1-3.3 双车道公路中车辆超车过程示意图

1) 延误分析

在双车道公路上行驶的车辆因为被动排队行驶而增加了运行时间。此外,超车行为也会造成延误。如果超车视距不足,即使车辆已经行至对向车道,也可能会因为对向来车而中途放弃超车,被迫回到原来车道上被动跟驰行驶,从而造成延误。尽管延误率是一个非常有效的指标,但是野外数据的采集非常困难。以现有的观测手段,求算延误时间只能通过对车牌号的方法,但该观测法需要耗费大量的时间和人力,效率较低。因此,有必要寻找一个替代指标。

2) 延误—流量模型

根据车辆跟驰分析研究,并参照美国 HCM,将延误车头时距上限定为5s,即车头时距在

5s 以内都有延误。取统计时间间隔为 5min，将 5min 内的混合车流用车辆折算系数换算为纯小客车流，然后计算延误百分率。图 1-3.4 为实测数据经过上述步骤处理后得到的延误百分率与流量关系散点效果图。

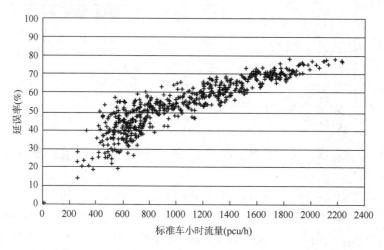

图 1-3.4　延误率-流量散点关系

从散点图上看，随着流率的增大，延误率也在增大，并呈二次抛物线形状，但与抛物线形状不同之处在于延误率并不是增长到一定程度后下降，而是趋近于通行能力点对应的延误百分率值，其模型与函数 $Y=X/(X+C)$ 比较相似。当流量超过通行能力以后，小时流率不再增大，而延误率继续增大。因此，应对该模型进行修正，并建立如下模型：

$$\mathrm{DR} = \frac{V^c}{V^{c+b}} \tag{1-3.11}$$

式中：DR——延误率，%；
　　　V——小时流率，pcu/h；
　　　b——回归系数；
　　　c——指数。

交通流数据的离散性较大，只有统计特性才能够较好地描述交通流特性，采用最小二乘法计算流率和延误数据拟合曲线的参数。用相关系数可以说明回归效果显著与否，相关数 R 的表达式如下：

$$R = \frac{n\sum x_i y_i - \sum x_i \sum y_i}{\sqrt{[n\sum x_1^2 - (\sum x_i)^2] \times [n\sum y_i^2 - (\sum y_1)^2]}} \tag{1-3.12}$$

为了减少随机延误，对流量按 10 辆汇总统计，得到一组流率和延误数据，将流率和延误原始数据代入式(1-3.11)，应用统计分析软件 SPSS 回归分析后，得到各模型参数标定值：指数 $c=1.0099$、回归系数 $b=1622.78$、相关系数 $R=0.9503$。计算结果表明回归拟合效果显著，所选择的模型是合理有效的。为了方便使用，将模型参数简化为：$c=1.1$、$b=1623$。最后模型如下：

$$\mathrm{DR} = \frac{V^{1.1}}{V^{1.1} + 1623} \tag{1-3.13}$$

图 1-3.5 为汇总数据的散点拟合回归曲线。综合反映了延误与流量之间的关系，即延误

随流量的增加而增大。例如,当流量 V 为 500veh/(h·ln)时,由式(1-3.13)可算得延误 DR 为 36%;当流量 V 为 1000veh/(h·ln)时,DR 为 55%;当流量 V 为 1500veh/(h·ln)时,DR 为 66%。与流量相比,延误更能直观地反映道路提供的服务质量,更容易为驾驶员所感受到并作出相应的判断和驾驶操作。

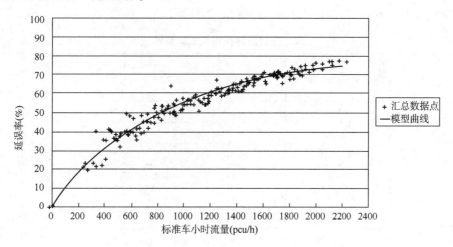

图 1-3.5 延误率—流量散点拟合曲线

3.4.2 双车道公路路段通行能力

1)基本通行能力

《公路路线设计规范》给出的双车道公路路段基准自由流速度与基本通行能力取值,见表 1-3.12。

双车道公路路段基准自由流速度与基本通行能力　　　表 1-3.12

设计速度 (km/h)	基准自由流速度 (km/h)	基本通行能力 [pcu/(h·ln)]
80	90	2800
60	70	2500
40	50	2400

2)实际通行能力

双车道公路中,交通流的运行受到多方面因素的影响,包括行车道宽度、方向分布情况、交通组成、横向干扰等。

双车道公路路段实际通行能力可按式(1-3.14)计算。

$$C_p = C_B \times f_{HV} \times f_w \times f_d \times f_f \tag{1-3.14}$$

式中:C_p——双车道公路路段实际通行能力,pcu/h;

C_B——双车道公路路段基本通行能力,pcu/h;

f_{HV}——交通组成修正系数;

f_w——车道宽度、路肩宽度修正系数;

f_d——方向分布修正系数;

f_f——路侧干扰修正系数。

式(1-3.14)中,交通组成修正系数f_{HV}按照式(1-3.4)计算,车辆折算系数见表1-3.13;《公路工程技术标准》(JTG B01—2014)中给出的双车道公路车道宽度、硬路肩宽度与土路肩宽度如表1-3.14所示;车道宽度、路肩宽度修正系数f_w参照表1-3.15选取;方向分布修正系数f_d参照表1-3.16选取;路侧干扰修正系数f_f参照表1-3.17选取。

双车道公路路段车辆折算系数　　　表1-3.13

车型	交通量(veh/h)	小客车的基准自由流速度(km/h)		
		90	70	50
中型车	<400	2.0	2.0	2.5
	400~900	2.0	2.5	3.0
	900~1400	2.0	2.5	3.0
	>1400	2.0	2.0	2.5
大型车	<400	2.5	2.5	3.0
	400~900	2.5	3.0	4.0
	900~1400	3.0	3.5	4.0
	>1400	2.5	3.5	3.5
拖挂车	<400	2.5	2.5	3.0
	400~900	3.0	3.5	5.0
	900~1400	4.0	5.0	6.0
	>1400	3.5	4.5	5.5
拖拉机	<400	3.0	3.0	5.0
	400~900	3.5	4.0	7.0
	900~1400	4.5	6.0	8.0
	>1400	4.0	5.0	7.0

双车道公路路肩、车道宽度　　　表1-3.14

设计速度(km/h)		80	60	40	30	20
硬路肩宽度(m)	一般值	1.50	0.75	—	—	—
	最小值	0.75	0.25	—	—	—
土路肩宽度(m)	一般值	0.75	0.75	0.75	0.5	0.25(双车道)
	最小值	0.5	0.50			0.50(单车道)
车道宽度(m)		3.75	3.5	3.5	3.25	3.0(3.5)

车道宽度、路肩宽度修正系数f_w　　　表1-3.15

路肩宽度(m)	0	0.5	1.0	1.5	2.5	3.5	>4.5
车道宽度(m)	3.0	3.25	3.5	3.75			
修正系数f_w	0.52	0.56	0.84	1.00	1.16	1.32	1.48

方向分布修正系数　　　　　　　　　　　　　表1-3.16

交通量分布	50/50	55/45	60/40	65/35	70/30
f_d	1.00	0.97	0.94	0.91	0.88

路侧干扰修正系数　　　　　　　　　　　　　表1-3.17

路侧干扰等级	1	2	3	4	5
修正系数f_f	0.95	0.85	0.75	0.65	0.55

3）设计通行能力

在计算得到实际通行能力的基础上，实际或预测及设计条件下双车道公路路段的设计通行能力可按式(1-3.15)计算。

$$C_D = C_P \times (V/C)_i \tag{1-3.15}$$

式中：C_D——双车道公路路段设计通行能力，pcu/h；

$(V/C)_i$——双车道公路路段设计服务水平下对应的饱和度阈值。

4）规划和设计阶段通行能力分析

（1）数据要求

设计分析需要的资料包括预测的双方向设计小时交通量及其交通流特性描述方面的数据。同时，还需要事先假设设计速度和车道、路肩宽度等规划和设计数据。如果需要对设计方案进行详细的运行状况分析，则还需要假设道路平、纵线形的有关资料。通常进行设计分析所需的数据如下：

①预测设计年限的年平均日交通量AADT。

②假设或设计的道路参数，包括设计速度、路面宽度、路肩宽度等。

③假设或预测的交通特性，包括交通组成、方向分布、横向干扰、高峰小时系数等。

（2）分析步骤

①明确已知条件：设计年限的年平均日交通量AADT及方向分布，规划或设计路段的路面宽度、路肩宽度，交通组成，路侧干扰等。

②将年平均日交通量换算成双向设计小时交通量：DHV = AADT×K。

③将预测的设计小时交通量DHV折算为高峰小时流率：SF = DHV/PHF。

④确定各项修正系数。

⑤确定设计通行能力。

⑥比较高峰小时流率SF与C_D：当$C_D>$SF时，说明假设条件能够保证规划、设计公路在要求的服务水平下运行；当$C_D\leqslant$SF时，应该修改规划或设计的道路条件，对双车道公路而言主要是路面宽度、路肩宽度，重新计算新条件下的设计通行能力C_D，直到设计通行能力C_D大于高峰小时流率SF。

3.4.3 双车道公路路段服务水平

通常，双车道公路车辆不成队列行驶，快、慢车在同一车道混合行驶，必须占用对向车道才能完成超车行为，由此造成的被动延误较大。对于双车道公路，采用延误率作为服务水平分级的主要指标，以速度和饱和度作为辅助分级指标，可以大大降低人为因素的影响，保证评价指标的客观性。其中，延误率的定义为车头时距小于或等于5s的车辆数占总交通量的百分比。

《公路路线设计规范》规定,二、三级公路的设计服务水平采用四级,当作为干线公路时,可采用三级服务水平。四级公路则视需要而定。《公路工程技术标准》(JTG B01—2014)给出的双车道公路服务水平划分标准如表1-3.18所示,二、三级公路设计服务水平为四级。

双车道公路路段服务水平划分标准 表1-3.18

服务水平等级	延误率(%)	设计速度(km/h)								
		80			60			<40		
		实际行驶速度(km/h)	V/C 不准超车区(%)		实际行驶速度(km/h)	V/C 不准超车区(%)		V/C 不准超车区(%)		
			<30	30~70	≥70		<30	30~70	≥70	<30	30~70	≥70
一	≤35	≥76	0.15	0.13	0.12	≥58	0.15	0.13	0.11	0.14	0.12	0.10
二	≤50	≥72	0.27	0.24	0.22	≥56	0.26	0.22	0.20	0.25	0.19	0.15
三	≤65	≥67	0.40	0.34	0.31	≥54	0.38	0.32	0.29	0.37	0.25	0.20
四	≤80	≥58	0.64	0.60	0.57	≥48	0.58	0.48	0.43	0.54	0.42	0.35
五	≤90	≥48	1.00	1.00	1.00	≥40	1.00	1.00	1.00	1.00	1.00	1.00
六	≥90	≤48	—	—	—	≤40	—	—	—	—	—	—

3.5 快速路基本路段通行能力与服务水平

城市道路分为快速路、主干路、次干路以及支路四个等级。《城市道路工程设计规范》(CJJ 37—2012)规定:快速路的路段、分合流区、交织区段及互通式立体交叉的匝道,应分别进行通行能力分析,使其全线服务水平均衡一致。在快速路设计时,不仅要对路段通行能力与服务水平进行分析、评价,还必须对分合流区及交织区进行分析、评价。关于快速路分合流区以及交织区的通行能力分析、评价,《城市道路工程设计规范》只提出了设计要求,未给出具体的分析方法和内容,可参阅公路的相关内容。

3.5.1 快速路基本路段通行能力

1)基本通行能力

城市道路交通量换算采用小客车为标准车型,各种车辆的折算系数见表1-3.19。城市道路路段及交叉口的车辆折算系数统一按一个标准考虑。

城市道路车辆折算系数 表1-3.19

车辆类型	小型车	大型客车	大型货车	铰接车
折算系数	1.0	2.0	2.5	3.0

快速路基本路段一条车道的基本通行能力,如表1-3.20所示。

快速路基本路段一条车道的通行能力 表 1-3.20

设计速度(km/h)	100	80	60
基本通行能力[pcu/(h·ln)]	2200	2100	1800

2）实际通行能力

《城市道路工程设计规范》并未就快速路基本路段实际通行能力给予规定，可参考高速公路基本路段实际通行能力计算方法。

3.5.2 快速路基本路段服务水平

1）服务水平划分

城市快速路基本路段服务水平根据密度、平均行程车速、饱和度分为四级：一级服务水平时，交通处于自由流状态；二级服务水平时，交通处于稳定流中间范围；三级服务水平时，交通处于稳定流下限；四级服务水平时，交通处于不稳定流状态。快速路基本路段服务水平分级，如表1-3.21所示。四级服务水平（饱和流）对应的最大服务交通量即为快速路基本路段的基本通行能力。

快速路基本路段服务水平分级 表 1-3.21

设计速度 (km/h)	服务水平等级		密度 [pcu/(h·ln)]	平均速度 (km/h)	饱和度 V/C	最大服务交通量 [pcu/(h·ln)]
100	一级（自由流）		≤10	≥88	0.40	880
	二级（稳定流上段）		(10,20]	[76,88)	0.69	1520
	三级（稳定流）		(20,32]	[62,76)	0.91	2000
	四级	（饱和流）	(32,42]	[53,62)	接近1.00	2200
		（强制流）	>42	<53	不稳定状态	—
80	一级（自由流）		≤10	≥72	0.34	720
	二级（稳定流上段）		(10,20]	[64,72)	0.61	1280
	三级（稳定流）		(20,32]	[55,64)	0.83	1750
	四级	（饱和流）	(32,50]	[40,55)	接近1.00	2100
		（强制流）	>50	<40	不稳定状态	—
60	一级（自由流）		≤10	≥55	0.30	590
	二级（稳定流上段）		(10,20]	[50,55)	0.55	990
	三级（稳定流）		(20,32]	[44,50)	0.77	1400
	四级	（饱和流）	(32,57]	[30,44)	接近1.00	1800
		（强制流）	>57	<30	不稳定状态	—

城市道路规划、设计既要保证道路服务质量，还要兼顾道路建设的成本与效益。设计时采用的服务水平不必过高，但也不能以四级服务水平作为设计标准，否则将会有更多时段的交通流处于不稳定的强制运行状态，导致更多时段内发生经常性拥堵。因此，规定新建城市道路路段采用三级服务水平。

2) 适应交通量

目前,国内各大中城市均在建设或拟建城市快速路,相关规范规定不同规模快速路的适应交通量范围供参考,以避免不合理的建设。设计适应交通量范围应根据设计速度及不同服务水平下的设计交通量确定。

双向四车道、六车道快速路的适应交通量低限采用 60km/h 设计速度时二级服务水平情况下的最大服务交通量,预留一定的交通量增长空间;双向八车道快速路考虑断面规模较大,标准太低会导致性价比较差,适应交通量低限采用 80km/h 设计速度时二级服务水平情况下的最大服务交通量;高限均为 100km/h 设计速度时三级服务水平情况下的最大服务交通量,与设计服务水平一致。

适应交通量采用年平均日交通量,按下式计算:

$$\text{AADT} = \frac{C_D \times N}{K} \tag{1-3.16}$$

式中:C_D——快速路基本路段设计通行能力,即采用的设计服务水平对应的最大服务交通量,pcu/(h·ln);

N——快速路基本路段单向车道数;

K——设计小时交通量系数;设计高峰小时交通量与年平均日交通量的比值。当不能取得年平均日交通量时,可用代表性的平均日交通量代替;新建道路可参照性质相近的同类型道路的数值选用,参考范围取值 0.07~0.12。

按式(1-3.16)计算后,快速路能适应的年平均日交通量如表 1-3.22 所示。

快速路能适应的年平均日交通量 表 1-3.22

设计速度 (km/h)	设计通行能力 [pcu/(h·ln)]	年平均日交通量(pcu/d)		
		四车道	六车道	八车道
100	2000(三级服务水平)	80000	120000	160000
80	1280(二级服务水平)	—	—	102400
60	990(二级服务水平)	39600	59400	—

综上,快速路设计时采用的适应交通量应符合下列规定:
(1)双向四车道快速路折合成当量小客车的年平均日交通量为 40000~80000pcu。
(2)双向六车道快速路折合成当量小客车的年平均日交通量为 60000~120000pcu。
(3)双向八车道快速路折合成当量小客车的年平均日交通量为 100000~160000pcu。

3.6 其他等级城市道路路段通行能力与服务水平

《城市道路工程设计规范》(CJJ 37—2012)规定:主干路的路段、次干路、支路的路段宜进行通行能力和服务水平分析。目前国内关于其他等级城市道路路段通行能力与服务水平的分析、评价,尚未有成熟的研究成果,《城市道路工程设计规范》只提出了设计要求,未给出具体的分析方法和内容,可参阅美国《道路通行能力手册》中的相关内容。

3.6.1 其他等级城市道路路段通行能力

1) 基本通行能力与设计通行能力

其他等级城市道路路段的基本通行能力和设计通行能力如表1-3.23所示,《城市道路设计规范》(CJJ 37—2012)中规定:基本通行能力乘以折减系数0.8后取整得到设计通行能力。

其他等级城市道路路段的基本通行能力与设计通行能力　　表1-3.23

设计速度(km/h)	60	50	40	30	20
基本通行能力[pcu/(h·ln)]	1800	1700	1650	1600	1400
设计通行能力[pcu/(h·ln)]	1400	1350	1300	1300	1100

2) 实际通行能力

其他等级城市道路路段的实际通行能力受车道宽度、交叉口、车道数、路侧干扰(如路边停车、自行车、公交车、过街行人)等的影响,应综合考虑上述因素,在基本通行能力的基础上进行修正计算得到。

目前,由于国内尚未有成熟的研究成果,在相关规范中也未有相关规定。

3.6.2 其他等级城市道路路段服务水平

1) 服务水平评价指标

我国的相关规范中对其他等级城市道路路段服务水平尚未有明确规定。美国《道路通行能力手册》(HCM)中采用平均行程车速作为评价城市道路路段服务水平的指标。平均行程速度的计算公式如下:

$$S_A = \frac{3600L}{T_R + d + d_m} \tag{1-3.17}$$

式中:S_A——路段上直行车辆的平均行程车速,km/h;
L——路段长度,km;
T_R——给定区间内所有路段上总的行驶时间,s;
d——信号交叉口直行车流的控制延误,s;
d_m——在不同于信号交叉口的某处,直行车流的延误,如街区中的延误,s。

2) 服务水平评价标准

分析城市道路路段服务水平的第一步是确定城市道路的等级,这可以根据现场直接观测的自由流速度或通过目标道路的功能和设计类型来确定。美国将城市道路分为Ⅰ、Ⅱ、Ⅲ、Ⅳ四级,其对应的自由流速度分别为80km/h、65km/h、55km/h和45km/h。与我国城市道路的四个等级相比较,城市快速路、主干路、次干路和支路可对应美国的Ⅰ、Ⅱ、Ⅲ、Ⅳ四级城市道路。

表1-3.24是美国《道路通行能力手册》根据平均行程车速和城市道路等级列出的城市道路路段的服务水平分级标准。

城市道路路段服务水平分级 表1-3.24

城市道路等级	Ⅰ	Ⅱ	Ⅲ	Ⅳ
自由流速度范围(km/h)	90~70	70~55	55~50	50~40
典型自由流速度(km/h)	80	65	55	45
服务水平	平均行程车速(km/h)			
A	>72	>59	>50	>41
B	(56,72]	(46,59]	(39,50]	(32,41]
C	(40,56]	(33,46]	(28,39]	(23,32]
D	(32,40]	(26,33]	(22,28]	(18,23]
E	(26,32]	(21,26]	(17,22]	(14,18]
F	≤26	≤21	≤17	≤14

第4章 匝道及匝道与主线连接点通行能力

匝道是专用于连接两条相交道路的路段,其设立的主要目的是为了避免道路的平面交叉,使车辆行驶顺畅,进而提高车速,增大道路通行能力,降低交通事故发生的危险。本章将主要讨论匝道车行道、匝道与高速公路主线连接点通行能力的分析方法,其他类型道路的匝道(如快速路、一级公路)也可运用此方法进行通行能力分析。

4.1 概 述

4.1.1 匝道组成

根据匝道上交通流的运行特性不同,可以将匝道分为三部分,即匝道与高速公路的连接点、匝道行车道、匝道与普通道路的连接点。就匝道本身而言,其设计要素包括匝道车道数(通常有单车道或两车道),匝道长度,设计速度,平、纵线形等。匝道与相连道路的连接处要设计成使从主线来的车辆能顺利汇入该连接处,此类连接处通常设计成平面交叉。通常将匝道与高速公路的连接点设计成允许高速合流及分流运行,使其对高速公路主线交通产生的影响最小。只有当匝道的所有部分,即匝道与主线连接处、匝道车行道及匝道与相连道路连接处达到所要求的服务水平或设计通行能力后,匝道上的交通运行效率才能得到保证。

匝道在高速公路系统中主要起连接作用,与高速公路基本路段相比有很多不同之处:
(1)匝道的长度和宽度是有限的。
(2)匝道的设计速度低于与之相连接道路的设计速度。
(3)在不可能超车的单车道匝道上,货车和其他慢速车辆带来的不利影响比基本路段严重得多。
(4)匝道上车辆加减速现象频繁。

4.1.2 匝道类型

按照匝道的功能及其与正线的关系、匝道横断面车道数等,一般有以下两种分类方法。

1)按匝道的功能及其与正线的关系分类

(1)右转匝道

右转匝道是车辆从正线右侧驶出后直接右转约90°到另一正线的右侧驶入,一般不设跨线构造物,如图1-4.1所示。根据立体交叉的形式和用地限制条件,右转匝道可以布设为单(或复)曲线、反向曲线、平行线或斜线四种。右转匝道属右出右进的直接式匝道,其特点是形式简单、直捷顺当、行车安全。

（2）左转匝道

左转匝道车辆须转 90°～270°越过对向车道，除环圈式左转匝道外，匝道上至少需要一座跨线构造物。按匝道与正线的关系，左转匝道有直接式、半直接式和间接式三种类型。

①直接式（又称左出左进式）：如图 1-4.2 所示，左转弯车辆直接从正线行车道左侧驶出，左转约 90°，到另一正线行车道的左侧驶入。直接式左转匝道的优点是匝道长度最短，可降低营运费用；没有反向迂回运行，自然顺畅；车速高，通行能力较强。其缺点是跨线构造物较多，正线双向行车之间须有足够间距，存在左出和左进的问题。

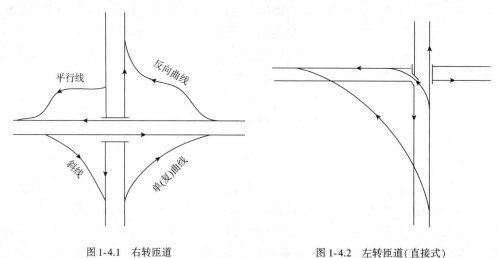

图 1-4.1　右转匝道　　　　　　　图 1-4.2　左转匝道（直接式）

直接式左转匝道存在左出和左进的问题，所以除左转弯交通量很大外，一般不宜采用。图 1-4.2 中的两种布置形式可视经济性、线形要求以及用地情况等比较选用。

②半直接式：按车辆由正线驶入匝道的进出方式可分为三种基本形式。

a.左出右进式：如图 1-4.3 所示，左转车辆从正线行车道左侧直接驶出后左转弯，到另一正线时由行车道右侧驶入。与定向式左转匝道相比，右进改善了左进的缺点，车辆驶入安全方便。但仍然存在左出的问题，匝道上车辆略有绕行，驶出道路双向行车道之间需有足够间距，跨线构造物多。图示三种情况都可采用，应由地形、地物限制条件决定。

b.右出左进式：如图 1-4.4 所示，左转车辆从正线行车道右侧右转弯驶出，在匝道上左转弯，到另一正线后直接由行车道左侧驶入。此方式改善了左出的缺点，车辆驶出安全方便。但仍然存在左进的缺点，驶入道路双向行车道之间需有足够的间距。其余特征与左出右进式匝道相同。

c.右出右进式：如图 1-4.5 所示，左转车辆都是由正线行车道右侧右转弯驶出和驶入，在匝道上左转改变方向。右出右进式是最常用的左转匝道形式，它完全消除了左出和左进的缺点，行车安全方便。其缺点是左转绕行距离较长，跨线构造物较多。图中五种形式应视地形、地物及线形等条件而定。

③间接式（又称环圈式）：如图 1-4.6 所示，左转弯车辆驶过路线构造物后向右回转约 270°达到左转的目的，在行车道的右侧驶入。环圈式左转匝道的特点是右出右进，行车安全，匝道上不需设跨线构造物，造价最低。匝道线形指标差，适应车速低，通行能力较小，占地面积大，左转绕行距离长。

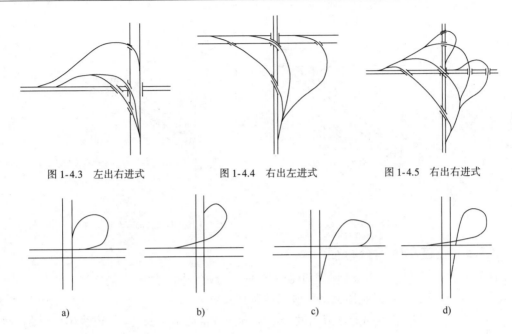

图1-4.3 左出右进式　　　图1-4.4 右出左进式　　　图1-4.5 右出右进式

a)　　　　　　　b)　　　　　　　c)　　　　　　　d)

图1-4.6 环圈式左转匝道

环圈式左转匝道为苜蓿叶式、喇叭式和子叶式立体交叉的标准组成部分。图中1-4.6 a)为常用基本形式。为了改善互通式立体交叉的交织而设置集散车道时,可采用其余三种形式。

2) 按匝道横断面车道类型分类

按横断面车道类型可将匝道划分为四种。

(1) 单向单车道匝道:如图1-4.7所示,这是一种常用匝道形式,无论右转匝道或左转匝道,当转弯交通量比较小而未超过单车道匝道的设计通行能力时都可以采用。

(2) 单向双车道匝道:如图1-4.8所示,两个车道之间可以采用画线分隔,适用于转向交通量超过单车道匝道设计通行能力的情况。

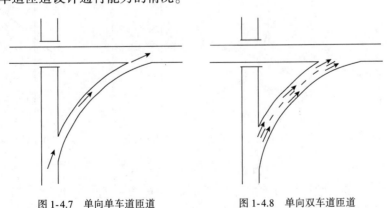

图1-4.7 单向单车道匝道　　　图1-4.8 单向双车道匝道

(3) 对向双车道匝道:如图1-4.9所示,两个方向的车行道之间采用画线分隔,交通运行安全性差,适用于转向交通量小于单车道匝道的设计通行能力,且用地较紧的情况。

(4) 对向分离双车道匝道:如图1-4.10所示,两个方向的车行道之间采用中央分隔带分离,适用于转向交通量满足单车道匝道设计通行能力要求且用地允许的情况。

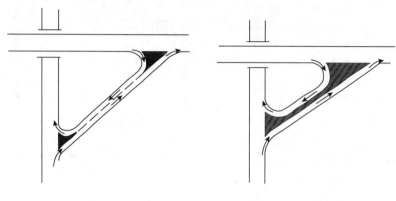

图 1-4.9 对向双车道匝道　　　　图 1-4.10 对向分离双车道匝道

4.1.3 匝道车辆运行特征

匝道车辆运行方式分为车辆在匝道出入口的运行及车辆在匝道上的运行。如图 1-4.11 所示,车辆在匝道出入口及匝道的运行包括四种形式:

(1) 分流:同一行驶方向的车流向两个不同方向分离行驶的过程,如正线出口处的行驶过程即为分流。

(2) 合流:两个行驶方向的车流以较小的角度向同一方向汇合行驶的过程,如正线入口处的行驶过程即为合流。

(3) 交织:两个行驶方向相同的车流以较小的角度汇合交换位置后又分离行驶的过程,如环形交叉进出环道的行驶过程即为交织。

(4) 交叉:两个不同行驶方向的车流以较大的角度(通常≥90°)相交行驶的过程,如部分互通式立体交叉中次要道路上出入口处的行驶过程即为交叉。

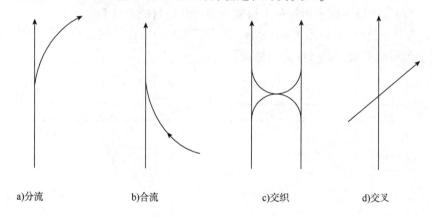

a) 分流　　　　b) 合流　　　　c) 交织　　　　d) 交叉

图 1-4.11 车流形态的基本形式

车辆在匝道上的行驶特征随匝道形式而变化:单向单车道匝道上一般情况下不允许超车;单向双车道匝道上可以超车;双向双车道设立分隔带的匝道不允许超车;双向双车道没设分隔带的匝道允许超车。

匝道与正线(或匝道)分流与合流的组合,可以是自身的组合,也可以是相互的组合。分、合流的组合形式有连续分流、连续合流、合分流及分合流四种类型。根据分流与合流在正线(或匝道)的左侧或右侧位置的不同,又有不同形式的组合,如表1-4.1所示。

分、合流组合形式   表1-4.1

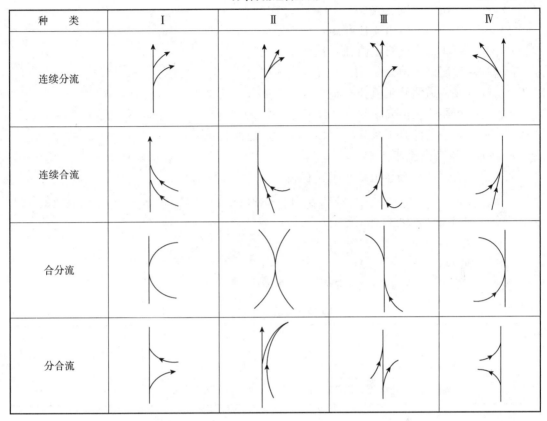

只有在匝道的所有要素设计均符合要求的情形下,匝道才能有效发挥其作用。若其中任何一项出现问题,都可能对匝道产生不利影响。还应特别注意,匝道上的故障很有可能会影响与它相连接的道路。

4.2 匝道车行道通行能力与服务水平

4.2.1 匝道自由流速度

驾驶员在特定匝道上不受其他车辆干扰时所采取的行车速度称为匝道自由流速度。匝道车行道上行驶车辆的自由流速度与匝道的圆曲线半径、超高横坡、行车道宽度、视距、匝道最大纵坡、分隔条件等影响因素有关。另外,驶入道路的等级及类别对驾驶员的影响也不容忽视(例如,驾驶员从高速公路驶入匝道时,由于高速驾车的惯性,其车速会比平时高一些)。上述这些因素对自由流速度的影响通过对匝道基本自由流速度的各种修正值或修正参数来体现。由于匝道形式、线形组合、纵坡等变化很大且组合方式非常多,选择具有代表性的匝道进行观测又很困难,因此对匝道基本自由流速度影响因素的分析计算主要采用结合路段已有成果和匝道实地观测进行综合分析的方法。经过对各种影响因素进行研究和比选,最终确定匝道圆曲线半径、行车道宽度、纵坡、视距、分隔条件、驶入道路等修正值和修正系数。

匝道上车辆行驶的自由流速度的计算公式为:

$$FV = (FV_0 + FFV_W + FFV_{SL} + FFV_{UD} + FFV_V) \times FFV_S \quad (1-4.1)$$

式中:FV——自由流速度,km/h;

FV_0——匝道基本自由流速度,km/h;

FFV_W——行车道宽度修正值,km/h;

FFV_{SL}——坡度修正值,km/h;

FFV_{UD}——驶入道路修正值,km/h;

FFV_V——视距修正值,km/h;

FFV_S——分隔条件修正系数(针对双向匝道,是否有分隔带)。

1) 匝道基本自由流速度 FV_0

匝道设计速度 FV_0 与匝道最小半径有关:

$$FV_0 = \sqrt{127 \times R \times (i+\mu)} \quad (1-4.2)$$

式中:R——匝道最小圆曲线半径,m;

i——匝道圆曲线内最大超高横坡度;

μ——匝道最大横向力系数。

表 1-4.2 给出了规定的匝道圆曲线最小半径。

匝道圆曲线最小半径   表 1-4.2

匝道设计速度(km/h)		80	60	50	40	35	30
圆曲线最小半径(m)	一般值	280	150	100	60	40	30
	极限值	230	120	80	45	35	25

横向力系数 μ 的取值与行车稳定性、乘客舒适性和运营经济性等有关:

(1) 行车稳定性

一般在干燥路面上 μ 为 0.4~0.8;在潮湿的黑色路面上汽车高速行驶时,μ 降低到 0.25~0.40;路面结冰和积雪时,μ 降至 0.2 以下;在光滑的冰面上 μ 可降到 0.06(不加防滑链)。

(2) 乘客舒适性

μ 值过大,汽车不仅不能连续稳定行驶,有时还需要减速。在曲线半径小的曲线上驾驶员要尽量大回转,容易离开行车道而发生事故。当 μ 超过一定数值时,驾驶员就要注意采用增加汽车稳定性的措施,这一切都增加了驾驶员在曲线行驶中的紧张。对于乘客来说,μ 值的增大,同样感到不舒适。据试验,乘客随 μ 的变化其心理反应如下:

当 μ < 0.10 时,不感到有曲线存在,很平稳。

当 μ = 0.15 时,稍感有曲线存在,尚平稳。

当 μ = 0.20 时,已感到有曲线存在,稍感不稳定。

当 μ = 0.35 时,感到有曲线存在,不稳定。

当 μ ≥ 0.40 时,非常不稳定,有倾车的危险感。

(3) 运营经济性

μ 的存在使车辆的燃油消耗和轮胎磨损增加,见表 1-4.3。综上所述,μ 的取值关系到行车的安全、经济与舒适。建议 μ 在 0.10~0.16 的范围内取值。

μ 与车辆的燃油消耗和轮胎磨损程度的变化关系   表 1-4.3

μ 值	0	0.05	0.10	0.15	0.20
燃油消耗(%)	100	105	110	115	120
轮胎磨损(%)	100	160	220	300	390

2)行车道宽度修正值 FFV_W

匝道通行能力分析将小型车的自由流速度作为衡量交通运行状况的一个重要指标,故行车道宽度修正值主要是对小型车自由流速度的修正。参考路段通行能力研究中有关行车道宽度对速度的修正,考虑到匝道的布设形式及行车特点,确定匝道的行车道宽度取值如表 1-4.4 所示(行车道宽度是指单向匝道宽度或双向匝道的单向部分宽度)。

行车道宽度修正值   表 1-4.4

匝道宽度(m)	<6.00	6.50	7.00	7.50	>8.00
修正值	−8	−3	0	2	5

3)坡度修正值 FFV_{SL}

匝道连接了不同方向的主线,其所连接的主线之间往往存在高差,这在立体交叉中尤为突出。因此,势必造成某些匝道纵坡较大,特别是一些跨线桥纵坡大,使车辆上坡时不得不挂低挡,因而使整个交通流速度下降,降低了匝道的通行能力;反之,车辆下坡时为安全起见,也要控制车速,这对自由流速度也产生影响。更为不利的是,匝道的圆曲线半径往往较小,因此车辆行驶时,需要不断地改变行车方向和更换挡位,并且汽车发动机的有效功率除必须克服直线上行所遇到的阻力外,还须克服因曲线产生的附加阻力。纵坡修正系数,如表 1-4.5 所示。

纵 坡 修 正 值   表 1-4.5

坡长(m)	上坡坡度(%)					下坡坡度(%)				
	<3	3	4	5	6	<3	3	4	5	6
≤500	0	0	−2.3	−5.4	−8.5	0	0	0	0	−0.3
500~1000	0	−0.3	−3.7	−7.7	−12.0	0	0	0	−0.3	−3.7
≥1000	0	−0.4	−4.6	−9.1	−13.7	0	0	0	−0.4	−4.6

4)驶入道路修正值 FFV_{UD}

当车辆由高速公路(或一级公路)驶入匝道时,由于驾驶员的惯性操作,进入匝道时仍会保持较高车速,之后逐渐下降到与匝道相适应的速度。

对于高速公路,FFV_{UD} 取 5km/h,对于一级公路,FFV_{UD} 取 3km/h。

5)视距修正值 FFV_V

匝道必须保证一定的视距,否则会由于车辆进出主线时车速过快而导致交通事故。

由于匝道一般长度较短,且依托地形良好、视距充分的高速公路干线,因此匝道的视距一般能满足要求。对于个别匝道视距无法满足要求的,可根据情况降低自由流速度。

对于单车道匝道或设立分隔带的双向双车道匝道,采用停车视距,视距修正值取值如表1-4.6所示。

视距修正值(停车视距)　　　　　　　表1-4.6

视距(m)	>135	135~75	<75
修正值(km/h)	0	-3	-5

对于没有设立分隔带的双向双车道匝道,采用会车视距,视距修正值取值如表1-4.7表示。

视距修正值(会车视距)　　　　　　　表1-4.7

视距(m)	>270	270~150	<150
修正值(km/h)	0	-3	-5

6)分隔条件修正系数FFV_S

对于有分隔带的双向匝道,分隔带的设置会使车辆以近于自由流的速度行驶,故FFV_S取值为1.00。

对于无分隔带的双向匝道,匝道上的车辆将受到对向车流的干扰,取值为0.90。

4.2.2 匝道车行道通行能力

1)基本通行能力

匝道车行道的基本通行能力是建立在最小车头时距基础上的,计算公式如下:

$$C_b = \frac{3600}{H_{min}} \tag{1-4.3}$$

式中:C_b——匝道车行道的基本通行能力,pcu/(h·ln);

H_{min}——自由流时的最小安全车头时距,可按下式计算:

$$H_{min} = t + 3.6 \times \frac{L + L_0 + L_{veh}}{FV} \tag{1-4.4}$$

式中:t——驾驶员最小反应时间,取1.2s;

FV——自由流速度,km/h;

L_0——安全距离,一般取5~10m;

L_{veh}——车身长度,一般取5m(小型车);

L——制动距离,可按下式计算:

$$L = \frac{FV^2}{254(\varphi + \psi)} \tag{1-4.5}$$

式中:φ——路面与轮胎之间的附着系数,可取为0.7;

ψ——道路阻力系数,$\psi=f\pm i$,f为路面滚动系数,i为道路纵坡度。

2)实际通行能力

匝道车行道通行能力定义为:在天气良好、道路交通状态和环境下一定的条件下,匝道的一条行车道上能够通过的最大车辆数量,为单位pcu/(h·ln)。在研究高速公路的匝道车行道通行能力时,标准车型为小型车(以小客车为代表),当有其他车型混入时,须将其转换为等效的小型车数量,即当量小客车单位。若地形条件和交通条件不同,匝道通行能力自然也就不同。

影响基本路段通行能力的主要因素有:道路状况、车辆性能、交通条件、交通管制、驾驶员素质、环境和气候等。但就匝道而言,其长度较短,绝大多数均为单向单车道,车流运行状况较为单一,交通量较高速公路主线要小得多。因此,对自由流速度有较大影响的匝道纵坡在车速较低的条件下,其影响已变得不大,并且在求算基本通行能力时,已考虑了车道宽度、纵坡等的影响,故在计算实际通行能力时,影响匝道通行能力的主要因素只有大车混入率和行车道宽度。匝道实际通行能力计算公式如下:

$$C_p = C_b \times f_w \times f_{HV} \tag{1-4.6}$$

式中:C_p——匝道车行道道实际通行能力,pcu/(h·ln);
C_b——匝道车行道基本通行能力,pcu/(h·ln);
f_w——匝道车行道宽度修正系数;
f_{HV}——匝道车行道交通组成修正系数。

(1)行车道宽度修正系数 f_w

大部分匝道都是单向车道形式,因此车行道宽度对匝道通行能力的影响很大。匝道行车道修正系数 f_w,如表1-4.8 所示。

匝道行车道宽度修正系数 表1-4.8

匝道横断面类型	匝道横断面总宽度(m)	匝道行车道宽度修正系数
单向单车道 (含有分隔带的双向双车道)	5.50	0.79
	6.00	0.88
	6.50	0.95
	7.00	1.00
	7.50	1.03
单向双车道	8.00	0.95
	8.50	1.00
	9.00	1.05
	9.50	1.12
	10.00	1.20

(2)交通组成修正系数

$$f_{HV} = \frac{1}{1 + \sum P_i (PCE_i - 1)} \tag{1-4.7}$$

式中:P_i——车型 i 占总交通量的百分率;
PCE_i——车型 i 折算系数。

一般情况下,匝道的 f_{HV} 可以根据表1-4.9 给出。

大型车对匝道通行能力的修正系数 f_{HV} 表1-4.9

大型车混入率(%)	10	20	30	40	50	60	70	80
f_{HV}	0.88	0.81	0.77	0.74	0.72	0.71	0.704	0.70

匝道当量值的确定类似路段车辆当量换算,并考虑了匝道车速较低的交通特点,匝道各车型的车辆折算系数,如表1-4.10所示。

匝道各车型的车辆折算系数 表1-4.10

匝道类型	交通量(veh/h)	小型车	中型车	大型车
单车道	0~750	1.00	1.20	1.30
	750~1500	1.00	1.50	2.00
双车道	0~1500	1.00	1.15	1.20
	1500~3000	1.00	1.40	1.80

3) 设计通行能力

(1) 单车道匝道

匝道设计速度 $S<50km/h$,为1200pcu/h。

匝道设计速度 $S>60km/h$,为1500pcu/h

(2) 双车道匝道

双车道匝道只有在驶入或驶出匝道端部的车辆能以两列驶入或驶出主线的情况下,才可以采用单车道匝道设计通行能力。

4.2.3 匝道车行道服务水平

1) 服务水平分级指标

一般来说,匝道车行道服务水平和交通量有一定关系。不同的服务水平允许通过的交通量不同:服务等级高的道路车速快,驾驶员行驶的自由度大,舒适与安全性好,但其相应的服务交通量小;反之,允许的服务交通量大,则服务水平就低。在考虑匝道服务水平时有多种选择,如行车速度和运行时间;车辆行驶的自由度(通畅性);交通受阻或受干扰程度,以及行车延误和每公里停车次数;行车安全性(事故率和经济损失等);行车舒适性和乘客满意程度;经济性(行驶费用)等。但就匝道而言,难以全面考虑和综合上述诸因素,从评价指标数据获得难易程度和可操作性角度出发,选取饱和度作为匝道服务水平分级评价指标最为合适。

饱和度指实际流量和通行能力的比值。它是确定路段运行状况的重要参数,也是检验路段是否会发生交通拥挤的衡量标准,是评价路段服务水平最主要的标志之一。

2) 服务水平分级标准

匝道车行道服务水平等级是用来衡量匝道为驾驶员、乘客所提供的服务质量的等级,其质量范围可以从自由运行、高速、舒适、方便、完全满意的最高水平到拥挤、受阻、停停开开、难以忍受的最低水平。参照高速公路与一级公路基本路段的服务水平划分标准,根据饱和度将匝道车行道的服务水平分为六级,如表1-4.11所示。匝道车行道的设计服务水平采用三级服务水平。

匝道车行道服务水平划分　　　　　　　　　　表 1-4.11

服务水平等级	高速公路饱和度	一级公路饱和度
一	<0.35	<0.30
二	(0.35,0.55]	(0.30,0.50]
三	(0.55,0.75]	(0.50,0.70]
四	(0.75,0.90]	(0.70,0.90]
五	(0.90,1.00]	(0.90,1.00]
六	>1.00	>1.00

4.3 匝道与主线连接点通行能力与服务水平

匝道与高速公路的连接点是争夺交通需求空间的场所。上游高速公路需求量在合流区与驶入匝道的需求量相竞争。驶入匝道上游的高速公路车流是来自各个交通源的上游交通量集合而成的。在合流区驶入匝道的车辆试图在相邻高速公路车道的交通流中寻找出口或"间隙"。由于大多数匝道位于道路的右侧,所以靠路肩的车道所受的影响最大。为方便起见,从路肩到路中心的车道依次用数字 1 至 N 表示。

当驶入匝道的车流增加时,在高速公路车道中,驶入车辆影响高速公路各车道中的交通分布。车辆在驶入道路与 1 号车道变换交汇点时时常出现交通事故。实际的交汇形式是变化的,但它将对主干道及匝道的排队长度产生严重的影响。

驶出匝道的基本作用是分流。驶出的车辆必然要占用靠近匝道的车道(或占用匝道出口),必然导致车辆在其他车道上重新分布。当驶出匝道是双车道时,分流行驶的影响会波及高速公路的几个车道。

4.3.1 分合流区车辆运行特征

1) 分流点车流运行特征

过境交通分离出来的车辆必须先驶入与匝道相连接的 1 号车道,因此其特征就是驾驶员在车行道之间调整车辆的分布百分率。在有双车道匝道的地方,车辆分离会影响高速公路若干车道。车辆分离过程首先是变换车道的过程,在车辆分离的影响区范围内,处于内侧车道准备离开高速公路的车辆必须逐步从内侧车道变换至 1 号车道,驶出匝道交通量在驶出匝道上游时在 1 号车道中不同范围内的百分率不同,分离流量在 1 号车道百分率与距离分离点长度关系见表 1-4.12。

分离流量在 1 号车道百分率与距离分离点长度关系　　　表 1-4.12

距离分离点长度(m)	1200	1050	900	750	600	450	300	150	0
分离流量在 1 号车道百分率(%)	10	16	29	46	63	79	95	100	100

2) 合流点车流运行特征

对于合流车流,从匝道来的车辆寻找邻近主线上交通流中可用的间隙以便汇入。由于绝大部分匝道位于主线的右侧,因此主线上右侧车道受直接影响。汇入的车流与过境车流之间相互影响,同时汇入车流对高速公路整个方向车流的运行具有相当的影响:一般情况下,合流后的车辆往往趋向于变换车道到行车速度较快的中间车道或内侧车道行车。在合流点影响范围内,变换车道的概率大大增加,合流交通流对合流点下游高速公路单向总交通流正常运行产生相当的影响。同时,由于汇入车辆汇入时车速较低,对合流点上游1号车道交通流运行产生较大的影响。因此,研究合流点交通流的运行必须考虑汇入流量与合流点上游主线交通量以及1号车道交通量之间的关系,见表1-4.13。

汇入流量在1号车道百分率与距离合流点距离关系 表1-4.13

距离合流点长度(m)	0	150	300	450	600	750	900	1050	1200
汇入流量在1号车道百分率(%)	100	100	60	30	19	14	11	10	10

4.3.2 关键点交通量

匝道与主线连接点的关键点交通量包括合流交通量 V_m、分流交通量 V_d 和主线交通量 V_f。

1) 合流交通量 V_m

如图1-4.12所示,合流交通量是相互汇合的交通流的总交通量(veh/h),用于驶入匝道,它等于1号车道交通量 V_1 与匝道交通量 V_r 之和。

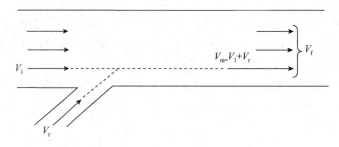

图1-4.12 合流交通量图示

2) 分流交通量 V_d

如图1-4.13所示,分流交通量是将要分离的交通流的总交通量(veh/h),用于驶出匝道,它等于1号车道交通量 V_1。

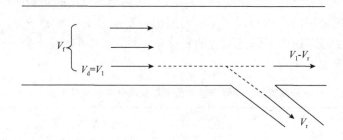

图1-4.13 分流交通量图示

3) 主线交通量 V_f

如图1-4.14所示,主线交通量是匝道与主线连接处最大单向交通量,即驶入匝道下游或驶出匝道上游主线单向行车道的交通量(veh/h),用于任何合流或分流的地点。

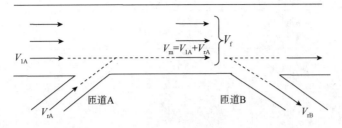

图1-4.14 主线交通量图示

综上可知,计算关键点交通量的前提是计算1号车道交通量。

4.3.3 1号车道交通量计算

因为汇入和分离发生在与匝道邻接的1号车道上,1号车道上的交通量和其特征就成为分析计算中主要关系的因素了,故本节中大部分分析计算步骤集中在估算1号车道的交通量。一般来说,1号车道交通量随以下几个因素而变化:

(1)匝道交通量 V_r。

(2)匝道上游高速公路单向交通量 V_f。

(3)与相邻上游和(或)下游匝道的距离 D_u、D_d。

(4)相邻上游和(或)下游匝道的交通量 V_u、V_d。

(5)匝道形式(驶入匝道还是驶出匝道,在连接处的匝道车道数等)。

1)1号车道交通量的常规算法

(1)四车道高速公路或一级公路单车道驶入匝道

四车道高速公路或一级公路单车道驶入匝道与主线连接点上游的1号车道交通量计算图示如图1-4.15所示,其计算公式见式(1-4.8)。

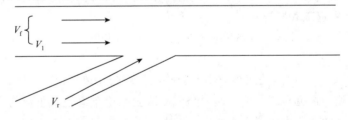

图1-4.15 四车道高速公路单车道驶入匝道

该计算方法的适用条件如下:

①四车道高速公路或一级公路上的单车道驶入匝道(非环形),有或无加速车道。

②在上游610m内无相邻驶入匝道。

③交通量适用范围:$V_f = 360 \sim 3100 \text{veh/h}$、$V_r = 50 \sim 1300 \text{veh/h}$。

$$V_1 = 136 + 0.345V_f - 0.115V_r \tag{1-4.8}$$

(2)四车道高速公路或一级公路单车道驶出匝道

四车道高速公路或一级公路单车道驶出匝道与主线连接点上游的1号车道交通量计算图示如图1-4.16所示,其计算公式见式(1-4.9)。

该计算方法的适用条件如下:

①四车道高速公路或一级公路上的单车道驶出匝道,有或无减速车道。

②在上游980m内无相邻驶入匝道。

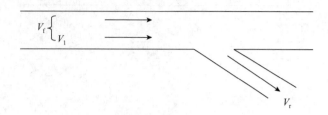

图 1-4.16　四车道高速公路单车道驶出匝道

③交通量适用范围：$V_f = 360 \sim 3800\text{veh/h}$、$V_r = 50 \sim 1400\text{veh/h}$。

$$V_1 = 165 + 0.345V_f + 0.520V_r \tag{1-4.9}$$

（3）上游有相邻驶入匝道的四车道高速公路或一级公路单车道驶出匝道

上游有相邻驶入匝道的四车道高速公路或一级公路单车道驶出匝道与主线连接点上游的 1 号车道交通量计算图示如图 1-4.17 所示，其计算公式见式(1-4.10)。

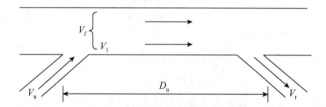

图 1-4.17　四车道高速公路上游有相邻驶入匝道的单车道驶出匝道

$$V_1 = 202 + 0.362V_f + 0.496V_r - 0.226D_u + 0.096V_u \tag{1-4.10}$$

该计算方法的适用条件如下：

①四车道高速公路或一级公路上一单车道驶出匝道，在其上游 980m 以内有一相邻的驶入匝道，该驶出匝道有或无减速车道。

②交通量适用范围：$V_f = 65 \sim 3800\text{veh/h}$、$V_r = 50 \sim 1450\text{veh/h}$、$V_u = 50 \sim 810\text{veh/h}$、$D_u = 210 \sim 980\text{m}$。

（4）上游有相邻驶入匝道的四车道高速公路或一级公路单车道驶入匝道

上游有相邻驶入匝道的四车道高速公路或一级公路单车道驶入匝道与主线连接点上游的 1 号车道交通量计算图示如图 1-4.18 所示，其计算公式见式(1-4.11)。

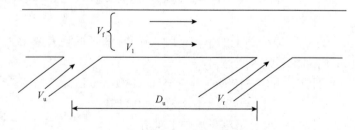

图 1-4.18　四车道高速公路上有相邻驶入匝道的单车道驶入匝道

$$V_1 = 123 + 0.376V_f - 0.142V_r \tag{1-4.11}$$

该计算方法的适用条件如下：

①四车道高速公路或一级公路上，上游 120~160m 有相邻驶入匝道存在的单车道驶入匝道，此单车道驶入匝道有或无加速车道。

②交通量适用范围：$V_f = 720 \sim 3300\text{veh/h}$、$V_r = 90 \sim 1400\text{veh/h}$、$V_u = 90 \sim 900\text{veh/h}$、$D_u = 120 \sim 610\text{m}$。

(5)六车道高速公路单车道驶入匝道

六车道高速公路单车道驶入匝道与主线连接点上游的1号车道交通量计算图示如图1-4.19所示,其计算公式见式(1-4.12)。

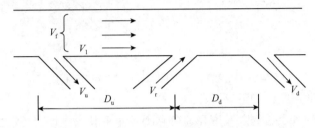

图1-4.19　六车道高速公路上游或下游有或无相邻驶出匝道的单车道驶入匝道

$$V_1 = -121 + 0.224V_f - 0.085V_u + 195.1V_d/D_d \quad (1\text{-}4.12)$$

该计算方法的适用条件如下：

①六车道高速公路上的单车道驶入匝道,在其上游和(或)下游有或无相邻驶出匝道,该驶入匝道有或无加速车道。

②如果在上游800m内无相邻驶出匝道,则$V_u = 45\text{veh/h}$。

③如果在下游1700m内没有相邻驶出匝道,并且$V_f < 4500\text{veh/h}$,使用$195.1V_d/D_d = 5$。

④交通量适用范围：$V_f = 2160 \sim 5600\text{veh/h}$、$V_u = 45 \sim 1000\text{veh/h}$、$V_d = 45 \sim 1200\text{veh/h}$、$V_r = 90 \sim 1540\text{veh/h}$、$D_u = 280 \sim 800\text{m}$、$D_d = 280 \sim 1700\text{m}$。

(6)六车道高速公路单车道驶出匝道

六车道高速公路单车道驶出匝道与主线连接点上游的1号车道交通量计算图示如图1-4.20所示,其计算公式见式(1-4.13)。

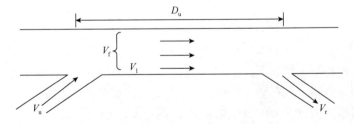

图1-4.20　六车道高速公路单车道驶出匝道

$$V_1 = 94 + 0.231V_f + 0.473V_r + 65.5V_u/D_u \quad (1\text{-}4.13)$$

该计算方法的适用条件如下：

①六车道高速公路上的单车道驶出匝道,在其上游有或无相邻驶入匝道,该驶出匝道有或无减速车道。

②如果在上游1700m内无相邻驶入匝道,使用$65.5V_u/D_u = 2$。

③交通量适用范围：$V_f = 1000 \sim 5600\text{veh/h}$、$V_r = 20 \sim 1620\text{veh/h}$、$V_u = 45 \sim 1100\text{veh/h}$、$D_u = 280 \sim 1700\text{m}$。

(7)上游有相邻驶入匝道的六车道高速公路单车道驶入匝道

上游有相邻驶入匝道的六车道高速公路单车道驶入匝道与主线连接点上游的1号车道

交通量计算图示如图1-4.21所示,其计算公式见式(1-4.14)。

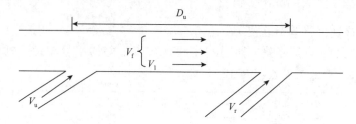

图1-4.21 六车道高速公路单车道驶入匝道

$$V_1 = 574 + 0.228V_f - 0.194V_r + 2.343D_u + 0.274V_u \quad (1\text{-}4.14)$$

该计算方法的适用条件如下:

①上游有相邻驶入匝道的六车道高速公路上单车道驶入匝道,有或无加速车道。

②交通量适用范围:$V_f = 1620 \sim 4900\text{veh/h}$、$V_r = 90 \sim 1350\text{veh/h}$、$V_u = 90 \sim 1260\text{veh/h}$、$D_u = 150 \sim 300\text{m}$。

(8)六车道高速公路双车道驶入匝道

六车道高速公路双车道驶入匝道与主线连接点上游的1号车道交通量计算图示如图1-4.22所示,其计算公式见式(1-4.15)。

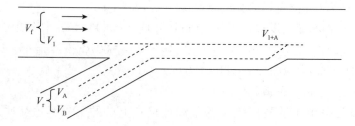

图1-4.22 六车道高速公路双车道驶入匝道

$$\begin{cases} V_1 = 54 + 0.070V_f + 0.049V_r \\ V_{1+A} = -205 + 0.287V_f + 0.575V_r \end{cases} \quad (1\text{-}4.15)$$

该计算方法的适用条件如下:

①六车道高速公路上具有至少240m长加速车道的双车道驶入匝道。

②交通量适用范围:$V_f = 540 \sim 2700\text{veh/h}$、$V_r = 1000 \sim 2700\text{veh/h}$。

(9)六车道高速公路双车道驶出匝道

六车道高速公路双车道驶出匝道与主线连接点上游和下游的1号车道交通量计算图示如图1-4.23所示,其计算公式见式(1-4.16)。

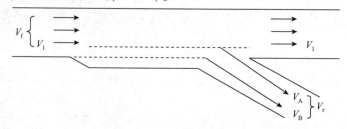

图1-4.23 六车道高速公路双车道驶出匝道

$$\begin{cases} V_{1+A} = -158 + 0.035V_f + 0.567V_r \\ V_1 = 18 + 0.060V_f + 0.072V_r \end{cases} \quad (1\text{-}4.16)$$

该计算方法的适用条件如下：

①六车道高速公路上具有至少210m长减速车道的双车道驶出匝道。

②交通量适用范围：$V_f = 1900 \sim 5400 \text{veh/h}$、$V_r = 1000 \sim 2700 \text{veh/h}$。

(10) 八车道高速公路单车道驶入匝道

八车道高速公路单车道驶入匝道与主线连接点上游的1号车道交通量计算图示如图1-4.24所示，其计算公式见式(1-4.17)。

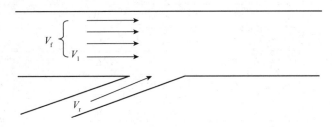

图1-4.24　八车道高速公路单车道驶入匝道

$$V_1 = -312 + 0.201V_f + 0.127V_r \quad (1\text{-}4.17)$$

该计算方法的适用条件如下：

①八车道高速公路上的单车道驶入匝道，有或无加速车道。

②如果下游900m范围内有驶出匝道，则不能适用。

③适用范围：$V_f = 2700 \sim 7000 \text{veh/h}$、$V_r = 270 \sim 1200 \text{veh/h}$。

(11) 下游有相邻驶出匝道的八车道高速公路单车道驶入匝道

下游有相邻驶出匝道的八车道高速公路单车道驶入匝道与主线连接点上游的1号车道交通量计算图示如图1-4.25所示，其计算公式见式(1-4.18)。

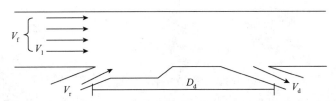

图1-4.25　下游有相邻驶出匝道的八车道高速公路单车道驶入匝道

该计算方法的适用条件如下：

①八车道高速公路上具有加速车道的单车道驶入匝道，且在下游450～900m范围内有驶出匝道。

②适用范围：$V_f = 2700 \sim 6400 \text{veh/h}$、$V_r = 270 \sim 1000 \text{veh/h}$、$V_d = 90 \sim 720 \text{veh/h}$、$D_d = 450 \sim 900 \text{m}$。

$$V_1 = 202 + 0.362V_f + 0.469V_r - 0.226D_d + 0.096V_d \quad (1\text{-}4.18)$$

2) 1号车道交通量近似算法

1号车道交通量除了可以利用上述各式计算外，也可利用近似方法分析上述各式不适用的情况。匝道端部附近1号车道中的过境车辆百分率，如表1-4.14所示。

匝道端部附近1号车道中的过境车辆百分率　　　　　　　　　　表1-4.14

单向过境交通量(veh/h)	1号车道内的过境交通量(%)		
	八车道高速公路	六车道高速公路	四车道高速公路
>5500	10	—	—
5000~5499	9	—	—
4500~4999	9	18	—
4000~4499	8	14	—
3500~3999	8	10	—
3000~3499	8	6	40
2500~2999	8	6	35
2000~2499	8	6	30
1500~1999	8	6	25
<1499	8	6	20

这里把过境车辆定义为在主匝道1200m内不包含在任何匝道上运行的车辆。表1-4.12、表1-4.13及表1-4.14可以用来计算求出1号匝道交通量的近似值。在此要强调的是，仅当上述各式不适于所研究的匝道形式时，才使用近似方法。

例：试估算图1-4.26中匝道B紧挨着的上游1号车道的交通量。假设从匝道进入高速公路基本路段的车辆不再从匝道驶出（注：在该路段1200m范围内无其他匝道）。

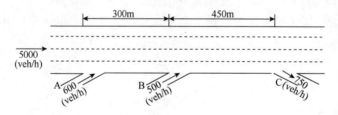

图1-4.26　几何构型及交通量

解：（1）计算单向过境交通量$V(过境) = 5000-750 = 4250$veh/h，查表1-4.14可知，在过境车辆为4250veh/h的八车道高速公路上，8%分布在1号车道内，所以$V_1(过境) = 4250 \times 0.08 = 340$veh/h。

（2）A匝道位于B匝道上游300m处，查表1-4.13可知驶入匝道的车辆有60%分布在1号车道，所以$V_{1u} = 600 \times 0.6 = 360$veh/h。

（3）C匝道位于B匝道下游450m处，查表1-4.12可知驶出匝道的车辆约79%分布行驶在1号车道，所以$V_{1d} = 750 \times 0.79 = 593$veh/h。

（4）B匝道上游1号车道总交通量为：$V_1 = V_1(过) + V_{1u} + V_{1d} = 340 + 360 + 593 = 1293$veh/h。

3）1号车道大型车百分比

如图1-4.27所示，1号车道小客车当量交通量可由大型车在1号车道的交通量占单向行车道上大型车总交通量的百分率与主线单向交通量的关系计算得到。

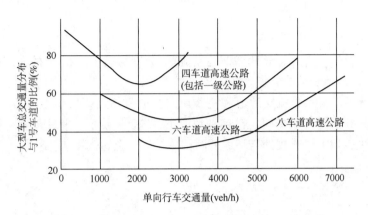

图 1-4.27　1 号车道大型车百分比

4.3.4 匝道与主线连接点服务水平

1) 分、合流点服务水平划分

服务水平标准是以各检查点的流率来划分的,表 1-4.15 给出了匝道与主线连接点的服务水平划分标准。四级服务水平对应的流率即为匝道与主线连接点的基本通行能力。

匝道与主线连接处检查点服务水平划分标准　　　表 1-4.15

服务水平级别	汇合流率(pcu/h)	分离流率(pcu/h)	不同设计速度下的主线单向流率(pcu/h)							
			120km/h		100km/h		80km/h		60km/h	
			四车道	六车道	四车道	六车道	四车道	六车道	四车道	六车道
一	≤1000	≤1050	≤2200	≤3300	≤2000	≤3000	—	—	—	—
二	≤1450	≤1500	≤3200	≤4600	≤2600	≤4200	≤2600	≤3900	≤2300	≤3450
三	≤1750	≤1800	≤3800	≤5700	≤3400	≤5100	≤3200	≤4800	≤2900	≤4350
四	≤2000	≤2000	≤4000	≤6000	≤4000	≤6000	≤3800	≤5700	≤3600	≤5400

2) 分、合流点服务水平计算

(1) 确定匝道几何构造尺寸及交通量

几何构造的建立(包括匝道的形式和位置)是计算交通量的基础;交通量是指匝道上及匝道附近的交通量。在初步考虑时,与所分析的匝道相距在 1800m 以内有相邻匝道时,常常一起进行分析。对此,在计算图式中有更详细的数值来说明什么情况下是独立的,即"相邻"匝道对所分析的匝道没有影响、什么情况下必须将相邻匝道对所分析的匝道的影响考虑进去。

(2) 计算 1 号车道的交通量

可以根据相应的计算图式来计算。

(3) 将所有交通量(veh/h)换算成当量交通量(pcu/h)

1 号车道交通量、匝道交通量和高速公路交通量都必须换算成当量交通量。

(4) 计算检查点交通量

① 合流交通量 V_m: $V_m = V_r + V_1$。

② 分流交通量 V_d: $V_d = V_1$。

③主线上总交通量 V_f。

(5)确定各检查点的服务水平

用检验点交通量 V_m、V_d 及 V_f 计算检验点流率,分别与表 1-4.15 中的相应服务水平划分标准进行比较,以得到三个检验点处的服务水平等级。

在多数情况下,合流、分流交通流和主线单向交通流在运行质量上是不平衡的,也就是说三个检验点服务水平各不相同。在这种情况下,三者中服务水平最差者是控制因素。最令人满意的是匝道和主线连接处与高速公路整体在运行上达到平衡。

第5章 交织区通行能力及服务水平

所谓交织区是指沿一定长度的道路,行驶方向相同的两股或多股交通流穿过彼此行车路线的路段。当合流区后面紧接着一分流区,或当一条驶入匝道紧接着一条驶出匝道,并在二者之间有辅助车道连接时,就构成交织区。高速公路、一级公路、双车道公路或城市干道都会有交织区。交织区中驾驶员需要变换车道,导致交织区内的交通受紊流支配,交织区常常成为拥挤路段,如何确定其通行能力和服务水平是道路通行能力研究的重要内容。

5.1 概　　述

5.1.1 交织流和非交织流

交织流:如图1-5.1所示,从 A 入口驶向 D 出口的车辆必须穿过从 B 入口驶往 C 出口车辆行驶的路径形成交叉,因此将 A—D 和 B—C 的交通流称为交织流。

非交织车流:如图1-5.1所示,在这段路上还有 A—C 和 B—D 车流,它们不与其他车流交叉,因而称为"非交织车流"。

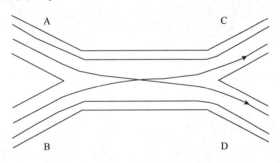

图1-5.1　交织流和非交织流

5.1.2 交织区分类与构型

1)交织区分类

交织区可分为简单交织区和多重交织区两大类。简单交织区由单个汇合点接着有单个分离点形成。简单交织区可划分为单一目的交织区和双目的交织区,如图1-5.2所示,其中图1-5.2a)为高速公路或立体交叉匝道间的集散车道;图1-5.2b)是道路交织区的常见形式。

如图1-5.3和图1-5.4所示,多重交织区由一个汇合点接着两个分离点或两个汇合点接着一个分离点形成。在这种情况下,同一高速公路路段出现多股交织流向,而其车道变换的紊流可能高于简单交织区,驾驶员需谨慎地选择在何处实施他们的车道变换,使与其他交织流向的干扰减至最少。

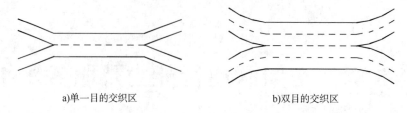

a)单一目的交织区　　　　　　　　b)双目的交织区

图 1-5.2　简单交织区类型的划分

多重交织区分析可借助简单交织区的分析方法,图 1-5.3 和图 1-5.4 给出了多重交织区交织流向最可能发生的地段,可将每个分段可作为一个简单交织区,按前面规定的程序进行分析。

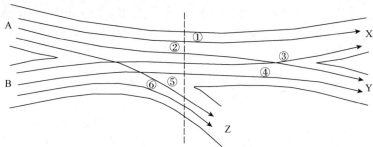

图 1-5.3　由一个合流点跟随两个分流点构成的多重交织区

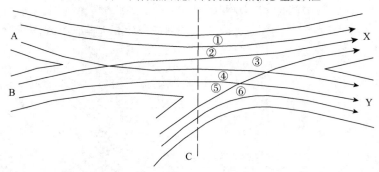

图 1-5.4　有两个合流点跟随一个分流点构成的多重交织区

2)交织区构型

交织区构型成为影响交织的重要几何特征,涉及交织区段的入口和出口车道数及相对位置,它对交织区段中发生的车道变换数量产生重大影响。常见的交织区构型有三种,分别为 A 型、B 型和 C 型。

(1)A 型交织区

A 型交织区的基本几何形式,如图 1-5.5 所示。

A 型交织区的特点是:为完成交织运行,两个交织方向的所有车辆都必须进行一次变换车道。图 1-5.5a)描述了 A 型交织区的两种形式。其中,图 1-5.5a)中,不管是从匝道进入主线的车辆还是从主线驶入匝道的车辆,都至少变换一次车道。图 1-5.5b)中,所有的交织车辆,不管它们进行交织的方向如何,也都必须进行至少一次车道变换。交织形式一般设置在普通公路上,在高速公路上不存在,这主要是因为两条高速公路相交基本采用立交相连通。

(2)B 型交织区

B 型交织区的重要特点是:一个方向的交织车辆不需要变换车道即可完成交织运行,但另一方向的交织车辆最多需要变换一次车道完成交织运行。这种交织区在我国多数存在于普通公路上,高速公路很少有这种交织区。图 1-5.6 是 B 型交织区的几何形式。

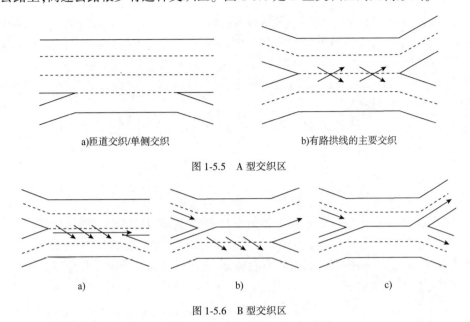

图 1-5.5 A 型交织区

图 1-5.6 B 型交织区

B 型交织区是最主要的交织路段,它在承受较大交织交通量时是非常有效的。

(3) C 型交织区

C 型交织区的特点是:一个方向的交织车辆不需要变换车道即可完成交织运行,而另一方向的交织车辆,必须进行两次或两次以上车道变换才能完成交织运行。C 型与 B 型交织区类似,能为交织车流提供无需变换车道就能完成交织运行的车道。而 B 型与 C 型交织区之间的区别是交织车流所要求的车道变换次数不同。图 1-5.7 是 C 型交织区的几何特征图。

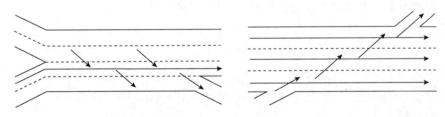

图 1-5.7 C 型交织区

交织区构型的辨别方法可参考表 1-5.1。构型 A 路段当交织路段长度增加时,交织车速变得很高,此时更容易发生约束运行。而构型 B 和构型 C 与此相反,增加路段长度对交织车速的影响比构型 A 路段小,不易发生约束运行。

构造类型和车道变换最少次数关系 表 1-5.1

一个交织方向要求的车道变换次数	另一交织方向要求的车道变换次数		
	0	1	≥2
0	B	B	C
1	B	A	—
≥2	C	—	—

5.1.3 交织区参数

1) 交织区长度 L

如图 1-5.8 所示,从汇合三角区 1 号车道右边缘至入口车道左边缘距离为 0.6m 的点,到分离三角区 1 号车道右边缘至出口车道左边缘距离为 3.7m 的点的距离称为交织区长度。

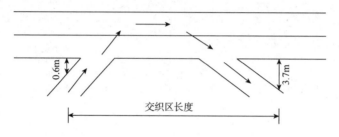

图 1-5.8 交织区长度示意图

交织区长度是交织区的一个十分重要的设计参数,是交织区的主要设计对象之一。美国的 HCM 认为,交织区长度应该在 750m 以下,否则,进出口之间的路段不再视为交织区,因为此时进出口之间的车辆换道的紧迫性不明显,交通运行特征是合流点和分流点特征。

2) 交织区内总车道数 N

由于交织区内总车道数 N 的多少粗略地代表着交织区所能承担交通负荷的能力,所以车道数的确定方法也是交织区运行分析的重要内容。交织区内的车道可供交织车辆与非交织车辆使用,用 N_w 表示交织区内交织车辆使用的车道数,N_{nw} 表示交织区内非交织车辆使用的车道数。三种交织区构型可供交织车辆使用的车道数如下:

构型 A:能被交织车辆使用的最大车道数是最受限制的。一般将交织车辆限制在邻接路拱线的两条车道之中,故不论车道数是多少,交织车辆一般最多用到 1.4 条车道。

构型 B:对交织车辆使用车道方面没有大的约束,交织车辆可以使用多达 3.5 条车道,当交织交通量占总交通量的大部分时,这种形式的构造最为有效。

构型 C:由于有一交织流需要两条或两条以上的车道变换,这就约束了交织车辆使用路段的外侧车道。因此,交织车辆能用的车道数不大于 3.0。有一例外就是双侧构造的交织车辆可以使用全部车道而不受限制。

交织构型 A、B、C 中,可提供给交织车辆运行的交织宽度如图 1-5.9 所示。

3) 交织区内总流率 V

交织区内总流率 V 由交织区内交织总流率 V_w 与交织区内非总交织流率 V_{nw} 组成,交织流率中较大者用 V_{w1} 表示,交织流率中较小者用 V_{w2} 表示;非交织流率中较大者用 V_{nw1} 表示,非交织流率中较小者用 V_{nw2} 表示。

4) 流量比 VR

交织流量比为交织区内交织总流率 V_w 和总流率 V 的比值,交织流量比是交织区运行的重要交通参数。交织区由于车辆运行过程中交织行为的存在,使交通流的车头时距增加,导致交织区由于车辆运行过程中交织行为能力较基本路段上的通行能力小,所以对交织区通行能力而言,交织流量比起着关键作用。

5) 交织比 R

交织比是交织区内较小的交织流率 V_{w2} 和交织流率 V_w 比值。

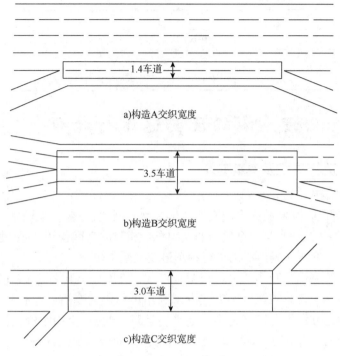

图 1-5.9 各种构型的交织宽度示意图

6）平均行驶速度 S

交织区内所有车辆的平均行驶速度 S 是衡量交织区服务水平的关键性参数，计算所有车辆的平均行驶速度需先计算交织车辆的平均行驶速度 S_w 和非交织车辆的平均行驶速度 S_{nw}。

表 1-5.2 汇总了影响交织区运行的参数，这些参数被用于计算分析交织区的服务水平评价指标。

影响交织区运行的参数 表 1-5.2

符　号	含　　义
L	交织区长度(m)
N	交织区内总车道数
N_w	交织区内交织车辆使用的车道数
N_{nw}	交织区内非交织车辆使用的车道数
V	交织区内总流率(pcu/h)
V_w	交织区内交织总流率(pcu/h)（$V_w = V_{w1} + V_{w2}$）
V_{w1}	交织区交织流率中较大者(pcu/h)
V_{w2}	交织区交织流率中较小者(pcu/h)
V_{nw}	交织区内非交织总流率(pcu/h)（$V_{nw} = V_{nw1} + V_{nw2}$）
V_{nw1}	交织区非交织流率中较大者(pcu/h)
V_{nw2}	交织区非交织流率中较小者(pcu/h)
VR	流量比，交织区内交织流率与总流率的比（$VR = V_w/V$）
R	交织比，交织区内较小的交织流率和交织总流率的比（$R = V_{w2}/V_w$）

续上表

符号	含义
S	交织区内所有车辆的平均行驶速度(km/h)
S_w	交织区内交织车辆的平均行驶速度(km/h)
S_{nw}	交织区内非交织车辆的平均行驶速度(km/h)

5.2 交织区交通运行特性

5.2.1 交织运行形式及其确定

1)交织运行的形式

因交织运行的性质原因,故必会对交通产生扰乱。因此,一交织车辆比一非交织车辆需要占用车行道中更多的空间,交织车辆与非交织车辆相对的空间使用关系,由交织和非交织交通量的相对关系及交织车辆所必需进行的车道变换数来决定。

交织运行分为约束运行和非约束运行两种形式。在交织区中,所有车辆一般总是在使所有交通流达到同样平均行驶速度的方式下来利用可使用的车道。但有些情况下,交织构造会限制交织车辆充分利用车道来达到上述平衡运行。此时,交织车辆只利用了可供使用的车道中比期望少的一部分,而非交织车辆则利用了比期望多的一部分。在这种情况下,交织区的运行为约束运行,当交织构造不限制交织车辆去利用所期望使用的那部分车道时,交织运行就是非约束运行。

2)交织运行形式的确定

采用 N_w 表示交织车辆达到非约束运行所必需使用的车道数(不一定为整数);$N_{w(max)}$ 表示对于一指定的交织构型,可被交织车辆使用的最大车道数(不一定为整数)。在确定一交织区是约束运行还是非约束运行时,可对 N_w 和 $N_{w(max)}$ 进行比较。当 $N_w < N_{w(max)}$ 时是非约束运行、当 $N_w > N_{w(max)}$ 时为约束运行。

N_w 和 $N_{w(max)}$ 的计算确定与交织区的构型有关。

A 型:$\begin{cases} N_w = 1.21 N \times \mathrm{VR}^{0.571} \times L^{0.234}/S_w^{0.438} \\ N_{w(max)} = 1.4 \end{cases}$ (1-5.1)

B 型:$\begin{cases} N_w = N \times [0.085 + 0.703\,\mathrm{VR} + (71.57/L) - 0.012(S_{nw} - S_w)] \\ N_{w(max)} = 3.5 \end{cases}$ (1-5.2)

C 型:$\begin{cases} N_w = N \times [0.761 + 0.047\,\mathrm{VR} - 0.00036 L - 0.0031(S_{nw} - S_w)] \\ N_{w(max)} = 3.0 \end{cases}$ (1-5.3)

上述式中,交织车辆平均行驶速度 S_w 和非交织车辆平均行驶速度 S_{nw} 由下式确计算:

$$S_i = S_{\min} + \frac{S_{\max} - S_{\min}}{1 + W_i}$$ (1-5.4)

式中:S_i——交织车辆的平均行驶速度(当 $i=w$ 时)或非交织车辆的平均行驶速度(当 $i=nw$ 时),km/h;

$S_{\min}$——交织区内预期的最小速度,取 24km/h;

$S_{\max}$——交织区内预期的最大速度,取进入或离开交织区处高速公路基本路段基准自由

流速度加 8km/h;

W_i——交织车流(当 $i=w$ 时)和非交织车流(当 $i=nw$ 时)的交织强度系数,按公式(1-5.5)计算。

$$W_i = \frac{a(1+\mathrm{VR})^b \left(\frac{V}{N}\right)^c}{(3.28L)^d} \qquad (1\text{-}5.5)$$

式中:a、b、c、d——计算交织强度系数时的常量,参照表 1-5.3 选取。

计算交织强度系数时的常量　　　　表 1-5.3

项目	计算交织速度 S_w 的常量				计算非交织速度 S_{nw} 的常量			
	a	b	c	d	a	b	c	d
构型 A								
非约束型	0.15	2.2	0.97	0.80	0.0035	4.0	1.3	0.75
约束型	0.35	2.2	0.97	0.80	0.0020	4.0	1.3	0.75
构型 B								
非约束型	0.08	2.2	0.70	0.80	0.0020	6.0	1.0	0.50
约束型	0.15	2.2	0.70	0.50	0.0010	6.0	1.0	0.50
构型 C								
非约束型	0.08	2.2	0.80	0.60	0.0020	6.0	1.1	0.60
约束型	0.14	2.2	0.80	0.60	0.0010	6.0	1.1	0.60

将交织区内预期的最小速度与最大速度代入式(1-5.4),可得交织车辆平均行驶速度 S_w 和非交织车辆平均行驶速度 S_{nw} 的计算式:

$$S_i = 24 + \frac{S_{FF} - 16}{1 + W_i} \qquad (1\text{-}5.6)$$

式中:S_{FF}——进入和离开交织区处高速公路、一级公路基本路段的平均自由流速度,可根据设计速度分别参照表 1-3.1 和表 1-3.7 选取,km/h。

综上,确定交织区交织运行形式的流程如图 1-5.10 所示,具体分析流程为:

(1)假设交织运行形式为非约束运行,根据交织构型在表 1-5.3 中选取计算交织强度系数的常量。

(2)根据式(1-5.5)计算交织车辆的交织强度系数 W_w 和非交织车辆的交织强度系数 W_{nw}。

(3)根据式(1-5.6)计算交织车辆的平均行驶速度 S_w 和非交织车辆的平均行驶速度 S_{nw}。

(4)根据交织区构型,在式(1-5.1)~式(1-5.3)中选取对应的公式计算交织车辆达到非约束运行所必需使用的车道数 N_w。

(5)对 N_w 和 $N_{w(max)}$ 进行比较,当 $N_w < N_{w(max)}$ 时是非约束运行,假设成立;当 $N_w > N_{w(max)}$ 时为约束运行,假设

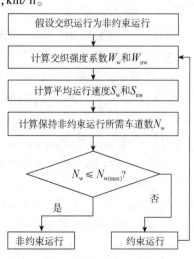

图 1-5.10　交织运行分析过程

不成立,需按照非约束运行,根据交织构型在表 1-5.3 中重新选取计算交织强度系数的常量,计算交织强度系数 W_{nw}、交织车辆的交织强度系数 W_w 和非交织车辆的交织强度系数 W_{nw}、交织车辆达到非约束运行所必需使用的车道数 N_w,并与 $N_{w(max)}$ 进行比较。

5.2.2 交织运行的各种限制

表 1-5.4 给出了交织区的各种限制,这些限制包括:最大交织流率、每条车道的总流率 V/N 最大值、流量比 VR 最大值、最大交织比 R 和各最大交织区长度 L。

交织运行的各种限制　　　　　表 1-5.4

交织构型	最大交织流率 V_w(pcu/h)	V/N 最大值 [pcu/(h·ln)]	N	流量比 VR 最大值	最大交织比 R	最大交织区长度 L(m)
A 型	1800	1900	2	1.00	0.50	750
			3	0.45		
			4	0.35		
			5	0.22		
B 型	3000	1900		0.80	0.50	750
C 型	3000	1900		0.50	0.40	750

上述各种限制的说明各不相同,就交织流率和每车道总流率的限制来说,超过这些限制值,就不大可能有满意的运行。因此,这些限制值是在表 1-5.4 所示的范围内交织路段可以适用的最大值。流量比和交织比的限制值,是指那些难以观测到的交织运行的极限观测值。高于限制的观测值可能会出现,但这些在研究方法所能观测的范围之外,结果应看作近似值。长度限制表明标定基本数据的范围,如前所述,可能在较长路段中出现交织运行,但在这种情况下,一般认为合流运行和分流运行是独立的。较长路段中即使有交织紊流存在,其行驶速度往往接近高速公路基本路段中可达到的速度。

A 型交织区的最大交织流率限制为 1800pcu/h,这是因为所有交织车辆都必须穿过唯一的路拱线,限制了从路段一侧可能穿行到另一侧的车辆数。B 型和 C 型交织区段能适应的最大交织流率达 3000pcu/h,这是由于这种结构对交织车辆提供的车道使用具有灵活性。

流量比 VR 的各种限制值反映了每种构型的特性。A 型交织区用来处理少量交织车流,由于在这类路段交织车辆的正常使用不超过 1.4 条车道,VR 限制值取决于现有车道的总数,且随车道数增加而减少。在高速公路交织区,当交织车辆所占总交通量的比例大于表 1-5.4 给出的值时,通常不采用 A 型结构。B 型结构能有效处理 VR>0.50 和 N>2 的情况。C 型结构则更适用于较大比例的交织量。

交织比 R 是较小的交织流率与总交织流率之比。当两股交织流率相等时,R 达到最大值 0.50。无论 A 型结构还是 B 型结构,对交织比 R 都没有任何实际限制,因为两者都能适用相等的交织车流而不存在运行问题。当交织车流不相等时,C 型交织结构最为有效。这是因为,一组交织车流无需车道变换,而另一组交织车流则需要两次或两次以上的车道变换。当交织比超过 0.4 时,这类交织路段一般不能有效地运行,其较大交通流方向不需要车道变换。

5.3 交织区通行能力与服务水平

5.3.1 交织区通行能力

1) 基本通行能力

交织区基本通行能力受交织构型、自由流速度、交织区内总车道数和流量影响很大,因此其基本通行能力也是按照上述指标分别列出,详见表1-5.5~表1-5.13(表中注解统一见表1-5.13)。

设计速度120km/h的高速公路A型交织区基本通行能力(pcu/h)　　　　表1-5.5

流量比VR	交织段长度(m)				
	150	300	450	600	750[①]
三车道交织区					
0.10	5770	6470	6880	7050[②]	7050[②]
0.20	5250	5960	6280	6680	6900
0.30	4830	5520	5940	6240	6480
0.40	4480	5150	5250[③]	5250[③]	5760[③]
0.45[④]	4190	4790[③]	5020[③]	5310[③]	5530[③]
四车道交织区					
0.10	7690	8630	9180	9400[②]	9400[②]
0.20	7000	7940	8500	8900	9200
0.30	6440	7180[③]	7710[③]	8090[③]	8390[③]
0.35[⑤]	6080[③]	6830[③]	7360[③]	7730[③]	8030[③]
五车道交织区					
0.10	9610	10790	11470	11750[②]	11750[②]
0.20[⑦]	8750	10030[③]	10690[③]	11160[③]	11520[③]

设计速度100km/h的高速公路A型交织区基本通行能力(pcu/h)　　　　表1-5.6

流量比VR	交织段长度(m)				
	150	300	450	600	750[①]
三车道交织区					
0.10	5470	6110	6480	6730	6910
0.20	5000	5540	5020	6290	6490
0.30	4610	5240	5520	5900	6110
0.40	4290	4900	4990[③]	5250[③]	5460[③]
0.45[④]	4000	4520[③]	4790[③]	5040[③]	7600[③]

续上表

流量比 VR	A 型交织区——设计速度为 100km/h(自由流速度 100km/h)				
	交织段长度(m)				
	150	300	450	600	750①
四车道交织区					
0.10	7300	8150	8630	8970	9220
0.20	6660	7520	8030	8380	8650
0.30	6080③	6830③	7310③	7650③	7920③
0.35⑤	5780③	6520③	6990③	7330③	7600③
五车道交织区					
0.10	9120	10180	10790	11210	11500②
0.20⑦	8330	9500	10080③	10510③	10830③

设计速度 80km/h 的高速公路 A 型交织区基本通行能力(pcu/h)   表 1-5.7

流量比 VR	A 型交织区——设计速度为 80km/h(自由流速度 90km/h)				
	交织段长度(m)				
	150	300	450	600	750①
三车道交织区					
0.10	5160	5730	6050	6270	6430
0.20	4730	5310	5650	5880	6060
0.30	4380	4850	5290	5540	5720
0.40	4090	4420③	4730③	4960③	5140③
0.45④	3850	4240③	4470③	4780③	4950③
四车道交织区					
0.10	6880	7460	8070	8350	8570
0.20	6310	7080	7530	7840	8060
0.30	5790③	6360③	6890③	7190③	7430③
0.35⑤	5520③	6180③	6590③	6910③	7140③
五车道交织区					
0.10	8600	9550	10080	10440	10710
0.20⑦	8060③	9460③	9640③	9820③	10100③

设计速度 120km/h 的高速公路 B 型交织区基本通行能力(pcu/h)   表 1-5.8

流量比 VR	B 型交织区——设计速度为 120km/h(自由流速度 110km/h)				
	交织段长度(m)				
	150	300	450	600	750①
三车道交织区					
0.10	7050②	7050②	7050②	7050②	7050②
0.20	6460	6950	7050②	7050②	7050②

续上表

流量比 VR	B 型交织区——设计速度为120km/h(自由流速度110km/h)				
	交织段长度(m)				
	150	300	450	600	750[①]
三车道交织区					
0.30	5810	6320	6620	6630	6980
0.40	5280	5790	6090	6300	6470
0.50	4860	5350	5650	5860	6030
0.60	4550	5010	5300	5510	5680
0.70	4320	4770	5050	5250	5410
0.80[⑧]	3650	4600	4880	5000[⑥]	5000[⑥]
四车道交织区					
0.10	9400[②]	9400[②]	9400[②]	9400[②]	9400[②]
0.20	8610	9270	9400[②]	9400[②]	9400[②]
0.30	7750	8430	8820	9100	9310
0.40	7040	7720	8120	8400	8620
0.50	6370[③]	7140	7530	7820	8000[⑥]
0.60	5810[③]	6670[⑥]	6670[⑥]	6670[⑥]	6670[⑥]
0.70	5350[③]	5760[⑥]	5760[⑥]	5760[⑥]	5760[⑥]
0.80[⑧]	5000[⑥]	5000[⑥]	5000[⑥]	5000[⑥]	5000[⑥]
五车道交织区					
0.10	11750[②]	11750[②]	11750[②]	11750[②]	11750[②]
0.20	10760	11590	11750[②]	11750[②]	11750[②]
0.30	9690	10540	11370	11505	11640
0.40	8830[③]	9650	10000[⑥]	10000[⑥]	10000[⑥]
0.50	7960[③]	8000[⑥]	8000[⑥]	8000[⑥]	8000[⑥]
0.60	6670[⑥]	6670[⑥]	6670[⑥]	6670[⑥]	6670[⑥]
0.70	5760[⑥]	5760[⑥]	5760[⑥]	5760[⑥]	5760[⑥]
0.80[⑧]	5000[⑥]	5000[⑥]	5000[⑥]	5000[⑥]	5000[⑥]

设计速度100km/h的高速公路 B 型交织区基本通行能力(pcu/h)　　　表1-5.9

流量比 VR	B 型交织区——设计速度为100km/h(自由流速度100km/h)				
	交织段长度(m)				
	150	300	450	600	750[①]
三车道交织区					
0.10	5750	6900[②]	6900[②]	6900[②]	6900[②]
0.20	6070	6510	6750	6900[②]	6900[②]
0.30	5490	5950	6210	6400	6540
0.40	5010	5470	5740	5930	6070

流量比 VR	B 型交织区——设计速度为 100km/h(自由流速度 100km/h)				
	交织段长度(m)				
	150	300	450	600	750[①]
三车道交织区					
0.50	4620	5070	5340	5530	5680
0.60	4330	4760	5020	5220	5360
0.70	4120	4530	4790	4970	5120
0.80[⑧]	3600	4380	4630	4620	4960
四车道交织区					
0.10	9000	9200[②]	9200[②]	9200[②]	9200[②]
0.20	8100	8680	9010	9200[②]	9200[②]
0.30	7320	7930	8280	8530	5710
0.40	6680	7290	7650	7900	8100
0.50	6060[③]	6760	7120	7370	7580
0.60	5540[③]	6340	6670[⑥]	6670[⑥]	6670[⑥]
0.70	5130[③]	5640[③]	5760[⑥]	5760[⑥]	5760[⑥]
0.80[⑧]	4800[③]	5000[⑥]	5000[⑥]	5000[⑥]	5000[⑥]
五车道交织区					
0.10	11250	11500[②]	11500[②]	11500[②]	11500[②]
0.20	10120	10850	11260	11500[②]	11500[②]
0.30	9150	9910	10350	10660	10890
0.40	8370[③]	9110	9560	9880	10000
0.50	7570[③]	8000[⑥]	8000[⑥]	8000[⑥]	8000[⑥]
0.60	6670[⑥]	6670[⑥]	6670[⑥]	6670[⑥]	6670[⑥]
0.70	5760[⑥]	5760[⑥]	5760[⑥]	5760[⑥]	5760[⑥]
0.80[⑧]	5000[⑥]	5000[⑥]	5000[⑥]	5000[⑥]	5000[⑥]

设计速度 80km/h 的高速公路 B 型交织区基本通行能力(pcu/h)　　表 1-5.10

流量比 VR	B 型交织区——设计速度为 80km/h(自由流速度 90km/h)				
	交织段长度(m)				
	150	300	450	600	750[①]
三车道交织区					
0.10	6270	6600	6750[②]	6750[②]	6750[②]
0.20	5570	6050	6270	6410	6520
0.30	5150	5560	5790	5950	6070
0.40	4720	5130	5370	5540	5670
0.50	4370	4770	5010	5190	5320
0.60	4110	4500	4730	4900	5030

续上表

流量比 VR	交织段长度(m)				
	150	300	450	600	750[①]
B型交织区——设计速度为80km/h(自由流速度90km/h)					
三车道交织区					
0.70	3910	4290	4520	4690	4820
0.80[⑧]	3440	4150	4380	4540	4670
四车道交织区					
0.10	8350	8800	9000[②]	9000[②]	9000[②]
0.20	7560	8070	8360	8550	8690
0.30	6870	7410	7720	7940	8100
0.40	6290	6840	7160	7390	7560
0.50	5740[③]	6360	6680	6920	7090
0.60	5270[③]	5990	6310	6530	6670[⑥]
0.70	4890[③]	5350[③]	5760[⑥]	5760[⑥]	5760[⑥]
0.80[⑧]	4590[③]	5000[⑥]	5000[⑥]	5000[⑥]	5000[⑥]
五车道交织区					
0.10	10440	10990	11250[②]	11250[②]	11250[②]
0.20	9450	10090	10440	10680	10860
0.30	8580	9260	9650	9920	10120
0.40	7890[③]	8550	8950	9230	9450
0.50	7170[③]	7960	8000[⑥]	8000[⑥]	8000[⑥]
0.60	6580[③]	6670[⑥]	6670[⑥]	6670[⑥]	6670[⑥]
0.70	5760[⑥]	5760[⑥]	5760[⑥]	5760[⑥]	5760[⑥]
0.80[⑧]	5000[⑥]	5000[⑥]	5000[⑥]	5000[⑥]	5000[⑥]

设计速度120km/h的高速公路C型交织区基本通行能力(pcu/h)　　　表1-5.11

流量比 VR	交织段长度(m)				
	150	300	450	600	750[①]
C型交织区——设计速度为120km/h(自由流速度110km/h)					
三车道交织区					
0.10	7010	7050[②]	7050[②]	7050[②]	7050[②]
0.20	6240	6830	7050[②]	7050[②]	7050[②]
0.30	5610	6200	6550	6790	6980
0.40	5090	5670	5020	6270	6470
0.50[⑨]	4680	5240	5590	5840	6030
四车道交织区					
0.10	9350	9400[②]	9400[②]	9400[②]	9400[②]
0.20	8320	9100	9400[②]	9400[②]	9400[②]

续上表

流量比 VR	C 型交织区——设计速度为 120km/h（自由流速度 110km/h）				
	交织段长度(m)				
	150	300	450	600	750[①]
四车道交织区					
0.30	7470	8270	8730	9060	9300
0.40	6240	7560	8030	8360	6620
0.50[⑨]	5830	6990	7000[⑥]	7000[⑥]	7000[⑥]
五车道交织区					
0.10	11750[②]	11750[②]	11750[②]	11750[②]	11750[②]
0.20	10900[③]	11750[②]	11750[②]	11750[②]	11750[②]
0.30	9630[③]	10570[③]	10910	11320	11630
0.40	8590[③]	8750[⑥]	8750[⑥]	8750[⑥]	8750[⑥]
0.50[⑨]	7000[⑥]	7000[⑥]	7000[⑥]	7000[⑥]	7000[⑥]

设计速度 100km/h 的高速公路 C 型交织区基本通行能力(pcu/h)　　表 1-5.12

流量比 VR	C 型交织区——设计速度为 100km/h（自由流速度 100km/h）				
	交织段长度(m)				
	150	300	450	600	750[①]
三车道交织区					
0.10	6570	6900[②]	6900[②]	6900[②]	6900[②]
0.20	5890	6410	6700	6900[②]	6900[②]
0.30	5310	5850	6160	6370	6540
0.40	4840	5370	5680	5910	6080
0.50[⑨]	4460	4970	5290	5510	5690
四车道交织区					
0.10	8760	9200[②]	9200[②]	9200[②]	9200[②]
0.20	7850	8540	8930	9200[②]	9200[②]
0.30	7080	7790	8210	8500	8720
0.40	6450	7150	7580	7880	8100
0.50[⑨]	5950	6630	7000[⑥]	7000[⑥]	7000[⑥]
五车道交织区					
0.10	11500[②]	11500[②]	11500[②]	11500[②]	11500[②]
0.20	10250[③]	11050[③]	11170	11500[②]	11500[②]
0.30	9110[③]	9960[③]	10260	10620	10900
0.40	8170[③]	8750[⑥]	8750[⑥]	8750[⑥]	8750[⑥]
0.50[⑨]	7000[⑥]	7000[⑥]	7000[⑥]	7000[⑥]	7000[⑥]

设计速度80km/h的高速公路C型交织区基本通行能力（pcu/h）   表 1-5.13

流量比 VR	交织段长度(m)				
	150	300	450	600	750①
三车道交织区					
0.10	6120	6520	6730	6750②	6750②
0.20	5510	5970	6230	6400	6520
0.30	5000	5480	5750	5940	6090
0.40	4570	5050	5330	5530	5680
0.50⑨	4230	4700	4980	5180	5330
四车道交织区					
0.10	8150	8700	8980	9000②	9000②
0.20	7350	7960	8300	8530	8700
0.30	6660	7300	7670	7920	8100
0.40	5640	6730	7110	7370	7580
0.50⑨	5300	6260	6640	6900	7000⑥
五车道交织段区					
0.10	10770②	11250②	11250②	11250②	11250②
0.20	9580③	10270③	10380	10660	10870
0.30	8570③	9310③	9580	9900	10140
0.40	7720③	8470⑥	8750⑥	8750⑥	8750⑥
0.50⑨	7000⑥	7000⑥	7000⑥	7000⑥	7000⑥

注：以下注释适用于表1-5.5～表1-5.13。
① 长度超过750m的交织段被看作单独的合流区和分流区，使用"匝道及匝道与主线连接处通行能力"中的方法。
② 通行能力受高速公路基本路段通行能力的限制。
③ 约束运行状态下出现的通行能力。
④ 在流量比大于0.45的条件下，三车道的A型交织区运行不稳定，这时可能会出现低效率的运行和一些局部车辆排队。
⑤ 在流量比大于0.35的条件下，四车道的A型交织区运行不稳定，这时可能会出现低效率的运行和一些局部车辆排队。
⑥ 受最大允许交织流率限制的通行能力：A型为2800pcu/h、B型为4000pcu/h、C型为3500pcu/h。
⑦ 在流量比大于0.20的条件下，五车道A型交织区运行不稳定，这时可能会出现低效率的运行和一些局部车辆排队。
⑧ 在流量比大于0.80的条件下，B型交织区运行不稳定，这时可能会出现低效率的运行和一些局部车辆排队。
⑨ 在流量比大于0.50的条件下，C型交织区运行不稳定，这时可能会出现低效率的运行和一些局部车辆排队。

2）实际通行能力

交织区的通行能力分析是从基本通行能力出发的，其分析步骤如图1-5.11所示。

交织区实际通行能力可用下式计算：

$$C_p = C_b \times f_{HV} \times f_p \tag{1-5.7}$$

式中：C_p——交织区实际通行能力，pcu/h；

C_b——交织区基本通行能力，pcu/h；

f_{HV}——交通组成修正系数，其计算同高速公路或一级公路基本路段；

f_p——驾驶员总体特征修正系数（高速公路或一级公路基本路段）。

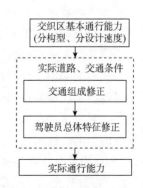

图1-5.11 实际通行能力分析步骤

5.3.2 交织区服务水平

1)服务水平评价标准

交织区衡量服务水平的参数是交织区车流密度,其服务水平标准见表 1-5.14。设计一般采用 C 级服务水平,当需要采取改进措施而有困难不得已时可降低一级采用 D 级服务水平。当交织流和非交织流中有一个或两者均低于设计采用的服务水平等级时,就需采取改进措施,如改进交织构型等。

交织区服务水平标准　　　　　　　表 1-5.14

服务水平	高速公路交织区车流密度[pcu/(km·ln)]	一级公路交织区车流密度[pcu/(km·ln)]
A	<6.0	<8.0
B	(6.0,12.0]	(8.0,15.0]
C	(12.0,17.0]	(15.0,20.0]
D	(17.0,22.0]	(20.0,23.0]
E	(22.0,27.0]	(23.0,25.0]
F	>27.0	>25.0

交织区车流密度的计算公式如下:

$$D = \frac{\frac{V}{N}}{S} \tag{1-5.8}$$

式中:D——交织区内所有车辆的平均车流密度,pcu/(km·ln)。

交织区内所有车辆的平均行驶速度 S 的计算公式如下:

$$S = \frac{V}{\frac{V_w}{S_w} + \frac{V_{nw}}{S_{nw}}} \tag{1-5.9}$$

2)服务水平分析流程

(1)确定道路条件和交通条件

必须规定所有现有的或计划的道路条件及交通条件。道路条件包括所研究交织区的长度、车道数和结构类型。

交通条件既包括交通流中车辆种类分布,也包括高峰小时系数或组合交通流具有的不同特征时的各高峰小时系数。

因为交织区应根据有关小时内 15min 间隔的高峰流率来分析,所以小时交通量必须用高峰小时系数来进行调整。但是该换算却忽略了这样的事实,即交织区内四个组合车流不会在相同的间隔期间同时出现高峰。如有可能,交织车流应按 15min 间隔进行观测和记录,以便可以鉴别关键周期用于分析。当小时交通量是已知的或计划的,可假设所有组合流高峰小时同时发生。在这样一个保守程序的情况下,交织和非交织车辆的预测速度将低于实际发生的速度。还须注意到,在交织内各组合流向不可能有相同的高峰小时系数。如有可能,每种车流及其高峰特征应分别研究。

(2)将所有交通量换算为理想条件下的高峰小时流率

由于前面提出的所有速度和车道适用的计算方法,都是根据在理想条件下的高峰小时车流率,以 pcu/h 计,所以组合车流必须照此换算成高峰小时流率。

(3)确定交织区构型

实际条件下的交织区类型多种多样,往往难以准确判断,因此一般不通过交织区类型的定义来判断,而根据表 1-5.1 通过每个交织方向所需进行的车道变换次数来确定交织区的构型。

(4)确定交织区运行的状态

对 N_w 和 $N_{w(\max)}$ 进行比较,确定交织区是约束运行还是非约束运行。

(5)计算交织区状况评价指标 S 和 D

根据式(1-5.8)与式(1-5.9)计算交织区内所有车辆的平均车流密度。

(6)确定服务水平

根据计算得来的 D,对照表 1-5.14,确定交织区服务水平等级。

第6章 收费站通行能力

收费站的大小是由所需服务的交通量、收费车道的通行能力及服务水平三个因素决定的。因此，在确定的交通量下，分析不同服务水平的收费车道的通行能力具有十分重要的意义。本章在分析收费站类型及交通特性的基础上，讨论收费站通行能力计算和服务水平评价方法。

6.1 概　　述

6.1.1 收费站的分类

收费站是指收取通行车辆规定通行费用的设施，通常由收费广场、收费车道、收费亭、收费遮棚、收费监控楼和其他一些配套设施构成。收费站有很多种类，其分类基本上是按照设立的位置、收费形式和收费制式来划分。

1) 按设立的位置分类

依据所处位置，收费站可分为主线收费站和匝道收费站。

(1) 主线收费站

主线收费站是指设在主线上的收费站。收费卡门设在高速公路主线上，一般位于高速公路两端入口，或一级、二级公路每一收费路段的端口及桥梁、隧道、高架路设施的端口。由于主线上交通量较大，所以主线收费站一般有较多的收费车道。但是对于预期过高的交通量会造成收费广场过宽，从而道路占地不切合实际，造成征地困难。

(2) 匝道收费站

匝道收费站是指设置在匝道或联络线上的收费站。收费卡门设在互通式立交的进出匝道上。由于匝道上交通量一般较主线上少，所以相应的收费车道也较少。

2) 按收费方式分类

收费方式是指收取过路费的一系列操作过程，涉及车型的分类、通行费的计算、付款方式和停车、不停车收费等因素。每种因素又有不同的形式，不同的形式组合成不同的收费方式，但它们之间存在着关联和制约作用。根据收费员对收费过程的参与程度，收费方式可分为停车人工收费、停车半自动收费、停车自动收费和不停车自动收费。

(1) 停车人工收费

停车人工收费是指当车辆到达收费站停车后，收费过程全部由人工完成的方式，即人工判别车型，人工套用收费标准，人工收钱、找零、结票据。该方式所需设备简单，而缺点是需要用到较多的收费人员且收费程序单调烦琐，停车缴费时间长、差错率高、服务水平低，难以杜绝徇私舞弊、贪污等现象。

(2) 停车半自动收费

半自动收费方式是指收费过程由人工和机器共同完成，它通过使用计算机、电子收费设备、交通控制和显示设施代替人工收费方式操作的一部分工作。而停车半自动收费是当车辆到达收费站停下车后,车型可以自动检测,收费还是通过人工进行。这种方式的特点是使用了一些设备代替人工操作,降低了收费人员的劳动强度,将人工审计核算、人工财务统计报表转变为计算机数据管理,极大地减轻了收费人员的劳动强度,使收费公路的收费管理系统化和科学化。目前,我国收费站绝大部分采用此种收费方式。

(3)停车自动收费

停车自动收费是指当车辆到达收费站时停下车后,收费过程由机器完成,即车型可以自动检测,收费通过磁卡记账缴费,审计核算等工作都通过计算机数据管理。但是该收费方式仍需要车辆在收费站前停下来办理收费手续,还是会造成一定的延误。

(4)不停车自动收费

不停车自动收费方式(Electronic Toll Collection,ETC)是全自动收费方式的一种,全自动收费方式是指收取通行费的全过程均由机器完成,操作人员不需直接介入,只需要对设备进行管理监督以及处理特别事件。不停车自动收费利用电子、计算机与通信技术,使车辆不需停在收费站缴费,可以缓解因收费而造成的交通排队现象,是收费方式的发展方向。

3)按收费制式分类

收费制式是指收取道路通行费的位置。目前,世界各国的收费系统常采用的收费制式可分为全线均等收费制(简称均一式,亦称匝道栏栅式,图1-6.1a)、按路段均等收费制(简称开放式,亦称主线栏栅式,图1-6.1b)和按互通立交区段收费制(简称封闭式,亦称匝道封闭式,图1-6.1c)三种。此外,有些公路部门根据其道路情况采用两种或两种以上制式的混合型,如常采用的主线/匝道栏栅式(开放式与均一式混合)。

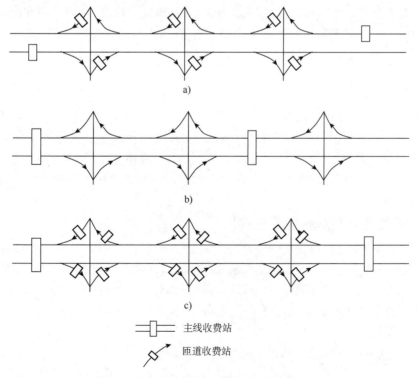

图1-6.1 三种收费制式的收费站在收费公路上的布置

(1) 均一式

均一式是最简单的一种收费制式,收费站一般设置在高速公路的各个匝道出入口和主线两端出入口,用路者不论行驶里程多少,仅需经过一个收费站缴费。收费标准根据车型一个因素确定,与行驶里程无关,而且各个收费站都采取同一收费标准。这种收费制式可适用在公路里程比较短的高速公路上。如适合于城市高速公路和短途城市间的高速公路。

(2) 开放式

开放式收费系统又称栅栏式或路障式收费系统。这种收费系统的收费站建在收费公路的主线上,距离较长的收费公路可以建多个收费站,间距一般在 30~50km 不等。各个出入口不再设站,这样车辆可以自由进出,不受控制,收费公路呈"开放"状态。每个收费站的收费标准和均一制一样仅根据车型不同而变化,但各站的标准则因控制距离不等而有所区别。车辆通过收费站时需停车交费,长途车辆可能经过多个收费站而需多次交费,这样也体现了依据行驶距离决定收费金额的原则。

(3) 封闭式

按里程收费制是按互通立交区段收取通行费的收费形式。封闭的收费系统收费站建在收费公路的所有出入口处,其中起终点的出入口收费站一般建在主线上,称主线起点(或终点)收费站,互通立交出入口收费站建在出入匝道上,称互通立交匝道收费站。车辆进出收费公路都要经过收费站,在公路内部可以自由通行,收费公路对外界呈"封闭"状态。车辆进入收费公路时,先要通过收费站的入口车道,领取一张通行券,上面记录着该收费站的名称或编号(或称入口地址编码)等信息,当车辆行驶至目的地离开收费公路时,将通过当地收费站的出口车道,收费员根据车型和行驶里程(有通行券记录的入口地址确定)两个因素计价收费。一般来说,封闭式系统适用于道路距离较长、互通立交较多,从而造成车辆的行驶里程差距较大的场合,这种制式在日本应用比较普遍,在欧美及亚洲部分国家也有应用。在我国,京津塘高速公路、沈大高速公路和济青高速公路等均采用封闭式系统。

(4) 混合式

上述三种经典收费制式对于中长距离的收费公路存在着难以克服的不足。因此,目前又出现一种新型收费制式——混合式。

混合式方案是均一式和开放式的混合形式,是将中长距离高速公路分成几个区段,每段 30~50km,每段内可能包含一段或多处互通立交。收费站设在全线所有入口处,这点和均一式一样。在相邻区段之间设主线路障式收费站,这又与开放式相似。混合式系统收费站见图 1-6.2。

6.1.2 车型分类及车辆折算系数

国内外所有的收费公路都毫无例外地对车辆加以分类,按类型收取不同的通行费,以保证通行费征收的相对合理性。不同的国家、不同的地区、不同的道路,根据当地的车辆构成、交通量大小、收费目的、分类方法等实际情况,在类别划分上各有差别。因此,任何一条公路在收费前,对车型分类进行研究是必要的。此外,不同的车型分类方法对收费系统所需的软、硬件要求也不同。

车辆分类的主要目标就是要保证车辆收费的公平性,以体现出费用责任意义上的公平和所得效益上的公平。费用责任意义上的公平概念要求道路使用者的通行费负担应该与道路使用者在使用收费道路的过程中所发生的费用成比例,发生的费用越大其承担的费用责任也应该越大。所得效益上的公平概念是指道路使用者的通行费应该与收费道路使用者所获得的效益成比例,即所获得的效益越大,其通行费负担也应该越大。

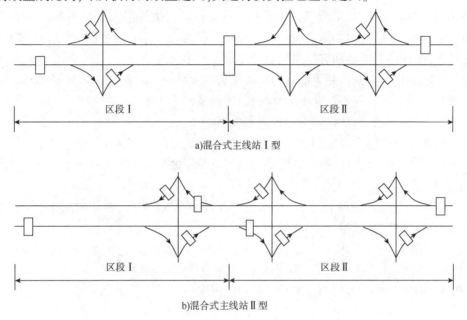

图 1-6.2 混合式系统收费站在收费公路上的布置

车型分类的标准主要是依据不同车辆行驶对收费道路路面的破坏程度、对道路建设投资的影响、对收费公路通行能力的影响程度以及车辆行驶收费道路所获得的效益情况。

从理论上来说,车辆分类越细,则收费越趋合理,越有利于吸引交通量,但过细的分类将增加对分类设备或收费人员的要求。同时,种类繁多的收费费率将带来车道处理能力的下降,进而降低了车道的通行能力。因此,现金付费的收费系统,车型类别一般划分四类、五类或六类,这样可以在核定各收费站收费标准时留有取整的余地(5元或10元的整数倍),避免找零带来的延误,同时也便于人工及机器进行分类以及对车型分类数据的分析。

目前,我国绝大多数收费系统是以货车额定载质量和客车座位数进行车辆分类的,如表 1-6.1 所示。

我国典型收费车辆分类表 表 1-6.1

车辆类型	车辆名称	车辆判别参数	
		额定载质量 $m(t)$	座位数 N
1	小型货车	$m<2.5$	
	小型客车(含摩托车)		$N<19$
2	中型货车	$2.5<m<7$	
	中型客车		$19<N<39$
3	大型货车	$7<m<14$	
	大型客车		$N>40$
4	大型货车	$14<m<39$	
5	特大型货车	$m>40$	

这种分类方法对于人工判别较为简单,适用于人工收费系统以及无车辆自动分类装置的半自动收费系统。但由于座位数、额定载质量和车辆几何尺寸并不存在严格的对应关系,又因我国各种改装车辆多,车型多达数千种。这就使得根据外形准确判断车辆额定载质量和座位数成为一个难题,由额定载质量和座位数引起的收费标准的争议,在实际运营中经常发生。另外,按额定载质量和客车座位数分类也含有不合理的成分,空车和满载车对路面破坏程度显然不一样。座位数并不能确切反映车辆的大小及对路面的破坏程度,例如:某些大型豪华客车车座少,但车身重、功率大且车身长,而某些客车本属于中型客车,但为了多载乘客,内部的座位设定较多,这样都会导致收费失当。

而在收费站通行能力研究的车型分类中,为了简化分析计算的工作量,同时又为了体现不同车型的车辆经过收费站的行为特性的差异,所采用的分类原则是各车型的外形尺寸、动力性能、轴数等。具体的分类如下:

(1)小型车:包括两轮摩托车、微型面包车及改装车、吉普车、客货两用车、小轿车货车(载质量<3.5t)、轻型客车等。

(2)大中型车:载货汽车(3.5t<载质量<8.0t)、大客车、半拖挂、全拖挂等。

(3)特大型车:大平板车、集装箱运输车、重型载货汽车(载质量>8.0t)等。

考虑到拖挂车数量不多,而且不是目前我国汽车产业重点发展的车型,所以在研究时将拖挂车归入大型车中。

按照以上车型划分,公路收费站的车辆折算系数,如表1-6.2所示。

收费站车辆换算系数 表1-6.2

收费形式	交通找零流量	出口验票流量	入口领卡流量
小时流量(veh/h)	0-70-140	0-280-340	0-1100-1150
小型车	1-1-1	1-1-1	1-1-1
大中型车	1.15-1.10-1.05	1.18-1.13-1.05	1.22-1.17-1.05
特大型车	1.45-1.30-1.10	1.50-1.33-1.10	1.55-1.38-1.10

注:当采用某种收费方式,通过收费车道小时流量较小时,采用表中第一列数值;通过收费车道小时流量适中时,采用表中第二列数值;通过收费车道小时流量较大时,采用表中第三列数据。

6.1.3 收费的服务水平

1)服务水平评价指标

收费站的服务水平是描述收费站内部交通流的运行条件对驾驶员与乘客感受的一种质量标准。一般评价收费站服务水平的标准有:收费时间、排队长度、车辆在收费站的延误时间。

收费时间与收费制式、收费设备以及收费人员的素质有关。对于特定收费制式下的收费站,其收费时间几乎是一个固定值,对于收费站内交通流运行的影响是不变的,收费时间的长短可以用于不同类型收费服务质量的对比,对于特定收费站的交通条件质量的评价,收费时间则不是一个合适的参数。

车辆在收费站的延误时间描述了由于收费站的存在造成车辆在经过时产生延误,延误时间的长短直接反映车辆在经过收费站时其交通条件和服务质量的好坏。从这方面来说,延误时间能够较好地评价收费站内交通条件和服务质量。对于不同类型的收费站,在相同的延误下,服务时间短的排队车辆较多,服务时间长的排队车辆数相对较少,而驾驶员和乘客对交通条件的感受直接来源于排队的长度。这样造成在相同的延误下不同类型收费站的服务水平不一致。另一方面,延误数据的获得相对比较困难,延误数据的精确度相对较低。

收费站的平均排队长度是描述收费站内各种收费车道等待接受服务的平均车辆数。排队车辆的多少直接影响驾驶员和乘客对交通条件的感受。排队车辆多,驾驶员和乘客认为将要等待的时间长;排队车辆少,驾驶员和乘客认为将要等待的时间短。在收费站,排队车辆的多少是很容易获得的数据,另一个非常重要的原因是排队车辆数指标可操作性非常强。因此,采用收费车道平均排队车辆数作为评价收费站服务水平的参数是比较合理的。

2) 分级标准

服务水平等级的划分具有重要的作用:首先,服务水平分析可以使设计者用公认的标准评价设计替代物;其次,服务水平分析可对各种设施运营效果的比较提供科学的依据;再次,服务水平可用来评价各种改进措施的运行效果,并作出合理的决策;最后,服务水平分析可向一般公众提供一个易于理解的并且是科学和整体的性能指标。

在不同类型收费站中,在相同的收费车道数下,排队车辆数的不同,收费站能够处理的车辆数也不同,随着排队车辆数的增加,收费站能够处理的车辆也在不断增加。一般而言,平均排队车辆数从一辆增加到四辆时,收费站的通行能力增加幅度较大;从四辆到八辆时,收费站的通行能力增加幅度趋缓;从八辆到十辆时,收费站的通行能力增加幅度进一步减缓。因此,可以把收费站的服务水平划分为四级。

一级服务水平:收费站内几乎没有形成排队,大部分车辆没有排队直接进入收费车道接受服务,一部分车辆需要等待一个收费周期就可以接受服务,个别车辆等待较长时间,驾驶员和乘客几乎没有感觉等待多长时间就通过收费站,感觉较为舒适和方便。

二级服务水平:收费站内已经形成排队,但排队长度较短,大部分车辆需要等待两到三个收费周期才能通过收费站,一部分车辆可能会等待较长的时间才能通过收费站,个别车辆可能不经过等待直接接受服务通过收费站,驾驶员和乘客能感觉到等待,但时间较短,驾驶员和乘客可以理解和接受。

三级服务水平:收费站内排队长度较长,排队车辆较多,几乎所有车辆需要等待较长的时间才能通过收费站,个别车辆可能会等待更长时间才能通过收费站,驾驶员和乘客感觉到明显等待,且时间较长,部分驾驶员和乘客开始抱怨。

四级服务水平:收费站内形成很长的排队,所有的车辆必须等待较长的时间才能够通过收费站,有时会发生排队长度持续增长的情况,驾驶员和乘客感觉到明显不便,大部分驾驶员和乘客不能忍受这种长时间的等待。

收费站服务水平划分标准如表1-6.3所示。

收费站服务水平划分标准 表1-6.3

项目	服务水平			
	一级	二级	三级	四级
延误(s)	<35	[35,70)	[70,150)	≥150

6.2 收费站的通行能力计算

6.2.1 单通道通行能力

收费车道的基本通行能力是指道路与交通处于理想情况下,每一条收费车道在单位时间内能够通过的最大交通量。

所谓理想的道路条件,是指收费车道宽度不小于3m,收费岛的宽度不小于2.2m,收费岛的长度不小于30m,收费广场具有开阔的视野、良好的平面线形和路面情况。

所谓理想的交通条件,主要是指车辆组成均为单一的标准车,即小型车,车辆之间保持适应的最小车头时距,且无任何方向的干扰。

收费车道的基本通行能力可以用下式计算:

$$C_b = \frac{3600}{T_S + T_G} \tag{1-6.1}$$

式中:C_b——收费车道的基本通行能力,pcu/(h·ln);

T_S——标准车服务时间,s;

T_G——标准车离去时间,s。

实际观测的收费车道均能满足理想的道路条件。利用小型车的服务时间和离去时间可以计算出不同类型收费站收费车道的基本通行能力。由式(1-6.1)可知,收费车道的基本通行能力与收费时间(服务时间与离去时间之和)成反比,是一条反曲线。以广氮收费站时间统计结果为例,计算得到的基本通行能力为3600/(8.6+5.5)= 255 pcu/(h·ln)。

各级服务水平对应的收费站1条收费车道的最大服务交通量如表1-6.4所示。

收费站服务交通量(pcu/h)　　　　表1-6.4

收费方式	服务水平			
	一级	二级	三级	四级
交费找零	60	130	148	0~148
出口验票	290	325	345	0~345
入口领卡	1100	1150	1180	0~1180

6.2.2 多通道收费站通行能力

从上面的分析可知,收费站上游的来车分布服从泊松分布,服务时间和离去时间服从正态分布。在具有多通道情况下,只有选择M/G/K排队模型才能较好地描述收费站的实际运行状态。此时,平均排队时间:

$$W_q = \frac{D(V+G)+[E(V+G)]^2}{2E(V+G)[K-\lambda E(V+G)]}\left\{1+\sum_{i=0}^{K-1}\frac{(K-1)!}{i!}\frac{[K-\lambda E(V+G)]}{[\lambda E(V+G)]^{K-i}}\right\}^{-1} \tag{1-6.2}$$

平均逗留时间:

$$W = E(S+G) + W_q \tag{1-6.3}$$

平均排队长度:

$$L_q = \frac{\lambda D(V+G) + \lambda [E(V+G)]^2}{2E(V+G)[K-\lambda E(V+G)]} \left\{ 1 + \sum \frac{(K-1)!}{i!} \frac{[K-\lambda E(V+G)]}{[\lambda E(V+G)]^{K-1}} \right\}^{-1} \quad (1\text{-}6.4)$$

由于服务时间和离去时间均服从正态分布,因此下面公式成立:

$$E[V+G] = E[V] + E[G] \quad (1\text{-}6.5)$$

$$D[V+G] = D[V] + D[G] \quad (1\text{-}6.6)$$

式中:λ——平均来车强度;

K——收费车道数;

$E[V]$——服务时间期望值;

$E[G]$——离去时间期望值;

$D[V]$——服务时间方差;

$D[G]$——离去时间方差。

根据上述 M/G/K 排队论模型,利用收费站服务时间和离去时间的期望和方差,可以计算出各种收费站在不同收车道数以及不同排队程度下可以处理的最大车辆数。表 1-6.5 为根据广氮收费站的调查数据采用上述原理和方法进行计算的结果。

高速公路主线收费站可以服务的最大流率(veh/h)　　　　　　表 1-6.5

通道数	平均车辆队长(veh)									
	1	2	3	4	5	6	7	8	9	10
1	210	221	228	233	236	238	240	242	243	244
2	426	447	459	468	474	478	482	484	487	489
3	645	674	692	703	712	718	723	727	731	734
4	866	903	925	940	951	959	966	971	975	979
5	1089	1132	1159	1177	1190	1200	1208	1214	1220	1224
6	1313	1363	1393	1414	1430	1441	1451	1458	1464	1470
7	1538	1594	1628	1652	1670	1683	1694	1702	1709	1715
8	1764	1826	1864	1890	1910	1925	1937	1946	1954	1961
9	1991	2058	2100	2129	2150	2167	2180	2191	2199	2207
10	2219	2291	2336	2368	2391	2409	2423	2435	2445	2453

从计算结果上看,随着收费通道数的成倍增加,可以服务的车辆却不是成倍数增加,而是倍数稍微偏大。这是由于在有多个通道时,车辆到达后,车辆的分配不是简单地按车道数平均分配,因此用 M/G/K 模型更能体现收费通道车辆分配的实际情况。

6.3 规划和设计阶段通行能力分析

规划阶段和实际运行阶段在资料的获取及能够输入分析过程的资料数量和详细程度都与实际运行阶段有所不同。下面就基于延误分析的收费站通行能力分析方法进行讨论。具体理论分析过程见上节实际运行阶段通行能力分析,为避免重复在这里就不再单独论述。

6.3.1 分析方法

1）分析目的

设定收费站收取通行费是回收高速公路投资的重要措施，但是必须在保证高速公路运输效率的前提下进行此项工作才有意义。在车辆运行较多的情况下，收费广场有可能成为一个"瓶颈"而影响公路上车辆的运行。因此，合理地设置收费广场的收费车道数量是收费站设计的重要内容。

2）数据要求

（1）在设计收费广场的收费车道数时，流入收费站的交通量应采用与主线或匝道设计时同样的设计小时交通量。设计小时交通量（DDHV）是采用一年中的第30位小时交通量，这样既可以避免堵塞，又较为经济。DDHV可以由其对应的目标年的年平均日交通量求得：

$$DDHV = AADT \times K \times D \tag{1-6.7}$$

（2）服务时间

服务时间随收费方式和收费车辆类型而有所不同。在确定服务时间时，可以根据所采用的收费手段进行实地调查确定。一般认为服务时间指从接受服务的车辆停车接受服务开始到车辆开动的一段时间。

（3）离去时间

通常指车辆驶离收费口，至后车到达并停驶为止的一段时间。

3）设计规划阶段分析准则

设计规划阶段收费站的收费车道数量决定于通过的交通量、收费方式和服务标准。收费广场的通行能力应与相接高速公路的设计交通量相当。根据不同收费方式的车道通行能力可以估算收费车道数。

由于车辆到达以及服务时规律是随机的，通常在确定收费车道数时，根据交通条件、收费类型与设计服务水平三要素，由前述排队理论可知，在各种类型下的单通道的通行能力：

$$C = \frac{3600}{T_j + T_{Gj}} \tag{1-6.8}$$

式中：T_j——对收费类型 j 标准车的服务时间，s；

T_{Gj}——对收费类型 j 标准车的离去时间，s。

由运行分析调查资料汇总得表1-6.4。但应注意到如果有足够的当地资料，则应以当地分析结果为准。否则，采用表1-6.5值。

则所需车道数由下式确定：

$$N = \frac{V}{C} \tag{1-6.9}$$

式中：V——输入的实际小时交通量，pcu/h；

C——一条收费车道的通行能力，pcu/(h·ln)。

6.3.2 分析步骤

1）确定收费站条件

收费站条件是指所设计规划的收费站的类型。按以下三点确定设计规划收费站的类型：

(1)交费找零。
(2)出口验票。
(3)入口领卡。
2)确定交通条件
交通条件按相应道路的设计小时交通量 $V(\mathrm{pcu/h})$ 确定,一般不单独预测。
3)确定设计服务水平
按收费站设计要求确定所需的设计服务水平,通常是由设计人员来确定。
4)收费车道数计算
根据设计服务水平,查表1-6.4,得到给定服务水平下的通行能力值 C。用公式 $N=V/C$ 确定满足该服务水平的收费车道数。

第 7 章 无信号交叉口通行能力

7.1 概 述

无信号交叉口通行能力的计算方法从总体上分为两大类：一类是理论法，另一类是经验法。理论法是假设目标条件，从理论上推算交叉口通行能力的方法；而经验法则是完全利用实际观测数据分类分析与各类因素的关系，进而确定修正系数。

理论法条理清晰，易于解析分解，可以很精确地进行定量分析，但可能过于理想，不太符合实际；经验法就是从实际得出的结论，它使用更方便，但使用范围小，精度低，不太符合于精确分析。

理论法主要有间隙接受理论、车队分析法；经验法主要有延误分析法、综合计算法。一般情况下，间隙接受模型适用于主次分明的交叉口，车队分析法适用于主次不太分明的交叉口，此种交叉口类似于国外的四路停车交叉口。

7.2 无信号交叉口通行能力分析方法

7.2.1 间隙接受理论

间隙接受理论由 Drew 和 Harders 相继提出，它的基本思想是：主次两条相交的道路交叉口，假设主路车流通过交叉口时不受影响，而次路车流必须利用主路车流的间隙通过。在此假设下，若已知主路车流的流率及车流中车头间隙分布规律，则能求出次路直行车流在一定时段内通过交叉口的车辆数。研究表明，多车道车流中车头间隙的出现一般比较符合负指数分布规律：

$$P(h > t) = e^{-qt} \tag{1-7.1}$$

式中：q——主路车流的流率，veh/s；

t——车流的车头间隙，s。

若设次要道路车流穿越主要道路车流的最小车头间隙（临界间隙）为 $t_c(s)$，次要道路车流连续通过交叉口的随车时距为 $t_f(s)$，则能推导出次要道路车流的理论通行能力计算模型：

$$C = \frac{qe^{-qt_c}}{1 - e^{-qt_f}} \quad (\text{veh/s}) \tag{1-7.2}$$

该模型是在假定次要道路只有直行车流且车流中都是小客车车型的条件下得出的。实际上，次要道路上通过交叉口的车流，既有直行车，也有左、右转弯车；既有小客车，也有其他车型。下面着重分析次要道路上有左、右转车流、有不同车型及主要道路上车流速度变化时如何影响次要道路车流通过交叉口的通行能力。

1) 次要道路进口道通行能力

假设主次路相交交叉口的实际情况,次要道路进口道上最常见的形式是:一条在进口道拓宽的右转车道,一条直/左共行车道。

(1) 右转车道理论通行能力

因为次要道路右转车有固定的车道,它不影响直行车和左转车,而且右转车不需要通过整个主要车流,而仅仅是与主要道路右侧车道上的车流合流,所以次要道路上右转车所需的临界间隙小于直行车和左转车,则右转车可在下列两种情况下与主要道路右侧车道上的车流合流:

主要道路上有可供次要道路直行、左转车穿越的空隙时,次要道路右转车可同时转弯而不影响次要道路直行、左转车穿越。

主要道路右侧车道上的车流在间隙大于或等于 t_{cr},但没有可供次要道路直行、左转车穿越的空隙时,次要道路上右转车可转弯合流。

若假定主路各车道交通量相同,上述两种情况下右转车总的转弯合流流率或通行能力由式(1-7.3)可得:

$$C_r = \frac{\frac{q}{n}e^{-\frac{q}{n}t_{cr}}}{1-e^{-\frac{q}{n}t_{fr}}} \tag{1-7.3}$$

式中:n——主路车道数,条;
t_{cr}——右转车合流所需临界间隙,s;
t_{fr}——次要道路右转车的随车时距,s。

右转弯车流的通行能力 C_r 远大于次要道路进口道上右转车数,而根据次要道路进口道处车流实际到达情况,右转车所占比例一般远小于直行车,所以计算次要道路通行能力时,不必计算 C_r,而只需知道右转车的比例即可。

(2) 直行左转共用车道的理论通行能力

因为主次道路相交的无信号交叉口,次要道路进口道直行车与左转车常共用一条车道,而两条车流穿越主要道路车流时所需的临界间隙不同,所以计算该车道等待车辆的穿越流率时,应根据概率论原理按直行、左转车各占的比例来分析。

设该车道车流中左转车与直行车的比例分别为 β 和 $1-\beta$,则每一时刻左转车位于穿越车流对应的概率为 β,直行车对应的概率为 $1-\beta$。鉴于交叉口车流的实际情况,为了简化修正后的通行能力模型,在此假设下列四种情况时随车时距相等:左转车在队首其后为直行车;左转车在队首其后为左转车;直行车在队首其后为直行车;直行车在队首其后为左转车。

则直左共行车道的通行能力为:

$$C_{sl} = (1-\beta)q\frac{e^{-qt_{cs}}}{1-e^{-qt_f}} + \beta\frac{qe^{-qt_{cl}}}{1-e^{-qt_f}} = \frac{q}{1-e^{-qt_f}}[(1-\beta)e^{-qt_{cs}} + \beta e^{-qt_{cl}}] \tag{1-7.4}$$

式中:C_{sl}——直左共行车道的通行能力,veh/h;
t_{cs}、t_{cl}——直、左车的临界间隙,s。

(3) 进口道理论通行能力

设次要道路右转车流占次要道路进口道车流的比例为 β_r,又设单位时间内右转车通过的车辆数为 X_r,则:

$$\beta_r = \frac{X_r}{C_{sl} + X_r} \tag{1-7.5}$$

$$X_r = \frac{\beta_r C_{sl}}{1 - \beta_r} \tag{1-7.6}$$

所以，次要道路进口道的通行能力 C 为：

$$C = X_r + C_{sl} = \frac{\beta_r C_{sl}}{1 - \beta_r} + C_{sl} = \frac{C_{sl}}{1 - \beta_r}(1 + \beta_r) = \frac{q(1 + \beta_r)}{(1 - \beta_r)(1 - e^{-qt_f})}\left[(1 - \beta)e^{-qt_{cs}} + \beta e^{-qt_{cl}}\right] \tag{1-7.7}$$

2) 混合车流修正

以上分析都是理想条件下（通过交叉口的车型均为小型车）得出的结论，但实际情况是通过交叉口的车流都是各种车型的混合车流。所以，很有必要对无信号交叉口通行能力进行混合车流的修正。

假设次要道路上有 r 种车型，各车型的构成比例为 $p_1、p_2、\cdots、p_r$，且 $p_1 + p_2 + \cdots + p_r = 1$。驾驶同类车辆的驾驶员假设为一致的，其通过无信号交叉口冲突区时遵循可接受间隙理论，各型车的临界间隙为 $t_{c1}、t_{c2}、\cdots、t_{cr}$，且 $t_{c1}、t_{c2}、\cdots、t_{cr}$ 是递增的，随车时距为 $t_{f1}、t_{f2}、\cdots、t_{fr}$ 且 $t_{f1}、t_{f2}、\cdots、t_{fr}$ 是递增的。不同类型车辆到达交叉口是随机的，次路有充分多的车辆在等待且可容纳无限多的车辆排队。由此通过对次路车辆可能出现的排队构形及其概率进行研究后得出次路混合车流通过无信号交叉口的通行能力模型为：

$$C_n = \frac{q\sum_{k=1}^{r} p_k e^{-qt_{ck}}}{1 - \sum_{k=1}^{r} p_k e^{-qt_{fk}}} \tag{1-7.8}$$

式中：C_n——次路混合车流通过无信号控制交叉口的通行能力，veh/s；

q——主路交通量，veh/s。

3) 主要道路车流速度修正

主要道路车流到达无信号交叉口时，因受次要道路排队等候穿越车流的影响，车流平均速度会趋于降低。式(1-7.7)中，$q、t_{cs}、t_{cl}$ 三个参数受主要道路车流速度的影响，其他参数则与主要道路车流速度无太大关系。

首先分析 q。q 是交通流三参数之一，它与车流速度之间有着内在的联系，即 $q = f(v)$。从定性上分析，车流在稳定流范围内，v 越小，q 越大。要想得到 q 与 v 的定量关系式，可对交叉口所在路段的交通流进行观测，然后用统计回归方法得到 $q、v$ 之间的关系式。如不能取得具体的交通流观测资料，也可套用相似道路已有的交通流三参数之间的关系式。例如，比较通用的是由美国 Greenshields 提出的在速度—密度关系基础上推出的流量—速度关系式，即：

$$q = K_j\left(s - \frac{s^2}{s_f}\right) \tag{1-7.9}$$

式中：K_j——车流最大密度，veh/m；

s_f——车流最大速度或自由流速度，m/s。

再分析 $t_{cs}、t_{cl}$。$t_{cs}、t_{cl}$ 是次要道路进口道上直行车、左转车穿越主要道路车流的临界间隙,它们随主要道路车流速度的降低而减少。根据国内外已有的研究结果,各种车型和流向的车辆穿越主要道路车流的临界间隙与主要道路车流的速度之间大致呈线性关系。具体的关系式可对所研究的交叉口调查确定,也可应用相关的文献资料近似地确定。

于是,如果考虑受主要道路车流速度影响的因素后,则(1-7.7)式可修正为:

$$C = \frac{q(v)(1+\beta_r)}{(1-\beta_r)(1-e^{-q(v)t_f(v)})}[(1-\beta)e^{-q(v)t_{cs}(v)} + \beta e^{-q(v)t_{cl}(v)}] \quad (1-7.10)$$

可接受间隙理论模型经过上述考虑次要道路车流流向、混合车流、主要道路车流速度影响因素修正后,用修正后的模型计算主次相交的无信号控制的交叉口的通行能力更符合交叉口车流的客观实际。

综合式(1-7.8)、式(1-7.10),得到修正后的无信号控制的交叉口的通行能力计算式:

$$C = \frac{q(v)(1+\beta_r)}{(1-\beta_r)(1-\sum_{k=1}^{r}e^{-q(v)t_{fk}})}[(1-\beta)\sum_{i=1}^{k}p_k e^{-q(v)t_{csk}(v)} + \beta\sum_{i=1}^{k}p_k e^{-q(v)t_{clk}(v)}]$$

$$(1-7.11)$$

式中:$q(v)$——主要道路交通量对速度的函数,veh/s;

$t_{csk}(v)$——第 k 种直行车型的临界间隙对速度的函数,s;

$t_{clk}(v)$——第 k 种左转车型的临界间隙对速度的函数,s。

7.2.2 车队分析法

车队理论分析法主要用于两条等级相当的道路相交的无信号交叉口通行能力分析。

车队分析法认为,车流通过交叉口时具有车队特征,即当一路车流通行时,另一路到达车辆需要排队。当正在通行的一路车流中(设为 A 车流)出现可接受间隙时,另一路车流(设为 B 车流)便横穿,并通过一队车辆,直到 B 车队中出现可横穿的空当,A 路车流再横穿。这样循环往复,A、B 两车流以车队形式交替穿行。设 A、B 两车流分别通过一个车队所需时间为 T_A、T_B,把 A、B 两路各通过一个车队当作一个小"周期",则"周期"长度为 $T=T_A+T_B$。

这里的车队是广义的,它可以是以相同的车头时距或以不同的车头时距通行的一组车辆,也可以是单辆车辆(此时车队长度为1)。车流要以车队形式通过交叉口,必须满足如下条件:

在一路车流通行期间(T_A 或 T_B),另一路上必须有一辆以上车辆到达,并等候通过。在通常的交通状况下,这个条件是能满足的。

通过交叉口的车队由两部分组成:先通过部分为受延误的排队车辆,以饱和流率通过,称为饱和流部分,随之通过部分为不受延误的车辆,以非饱和率通过,称为随机流部分。若已知饱和流、随机流车队车辆的期望值分别为 N_S、N_U 和相应的通行时间 T_S、T_U,则:

$$N_A = N_{SA} + N_{UA} \quad (1-7.12)$$
$$N_B = N_{SB} + N_{UB} \quad (1-7.13)$$
$$T_A = T_{SA} + T_{UA} \quad (1-7.14)$$
$$T_B = T_{SB} + T_{UB} \quad (1-7.15)$$

式中:N_A、N_B——A、B 路车流中一个周期内的车辆期望值,veh;

N_{SA}、N_{UA}——A 路饱和流、随机流车队一个周期内的期望值,veh;

N_{UB}、N_{SB}——B 路饱和流、随机流车队一个周期的内期望值,veh。

当 A、B 两车流以车队形式通过时,两相交道路的通行能力可按每小时通行车队数计算,即:

$$Q_A = 3600N_A/T = 3600N_A/(T_A + T_B) \quad (1\text{-}7.16)$$

$$Q_B = 3600N_B/(T_A + T_B) \quad (1\text{-}7.17)$$

交叉口总的通行能力 C 为:

$$C = Q_A + Q_B = 3600(N_A + N_B)/(T_A + T_B) \quad (1\text{-}7.18)$$

7.3 无信号交叉口通行能力

7.3.1 无信号交叉口基本通行能力

理想条件下,交叉口的基本通行能力即为三级服务水平时的交叉口适应交通量,此值是根据间隙接受理论得出的。

通过计算机模型得出的不同交叉口基本通行能力与理论计算稍有不同,但其值差别不大。实际交叉口观测过程中,交通量达到交叉口通行能力的情况几乎没有,根据实际观测值的趋势分析,此计算值是基本正确的,两者比较结果如表 1-7.1 所示。

不同类型交叉口的通行能力计算值比较(pcu/h)　　　　表 1-7.1

交叉口类型	422	442	322	342
间隙理论计算值	2600	3100	2000	2500
计算模拟值	2508	3277	2103	2775

通过比较,得出不同交叉口的基本通行能力,如表 1-7.2 所示。

不同类型交叉口的基本通行能力(pcu/h)　　　　表 1-7.2

交叉口类型	422	442	322	342
基本通行能力	2600	3100	2000	2500

7.3.2 无信号交叉口通行能力影响因素

确定了基本通行能力后,不同交叉口的实际通行能力为:

$$C_p = C_b \times \prod_i F_i \quad (1\text{-}7.19)$$

式中:C_p——无信号交叉口的实际通行能力,pcu/h;

C_b——无信号交叉口的基本通行能力,pcu/h;

F_i——第 i 种影响因素的修正系数。

主支路流量不平衡影响系数:

交叉口的各路车流对交叉口的通行能力有着不同的影响,一般情况下主路和次路两路车流处于平衡时,通行能力最大,不平衡时,通行能力有所下降,如图 1-7.1 所示。

主支路流量不平衡影响系数与主支路流量比的关系为:

$$F_{EQ} = 1 - 0.32\ln x_{EQ} \quad (1\text{-}7.20)$$

式中：F_{EQ}——主支路流量不平衡影响系数；
x_{EQ}——主支路流量比。

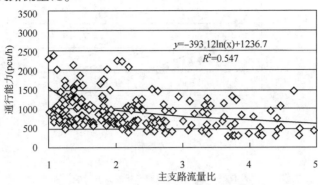

图 1-7.1 主支路流量比对通行能力的影响

1）大型车混入率修正系数

大型车和拖挂车的动力性能较差，但体积较大、车速较低，对交叉口的通行能力有一定的影响。随着大型车比例的增加，由于通过一辆大型车相当于通过若干辆小客车，交叉口通行能力有所增加。但从对通行能力影响的总体趋势上看，其影响幅度不大，如图 1-7.2 所示。

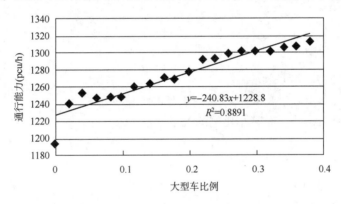

图 1-7.2 大型车混入率对通行能力的影响

大型车混入率修正系数与大型车比例的关系为：
$$F_{LA} = 1 + 0.02x_{LA} \tag{1-7.21}$$

式中：F_{LA}——大型车混入率修正系数；
x_{LA}——大型车比例。

2）左转车影响修正系数

与直行车相比，左转车辆需要的临界间隙更大，因此左转车比例与无信号交叉口通行能力呈负相关，如图 1-7.3 所示。

左转车影响修正系数与左转车比例的关系为：
$$F_{LT} = 1 - 0.4x_{LT} \tag{1-7.22}$$

式中：F_{LT}——左转车影响修正系数；
x_{LT}——左转车比例。

3）右转车影响修正系数

右转车与主路车流的关系为合流，其需要的临界间隙较小，此右转车比例与无信号交叉口通行能力呈正相关,如图 1-7.4 所示。

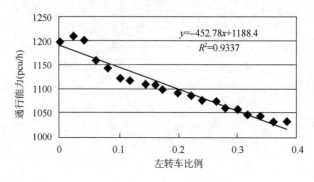

图 1-7.3　左转车比例对通行能力的影响

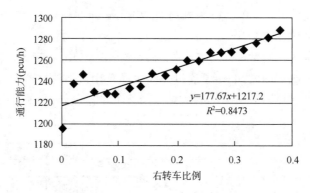

图 1-7.4　右转车比例对通行能力的影响

右转车影响修正系数与右转车比例的关系为:

$$F_{RT} = 1 + 0.1 x_{RT} \tag{1-7.23}$$

式中:F_{RT}——右转车影响修正系数;

x_{RT}——右转车比例。

4)横向干扰修正系数

横向干扰对交叉口通行能力影响很大。根据不同地区交叉口的情况不同,考虑行人、非机动车及慢行机动车等对机动车速度造成的影响,对交叉口通行能力进行修正。根据实际观察情况,横向干扰修正系数 F_{TI} 如表 1-7.3 所示。

横向干扰修正系数 F_{TI}　　　　表 1-7.3

横向干扰系数等级	相应地区及非机动车、慢行车的影响	修 正 系 数
低	乡村:路边有少许建筑物和出行,慢行车比例小于1%	0.95~1.00
中	居住区:如村庄小镇,慢行车比例小于4%	0.80~0.95
高	商业区:如城镇的小集市面上,慢行车比例小于7%	0.6~0.80

7.3.3　无信号交叉口实际通行能力

实际通行能力即为基本通行能力与各个影响系数的连乘积:

$$C_p = C_b \prod_i F_i = C_b \times F_{EQ} \times F_{LA} \times F_{LT} \times F_{RT} \times F_{TI} \tag{1-7.24}$$

无信号交叉口通行能力通过确定不同影响因素的修正系数,最终确定其实际通行能力。计算步骤如下:

(1)确定交叉口类型及基本通行能力。
(2)确定交叉口各流向交通量、各类车型数量及总的交通量。
(3)确定交叉口所处地区类型。
(4)确定各影响因素的修正系数,计算交叉口的实际通行能力。

7.4 无信号交叉口服务水平

7.4.1 服务水平的评价指标

如前所述,服务水平是描述交通流内的运行条件及其对驾驶员与乘客感受的一种质量标准,一般用下述因素来描述运行条件及驾驶员与乘客感受,诸如:速度和行驶时间、驾驶自由度、交通间断、舒适、方便、安全。

美国的《道路通行能力手册》确定无信号交叉口服务水平的评价指标是车辆平均延误,德国的《通行能力手册》规定无信号交叉口服务水平的评价指标为平均等待时间,其他国家也有使用车辆的平均延误来作为评价指标。

我国的《建设项目交通影响评价技术标准》(CJJ/T 141—2010)采用主要道路双向高峰小时交通量、流量较大次要道路单向高峰小时交通量、行人过街双向高峰小时流量作为评价指标。

7.4.2 服务水平分级标准

目前,国际上常用车辆在无信号交叉口处的延误来描述交叉口处交通设施对车辆的服务水平。表1-7.4和表1-7.5分别为美国和德国无信号控制交叉口服务水平分级标准。

无信号交叉口服务水平的标准(美国HCM) 表1-7.4

服务水平等级	A	B	C	D	E	F
车辆平均延误(s/veh)	(0,10]	(10,15]	(15,25]	(25,35]	(35,50]	>50

无信号交叉口服务水平的标准(德国HCM) 表1-7.5

服务水平	平均等待时间(s)	含 义
A	≤10	大多数车辆不需等待,没有多少延误通过交叉口
B	≤15	等待车流的行驶能力只受先行交通影响
C	≤25	等待时间间断地增加,并会产生排队
D	≤45	交叉口的交通流量增加到实际允许的交通量附近
E	>45	交通状况从稳定向不稳定过渡
F	—	交通运行不稳定

我国的《建设项目交通影响评价技术标准》(CJJ/T 141—2010)将无信号交叉口划分为三级,服务水平划分标准如表1-7.6所示。

我国无信号控制交叉口服务水平分级标准　　　　　　　　　　表 1-7.6

服务水平等级	流率
一	未达到增设停车控制标志与行人过街标线的流率要求,见表 1-7.7 与表 1-7.8
二	符合增设停车控制标志或行人过街标线的流率要求,见表 1-7.7 和表 1-7.8
三	符合增设信号灯的流率要求,见表 1-7.9

需增设停车控制标志的无信号交叉口高峰小时流率　　　　　表 1-7.7

主要道路单向车道数（条）	次要道路单向车道数（条）	主要道路双向高峰小时流率(pcu/h)	流量较大次要道路单向高峰小时流率(pcu/h)
1	1	500	90
		1000	30
1	≥2	500	170
		1000	60
		1500	10
≥2	1	500	120
		1000	40
		1500	20
≥2	≥2	500	240
		1000	110
		1500	40

注:1.主要道路指两条相交道路中交通量较大者,次要道路指两条相交道路中交通量较小者。
2.双向停车控制标志应设置于次要道路进口道。
3.流量较大次要道路单向高峰小时交通量为次要道路两个流向中高峰小时交通量较大者。

需增设行人过街标线的高峰小时流率　　　　　　　　　　　表 1-7.8

标线设置要求	道路双向机动车高峰小时流率(pcu/h)	行人过街双向高峰小时流率(p/h)
需要增设行人过街标线	≥300	≥50

需增设信号灯的无信号交叉口高峰小时流量　　　　　　　　表 1-7.9

主要道路单向车道数（条）	次要道路单向车道数（条）	主要道路双向高峰小时流率(pcu/h)	流量较大次要道路单向高峰小时流率(pcu/h)
1	1	750	300
		900	230
		1200	140
1	≥2	750	400
		900	340
		1200	220

续上表

主要道路单向车道数（条）	次要道路单向车道数（条）	主要道路双向高峰小时流率(pcu/h)	流量较大次要道路单向高峰小时流率(pcu/h)
≥2	1	900	340
≥2	1	1050	280
≥2	1	1400	160
≥2	≥2	900	420
≥2	≥2	1050	350
≥2	≥2	1400	200

第8章 信号交叉口通行能力

当交通量超过某一限度时,可通过设置外在的交通信号对交通量加以指挥,使得交叉口能够正常运营,这也就是信号交叉口。信号交叉口是交通系统中最为复杂的环节,对它的分析要考虑诸多因素,包括交通条件、几何尺寸和信号配时等。本章将详细介绍国内外对信号交叉口的通行能力计算及服务水平分析方法。

8.1 概 述

信号交叉口的通行能力是对信号交叉口进口道规定的。它是在一定的交通、车行道和信号设计条件下,某一指定入口引道单位时间内所能通过的最大交通流量。因为交叉口很少发生所有流向在同一天同一时刻达到饱和的情况,所以交叉口单个流向的通行能力往往比整个交叉口的通行能力更重要。然而,在研究交叉口的通行能力时,特别在规划设计阶段,考虑的是整个交叉口的通行能力,使其能够满足所有流向到来的车辆都能实现继续直行或转换方向的要求。因此规定,信号交叉口的通行能力等于各入口引道通行能力之和。

信号交叉口通行能力可分为规划设计通行能力和实际运行状况通行能力。前者由于在规划设计阶段,不考虑信号设置的细节,只是概略性地评价交叉口通行能力。对于一组已知需求流量和几何设计的交叉口,能够提供通行能力是否足够的基本估计;后者是对正在运行的某一具体交叉口进行分析,要考虑交通、车行道和信号设计的诸多细节,而且一般和交叉口的服务水平一起考虑,以评价该交叉口的各项性能,提出治理或改造的建议。由于交通信号强制使车流由连续交通流变成间断流,并按照预定的相位和绿灯时间分配给不同方向车流通行权,这就使得各个方向车流的有效通行时间减少,因此各引道通行能力也随之下降(与路段上车流连续运行做比较而言)。国内外有多种用来分析和计算信号交叉口通行能力的方法,本节将对几种常用的方法进行介绍。

8.2 信号交叉口通行能力

8.2.1 信号交叉口通行能力影响因素

影响信号交叉口通行能力的主要因素包括:几何条件,即交叉口的基本几何特征;信号条件,包括信号配时和信号相位;交通条件,即交叉口交通流的各项特性。

1)几何条件

包括交叉口区域类型、形式、车道数、车道宽度、坡度和车道功能划分(包括停放车道)。

(1)交叉口区域类型

根据它们所处位置不同分为:商业区交叉口、非商业区交叉口,在商业区交叉口内由于行人比较多,行人对交叉口车辆运行影响较大;在非商业区交叉口内由于行人比较少或者无行人通过(部分公路交叉口),行人对交叉口车辆运行影响较小。

(2)交叉口形式

城市道路中,常见的信号交叉口为 T 形交叉口和十字形交叉口。如图 1-8.1a)所示,T 形交叉口一般出现在不同等级道路的衔接处,如城市主干路与次干路相交处。当城市路网结构为棋盘形时,会形成较多的十字形交叉口,如图 1-8.1b)所示。当交叉口相交道路大于两条时,一般用渠化交通或者立体交叉加以解决。

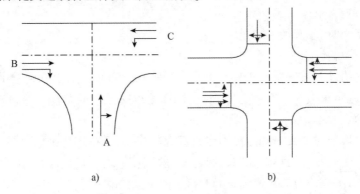

图 1-8.1 典型信号控制交叉口

(3)入口断面的车道数及车道功能

交叉口的车道数一般要比路段上多一条,而且进行交叉口拓宽处理。为了分离各方向的车流,常进行车道功能的划分,设置左、右转专用车道。如图 1-8.2 所示,常见的交叉口入口横断面车道有下列几种布置方式。

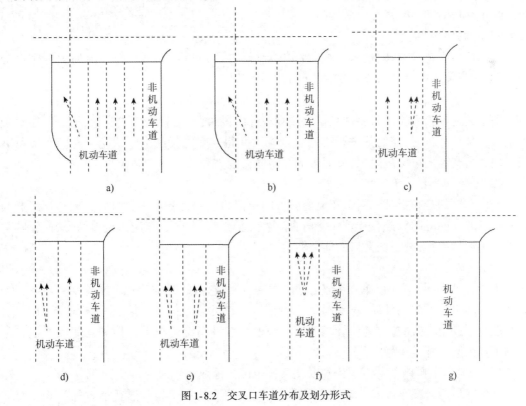

图 1-8.2 交叉口车道分布及划分形式

①设两条直行车道和左、右转各一条专用车道。
②左、中、右方向车流均匀,各设一条专用车道。
③左转车多而右转车少时,设一条左转专用车道,直行和右转共用一条车道。
④右转车多而左转车少时,设一条右转专用车道,直行和左转共用一条车道。
⑤左、右转车辆都很少时,分别与直行车共用一条车道。
⑥行车道宽度较窄,不设专用车道,只画快慢车通分界线,机动车道不分直行、左转和右转,共用一条车道。
⑦行车道很窄时,不画快慢车道。

(4) 入口车道宽度和坡度

我国标准的机动车道宽度为3.5m,当入口断面车道宽度小于此值时,会增加各种车流之间的摩阻,从而减小车道的通行能力,因此在计算信号交叉口通行能力时,应该根据实际车道宽度,进行折减。

入口车道纵坡度对交叉口通行能力也有较大影响,由于在进行平面交叉口规划设计时,对纵坡度已经有所限制,而且城市交叉口地势一般都较平坦,所以一般可认为纵坡度值为0,当纵坡度较大时,则应该对通行能力进行折减。

2) 信号条件

现代交通信号在配时上有多种方法,从最简单的双相位预定周期式到多相位感应式。信号的各项配时参数,对交叉口的通行能力有非常大的影响:比如,信号的周期过长会导致停车延误增加、过短又会导致一个周期内车辆不能完全通过,形成二次停车的恶性循环,两者都会使交叉口的实际通行能力减小,信号配时条件包括:信号周期长、绿灯时间、绿信比、行人最小绿灯时间、相位等。

3) 交通条件

包括每条引道的交通量、各流向(左转、直行、右转)车辆的分布、每一流向内的车型分布、在交叉口范围内公共汽车停靠、交叉口范围内停车、行人过街等情况。

(1) 引道交通量

引道交通量指高峰小时交通量。在规划设计阶段时,一般根据历史交通量预测;在对现状信号交叉口评价时,需对其进行交通量调查后获得。交通量的大小决定了左转车辆可利用对向直行交通的可穿越间隙,从而影响左转通行能力。

(2) 流向车辆的分布

流向车辆的分布指某一引道车流内各方向车流组成的百分比。如果各方向车流组成与信号灯各方向的时间分配存在较大矛盾,那么将使得某一方向的车流出现滞留,从而影响其他方向车流的通行,减小交叉口的通行能力。

(3) 流向内的车型分布

由于各种车型的机动性能、几何尺寸的不同,导致它们的时空消耗存在差别。比如起动时间的不同影响了起动延误、车头时距等参数。在非机动车很多的情况下,机非混行严重,通行能力形成很大折减。在实际计算时,一般根据各种车型的机动性能和几何尺寸把各种车型折算为某一标准车型。

(4) 交叉口范围内公共汽车停靠及交叉口范围内停放车情况

一般在进行公交车停靠位置的选址时,应充分估计其对交叉口通行能力的影响。交叉口范围内的公共汽车停靠位置及其他停放车辆直接挤占了交叉口的空间,增加通行车辆的摩阻,从而减小信号交叉口的通行能力,在计算时要考虑折减。

(5) 行人过街

城市道路交叉口若位于商业、娱乐中心或办公地点,吸引的行人流量会很大,过街行人对信号交叉口通行能力影响很大。据交通心理分析,交通信号对各种不同性格、教育背景的人群具有不同约束力,而且随其出行目的有较大改变。

8.2.2 国外信号交叉口通行能力计算方法

1) 美国 HCM 方法

(1) 饱和流率模型

饱和流率是假定引道在全绿灯条件下,即绿信比 g/C 为 1.0 的情况下,所能通过的最大流量。在实际计算中,先选用理想的饱和流率,然后对该值作各种修正。其修正计算公式如下:

$$S = S_0 \times N \times f_w \times f_{HV} \times f_g \times f_p \times f_{bb} \times f_a \times f_{LU} \times f_{RT} \times f_{LT} \times f_{Lpb} \times f_{Rpb} \quad (1\text{-}8.1)$$

式中:S——所讨论车道组的饱和流率,是指在通常条件下,车道组中所有车道,veh/h;

S_0——每车道理想条件下的饱和流率,一般取 1900veh/(h·ln);

N——车道组中的车道数,条;

f_w——车道宽度修正系数;

f_{HV}——交通流中重型车辆修正系数;

f_g——进口坡度修正系数;

f_p——车道组停车及停车次数修正系数;

f_{bb}——公共汽车停在交叉口范围内阻挡影响作用修正系数;

f_a——地区类型修正系数;

f_{LU}——车道利用修正系数;

f_{RT}——车道组中右转车的修正系数;

f_{LT}——车道组中左转车的修正系数;

f_{Lpb}——对于左转流向的行人、自行车修正系数;

f_{Rpb}——对于左转流向的行人、自行车修正系数。

(2) 修正系数

本章所用的修正系数与无信号交叉口修正系数相似,每一项说明一种或几种条件的影响,这些条件与采用 1900veh/(h·ln) 来作为理想饱和流率的理想条件不一样。

① 车道宽度修正系数 f_w

说明狭窄的车道对饱和流率有不利影响,其标准的车道宽度是 3.6m。车道宽度修正系数 f_w 按下式计算:

$$f_w = 1 + \frac{W - 3.6}{9} \quad (1\text{-}8.2)$$

式中:W——车道宽度,一般 W 大于 2.4m,当车道大于 4.8m 时最好采用两车道比较合适。

② 重型车修正系数 f_{HV}

重型车占用更多的空间,且与中型车和小汽车相比在运行能力上有很大的区别,因此重型车对交叉口车辆运行有很大影响,重型车修正系数 f_{HV} 按下式计算:

$$f_{HV} = \frac{1}{1 + P_{HV}(PCE_{HV} - 1)} \tag{1-8.3}$$

式中:PCE_{HV}——重型车折算系数;

P_{HV}——重型车交通量占总交通量的比例。

③坡度修正系数f_g

无论大型车还是小汽车,都会受到引道坡度的影响,因此坡度会对车辆运行有影响,坡度修正系数f_g按下式计算:

$$f_g = 1 - \frac{G}{2} \tag{1-8.4}$$

式中:G——引道坡度,一般$G \in [-0.06, 0.10]$。

④停车次数校正系数f_p

说明了停车车道对附近车道的摩阻影响,以及由于车辆出入停放区偶尔会对相邻车道有阻塞的影响,车道组停车及停车次数校正系数f_p按下式计算:

$$f_p = \begin{cases} \dfrac{N - 0.1 - \dfrac{18N_m}{3600}}{N} & 0 < N_m < 180 \\ 1 & N_m = 0 \end{cases} \tag{1-8.5}$$

式中:N——车道数;

N_m——1h 内的停车数,veh。

⑤公共交通阻塞系数f_{bb}

说明了该地区公共交通车辆因乘客上下车而停靠在设置于靠近交叉口前后公交汽车站而对交叉口的影响。公共交通阻塞系数f_{bb}按下式计算:

$$f_{bb} = \frac{N - \dfrac{14.4N_B}{3600}}{N} \tag{1-8.6}$$

式中:N——车道数;

N_B——1h 内公共车辆的停车数,一般$0 \leq N_B \leq 250$。

⑥地区类型系数f_a

商业区对交叉口的影响相对非商业区对交叉口影响大,这主要是商业区环境复杂和交通拥挤造成的,地区类型系数f_a按下式计算:

$$f_a = \begin{cases} 0.90 & 商业区 \\ 1.00 & 其他 \end{cases} \tag{1-8.7}$$

⑦车道利用修正系数f_{LU}

入口引道上的各车道交通量分布情况将影响信号交叉口进口通行能力,交通量分布越不均匀,其影响越大,车道利用修正系数f_{LU}按下式计算:

$$f_{LU} = \frac{v_g}{v_{g1} \cdot N} \tag{1-8.8}$$

式中:v_g——车道组的流量,veh/h;

v_{g1}——车道组中最大的一个车道流量,veh/h。

⑧右转车修正系数

a.右转车是来自专用道还是共用车道。

b.信号相位类型(专用右转信号相位、许可信号相位或两者的结合),专用右转信号相位不会产生车辆和行人冲突。

c.产生冲突的人行横道上行人的数量。

d.共用车道上右转车的比例。

e.专用右转信号和许可信号相位中专用右转信号的比例。

上面的5项应在现场确定,也可以根据配时来粗略估计,右转修正系数f_{RT}按下式计算:

$$f_{RT} = \begin{cases} 0.85 & \text{专用右转车道} \\ 1 - 0.15P_{RT} & \text{共用车道} \\ 1 - 0.135P_{RT} & \text{进口道是单车道} \end{cases} \quad (1\text{-}8.9)$$

式中:P_{RT}——左转车占进口道总交通量的比例,%。

⑨左转车修正系数f_{LT}

左转车修正系数取决于以下因素:

a.左转车是来自左转专用道还是来自共用车道。

b.信号相位类型(专用左转信号相位、许可信号相位或两者的结合),专用左转信号相位不会产生车辆冲突。

c.共用车道上左转车的比例。

d.许可左转信号相位时对向交通流率。

使用左转弯修正系数是考虑转弯车会占用更多的有效绿灯时间,因而降低了交叉口的通行能力。左转车修正系数f_{LT}按下式计算:

$$f_{LT} = \begin{cases} 0.95 & \text{设有左转专用道} \\ \dfrac{1}{1 + 0.05P_{LT}} & \text{共用车道} \end{cases} \quad (1\text{-}8.10)$$

式中:P_{LT}——右转车占进口道总交通量的比例,%。

⑩左、右转流向的行人、自行车修正系数f_{Lpb}、f_{Rpb}

交叉口进道口中由于行人或自行车的左右转对交叉口车辆运行的影响,行人自行车阻塞修正系数f_{Lpb}、f_{Rpb}按下式计算:

$$f_{Lpb} = 1 - P_{LT}(1 - A_{PBT})(1 - P_{LTA}) \quad (1\text{-}8.11)$$

$$f_{Rpb} = 1 - P_{RT}(1 - A_{PBT})(1 - P_{RTA}) \quad (1\text{-}8.12)$$

式中:f_{Lpb}——左转流向的行人、自行车修正系数;

P_{LT}——车道组中左转车的百分比;

A_{PBT}——许可相位行人和自行车转向修正系数,可参照美国HCM计算;

P_{LTA}——总的左转绿灯中,保护左转绿灯时间的百分比;

f_{Rpb}——右转流向的行人、自行车修正系数;

P_{RT}——车道组中右转交通量百分比;

P_{RTA}——总的右转绿灯中,保护右转绿灯时间的百分比。

(3)通行能力分析模型

信号交叉口的通行能力是以饱和流量或饱和流率为基础进行分析的。交叉口总通行能力通过对各进口车道组通行能力求和获得。每一个车道组通行能力按下式计算：

$$C_i = S_i \times \lambda_i \tag{1-8.13}$$

$$\lambda_i = (g/T_C)_i \tag{1-8.14}$$

式中：C_i——车道组 i 或引道 i 的通行能力，veh/h；

λ_i——车道组 i 或引道 i 的绿信比(有效绿灯时间/周期时间)；

S_i——车道组 i 或引道 i 的饱和流率，veh/h。

交叉口的实际通行能力等于每个进口道通行能力之和：

$$C_s = \sum_{i=1}^{n} C_i \tag{1-8.15}$$

式中：C_s——交叉口的通行能力，veh/h；

n——交叉口的进口道数。

2) 英国 TRRL 方法

英国 TRRL(Transport and Road Research Lab)对信号交叉口车辆延误进行过深入的调查分析和研究，并由韦伯斯特(Webster)建立了延误模型，提出了信号配时和通行能力计算方法。

(1) 饱和流量

TRRL 通过观测和试验得到不准停放车辆的进口道的饱和流量为：

$$S = 525W \quad (\text{pcu/h}) \quad W > 5.5\text{m} \tag{1-8.16}$$

式中：W——进口道宽度，m。

(2) 延误计算

$$d = \frac{t_C(1-\lambda)^2}{2(1-\lambda x)} + \frac{x^2}{2q(1-x)} - 0.65\left(\frac{t_C}{q^2}\right)^{\frac{1}{3}} x^{(2+5x)} \tag{1-8.17}$$

式中：d——每辆车的延误，s/veh；

t_C——周期时间，s；

λ——绿信比；

q——进口道实际到达的交通流量，pcu/s；

x——饱和度。

(3) 最佳周期时间

当韦伯斯特(Webster)延误(式 1-8.17)为最小时，可得到定时信号最佳周期时间：

$$t_{C0} = \frac{1.5 t_{CL} + 5}{1 - Y} \tag{1-8.18}$$

式中：t_{C0}——最佳周期时间，s；

t_{CL}——每个周期的总损失时间，s；

Y——组成周期的全部信号相的最大流量比 $y = q/S$ 值之和，即：

$$Y = \sum \max(y_1, y_2, \cdots, y_i, \cdots) \tag{1-8.19}$$

每个周期总损失时间按下式计算：

$$t_{CL} = \sum t_1 + \sum(t_i - t_y) \tag{1-8.20}$$

式中：t_1——起动损失时间，s；

t_i——绿灯间隔时间，s；

t_y——黄灯时间,s。

(4)信号配时

根据式(1-8.18)确定的周期时间,可得每周期的有效绿灯时间:

$$t_G = t_{c0} - t_{CL} \tag{1-8.21}$$

把有效绿灯时间 t_G 在所有信号相之间按各相位的 y_{max} 值之比进行分配,得各相位的有效绿灯时间 t_g,然后算得各相位的实际显示绿灯时间:

$$t_{g0} = t_g - t_y + t_1 \tag{1-8.22}$$

(5)通行能力

在信号交叉口,车辆只能在有效绿灯时间内通过交叉口,因此信号灯交叉口进口道上的通行能力为:

$$C_s = \frac{St_G}{t_C} = \lambda S \tag{1-8.23}$$

3)澳大利亚 ARRB 方法

该方法是由澳大利亚 ARRB(Astralia Road Research Board)的 Akcelik 对韦伯斯特延误公式进行了改进后提出的。

在韦伯斯特延误公式中,当饱和度 $x \to 1$ 时,延误 $d \to \infty$,即 x 愈趋近于1,计算得到的延误愈不准确,更无法计算超饱和交通情况下的延误。于是,Akcelik 在考虑了超饱和交通情况后,将延误公式改进为:

$$D = \frac{qt_C(1-\lambda)^2}{2(1-y)} + N_0 x \tag{1-8.24}$$

式中:D——总延误,s;

N_0——平均溢流排队车辆数,veh;

式中其他符号意义同前。

考虑停车等因素后,其最佳周期时间按下式计算:

$$t_{C0} = \frac{(1.4+k)t_{CL}+6}{1-Y} \tag{1-8.25}$$

式中:k——停车损失参数,可按不同优化要求,取不同的值,要求油耗最小时,$k=0.4$;费用最小时,$k=0.2$;仅要求延误最小时,$k=0$。

通行能力计算过程同英国 TRRL 方法。

8.2.3 国内信号交叉口通行能力计算方法

1)停车线断面法

(1)一条右转车道的通行能力

$$C_r = \frac{3600}{t_r} \tag{1-8.26}$$

式中:C_r——一条右转车道的通行能力,pcu/h;

t_r——前后两辆右转弯车辆连续通过某一停车线断面的平均车头时距,s。

据观测,右转车辆连续通过交叉口的平均车头时距为 2.5~3.0s,也就是说在无行人过街阻滞的情况下,一条右转弯车道的通行能力最大为 1200~1440pcu/h。实际上,由于受到行人过街的影响,一条右转弯车道的通行能力达不到上述数值,其影响程度与过街行人流量有关。在过街行人流量很大时,能通过交叉口的右转弯车辆的最大数值约为320pcu/h。

(2) 一条左转弯车道的通行能力

① 设有左转弯专用信号

当进入交叉口的左转弯车辆较多时,为保证交叉口具有较大的通行能力,一般需设置左转弯专用信号。这时一条左转弯车道的通行能力为:

$$C_1 = \frac{3600}{t_C} \times \frac{t_1 - \frac{s_1}{2a}}{t_0} \qquad (1\text{-}8.27)$$

式中:C_1——左转弯车道的通行能力,pcu/h;

t_C——信号周期长,s;

t_1——一个信号周期内左转弯信号时长,s;

s_1——左转弯车辆通过交叉口的行车速度,m/s;

a——车辆起动时的平均加速度,m/s²;

t_0——左转弯车辆连续通过交叉口的平均车头时距,s,一般取为2.5s。

② 无左转弯专用信号

当有左转弯车道而无左转弯信号时,驶入左转弯车道的车辆,只能利用绿灯时间内对向直行车流中出现的可穿越空档实现左转弯。据实测,可穿越时距约为6.0s。假设平均每两个直行车位的空当可供一辆左转弯车辆通过,则一辆左转弯车辆可换算为两辆直行车,而不再计算左转弯车道通行能力,此时左转弯车道仅为停候左转弯车辆和改善直行车道通行能力条件而设置。

(3) 一条直行车道的通行能力

基于停车线法的一条直行车道通行能力计算公式如下:

$$C_s = \frac{3600}{t_C} \times \frac{t_g - \frac{s_s}{2a}}{t_s} \qquad (1\text{-}8.28)$$

式中:C_s——直行车道的通行能力,pcu/h;

t_g——在一个周期内开放绿灯的时间,s;

s_s——直行车辆通过交叉口的速度,m/s;

t_s——直行车辆连续通过交叉口的平均车头时距,一般取为2.5s。

交叉口某一入口的通行能力应是左转弯、右转弯和直行车道的通行能力之和,它必须大于交通量的需求。整个交叉口的通行能力则为各入口通行能力的总和。采用停车线断面法计算信号交叉口的通行能力,需先假定信号周期及配时。一般情况下,根据交通量的大小,周期长可在45~120s之间选择。当周期长未达上限时,若计算的通行能力不能满足交通量,可延长周期长后再进行计算。为避免交叉口延误过大,周期长不可大于180s。

2) 冲突点法

上述停车线法是以停车线断面为考虑的出发点,研究信号配时及通行能力计算。但在两相位信号的情况下,车辆通过交叉口的实际运行情况是本向直行车(右转车)和对向左转车在同一绿灯时间内交错通过这两向车流的冲突点。也就是说,对信号交叉口通行能力(尤其是两相位信号控制交叉口)真正起决定作用的地点是在交叉口中的冲突点而非停车线。因此,停车线断面法在这种情况下不适用。鉴于此,我国学者根据对车辆通过信号交叉口的实际运行状态的分析,提出了计算车辆通过冲突点的信号交叉口通行能力分析方法。

3)《城市道路设计规范》推荐方法

对于十字型信号控制交叉口,其设计通行能力等于各进口道设计通行能力之和。

(1)车道设计通行能力

①直行车道的设计通行能力

$$C_s = \frac{3600}{T_C}\left(\frac{t_g - t_1}{t_i} + 1\right)\delta \qquad (1\text{-}8.29)$$

式中:C_s——一条直行车道的设计通行能力,pcu/h;

T_C——信号灯周期,s;

t_g——每个信号周期内的绿灯时间,s;

t_1——绿灯亮后,第一辆车起动、通过停车线的时间,可采用2.3s;

t_i——直行或右行车辆通过停车线的平均时间,s;

δ——折减系数,可采用0.9。

直行或右行车辆通过停车线的平均时间与车辆组成、车辆性能、驾驶员条件有关,可参考表1-8.1选取。

混合车流的t_i 表1-8.1

大车:小车	2:8	3:7	4:6	5:5	6:4	7:3	8:2
$t_i(s)$	2.65	2.95	3.12	3.26	3.30	3.34	3.42

②直右车道设计通行能力

一条直右车道的设计通行能力与一条直行车道的设计通行能力相等,即:

$$C_{sr} = C_s \qquad (1\text{-}8.30)$$

式中:C_{sr}——一条直右车道的设计通行能力,pcu/h。

③直左车道设计通行能力

一条直左车道的设计通行能力按下式计算:

$$C_{sl} = C_s\left(1 - \frac{\beta'_1}{2}\right) \qquad (1\text{-}8.31)$$

式中:C_{sl}——一条直左车道的设计通行能力,pcu/h;

β'_1——直左车道中左转车所占比例。

④直左右车道设计通行能力

一条直左右车道的设计通行能力与一条直左车道的设计通行能力相等,即:

$$C_{slr} = C_{sl} \qquad (1\text{-}8.32)$$

式中:C_{slr}——一条直左右车道的设计通行能力,pcu/h。

(2)进口道设计通行能力

进口道设计通行能力等于该进口各车道设计通行能力之和。此外,也可根据本进口车辆左、右转比例计算。

①进口设有专用左转与专用右转车道

进口设有专用左转与专用右转车道时,进口道设计通行能力按下式计算：

$$C_{elr} = \sum C_s / (1-\beta_l-\beta_r) \tag{1-8.33}$$

式中：C_{elr}——设有专用左转与专用右转车道时,本面进口道设计通行能力,pcu/h;

$\sum C_s$——本面直行车道设计通行能力之和,pcu/h;

β_l——左转车占本面进口道车辆比例,%;

β_r——右转车占本面进口道车辆比例,%。

专用左转车道的设计通行能力为：

$$C_l = C_{elr} \times \beta_l \tag{1-8.34}$$

专用右转车道的设计通行能力为：

$$C_r = C_{elr} \times \beta_r \tag{1-8.35}$$

②进口设有专用左转车道而未设专用右转车道

进口设有专用左转车道而未设专用右转车道时,进口道的设计通行能力按下式计算：

$$C_{el} = (\sum C_s + C_{sr}) / (1-\beta_l) \tag{1-8.36}$$

式中：C_{el}——设有专用左转车道时,本面进口道设计通行能力,pcu/h。

专用左转车道的设计通行能力为：

$$C_l = C_{el} \times \beta_l \tag{1-8.37}$$

③进口道设有专用右转车道而未设专用左转车道

进口道设有专用右转车道而未设专用左转车道时,进口道的设计通行能力按下式计算：

$$C_{er} = (\sum C_s + C_{sl}) / (1-\beta_r) \tag{1-8.38}$$

式中：C_{er}——设有专用右转车道时,本面进口道的设计通行能力,pcu/h。

专用右转车道的设计通行能力为：

$$C_r = C_{er} \times \beta_r \tag{1-8.39}$$

(3)设计通行能力的折减

在一个信号周期内,对面到达的左转车超过3~4辆时,左转车通过交叉口将影响本面直行车。因此,应折减本面各直行车道(包括直行、直左、直右、直左右等车道)的设计通行能力。本面进口道折减后的设计通行能力为：

$$C'_e = C_e - n_s(C_{le} - C'_{le}) \tag{1-8.40}$$

式中：C'_e——折减后本面进口道的设计通行能力,pcu/h;

C_e——本面进口道的设计通行能力,pcu/h;

n_s——本面各种直行车道数,条;

C_{le}——本面进口道左转车道的设计通行能力,pcu/h;

C'_{le}——不折减本面各种直行车道设计通行能力的对面左转车数,pcu/h,交叉口小时为$3n$,大时为$4n$,n为每小时信号周期数。

对于信号控制T型交叉口,其设计通行能力为各进口道设计通行能力之和。图1-8.3为其典型图示。通行能力的计算包括以下两种情况：

(1)图 1-8.3a)所示为 T 型交叉口的设计通行能力

该交叉口的设计通行能力为 A、B、C 各进口道通行能力之和,还应验算 C 进口道左转车对 B 进口道通行能力的折减。具体按以下程序计算:

①A 进口道为左右混行车道,其设计通行能力用式(1-8.32)计算。

②B 进口道为直右车道,其设计通行能力用式(1-8.30)计算。

③C 进口车道为直左车道,其设计通行能力用式(1-8.31)计算。

④当 C 进口道每个信号周期的左转车超过 3~4 辆时,应用式(1-8.40)折减 B 进口道的设计通行能力。

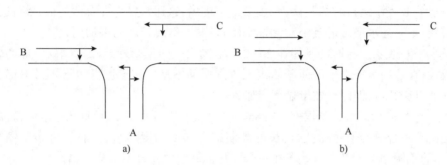

图 1-8.3 T 型交叉口的设计通行能力

(2)图 1-8.3 b)所示为 T 型交叉口的设计通行能力

该交叉口的设计通行能力为 A、B、C 各进口道通行能力之和,还应验算 C 进口道左转车对 B 进口道通行能力的折减。具体按以下程序计算。

①A 进口道为左右混行车道,其设计通行能力用式(1-8.32)计算。

②B 进口道设置一条直行车道和一条右转专用车道,其设计通行能力用式(1-8.29)和式(1-8.38)、式(1-8.39)计算。

③C 进口车道的直行车辆不受红灯信号控制,通行能力等于其饱和流量;专用左转车道的设计通行能力用式(1-8.36)、式(1-8.37)计算;当 C 进口道每个信号周期的左转车超过 3~4 辆时,应对 B 进口道的设计通行能力进行折减,用式(1-8.40)计算。

8.3 信号交叉口服务水平

8.3.1 服务水平评价指标

交叉口是交通延误发生的主要场所,国内外常用平均停车延误时间作为信号交叉口服务水平的评价指标。

美国《道路通行能力手册》(HCM)采用的信号交叉口服务水平评价指标:平均停车延误。

我国《城市道路工程设计规范》(CJJ 37—2012)中采用的信号交叉口服务水平评价指标:平均停车延误、负荷度、排队长度。

8.3.2 服务水平分级

美国《道路通行能力手册》(HCM)将信号交叉口的服务水平分为 A~F 六个等级,如表 1-8.2 所示。

美国《道路通行能力手册》规定的信号交叉口服务水平　　　　表 1-8.2

服务水平	平均停车延误(s/veh)	服务水平	平均停车延误(s/veh)
A	<10	D	(35,55]
B	(10,20]	E	(55,80]
C	(20,35]	F	>80

服务水平 A 表示运行延误很小,即小于10s。当信号绿波带非常适合,大多数在绿灯期间到达时这种情况,大多数车根本不停车,短周期也有助于减少延误。

服务水平 B 表示运行时的延误为10~20s范围内,这通常发生在合适的信号绿波带和短周期的时候;与服务水平 A 相比有较多的车辆将停驶,造成较高的平均延误。

服务水平 C 表示运行时的延误在20~35s范围内,这时信号绿波带尚好,但周期较长而使延误较大,在这一服务水平可能开始出现个别周期不足。在该服务水平下虽然仍有许多车不停地通过交叉口,但停车数量显著增加。

服务水平 D 表示运行的延误在35~55s范围内,在服务水平 D 时阻塞影响值得注意,较大延误是由于不合适的信号绿波带,长的周期或高的饱和度等组合而成,许多车辆必须停车,不停车的车辆比率下降。有些车在一个或几个周期内通过不了交叉口。

服务水平 E 表示运行的延误在55~80s范围内,认为这是可以接受的延误极限,这些大的延误值通常表示信号绿波不合适,周期过长和饱和度太高,车辆在几个周期内通不过交叉口的现象经常出现。

服务水平 F 表示运行时的延误在大于80s范围以上。大多数驾驶员认为这是不可以接受的。这种状态随着交通过饱和而产生,即此时达到的流量超过交叉口的通行能力。此时饱和度接近1.00,周期损失严重,这主要是由不合适的信号绿波及过长的周期造成的。

我国《城市道路工程设计规范》(CJJ 37—2012)规定信号交叉口服务水平分为四级,如表 1-8.3 所示。

我国《城市道路工程设计规范》规定的信号交叉口服务水平　　　　表 1-8.3

服务水平	平均停车延误(s/veh)	负荷度	排队长度(m)
一	<30	<0.6	<30
二	30~50	0.6~0.8	30~80
三	50~60	0.8~0.9	80~100
四	>60	>0.9	>100

第9章 环形交叉口通行能力

环形交叉口通行能力研究的主要目的是估算环形交叉口能适应的最大交通量,但是,环形交叉口在达到或接近其通行能力时一般运行不良,很少将交叉口设计或规划在这种范围内运行。本章主要介绍无信号环形交叉口和信号控制环形交叉口通行能力计算方法,以及无信号环形交叉口的服务水平评价。

9.1 概 述

环形交叉口是自行调节的交叉口。这种交叉口是在中央设置中心岛,使进入交叉口的所有车辆均按同一方向绕岛行驶。车辆行驶过程一般为合流、交织、分流,避免了车辆交叉行驶。环形交叉口的优点是车辆连续行驶且安全,一般不需要设置管理设施,避免停车,节省燃料,噪声低,污染小。同时,环形交叉口造型优美,可以起到美化城市的作用。缺点是占地大,绕行距离长。非机动车辆和行人较多及有轨道交通线路时,不宜采用。

自20世纪初环形交叉口在英、法等国出现以来,人们一直在探索环形交叉口通行能力的计算模型。一些发达国家如美国、日本、英国、法国、俄罗斯、澳大利亚等均已建立了比较完善的适于本国交通特色的环形交叉口通行能力计算模型。这些模型虽然很多,但总的来看,主要基于三种理论基础:一类是交织理论模型,以交织段能通过的最大交织流量反映环形交叉口的通行能力,典型代表是Wardrop公式;一类是根据穿插及间隙接受理论建立的模型,以进口车道能进入环形交叉口的最大流量反映环形交叉口的通行能力;还有一类是反映环行车流量与入口通行能力关系的回归模型。随着汽车性能的提高、环道宽度的加大、环岛半径的减少及生活节奏的加快,使得环形交叉口车辆的交织行为明显减少,交叉口的阻塞主要受最大进环车辆流量的影响,因而Wardrop公式的使用有其局限性,而后两个模型在国外得到了广泛的应用。

环形交叉口具有很明显的主、支路特征。当环行车流与进环车流相交时,环行车流可不受干扰自由通行,而进环车流不能自由通行,只有当环行上的车流出现较大间隙时,进环上的车流才能进入交叉口。国内外在研究环形交叉口通行能力时,都以进环车辆能够进入交叉口的最大流量作为交叉口的通行能力。以间隙接受理论为基础,分析在各种道路和交通条件下进环车辆的通行能力是目前普遍采用的方法。

环形交叉口通行能力包含的内容很多,通行能力的大小不仅与道路和交通条件有关,还与交叉口运行质量的评价方法,即服务水平的划分方法有关。在评价交叉口的运行质量时,通常可从以下几个方面进行:

(1)车辆行车速度和运行时间。
(2)车辆行车时的自由度。
(3)车辆受阻或干扰的程度及行车延误等。

(4)车辆行车安全性(事故率和经济损失等)。
(5)车辆行车的舒适性和乘客的满意程度。
(6)经济性。

美国《道路通行能力手册》中,以储备通行能力 C_r(pcu/h)(通行能力与交通流量之差)为评价指标,以储备通行能力的临界值来划分环形交叉口通行能力的服务水平;在德国的通行手册中,以进环车流的平均等待时间为评价指标;国内学者则提出以车辆的平均延误作为环形交叉口的评价指标。这些指标在工程中都得到了广泛的应用。

9.2 无信号环形交叉口通行能力与服务水平

9.2.1 无信号环形交叉口基本通行能力计算

1)常规环形交叉口的通行能力

中心岛直径大于 25m,交织段比较长,进口引道不拓宽成喇叭形。我国现有的环形交叉口大都属于此类型(图 1-9.1),故这里主要讨论常规环形交叉口的通行能力。

(1)Wardrop 公式

常规环形交叉口通行能力计算图示如图 1-9.2 所示,其通行能力按下式计算:

$$C = \frac{354w\left(1 + \dfrac{e}{w}\right)\left(1 - \dfrac{p}{3}\right)}{1 + \dfrac{w}{l}} \qquad (1\text{-}9.1)$$

式中:C——交织段上的最大通行能力,puc/h;
　　l——交织段长度,m;
　　w——交织段宽度,m;
　　e——环交入口平均宽度,m,$e = e_1 + e_2$;
　　e_1——入口引道宽度,m;
　　e_2——环道突出部分的宽度,m;
　　p——交织段内进行交织的车辆与全部车辆之比,%。

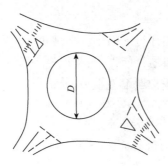

图 1-9.1　常规环交示意图

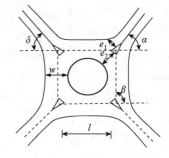

图 1-9.2　常规环形交叉口通行能力计算示意图

Wardrop 方法适用于下列条件:
引道上没有因故暂停的车辆;环形交叉口位于平坦地区,其纵坡<4%;式(1-9.1)中各参

数应满足下列要求:$w=6.1\sim18.0\mathrm{m}$、$e/w=0.4\sim1.0$、$w/l=0.12\sim0.4$、$e_1/e_2=0.34\sim1.41$、$p=0.4\sim1.0$;驶入角 α 宜大于30°、驶出角 δ 应小于60°、交织段内角 β 不应大于95°。

如交叉口四周进口处过街行人众多,影响车流进出,其通行能力应适当折减。

根据使用经验和实际观察资料的检验,一般设计通行能力采用上述公式计算最大值的80%,故可将上式修改为:

$$C_D = \frac{280w\left(1+\dfrac{e}{w}\right)\left(1-\dfrac{p}{3}\right)}{1+\dfrac{w}{l}} \quad (1\text{-}9.2)$$

式中:C_D ——交织段上的设计通行能力,pcu/h。

在混合交通情况下,应将各类车辆换算成小汽车,环形交叉口的车辆折算系数可采用小型车为1、中型车为1.5、大型车为3.0、特大型车(拖挂车)为3.5 进行换算。

(2)英国环境部暂行公式

英国对环形交叉口素有研究。1966年对环形交叉口实行了左侧优先的法规,即规定行驶在环道上的车辆可以优先通行,进入环道的车辆让路给环道上的车辆,等候间隙驶进环道。这样,式(1-9.1)已不适用,应采用下式进行计算:

$$C = \frac{160w\left(1+\dfrac{e}{w}\right)}{1+\dfrac{w}{l}} \quad (1\text{-}9.3)$$

式中各参数意义同前。其中,重型车占全部车辆的比例不应超过15%,如重型车超过15%时应对该式进行修正,用于设计通行能力时要乘以85%。

(3)基于间隙接受理论的通行能力分析方法

①进环车道为一条时的通行能力

当环形交叉口的环形车道为一条时,进环车道多为一条。这种环形交叉口的间隙接受理论模型可从两股交通流相互作用时的排队模型中推导出来。

间隙接受是指当环行车流出现大于某一临界间隙 t_c 时,进环车辆才能进入,否则就必须等待;而环行车辆可以直接经过环形交叉口内的冲突区而不受延误。由于在环形交叉口环形车道上车辆一般无超车行为,可认为环行车辆的车头时距服从 M3 分布。当环行车道车流量较大时,部分环行车流会以最小行车时距 t_m 结队行驶。设 a 表示车头时距大于 t_m 的自由流的比例,环行车流量为 q,则环行车流的车头时距大于或等于 t_m 的概率分别为 a 和 $1-a$,故环行车流的车头时距有如下的概率密度函数:

$$f(t) = ae^{-\lambda(t-t_m)} \quad (t > t_m) \quad (1\text{-}9.4)$$

式中:$\lambda = \dfrac{a \cdot q}{1 - t_m q}$。

设 t_f 为进环车流的随车时距,即当环形车道上车流的车头时距较大、允许两辆以上车辆进入时,进口车道上排队进入环形交叉口相邻两车的车头时距。

当 $t_c < h < t_c + t_f$ 时,允许一辆车进入环形交叉口;当 $t_c + (k-1)t_f < h < t_c + kt_f$ 时,允许 k 辆车进入环形交叉口。设环行车流出现 $t_c + (k-1)t_f < h < t_c + kt_f$ 的概率为 p_k,则:

$$p_k = p[h \geq t_c + (k-1)t_f] - p(h \geq t_c + kt_f) = ae^{-\lambda[t_c+(k-1)t_f-t_m]} - ae^{-\lambda(t_c+kt_f-t_m)} \quad (1\text{-}9.5)$$

设每小时能够进入环形车道的车辆数为 C_e，则得到通行能力计算公式如下：

$$C_e = \sum_{k=1}^{\infty} p_k kq = \frac{aqe^{-\lambda(t_c-t_m)}}{1-e^{-\lambda t_f}} \quad (1\text{-}9.6)$$

②进环车道为两条时的通行能力

进口车道和环形车道均为两条，车辆进入交叉口时，左侧车流需与外侧环形车流穿插并与内侧车流合流，而右侧车流只需与外侧环形车流合流。设 C_{e1} 和 C_{e2} 分别为左、右两侧进口车道能够进入交叉口的车辆数，则：

$$C_e = C_{e1} + C_{e2} \quad (1\text{-}9.7)$$

C_{e2} 的计算方法与进环车道为一条时计算方法相同。

左侧车辆进入交叉口时，可把环形车流假设成当量车流。

当量车流车头时距大于 t_m 时服从 M3 分布，当量车头时距小于 t_m 时服从均匀分布，$p(t \leq t_m) + p(t > t_m) = 1$。

当量交通量等于两车道交通量之和，即：

$$q = q_1 + q_2 \quad (1\text{-}9.8)$$

式中：q_1、q_2——内、外侧环形车流的流量，pcu/s；

当量车流车头时距小于 t_m 时的概率为：

$$p(t < t_m) = \frac{t_m}{\bar{h}} \quad (1\text{-}9.9)$$

式中：$\bar{h}$——两环形车流平均车头时距的均值，即 $\bar{h} = \frac{1}{2}\left(\frac{1}{q_1} + \frac{1}{q_2}\right)$。

基于以上假设，可以推导出当量车流车头时距具有下式的分布形式。

$$f(t) = \begin{cases} \dfrac{2q_1q_2}{q_1+q_2} & 0 \leq t \leq t_m \\ \lambda\left(1 - \dfrac{2q_1q_2}{q_1+q_2}t_m\right)e^{-\lambda(t-t_m)} & t_m < t \end{cases} \quad (1\text{-}9.10)$$

式中：$\lambda = \lambda_1 + \lambda_2 = \dfrac{\alpha_1 q_1}{1-t_m q_1} + \dfrac{\alpha_2 q_2}{1-t_m q_2}$。

与式（1-9.6）的推导相同，可得出左侧车道的通行能力如下：

$$C_{e1} = \frac{qe^{-\lambda(t_c-t_m)}}{1-e^{-\lambda t_f}}\left(1 - \frac{2q_1q_2}{q_1+q_2}\right) \quad (1\text{-}9.11)$$

进环车辆总的通行能力如下：

$$C_e = \frac{qe^{-\lambda(t_c-t_m)}}{1-e^{-\lambda t_f}}\left(1 - \frac{2q_1q_2}{q_1+q_2}\right) + \frac{\alpha_2 q_2 e^{-\lambda(t_c-t_m)}}{1-e^{-\lambda_2 t_f}} \quad (1\text{-}9.12)$$

2）小型环形交叉口的通行能力

中心岛直径为小于 25m，引道进口加宽，做成喇叭形，便于车辆进入交叉口。英国多采用此类环交（图 1-9.3），其优点是可以提高环形交叉口的通行能力，占地少。

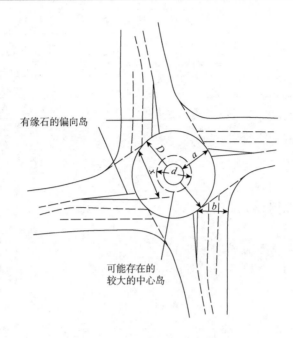

图 1-9.3 小型环形交叉口特点示意图

(1) 英国运输与道路研究所公式

小型环形交叉口的特点是环道较宽,进出口做成喇叭形,对进入环道的车辆提供较多的车道,车流运行已不存在交织现象。在所有引道入口均呈饱和状态情况下进行多次试验,得出了整个环交通行能力 C 的简化计算公式:

$$C = K(\sum W + \sqrt{A}) \tag{1-9.13}$$

式中:W——引道宽度,m;

A——引道拓宽增加的面积,m^2;

K——系数,pcu/(h·m),与相交道路的条数有关。三路交叉,$K=70$pcu/(h·m);四路交叉,$K=50$pcu/(h·m);五路交叉,$K=45$pcu/(h·m)。

(2) 纽卡塞(New Castle)公式

纽卡塞根据英国运输所的公式做进一步简化,将 A、W 两个参数均归纳为内接圆直径 D,然后根据道路条数取用 K_2 来进行调整,即:

$$C = K_2 D \tag{1-9.14}$$

式中:D——环岛直径,m,如交叉口为椭圆中心岛,则取长轴与短轴的平均值;

K_2——系数,pcu/(h·m),三路交叉口 $K_2=15$pcu/(h·m),四路交叉口 $K_2=140$pcu/(h·m)。

9.2.2 无信号环形交叉口实际通行能力计算

以上得到的是基本通行能力,实际上,交叉口通行能力会受到许多因素的影响,要结合交叉口的实际情况进行修正,修正后的通行能力,即为实际通行能力。交叉口的横向干扰、进口车流的转向车流比例和进口车流的流量比都会直接影响交叉口的实际通行能力。

1) 横向干扰系数 F_{SF}

横向干扰系数的影响可根据观测饱和流量和相应的干扰系数对比得出,如表 1-9.1 所示。

横 向 干 扰 系 数　　　　　　　　　表 1-9.1

横向干扰系数	相应的地理类型	修正系数
低	乡村,路边有很少建筑物和交通量	1
中	居住区	0.96
高	商业区	0.92

2)左转修正系数 F_{LT}

左转车流的修正系数可以通过下式计算：

$$F_{LT} = 1.14 - 0.92 P_{LT} \tag{1-9.15}$$

式中:P_{LT}——左转车比例,%。

3)右转修正系数 F_{RT}

右转车流的修正系数可以通过下式计算：

$$F_{RT} = 0.76 + 1.6 \times P_{RT} \tag{1-9.16}$$

式中:P_{RT}——右转车比例,%。

4)流量比修正系数 F_M

在实际交通中,各进口车道的流量不会完全相等,其中,两条连接道路的流量较大(相当于无信号交叉口的主路),另两条连接道路的流量较小(相当于无信号交叉口的次路)。流量比即大流量与小流量之比,对不同流量比,运用计算环形交叉口的基本通行能力的方法即可算出不同流量比下总的通行能力,对结果进行回归分析即可得到流量比修正系数 F_M。

$$F_M = 0.88 + 0.11 \times P_M \tag{1-9.17}$$

式中:P_M——流量比,连接道路大流量与小流量之比。

5)实际通行能力

无论是进口道还是车道的通行能力或是交叉口的基本通行能力,都可以用下式对其进行修正,得到相应的实际通行能力：

$$C_p = C_b \times F_{SF} \times F_{LT} \times F_{RT} \times F_M \tag{1-9.18}$$

9.2.3 无信号环形交叉口服务水平

1)无信号环形交叉口延误分析

在交通流量小且车辆以稳态方式到达的情况下,进环车流与出环车流的车头时距大,车辆通过环形交叉口时,几乎不受冲突车流的影响,自由通过冲突点。随着入环流量与出环流量的增加,当某一方向车流的车头时距小于某一临界间隙 t_c 时,进环车流只能在冲突点寻找可穿插间隙通过。若冲突车流不存在可穿插间隙,则到达车辆在冲突点前等待,直到出现可穿插间隙才通过冲突点。进口道与环行交叉口车道的车流到达交织段的过程符合泊松分布。若排队通过交叉口的车辆服务时间服从负指数分布,则环交路口的排队系统为标准 M/M/1 系统,车辆运行指标可以用排队论表示。

当车辆进入交叉口时,由于环形车道上车辆无超车行为,可认为外侧环形车辆的车头时距服从 M3 分布。由式(1-9.6)可知,排队等候的平均车辆数为：

$$L_q = C_e - q(1 - p_0) = \alpha q \frac{e^{-\lambda(t_c - t_m)}}{1 - e^{t_f}} - q\{1 - \alpha[e^{-\lambda(t_c - t_f - t_m)} - e^{-\lambda(t_c - t_m)}]\} \tag{1-9.19}$$

式中:p_0——无车辆进入交叉口的概率。

车辆平均排队时间(延误)为：

$$W_q = \frac{L_q}{\lambda} = \frac{q\left\{\alpha\dfrac{e^{-\lambda(t_c-t_m)}}{1-e^{t_f}} - [1-\alpha(e^{-\lambda(t_c-t_f-t_m)} - e^{-\lambda(t_c-t_m)})]\right\}}{\lambda} \qquad (1\text{-}9.20)$$

2) 无信号环形交叉口服务水平

服务水平是指道路使用者从道路状况、交通条件、道路环境等方面可能得到的服务程度或服务质量,不同服务水平意味着不同的道路、交通条件及经济安全因素。我国道路环形交叉口服务水平评价指标采用平均停车延误,服务水平划分标准如表1-9.2所示。

环形交叉口服务水平的划分标准　　　　　　　　　　表1-9.2

服务水平	平均停车延误(s)	交通状况描述
一级	≤15.0	车流畅通,略有阻力
二级	(15.0,30.0]	车流运行正常,有一定延误
三级	(30.0,50.0]	车流能正常运行,但延误较大
四级	>50.0	车流处于拥挤状态,延误较大

下面以422型(相交道路车道数均为双向2车道)环形为例,说明环形交叉口服务交通量的确定方法。422型环形交叉口的基本通行能力为2700pcu/h,对应各环形车流量为660pcu/h,根据式(1-9.20)即可计算出交通延误与对应饱和度的曲线,见图1-9.4。

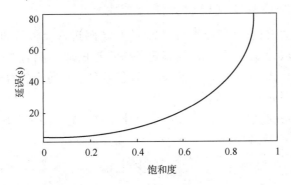

图1-9.4　环形交叉口延误与饱和度的关系

由422型环形交叉口延误与饱和的关系及上面服务水平划分标准可得到各级服务水平下的饱和度及相应的服务交通量,如表1-9.3所示。

环形交叉口的服务交通量(pcu/h)　　　　　　　　　　表1-9.3

交叉口类型	服务水平			
	一级	二级	三级	四级
422	900	2000	2300	2700
442	1100	2400	2800	3300
444	1200	2700	3000	3600

9.3 信号控制环形交叉口通行能力

9.3.1 信号控制环形交叉口基本形式

图 1-9.5 信号灯控制环形交叉示意图

环形交叉口可用于城市道路的 Y 型、X 型、十字型、复合型等交叉口,但最常用的是四路相交的十字型交叉口。对于流量不大的次干路等级以下相交的十字型交叉口,用常规的环形交叉即能得到较满意的交通,但对于某些位于主干路上或转盘式立交上的环形交叉,因各路进入交叉口的流量太大,常规的环形交叉口已无法满足正常交通,此时加设信号灯控制有望获得通行上的改善。所以,信号控制环形交叉一般用于十字型交叉口,且每个进口道有两条车道以上的情况。

如图 1-9.5 所示是信号灯控制环形交叉口的基本形式,图中信号灯有入口灯和环道灯之分。入口灯面对进口道停车线前的入环车辆,环道灯则面对环道上绕行的左转车。

9.3.2 信号控制环形交叉口设计通行能力

交叉口的通行能力是指单位时间内各相交进口道路进入交叉口的最大车辆数,确定信号控制环形交叉口的设计通行能力,只需确定各进口道的通行能力。而进口道的通行能力是由各车道通行能力构成,因此,只需分析进口道各条车道的通行能力即可。

1) 一条右转车道的设计通行能力

在信号控制的环形交叉口上,右转车不受信号灯的影响。在有专用右转车道的条件下,它的最大通行能力(pcu/h)为:

$$C_r = \frac{3600}{t_r} \tag{1-9.21}$$

式中:t_r——右转车最小车头安全时距,s。

t_r 值可根据右转车流的速度,按最小车头安全时距理论计算得到,也可从调查实际交通流中得到。但如果已知进口道右转车的比例 β_r,则可按下式计算右转车道的通行能力,即:

$$C_r = C_e \times \beta_r \tag{1-9.22}$$

式中:C_e——进口道的通行能力,pcu/h。

2) 一条直行车道的设计通行能力

信号控制环形交叉口通行能力的大小与信号相位、周期、信号灯时间等参数相关。设图 1-9.5 所示的信号控制环形交叉口为两相信号控制,信号周期为 T,红、绿、黄灯时间分别为 T_R、T_G、T_Y,即 $T = T_R + T_G + T_Y$,则一条直行车道的通行能力为:

$$C_s = 3600\varphi_s \left[(T_G - T_f)/T_s + 1 \right] /T \tag{1-9.23}$$

式中:T_f——绿灯亮后,第一辆车起动并通过停车线的时间,s,可据实际车流确定;

T_s——直行车连续通过停车线的最小车头时距,s,可根据直行车流连续通过停车线的速度,按最小安全车头时距理论确定,也可通过观测实际直行车流连续通过停车线的平均间隔时间确定;

φ_s——修正系数,根据车辆通行的不均匀性及非机动车、行人等对汽车的干扰程度确定,当环形交叉口处的自行车、行人从空间上与机动车分离时,φ_s可近似取1.0。

3)一条直左车道的设计通行能力

左转车通过信号控制环形交叉口时,既受本向进口道入口信号灯的影响,又受环道上信号灯的影响,即左转车通过交叉口时受两处信号灯信号的约束,所有的左转车在交叉口都会遇到至少一次红灯的影响而停车。

在直左车道中,因左转车受环道红灯停车的影响,通过进口道停车线时用的时间比直行车要长,这就对其后车辆造成了影响。设影响程度为 α,则:

$$\alpha = \frac{T_L}{T_S} - 1 \tag{1-9.24}$$

式中:T_L——左转车连续通过停车线的平均间隔时间,s;

T_S——直行车连续通过停车线的平均间隔时间,s。

又设一条直左车道中左转车所占比例为 β_L,则一条直左车道的设计通行能力为:

$$C_{sl} = C_s(1 - \alpha\beta_L) \tag{1-9.25}$$

用式(1-9.15)计算 C_{sl} 时,β_L 值受与本向进口道相对应的环道半环处停车线前左转车排队扇区容量的影响。如图1-9.5所示的阴影部分是由两条车道构成的左转车排队扇区。

排队扇区容量 M 是由排队扇区的车道数、每条车道的长度 L 及排队车辆平均占有车道长度 L_{veh} 决定的。即:

$$M = \frac{\sum L_i}{L_{veh}} \tag{1-9.26}$$

对照式(1-9.25)和式(1-9.26),如果进口道只有一条直左车道,则:

$$C_{sl}\beta_L \leq M$$

即:

$$\beta_L \leq \frac{M}{C_{sl}} \tag{1-9.27}$$

如果进口道有 n 条直左车道,且各条直左车道的 β_L 相同,则有:

$$nC_{sl}\beta_L \leq M$$

即:

$$\beta_L \leq \frac{M}{nC_{sl}} \tag{1-9.28}$$

第10章 立体交叉通行能力

10.1 概　述

立体交叉是利用跨线构造物使道路与道路(或铁路)在不同高程相互交叉的连接方式,其功能是为不同平面道路之间的交通转换提供通道。

10.1.1 立交的组成

立交是由主体部分和附属部分组成的(图1-10.1):主体部分包括跨线构造物、主线和匝道,附属部分包括出口与入口、变速车道、集散车道、三角地带及立交范围内的其他一切附属设施。

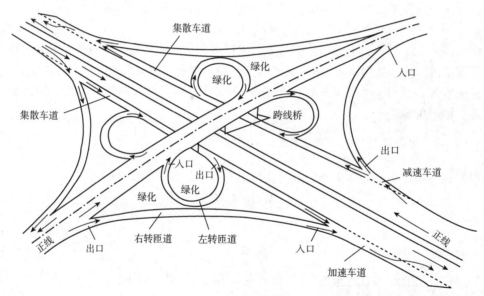

图1-10.1　立交的组成

(1)跨线构造物主要有跨线桥和跨线地道两种,是实现交通流线空间分离的设施,是形成立交的基础。

(2)主线是指相交道路的直行车道,有上线和下线之分。

(3)匝道是指供相交道路转弯车辆转向使用的连接道。它连接空间分离的两条主线,形成互通式结构。有匝道连接的立交称为互通式立交,反之,称为分离式立交。

(4)出口与入口。

由主线进入匝道的路口称为出口,由匝道进入主线的路口称为入口。

(5)变速车道。

由于匝道采用比主线低的设计速度,因此车辆进出主线都要改变车速,在匝道与主线的连接部位,为进出车辆变速及分流、合流而增设的附加车道称为变速车道。入口端为加速车道,出口端为减速车道。

(6)集散车道。

位于城市附近交通繁忙的高速公路,为了减少进出高速公路的车流交织和进出口数量,在高速公路一侧或两侧所修建的与高速公路平行而又分离(主线为其他等级公路,也可考虑与主线不分离)供车辆进出的专用道路。

(7)三角地带。

匝道与主线间或与匝道间所围成的封闭地区统称为三角地带(或三角区)。三角地带可作为广场、园林绿化、美化环境、照明等用地。

立交的范围一般是指各相交道路端部变速车道渐变段顶点内所包含的主线、跨线构造物、匝道和绿化地带等全部区域。

10.1.2 立交的基本形式及适用条件

对于分离式立交,因其形式固定,结构简单,其通行能力可以借鉴一般路段的分析和计算方法,本章不予讨论。对于互通式立交,随匝道的不同布置,会形成许多不同形式的立交。基本形式主要有定向式立交、全苜蓿叶立交、部分苜蓿叶立交、菱形立交、喇叭形立交、环形立交等。这些立交的通行能力和适用条件,见表1-10.1。

常见立交的通行能力及适用条件 表1-10.1

立交形式	通行能力	适用条件
定向式	能为转弯车辆提供高速的定向运行,通行能力大	高速公路相互交叉或与市郊快速路相交
全苜蓿叶	通行能力较大,取决于环形匝道之间交织区的通行能力	左转弯交通量不大
部分苜蓿叶	通行能力中等,取决于两个信号交叉口和环形匝道通行能力	部分象限用地受限
菱形	通行能力低,取决于次要道路上的两个平面交叉口通行能力	主线左转弯交通量较小,用地受限
喇叭形	没有冲突点和交织,通行能力较大,取决于环形匝道通行能力	三路交叉及有收费站的立交
环形	存在交织,通行能力受到环道交织能力的限制	转弯交通量不大而速度要求又不高

10.1.3 立交匝道与主线的关系

几种常见形式的立交匝道与主线的关系可以归纳为以下三种情况:

(1)平行关系

匝道与主线分离前或者汇合后,主线设有附加车道的情况。

(2)交叉关系

匝道与主线分离前或者汇合后,主线车道数没有变化的情况。

(3)环道

在环形立交中,利用环道来组织转向交通(或转向交通与一个方向的直行交通)。

10.1.4 立交通行能力的概念

立交作为由主线与匝道等共同组成的系统,在空间上包含多个点和断面,其通行能力不能简单地定义为"标准时间内通过某一点或断面的最大流量",而应综合考虑其各个组成部分的通行能力和相互作用予以定义。按照立交的组成,可以从以下几个方面分别加以考虑:

(1)立交主线通行能力。
(2)立交匝道通行能力。
(3)立交进口道通行能力。
(4)立交总通行能力。

上述四个方面的通行能力是相互联系、相互制约、相互协调的。一般情况下,当主线和匝道的通行能力大于预测的流向流量时,总通行能力最多与各进口道通行能力之和相等;当为某流向流量服务的车行道出现饱和时,必然会影响到总通行能力,这时总通行能力小于各进口道通行能力之和。同时,匝道通行能力受到主线与匝道结合部位的合流区、分流区或冲突区车流的影响。因此,匝道的通行能力与主线车流为转向车流所能提供的"吸收率"或"溢出率"有关。

10.2 立体交叉通行能力分析方法

现有的立交通行能力分析方法大多集中在立交各组成部分的分析和计算上,例如,立交匝道端点、交织区、冲突区等分析和计算方法,对于立交总通行能力的研究成果较少。另外,由于立交形式多样,结构复杂,很难用统一的方法进行计算。下面介绍的是同济大学提出的立交通行能力组合计算方法,供大家参考。

10.2.1 主线通行能力

主线的通行能力主要取决于主线本身的道路条件和交通条件,其计算公式为:

$$N_{主} = n_1 \times N_1 + n_2 \times N_2 \quad (1\text{-}10.1)$$

式中:$N_{主}$——主线的通行能力,pcu/h;

n_1、n_2——两条主线的车道数;

N_1、N_2——两条主线车道的通行能力,pcu/(h·ln)。

10.2.2 匝道的通行能力

匝道是互通式立交在一定服务水平下完成各向交通量转换的载体。匝道的通行能力,由匝道与主线连接部分的通行能力、匝道本身的通行能力、匝道与被交道路连接部分的通行能力三者中的最小值决定。对于匝道入口处和出口处都是平行关系的匝道,其通行能力取匝道本身的通行能力;对于其他类型的匝道,其通行能力的主要控制因素为匝道本身的道路条件和交通条件及匝道两端车辆行驶合流区、分流区或冲突区的条件。

匝道的通行能力为:

$$N_{匝} = \begin{cases} N_{本} & \text{入口处与出口处都是平行关系的匝道} \\ \min(N_{本}, N_{合}, N_{分}, N_{冲}) & \text{其他类型匝道} \end{cases} \quad (1\text{-}10.2)$$

式中:$N_{匝}$——立交匝道通行能力,pcu/h;

$N_{本}$——匝道本身的通行能力,pcu/h;

$N_{合}$、$N_{分}$——合流区、分流区的通行能力,pcu/h;

$N_{冲}$——"冲突区"的通行能力,pcu/h。

1)匝道本身的通行能力

匝道本身的通行能力受车辆宽度、曲率半径、纵断面坡度、行车速度、极限参数使用或组合及大型车混入率等因素的影响,其中尤以行车速度、极限参数使用或组合及大型车混入率的影响较显著。匝道本身的通行能力计算模型为:

$$N_{\text{本}} = n_3 \times N_3 \qquad (1\text{-}10.3)$$

式中:n_3——匝道车道数;

N_3——一条匝道车道的通行能力,pcu/(h·ln)。

对于公路立交或高架道路立交,一般单车道匝道基本通行能力当设计速度小于50km/h时为1200pcu/h;当设计车速大于50km/h时为1500pcu/h,双车道匝道设计通行能力只有在驶入或驶出匝道端部的车辆能以2列驶入或驶出主线的情况下,才可采用单车道设计通行能力的2倍。否则,受端部汇入或驶出通行能力的限制,通行能力需要折减。另外,若有大型车混入也应该进行折减。

对于城市道路立交,其计算速度和实际车速均较低,当设计车速为30km/h时,单车道匝道通行能力为1000pcu/h;当设计车速为50km/h,单车道匝道通行能力为1200pcu/h。考虑大型车混入率时,通行能力按表1-10.2进行折减。

有大型车混入的通行能力折减   表1-10.2

大型车混入率(%)	10	20	30	40	50	60	70
折减率(%)	90	83	77	73	70	68	67

2) 合流区与分流区的通行能力

根据我国上海、广州等城市高架道路建设的实际情况,高架道路立交主线的单向车道数一般为2~3条,匝道的车道数一般为1~2条。按照德国道路通行能力手册所推荐的主线第一车道流量与主线流量及匝道进出量的回归关系模型,经理论推导后得到主线车道和匝道车道数不同组合情况下的分流区与合流区的通行能力计算模型,见表1-10.3。

合流区与分流区通行能力计算模型   表1-10.3

	匝道车道数	主线单向2条车道	主线单向3条车道
合流区	1条车道	$N_{\text{合}} = 1.130 V_c - 0.390 V_f - 154$	$N_{\text{合}} = 1.000 V_c - 0.244 V_f - 120$
	2条车道	$N_{\text{合}} = 1.621 V_c - 0.609 V_f - 199$	$N_{\text{合}} = 0.953 V_c - 0.067 V_f - 51$
分流区	1条车道	$N_{\text{分}} = 1.923 V_c - 0.663 V_f - 317$	$N_{\text{分}} = 2.114 V_c - 0.488 V_f - 203$
	2条车道	$N_{\text{分}} = 1.923 V_c - 0.663 V_f - 317$	$N_{\text{分}} = 1.764 V_c - 0.062 V_f - 279$

表1-10.3中,V_c为主线一条车道的通行能力(pcu/h)、V_f为合流或分流前的主线流量(pcu/h)。

3) 冲突区的通行能力

设转向车流穿越$k(k=1,2,\cdots)$条主线车道后,汇入与穿越车道方向相反的车流中,所穿越车道流量分别为Q_i,根据间隙接受理论可得"冲突区"通行能力计算模型为:

$$N_{\text{冲}} = \frac{(\sum_{i=1}^{k} Q_i + Q) e^{-(\sum_{i=1}^{k} Q_i + Q) t_c / 3600}}{1 - e^{-(\sum_{i=1}^{k} Q_i + Q) t_f / 3600}} \qquad (1\text{-}10.4)$$

式中:k——转向车流穿越的主线车道条数;

Q_i——所穿越车道的流量,pcu/(h·ln);

Q——与穿越车道反向车流流量,pcu/h;

t_c——等候行驶的第一辆转向车辆汇入主线车流中的平均可接受空隙,可取 $t_c=(4+k)$s;

t_f——随车时距,根据观测的结果,$t_f=2$s。

10.2.3 进口道通行能力

不同形式的立交及匝道与主线的关系不同,立交进口道的通行能力是不同的。常见形式的进口道通行能力计算模型如下:

(1)十字形的苜蓿叶、菱形、半定向式、定向式立交

$$N_{进}=N_{主}+mN_{匝}=n_1N_1+n_2N_2+mN_{匝} \quad (m=0,1,2,3,4)$$

(1-10.5)

(2)丁字形的苜蓿叶、半定向式、定向式立交以及喇叭形立交

$$N_{进}=N_{主}+(m+1)N_{匝}=n_1N_1+n_2N_2+(m+1)N_{匝} \quad (m=0,1,2,3,4)$$

(1-10.6)

(3)环形立交

$$N_{进}=N_{主}+N_{环}=\begin{cases} n_1N_1+N_{环} & \text{一条主线穿越环道} \\ n_1N_1+n_2N_2+N_{环} & \text{两条主线穿越环道} \end{cases}$$

(1-10.7)

式中:$N_{进}$——立交进口道通行能力,pcu/h;

m——匝道入口处是平行关系的匝道的数量,条;

$N_{环}$——环形立交中环道的设计通行能力,pcu/h。

10.2.4 立交总通行能力

立交总通行能力并不是各个组成部分通行能力之和,而是折减后的立交进口道的通行能力,即:

$$N_{总}=N_{进}-\sum_{i=1}^{p}\frac{Q_i-N_i}{\beta_i}$$

(1-10.8)

式中:$N_{总}$——立交总通行能力,pcu/h;

p——立交流量中有 p 个流向流量超过了为其服务的主线或匝道的通行能力;

Q_i——第 i 个超过相应通行能力的流向流量,pcu/h;

N_i——为 Q_i 提供服务的主线或匝道通行能力,pcu/h;

β_i——Q_i 占相应的进口道流量的比例。

10.3 立体交叉服务水平

(1)立交总体服务水平

立交是由主线、匝道、被交路、收费站等各部分组成的。从通行能力和服务水平的角度出发,立交的总体服务水平应该是各个组成部分服务水平的最低值,各部分的服务水平则从

不同方面体现出其综合的服务性能,建议采用适当的加权平均方法计算立交的总体服务水平。但在实际应用中必须考虑到如果用一个较低指标限制了立交整体的服务水平,那么其他的剩余能力也是白白浪费,因此立交各部分的服务水平达到一致时是最佳的状态。但在实际中,这一点是很难做到的。

(2)立交各组成部分的服务水平

立交主线、匝道、交织区和收费站的服务水平参照前述章节的服务水平分析方法。

第11章 区域路网通行能力

11.1 概 述

区域路网既含有干线路网,又含有县乡路网,其交通系统包含高速公路、城市道路和乡村公路子系统。区域路网上的交通具有不同于各子系统的综合运行特性,由于区域路网所含的子系统较多,其等级程度也有所不同,因此,分析区域路网的道路通行能力与前面几章介绍的道路通行能力分析方法有所不同。

本章中把路段称作连接线,以方便通行能力的研究,二者含义相同,但连接线通常在交通需求模型中用得更多。连接线是一个设施的延伸,连接线上的交通需求和通行能力相差不超过10%。每一个连接线有两个节点,分别在连接线的两端。节点是道路主要交叉口、匝道的进出口,或其他设施的交通需求和通行能力变化相当明显的点。

区域路网通行能力分析步骤如下:
(1)分别计算各交通子系统的自由流速度。
(2)计算连接线的通行能力。
(3)确定连接线的速度。
(4)确定服务水平。

11.2 区域路网通行能力分析方法

11.2.1 计算自由流速度

自由流速度是车辆在低流量时,排除由于信号灯、停车标识以及其他交通控制设施产生的所有控制延误的速度。

1)高速公路子系统

高速公路子系统连接线(交织、合流、分流和基本路段)的自由流速度可用高速公路基本路段的通行能力计算方法进行计算,该方法需要车道宽度、侧向净空、车道数和立交间距等数据。

2)城市道路子系统

城市道路子系统的自由流速度可现场测定,也可根据《城市道路工程设计规范》(CJJ 37—2012)获得,注意自由流速度不包括控制延误。

3)乡村公路子系统

双车道和多车道乡村公路的连接线的自由流速度可用双车道公路和多车道公路的计算方法,所需的数据有车道宽度、侧向净空、车道数、中间分隔带类型和出入口密度。

11.2.2 计算连接线的通行能力

连接线的通行能力与管道的通过能力相似,连接线的通行能力就是在连接线中最受约束的点的通行能力,如果连接线中包含信号交叉口,那么其通行能力就是最受约束的信号交叉口的通行能力,约束点可能在连接线中间部分也可能在连接线端点。

1) 高速公路子系统

用式(1-11.1)计算高速公路连接线关键点混合车辆的通行能力,连接线上关键点的通行能力最小。

$$C = Q \times N \times f_{HV} \times f_p \times PHF \tag{1-11.1}$$

式中: C——通行能力,veh/h;

  Q——当量小汽车通行能力,pcu/(h·ln);

  N——通过车道的数量(不包括辅助道路和只做出口的车道);

  f_{HV}——交通组成修正系数;

  f_p——驾驶员总体特征修正系数;

  PHF——高峰小时系数。

如果高速公路路段上有大量的交织车辆时(在600m范围内,紧跟着进口匝道有出口匝道时),那么该路段的当量小汽车通行能力降低10%。

2) 乡村公路子系统(多车道公路)

用式(1-11.1)也可计算多车道公路混合车辆通行能力。

3) 乡村公路子系统(双车道公路)

用式(1-11.2)计算信号交叉口间距大于3km双车道公路一个方向的混合车辆通行能力。

$$C = Q \times f_{HV} \tag{1-11.2}$$

式中: C——通行能力,veh/h;

  Q——1700,pcu/(h·ln);

  f_{HV}——交通组成修正系数。

4) 干道

通过检验干道上每一个信号交叉口的直行车辆通行能力确定干道的通行能力。通行能力最小的交叉口决定整个干道的通行能力。注意车道数 N 不是路段中间车道数,而指引道的车道数。用式(1-11.3)计算信号交叉口单向通行能力。

$$C = s_0 \times f_w \times f_{HV} \times f_g \times f_p \times f_{bb} \times f_a \times f_{LU} \times f_{LT} \times f_{RT} \times f_{Lpb} \times f_{Rpb} \times PHF \times g/C \tag{1-11.3}$$

式中: C——通行能力,veh/h;

  PHF——高峰小时系数;

  g/C——绿信比。

参见信号交叉口修正系数值,对于干道全向停靠控制交叉口的通行能力,采用无信号交叉口计算程序确定交叉口直行通行能力。

5) 通行能力表

速度的计算精度很大程度上取决于道路通行能力的计算精度,因此,建议不同连接线尽可能用每条连线特有的通行能力。根据功能分类(高速公路、公路、干道、集散道路和地方道路)、地区类型(商业区、市区、郊区和乡村)、地形条件(平原、丘陵、山区)和其他条件,对各个通行能力修正系数选用一组推荐值,将推荐值代入上述通行能力公式,计算出结果,制成不同连接线的通行能力表格。

11.2.3 确定连接线的速度

连接线行车速度按式(1-11.4)计算。

$$S = \frac{L}{R + \dfrac{D}{3600}} \tag{1-11.4}$$

式中:S——连接线的速度,km/h;
L——连接线的长度,km;
R——行程时间,h;
D——连接线的节点延误,s。

只对连接线端点的信号交叉口或停车控制交叉口计算节点延误。发生在连接线上与交叉口有关的所有延误计入连接线行程时间。为了计算通道交叉口的每条连线的延误,计算需要节点所有交叉口引道的信息。

如果所用交通需求模型软件包不能计算节点延误,那么计算行程时间时,使用节点引道的通行能力而不是连接线的通行能力,可近似计算节点延误。用式(1-11.5)计算连接线行程时间 R:

$$R = R_0 + D_0 + 0.25T\left[(X-1) + \sqrt{(X-1)^2 + \frac{16J \times X \times L^2}{T^2}}\right] \tag{1-11.5}$$

式中:R——连接线的行程时间,h;
R_0——连接线自由流时的行程时间,h;
D_0——信号交叉口的无交通流控制延误,h;
T——交通需求期望持续时间(通常为1h),h;
X——连接线交通需求与通行能力的比值;
J——修正系数;
L——连接线长度,km。

自由流状况(R_0)下的行程时间,通过自由流用式(1-11.6)计算:

$$R_0 = \frac{L}{S_0} \tag{1-11.6}$$

式中:R_0——自由流时的连线行程时间,h;
L——连接线长度,km;
S_0——自由流速度,km/h。

连接线上的信号交叉口(包括任何交叉口),控制延误应用式(1-11.7)计算:

$$D_0 = \frac{N}{3600} \times \mathrm{DF} \times \frac{C}{2}\left(1 - \frac{g}{C}\right)^2 \tag{1-11.7}$$

式中:D_0——信号交叉口控制延误,h;

N——连接线的信号灯数量;

g/C——绿信比;

C——连线上所有信号灯的平均周期长度;

DF——计算信号控制延误的修正系数(感应信号控制时取 0.9,定时信号控制取 1.0,干线协调控制可依据其效果程度分别取 1.2、0.9 和 0.6,通行越顺利值越小)。

当交通需求等于道路通行能力时,为使行程时间公式能正确预测平均速度,选择标定的修正系数 J。

在行程时间公式中,令 $X=1.00$,并用式(1-11.8)计算 J:

$$J = \frac{(R_C - R_0)^2}{L^2} \tag{1-11.8}$$

式中:R_C——交通需求等于通行能力时的行程时间,h;

R_0——自由流速度下的行程时间,h;

L——连接线的长度,km。

11.2.4 确定运行指标

1) 路网流量

路网流量是指区域路网内的总车辆数。在路网容量确定的情况下,与路网中车辆密度相互对应,反映了路网中车辆数的"饱和程度"。路网流量随时间的变化而变化,在一定程度上反映了区域路网的总体交通需求。

2) 路网车均延误

在特定的采样间隔内,路网中所有车辆的平均延误称为路网车均延误。路网车均延误是根据路网中所有车辆的理论行程时间与实际行程时间的差值计算得到的,一定程度上反映了路网中车辆的运行情况。

3) 路网车辆平均行程速度

路网车辆平均行程速度表示的是采样间隔内路网中所有车辆的平均运行速度。在实际应用中,路网车辆平均行程速度可以采用浮动车信息采集方法来获得。由于路网中车辆较多,不可能采集所有车辆的相关数据,因此,在分析路网规模和路网结构的基础上,根据路网中的车辆数来确定浮动车最小样本量,通过对区域内指定数量的浮动车进行信息采集和处理,可以较为准确地计算路网车辆平均行程速度,进而对区域交通状态进行分析和评价。

4) 路网平均排队长度

在采样间隔内,路网内车辆排队长度的平均值称为路网平均排队长度。路网平均排队长度可以反映路网中车辆在交通控制策略和交通状态影响下的车辆排队情况,是对区域交通状态总体运行状况的评价,一定程度上反映了路网整体运行效率和交通拥挤程度。

5) 路网最大排队长度

在采样间隔内,路网范围内的最大排队长度称为路网最大排队长度。路网最大排队长度可以反映区域路网局部位置交通拥挤情况的严重程度,将路网最大排队长度和路网平均排队长度综合分析,可以了解当前路网交通状态的均衡性。如果最大排队长度较大,平均排队长度较小,则表明路网交通状态在整体上运行良好,但某些局部点交通状态较差,需要进行适当的控制,以缓解局部位置的交通压力。

11.3 区域路网服务水平评价方法

道路服务水平是道路使用者从道路状况、交通条件、道路环境等方面可能得到的服务效果,如可以提供的行车速度、车辆行驶时的自由程度(畅通性)、安全性、舒适性、经济性等。服务水平通常由速度、交通密度、行驶自由度、交通中断情况、舒适和便利程度等来描述和衡量。

对于服务水平的研究,从传统的点(交叉口)、线(路段,区段),进而发展到路网,目前对于点(交叉口)、线(路段,区段)的研究比较完善,但对路网的研究还只处于探索阶段,美国主要基于1985年版《道路通行能力手册》介绍传统的点、线方法,主要有三种:

(1)储备容量法:把一个区域内的设施按类型分类,总计交通量和容量,然后确定储备容量。

(2)加权平均法:把主要干道和集流道路进行加权平均。

(3)百分比法:分别考虑每条道路的服务水平,统计超过特定服务水平道路所占百分数。

为了使路网得到充分有效使用,了解整个路网使用情况,既要了解点、线的服务水平,也要了解整个路网的服务水平。虽然点、线服务水平对实践有一定的指导作用,但仍有其局限性。实际路网上的交通流是时变的,一个路段上流量的变化会影响相邻路段上流量的变化,进而影响到整个路网的变化。将交通网络视为一个整体,确定科学的宏观网络交通状态分析方法,对于网络拥挤的控制和安全管理至关重要。

人们对点、线的研究比较深入,确定了服务水平划分的依据和等级,然而对路网的服务水平研究只限于选择指标和方法的探讨,下面重点介绍区域路网服务水平的几种评价方法。

11.3.1 网络平均加权速度法

网络是由路段和交叉口组成的,由于网络的复杂性、相异性,交叉口之间、路段之间、交叉口与路段之间各方向的服务水平也存在很大的差异性。在确定服务水平依据时,必须服从统一性、科学性、可比性、综合性、可行性、协调性原则。

只考虑交叉口,或只考虑路段都是不科学的。两者独立考虑又很难统一。这里采取网络平均速度作为评价指标,从网络角度整体考虑分析区域路网的服务水平。

第 i 个交叉口平均速度计算:

$$\bar{v}_{i0} = \frac{\sum_{j=1}^{n_3} Q_{ij}(P_{ij左}V_{ij左} + P_{ij右}V_{ij右} + P_{ij直}V_{ij直})}{\sum_{j=1}^{n_3}(Q_{ij}P_{ij左} + Q_{ij}P_{ij直} + Q_{ij}P_{ij右})}$$

$$= \frac{\sum_{j=1}^{n_3} Q_{ij}(P_{ij左}V_{ij左} + P_{ij右}V_{ij右} + P_{ij直}V_{ij直})}{\sum_{j=1}^{n_3} Q_{ij}}$$

(1-11.9)

同理,第 i 个交叉口平均车道长度为:

$$L_{i0}=\frac{\sum_{j=1}^{n_3}Q_{ij}(P_{ij左}l_{ij左}+P_{ij右}l_{ij右}+P_{ij直}l_{ij直})}{\sum_{j=1}^{n_3}Q_{ij}} \quad (1\text{-}11.10)$$

网络加权平均速度的计算:网络加权平均车速为网络中所有路段和所有交叉口的车速加权平均值,即

$$V_{网}=\frac{\sum_{i=1}^{n_1}K_iV_i+\sum_{i=1}^{n_2}K'_iV_{i0}}{\sum_{i=1}^{n_1}K_i+\sum_{i=1}^{n_2}K'_i}=\frac{\sum_{i=1}^{n_2}Q_iL_iV_i+\sum_{i=1}^{n_2}Q'_iL_{i0}V_{i0}}{\sum_{i=1}^{n_2}Q_iL_i+\sum_{i=1}^{n_2}Q'_iL_{i0}} \quad (1\text{-}11.11)$$

式中: L_i——交叉口之间路段长度,km;

n_1——考虑不同方向的路段数,$n_1=n_2\times n_3$;

n_2——路网中交叉口数量;

n_3——第 i 交叉口进口数;

$P_{ij直},P_{ij左},P_{ij右}$——第 i 交叉口第 j 进口直行、左转、右转车辆数比例,%;

$V_{ij直},V_{ij左},V_{ij右}$——第 i 交叉口第 j 进口直行、左转、右转车辆运行速度,km/h;

V_i——交叉口之间的路段车速,km/h;

Q'_i——第 i 交叉口高峰小时交通量,veh/h,$Q'_i=\sum_{i=1}^{n_3}Q_{ij}$;

Q_{ij}——第 i 交叉口第 j 进口交通量,veh/h;

L_{i0}——第 i 交叉口车辆运行平均轨迹长度,km;

V_{i0}——第 i 交叉口平均行程车速,km/h;

K_i——路段车速权重(分方向);

K'_i——交叉口车速权重;

$l_{ij直},l_{ij左},l_{ij右}$——第 i 交叉口第 j 进口直行、左转、右转车辆轨迹长度,km。

11.3.2 模糊综合评价方法

服务水平评价系统由各路段子系统所组成,每个子系统又包括两个指标,平均车速和 V/C。

1)路段评价方法

(1)建立权重集 A,它表示各选取指标的权重。可用层次分析法或专家打分法来确定。

$$A=(a_1,a_2) \quad (1\text{-}11.12)$$

式中: a_1——速度的权重;

a_2——V/C 的权重,满足 $a_1+a_2=1$ 且 a_1、$a_2\geq 0$。

(2)形成单因素评价矩阵 R。单因素评价矩阵由单因素评价集构成。本文选取两个评价指标,所以有两个单因素评价集 R_1、R_2。

$$R=\begin{bmatrix}R_1\\R_2\end{bmatrix}=\begin{bmatrix}r_{11}&r_{12}&r_{13}&r_{14}\\r_{21}&r_{22}&r_{23}&r_{24}\end{bmatrix} \quad (1\text{-}11.13)$$

式中: r_{ij}——采用第 i 个指标进行评价时,服务水平在 j 级的隶属度 r_{ij} 应满足下述条件:

$$\sum_{j=1}^{4}r_{ij}=1 \text{ 且 } r_{ij}\geq 0$$

(3)模糊综合评价集 B。

$$B = AR = (a_1, a_2) \begin{bmatrix} r_{11} r_{12} r_{13} r_{14} \\ r_{21} r_{22} r_{23} r_{24} \end{bmatrix} = (b_1, b_2, b_3, b_4)$$

之后,根据最大隶属原则得到路段的服务水平等级。

2) 由路段到路网的服务水平综合评价方法

路网服务水平综合评价,是根据各路段的评价结果,考虑路段的权重,然后得出路网模糊综合集,从而确定整个路网的服务水平等级,其中路段的权重采用投资比重分析法得到。

如果共有 m 条路段,形成路段权重集为:

$$W = (w_1, w_2, w_3 \cdots, w_m)$$

由路段的模糊综合评价集可以形成模糊综合评价矩阵:

$$NB = \begin{bmatrix} B_1 \\ B_2 \\ \vdots \\ B_m \end{bmatrix}$$

路网的模糊综合评价集由下式得到:

$$LB = W \times NB$$

根据最大隶属原则,可确定路网的服务水平等级。

第12章 公共交通客运通行能力

公共交通是城市客运交通系统的主体,是国家在基本建设领域中重点支持发展的基础产业之一。公共交通系统的首要技术指标是客运能力,各种公共交通系统的客运能力是不相同的。本章主要介绍公交停靠站的通行能力、公共交通线路及快速公交的通行能力、轨道交通的通行能力。

12.1 概 述

城市公共交通指在城市地区供公共乘用的各种公共交通方式的总称(也可简称为公共交通或公交),城市公共交通系统是由若干个公共交通方式的线路、站场、交通工具及运营组织等组成的客运有机整体。

12.1.1 公共交通通行能力的概念

不考虑外界因素影响,公共交通的通行能力是公交车辆的通行能力(veh/h)和单位车辆载客人数(p/veh)的乘积。

1)客运通行能力

公交线路或者特定设施的客运通行能力定义为:在规定时间内,可控运营条件下,通过特定地点所能够运送的最大人数。

可控运营条件包括公交车数量和类型、没有异常延误(合理的发车间隔)、乘客感受、合理的超载等因素。特定地点指通行能力是在某一个特定地点确定的,通常是线路或者设施通过旅客数量最大的断面。

2)车辆通行能力

公交线路或者特定设施的车辆通行能力定义为:在规定时间内,通过特定地点的最大公交车辆数。车辆通行能力取决于各公交车辆间的最小车头时距(时间间隔),依赖于控制系统、站点上客下客量和其他车辆的相互影响。一般情况下,实际运营中公交线路不可能达到车辆通行能力。

12.1.2 公共交通通行能力的影响因素

1)停靠时间

停靠时间是指公交车辆为了乘客上下车,在站点和车站停留的时间,是影响公交通行能力最重要的因素之一。特定停靠站的停靠时间与下列因素有关:上下客量、付费方式、车辆类型和尺寸、车内移动空间。此外,考虑到小间距车站对客流的分散吸引作用,停靠时间和站间距分布存在间接关系。

2)路权特征

路权专用性越强,公共交通的通行能力越大。

3）车辆特性

车辆特性决定了车辆载运旅客的人数。外部尺寸相同的车辆通行能力可能存在较大差异，取决于座位数量和座位的排列方式。

4）乘客差异性

乘客的需求在时间和空间上存在差异性。

5）经济约束

经济因素经常把通行能力限制在技术上可行、乘客需求量决定的通行能力水平之下，通常表现为特定公共交通线路的配车辆不足，导致乘客无法上车或者过度拥挤，进而减少潜在乘客。

6）机构政策

为了提供较高水平的服务能力，公交政策通常按照服务运行低于通行能力的条件制定，表现为更高的服务频率或者高容量客车的使用。

12.2 常规公共交通通行能力

12.2.1 公交停靠站的通行能力

所谓停靠能力是指对于某一个公交车停靠站而言，在一定的道路交通条件下，在单位时间内所能服务的最多的车辆数。停靠能力是反映公交车中途停靠站提供给公交车停靠的服务能力大小的指标。

1）停靠站位置选择

公交停靠站可以设置在交叉口上游、交叉口下游以及路段中三个位置，各有自己的优缺点。

（1）停靠站位置的影响因素分析

影响公交站点位置选择的因素很多，主要包括公交乘客、公交车辆以及其他社会车辆等因素。

①乘客乘车的方便性。选择站点位置时要充分考虑乘客乘车的方便性。一般情况下，交叉口往往是各个方向乘客汇集和分散最为便捷的地方，因而交叉口附近往往是布设公交站点的理想位置。当交叉口之间的路段特别长，或公共交通乘客上下班、居住集中而距交叉口又相当远的地段，在路段中设置公共汽车停靠站则是非常合适的。

②乘客行动的安全性。乘客在到达和离开站台的过程中，很多情况下都需要穿越道路，这就牵涉到乘客穿越道路的安全性问题，在同样都是以人行横道线为过街设施的情况下，在交叉口会比路段更安全，在公交站台后穿越比公交站点前穿越更安全。站点布设在路段中，乘客行动安全性最差，布设在交叉口下游乘客行动最安全。

③对公交车辆的影响。站点布设在路段中和交叉口下游效果较好（当交叉口下游交通量较大时除外）。此外，公交停靠站布设在交叉口上游，公交车辆停靠时，给转弯车辆带来困难和危险。停靠站布设在交叉口上游对公交车辆运行影响最大，为最不利的选择。

④对其他车辆的影响。因公交站台的布设，将在一定程度上对其他车辆造成一定的影响，主要表现在交叉口处公交车辆可能会阻挡转弯车辆的视野，而站台布设在交叉口下游则可避免这一不足。

(2)位置选择

根据公交停靠站位置选择的影响因素的分析,总结站台布设位置选择的标准见表1-12.1。

公交站点位置选择标准　　　　　　表1-12.1

参考标准	选择方案		
	交叉口上游	交叉口下游	路段中
乘客乘车的方便性	√	√	
乘客行动的安全性		√	
对公交车辆的影响		√	√
对其他车辆的影响		√	√

由表1-12.1可知,公交停靠站布置在交叉口下游为最佳形式,但交叉口下游交通量较大时停靠站设在交叉口上游将是比较合适的;而当相交道路之间的路段特别长,或在公共交通乘客上下班、居住集中而距交叉口又相当远的地段,在路段中设置公共汽车停靠站则是非常必要的。

2)公交停靠站设置形式

公交停靠站按几何形状可分为港湾式和非港湾式停靠站,其设置形式直接影响着专用道的通行能力和乘客的安全性。形式选择时,需要考虑的因素包括专用道在道路横断面上的位置、道路断面形式及交通量等。

(1)港湾式停靠站

港湾式停靠站主要有四种形式,如图1-12.1所示。

图1-12.1a)适用于专用道沿路侧车道设置,道路断面形式为两块板或一块板,非机动车流量较小的情况。避免了公交车停靠时与非机动车的冲突,且符合多数公交车停靠于最外侧车道的情况,是较为理想的停靠站形式。对于非机动车较少的路段,在停靠站处可以让少量非机动车于人行道行驶。但非机动车道较窄时,停靠站处的道路断面需拓宽。非机动车流量较大时,会给乘客上下车造成不便。

图1-12.1b)适用于专用道沿路侧车道设置,道路断面形式为四块板或两块板的情况。为保证行人安全,停靠站的站台宽度需大于等于1.5m,加上公交车车身宽度,这样要求绿化带的宽度大于或等于4.0m,公交车进站时干扰小,不会与其他车流产生交织。在绿化带较窄的路段,可考虑占用部分非机动车道设立港湾式停靠站,为维持非机动车道宽度,可向人行道一侧拓宽。相对于设置在人行道上的停靠站,乘客上下车较为不便。

图1-12.1c)适用于专用道设置于中央车道,道路断面形式为四块板或两块板的情况。是专门配合公交专用道设置的停靠站形式,解决了专用道在中间时车门右开的问题,可设置于路段上,也可设置于交叉口处。设置于交叉口出口道处,停靠车辆较多时,容易排队溢出,堵住交叉口;设置于进口道虽可解决排队溢出的问题,但停靠站占用了一条进口道,对交叉口通行能力有一定影响。设置于交叉口进口道时,因乘客上下车需要利用交叉口的人行横道进入停靠站,相对于路侧的停靠站,乘客较不方便。

图1-12.1d)较好地体现了公交优先,在隔离带宽度不足,但道路断面又有足够的宽度的时候,该方式较好地解决了公交车后面的车辆变换车道时的交织问题,便于超车,而且在实

施时工程量小，前两种停靠站均可视实际情况做类似设计，要求停靠站前后的车道较宽，车道数足够，以便在停靠站处压缩出一个外凸式港湾。

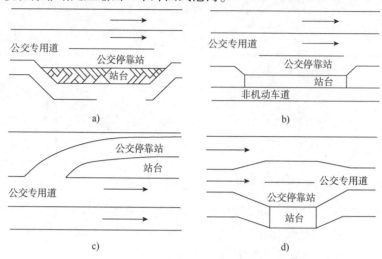

图 1-12.1　港湾式停靠站

（2）非港湾式停靠站

非港湾式停靠站主要有四种形式，如图 1-12.2 所示。

图 1-12.2a）是比较常见的非港湾式停靠站，设置较为方便，可较容易地根据需要调整停靠站的位置，但公交车进站时与非机动车辆交织较为严重。适用于专用道沿外侧车道设置、非机动车较少的路段。

图 1-12.2b）的设置也较为方便，适用于专用道沿外侧车道设置、车道数较多（单向不少于 2~3 条机动车道），且车流量相对于通行能力水平较低的情况。当车流量较大时，会影响后续车辆的通行。

图 1-12.2c）适用于专用道沿外侧车道设置、停靠线路不多，非机动车流量不大的情况。可以避免公交占道停靠时对后面车辆造成堵塞，避免路段通行能力的降低。缺点是公交进站时需变换车道，而且与非机动车有交织。

图 1-12.2d）适用于专用道沿外侧车道设置、停靠线路不多，非机动车流量不大的情况。公交车进站时不必变换车道，后面的车辆可以疏散到较宽的非机动车道或相邻的机动车道上，对非机动车干扰较小。但停靠的公交车较多，且相邻车道饱和度较大时，后面的车辆有可能被堵住，从而导致专用道通行能力的降低。

图 1-12.2e）适用于专用道沿内侧车道设置，道路横断面宽度有限的情况，是专门配合公交专用道设置的停靠站形式，解决了专用道在中间时车门右开的问题，可设置于路段上，也可设置于交叉口处。但由于停靠站处没有公交车辆的超车道，将导致专用道通行能力的降低。

3）停靠站停靠能力分析

（1）问题分析

我国目前使用的公共交通站、场、厂标准是《城市公共交通站、场、厂设计规范》（CJJ/T 15—2011）。其中第 2.2.5 条规定："几条公交线路重复经过同一路段时，其中途站宜合并设置。站的通行能力应与各条线路最大发车频率的总和相适应。中途站共站线路条数不宜超过 6 条"。

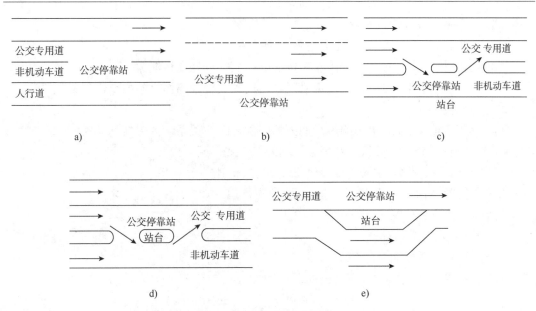

图 1-12.2 非港湾式停靠站

公共汽车停靠站的停靠能力受停车区长度的限制。对于停车区长度,我国规定:中途站候车廊前必须划定停车区。当大城市线路行车间隔在 3min 以上时,停车区长度宜为 1 辆 670 型铰接车车长加前后各 5m 的安全距离;线路行车间隔在 3min 以内时,停车区长度为 2 辆 670 型铰接车车长加车间距 5m 和前后各 5m 的安全距离;若多线共站,停车区长度最多为 3 辆 670 型铰接车车长加车间距 5m 和前后各 5m 的安全距离,停车区宽度为 3.5m。

该规范制定的时间比较早,与目前大城市公交发展趋势和实际运行需要有很大的差距。这些条款一方面本身不是很适应实际的公交运行,仅简单地从发车频率来考虑计算公交站的停靠能力,而忽略公交车流离散性、交通设施(上游交通信号)和路段交通流量干扰的情况,以及乘客上下车量决定了公交车延滞在车站的时间。这些因素决定了同一时间公交车站可能积累的停靠数量。另一方面,特别是中途站停靠线路的最大数量与国内大城市市中心的公交站情况完全不适应。如上海、北京等特大城市和百万人以上大城市的中心地段公交中途站集中了至少 5 条,甚至十几条线路。公交车辆高峰期间常常排队到达,车辆排长队和停在站外的情况非常普遍,乘客往往不能确定车辆停靠的确切位置,走动、跑动距离很长,上车很不方便。为此,需要有合理的公交车站停靠能力计算理论。

(2)停靠能力分析

停靠能力是一个反映公共汽车停靠站停靠能力的量,是公交设施提供公交车停靠需求的供应量。停靠站中公交车辆的停靠有到达随机性大和站内滞留时间长的特征。

① 停靠能力的影响因素

a. 公交停靠位通行能力的影响因素

停靠时间:车辆停靠在路边供乘客上下客的时间,包括开门和闭门的时间。

清空时间:车辆在乘客完成上下客后加速驶离停靠站位,直至下一辆车驶入所需要的最短时间,包括车辆汇入主线需要的等待时间。

停靠时间的波动性:车辆在停靠位停靠时间的一致性。

进站失败率:车辆驶达停靠位时车位已经被占据的概率。

b.公交停靠站通行能力的影响因素

车位的数量:数量越大,通行能力越高。

车位的设计:决定了每个独立停靠车位能够提供的额外通行能力。

交通控制:交通信号可以控制给定时间段内进入或者驶离停靠站的车辆数量。

②停靠状况调查

要研究停靠能力,需寻求影响停靠能力的因素之间的关系。通过实地调查、采集交通数据、对数据进行回归分析,可得这些因素之间的关系式。调查内容包括:

a.站台长度:以标准的常规公交车车长为单位,描述站台长度。

b.站点位置:站点所在地区的用地性质、所在街道。

c.所停靠的公交车辆。

③停靠能力的计算方法

a.公交停靠位通行能力

公交停靠位通行能力的计算公式如下:

$$B_1 = \frac{3600(g/C)}{t_c + t_d(g/C) + t_{om}} = \frac{3600(g/C)}{t_c + t_d(g/C) + Zc_v t_d} \tag{1-12.1}$$

式中:B_1——停靠位通行能力,veh/h;

g/C——绿信比(有效绿灯时间与信号周期时长的比值,无信号控制的交叉口和公交设施取值为1.0);

t_c——清空时间,s;

t_d——平均停靠时间,s;

t_{om}——运营余量,s;

Z——满足期望进站失败率的标准正态分布;

c_v——停靠时间波动系数。

在不同停靠时间和清空时间的组合下,设定进站失败率25%、停靠时间波动系数60%且附近没有信号灯的情况下,每个停靠位最大计算通行能力见表1-12.2。

公共交通停靠位最大计算通行能力(veh/h)　　　表1-12.2

停靠时间(s)	清空时间(s)		停靠时间(s)	清空时间(s)	
	10	15		10	15
15	116	100	75	31	30
30	69	60	90	26	25
45	49	46	105	23	22
60	38	36	120	20	20

注:$g/C=1.0$。

b.公交停靠站通行能力

公交停靠站通行能力的计算方法如下:

$$B_s = N_{el}B_1 = \frac{3600(g/C)N_{el}}{t_c + t_d(g/C) + Zc_v t_d} \tag{1-12.2}$$

式中:B_s——停靠站通行能力,veh/h;

B_1——单个车位的公交车通行能力,veh/h;

N_{el}——有效车位数,个。

不同车位数、停靠时间和绿信比的路内式直线型停靠站的通行能力估算值见表 1-12.3。

路内式直线型停靠站的通行能力估算值(veh/h) 表 1-12.3

停靠时间(s)	路内式直线型停靠车位数									
	1		2		3		4		5	
	g/C	g/C	g/C	g/C	g/C	g/C	g/C	g/C	g/C	g/C
	0.5	1.00	0.5	1.00	0.5	1.00	0.5	1.00	0.5	1.00
30	48	69	84	120	118	169	128	182	133	489
60	27	38	48	66	68	93	74	101	76	104
90	19	26	34	46	48	64	52	69	54	72
120	15	20	26	35	37	49	40	53	41	55

12.2.2 公共交通线路通行能力

公共交通线路通行能力受沿线各站通行能力的制约,其中通行能力最小的停靠站,是控制线路通行能力的站点。停靠站的通行能力取决于车辆占用停靠站的时间长短。因此,公共交通线路的通行能力为:

$$C_{线} = \min[C_{站}] = 3600/T \tag{1-12.3}$$

式中:$C_{线}$——公共交通线路的通行能力,veh/h;

$C_{站}$——停靠站的通行能力,veh/h;

T——车辆占用停靠站的总时间,s。

公共汽车在站停靠时间与车辆性能、车辆结构、上下车乘客的数量、车站秩序等因素有关。一般可按下式估算:

$$T = t_1 + t_2 + t_3 + t_4 \tag{1-12.4}$$

式中:t_1——车辆进站停车所用时间 s,$t_1 = \sqrt{2l/b}$,其中 l 为车辆驶入停靠站时,车辆之间的最小间隔,取值等于车辆长度 m;b 为进站时制动减速度,一般取 $b = 1.5 \text{m/s}^2$;

t_2——车辆开门和关门的时间,为 3~4s;

t_3——乘客上下车占用时间,$t_3 = \Omega K t_0/n_d$,其中,Ω 为公共汽车容量;K 为上下车乘客占车容量的比例,一般取 $K = 0.25 \sim 0.35$;t_0 为一个乘客上车或下车所用的时间,平均约为 2s,n_d 为乘客上下车用的车门数;

t_4——车辆起动和离开车站的时间,$t_4 = \sqrt{2l/a}$,其中,a 为离开停靠站时的加速度,可取 a 取 $= 1.0 \text{m/s}^2$,l 含义同前。

将上述各值代入式(1-12.4),简化得到:

$$C_{线} = \frac{3600}{T} = \frac{3600}{2.57\sqrt{l} + \frac{\Omega K t_0}{n_d} + 4} \tag{1-12.5}$$

按式(1-12.5)即可计算公共交通线路的通行能力,线路的设计通行能力等于该计算值乘以 0.8。公共交通的客运能力等于线路的通行能力乘公共汽车的额定容量。

提高公共交通线路通行能力的措施

从通行能力的计算公式来看,通行能力大小与客流分布、运营管理情况、车辆特性有关系。客流沿线各站分布比较均匀,通行能力大;客流集中某几个站,通行能力小。此外,还可考虑如下几点:

(1)维持好站点乘车秩序,缩短乘客上下车时间。

(2)增加车门个数,加大车门宽度,降低车辆底盘高度,减少踏步阶数,缩短乘客上下车时间。

(3)改善车辆动力性能,提高驾驶员驾驶技术,缩短车辆进、出站时间。

(4)在一条较长的街道上,同时开设几条公交线路,在同一站点将公共汽车沿行车方向分开设置停靠站,提高通行能力。

多条公交线路总通行能力为:

$$C'_{\text{线}} = n \times K \times C \tag{1-12.6}$$

式中:C'——多条公交线路总通行能力,veh/h;

n——分开布设停靠站的个数,$n = 1 \sim 3$;

K——分开布设停靠站时,相邻站位互相干扰,使通行能力降低的系数;$n=1$ 时,$K=1$;$n=2$ 时,$K=0.8$;$n=3$ 时,$K=0.7$;

C——单条公交线路通行能力,veh/h。

12.2.3 公共交通网络容量

公共交通网络容量是衡量现有公交网络以及规划年内公交网络客运能力的指标,该指标计算应该具有理论分析严谨、计算简便、尽量减少调查工作量、误差在允许范围之内等特点。

对于城市公共交通系统资源来讲,在一定时期内资源是有限的、相对稳定的。整个公共交通网络提供给乘客的资源被乘客在一定的时间内、一定的空间内分享。在这一体系中,公共交通网络依附于城市的道路网体系,公共交通网络的时空资源处于一种运动的状态。其网络系统本身的布局、站点设施设置、行驶车道位置决定了公共交通网络提供的有效的时空资源的大小。

在公共交通系统中,乘客的公交出行只能选择公交线路,而公交线路一旦选定之后,乘客处于被动状态,无法改变出行时间和出行距离。则其占有公共交通网络资源的时间和空间受到了公共交通网络系统的影响。同时,也受乘客的出行习惯等因素影响。

基于以上的考虑,并借鉴城市资源的供给、消耗思想以及公路网容量的研究成果,有关学者提出了公共交通网络容量的"时空资源消耗模型"。该模型通过对公交网络时空资源与个人时空资源消耗的标定,然后对二者求商得到公共交通网络的容量。计算基本公式为:

城市公共交通网络容量=公共交通网络时空资源/个人公共交通时空资源消耗

对这两种资源的标定采用了不同的计算手段。

公共交通网络时空资源中考虑以下的因素:

(1)由公共交通网络的布局造成的潜在换乘系数。

(2)线路的发车频率使得公交线路的运输能力不同。

(3)由于公交车在道路横断面上行驶的车道位置的差异造成的运营车速的差异。

(4)由于公交车停靠站的形式的不同造成的车站停靠车辆能力的差异。

根据以上的分析，公共交通网络容量不仅是所有线路容量的简单相加，而应是公交网络有机组合下的一个整体指标。因此，有必要对所有线路容量之和进行调整，引入公共交通网络性能系数这一指标来描述公共交通网络布局造成的公共交通网络客运量的折减。由此得到了理想公共交通网络容量的计算模型：

$$C_{\mathrm{TN}} = \frac{\alpha \gamma \sum\limits_{i=1}^{n} R_i^{\mathrm{line}}}{R_{\mathrm{person}}} \tag{1-12.7}$$

$$R_i^{\mathrm{line}} = F_i \times P_i \times S_i \tag{1-12.8}$$

$$S_i = \frac{L_i}{\sum\limits_{j=1}^{m} t_{\mathrm{stop}}^{ij} + \sum\limits_{k=1}^{m-1} t_{\mathrm{road}}^{ik}} \tag{1-12.9}$$

式中：C_{TN}——公共交通网络容量，p/h；

　　　α——公共交通网络性能系数；

　　　R_i^{line}——第 i 条线路的时空资源，p·km/h；

　　　R_{person}——乘客乘坐公交车的小时平均出行距离，km/h；

　　　n——城市公交线路总数，条；

　　　γ——公交线路的平均满载率；

　　　F_i——第 i 公交线路的发车频率，veh/h；

　　　P_i——第 i 条公交线路车辆按额定座位数确定的乘坐人数，p/veh；

　　　S_i——第 i 条公交线路的公交车辆运营车速，km/h；

　　　L_i——第 i 条公交线路的运营里程，km；

　　　t_{stop}^{ij}——第 i 条公交线路的公交车辆在第 j 个站点消耗的时间，h；

　　　t_{road}^{ik}——公交车辆在第 i 条公交线路的第 k 对相邻站点之间的行程时间，h；

　　　m——第 i 条公交线路的公交站点数，个。

根据式（1-12.7）~式（1-12.9），可以计算得到城市公共交通网络在 1h 内的理想容量，由此得到公共交通网络一个工作日的网络容量为：

$$C_{\mathrm{TN}}^{\mathrm{Day}} = \sum_{i=1}^{p} C_{\mathrm{TN}}^{i} \times T_i \tag{1-12.10}$$

式中：$C_{\mathrm{TN}}^{\mathrm{Day}}$——公共交通网络一个工作日的理想网络容量，p/d；

　　　C_{TN}^{i}——公共交通网络在第 i 时段的单位小时理想网络容量，p/h；

　　　T_i——划分的第 i 时段的时间长度，h。

在此将一个工作日划分为几个时段主要是基于以下几方面的考虑：

（1）公交运营组织计划，可能在不同的时段采用不同的发车频率。

（2）对于不同的线路，需要确定合理的满载率、方向不均匀系数，特别是高峰与平峰时段差别显著。

（3）对于不同的时段，确定是否为高峰小时，若是高峰小时，需要确定乘客所能够容忍的拥挤程度。

12.3　快速公交通行能力

目前，应用比较广泛的快速公交通行能力计算方法主要有两个，分别由美国 TCRP 研究报告和在南美从事快速公交规划和运营的巴西专家提出。美国的方法主要是基于北美公交系统的运营状况以及大量仿真试验得出,更适用于公交车到达均匀,且停靠时间大致服从正态分布的情况;巴西专家提出的方法则是基于排队论和南美快速公交系统的运营状况。并在公式中考虑了公交车到达的不均匀性,但对于停靠时间的波动性变化却没有涉及。此外,两种方法中的人均上下车时间等关键参数都是根据各自地区的实际运营状况标定的,与我国城市的实际情况有较为明显的差异。

12.3.1 停靠位通行能力计算方法

停靠位通行能力是整个车站通行能力分析的基础。从运营机理上看,停靠位实际上是一个典型的单服务台排队系统。排队论是分析停靠位通行能力的合适理论。根据北京、杭州和昆明三地的实际运营状况,公交车的到达间隔以及停靠时间分布并不服从于某一固定形式的分布函数,因此,可以利用基于一般到达分布和一般服务时间分布的 $GI/G/1$ 模型来计算停靠位通行能力。停靠位通行能力的计算公式为:

$$C = \frac{3600 \times \rho \times c_p \times f_{load}}{T} \quad (1\text{-}12.11)$$

式中:C——停靠位通行能力,人次/h;

T——公交车平均总停靠时间,s;

ρ——饱和度,反映停靠位的繁忙程度;

c_p——公交车额定载客量,人;

f_{load}——公交车的平均满载率。

下面分别讨论式(1-12.11)中各个参数的标定方法和取值范围。

(1)平均总停靠时间 T

公交车的整个停靠过程包括减速进站、开车门、上下客、关车门和加速出站这几个环节。其中,进出站和开关车门的时间比较固定,上下客时间则会随客流需求和系统特征的变化而呈现出较大差异。平均总停靠时间

$$T = t_c + t_d + t_b \quad (1\text{-}12.12)$$

式中:t_c——前车起步离站至后车进站停稳的最短时距,s;

t_d——公交车开门和关门的时间,一般为 3~6s;

t_b——乘客上下车总时间,s。

①前车起步离站至后车进站停稳的最短时距 t_c

当公交车离站时,站外排队的公交车还需要驶过车间安全间距和自身车长后才能进站停稳,这一过程所耗费的时间就是 t_c。由于前车出站和后车进站是几乎同时发生的,没有必要对这两个过程的时间进行重复计算,只需要标定前车离站与后车进站停稳的最短时距。根据北京和杭州快速公交系统的实际调查数据,该时距几乎是稳定的,为 9~12s,且 12m 单机公交车的进出站车间最短时距比 18m 铰接公交车平均短 1s 左右。

②乘客上下车时间 t_b

乘客上下车时间是由最繁忙车门决定的,包括最繁忙车门乘客本身上下车需要的时间,以及上下车不连续、驾驶员反应等因素引起的时间消耗。可由下式计算:

$$t_b = P \cdot \theta \cdot t_0 + t_1 \quad (1\text{-}12.13)$$

式中:P——一辆公交车的上下车乘客总数,人;

θ——最繁忙车门上下车人数占总上下车人数的比例,%;

t_1——停靠过程中由于上下车不连续、驾驶员反应等因素引起的时间消耗,s。

根据在北京和杭州的调查结果,在各车门同时上下客的情况下,θ 的取值分别为:三车门的18m铰接公交车可取 40%~50%,12m 的双门单机公交车可取 60%;t_1 一般为 5~10s。

(2)停靠位饱和度 ρ

影响饱和度的因素包括公交车到达间隔的波动性、平均总停靠时间的波动性、服务水平(即平均排队时间)和平均总停靠时间,可以用排队论中的 Kingman 公式来描述它们之间的关系,如下所示:

$$W \approx \left(\frac{c_a^2 + c_s^2}{2}\right)\left(\frac{\rho}{1-\rho}\right)T \tag{1-12.14}$$

式中:c_a——公交车到达间隔波动系数;

c_s——公交车停靠总时间波动系数;

W——对应一定通行能力的公交车平均进站排队时间,s;

T——公交车停靠总时间,s。

尽管 Kingman 公式体现的是近似精确的关系,但一方面实际的通行能力计算不需要达到很高的精度,另一方面,当公交车到达间隔服从常见的负指数分布时(此时停靠位为 $M/G/1$ 排队系统),式中的约等号可以改写为等号。因此,可由 Kingman 公式推导出饱和度的表达式:

$$\rho = \frac{1}{1 + \left(\frac{T}{W}\right) \cdot \left(\frac{c_a^2 + c_s^2}{2}\right)} \tag{1-12.15}$$

①公交车到达间隔波动系数 c_a

该参数定义为车辆到达间隔分布的标准差与均值之比。当公交车均匀到达时,$c_a = 0$;当公交车到达服从泊松分布时,到达间隔服从负指数分布,此时的到达间隔标准差与均值相等,$c_a = 1$;在到达率一定的情况下,系统运营越稳定,c_a 的取值越小。根据实际调查,北京市南中轴路快速公交和杭州市快速公交 B1 线瓶颈车站的 c_a 取值约为 1;而昆明市中央公交专用道的 c_a 取值大于 1(表 1-12.4)。对于一般的高频率快速公交系统,可以认为公交车到达近似服从泊松分布,即 $c_a = 1$;但当车站设置在交叉口下游时,由于公交车总到达率很高或信号相位偏长等原因,容易出现"串车"的现象,此时 c_a 应根据实际情况取大于 1 的数值,昆明市公交专用道系统即为此类情况。

到达间隔波动系数　　　　　　　　　　　　　　表 1-12.4

系统名称	到达间隔波动系数 c_a
北京市南中轴路快速公交	0.98
杭州市快速公交 B1 线	1.01
昆明市公交专用道系统	1.27

②公交车停靠总时间波动系数 c_s

该参数定义为停靠总时间标准差与均值之比。通过对北京、杭州和昆明三地的调查,对于登降形式(车门宽度、踏步数量、售票形式等)较为一致的多线路快速公交系统或公交专用道系统,公交车的上下客时间近似服从正态分布,此时 c_s 的取值为 0.1~0.3;而当系统线路众多,且车型不一致,上下车客流差异明显时,停靠总时间分布更具随机性,c_s取值甚至会大于1。

③对应一定通行能力的公交车平均进站排队时间 W

在系统实际运营中,饱和度越大,通行能力越高,公交车在车站的平均排队延误也就越长;相反,饱和度越小,通行能力越低,公交车的平均排队延误也就越短。通过高峰期对北京市南中轴路快速公交的木樨园桥站和杭州市快速公交B1线的武林广场北站的调查和统计后发现,当系统瓶颈车站饱和度大致为0.3~0.5时,系统运营稳定,通行能力也能达到理想的水平。此时,对应的公交车平均排队时间为15~20s;如果饱和度超过这一范围,通行能力将继续增大。车站的服务水平和运营可靠性将以通行能力变化速度的几何级数倍急剧恶化。巴西专家针对南美地区快速公交的研究也得出相似的结论。

a.公交车额定载客量岛

额定载客量等于车内座位数量与一定服务水平下的站位乘客容量之和。一般情况下,12m长的单机公交车载客70~80人,18m铰接公交车载客130~140人。

b.公交车平均满载率 f_{load}

该参数表示通过停靠位的公交车的平均满载程度,当每一辆公交车的实际载客量都恰好等于额定载客量时,f_{load}取1。而在实际运营中,由于乘客和公交车到达分布都不可能完全均匀,因此 f_{load} 的取值会小于1。在系统运营稳定时,f_{load} 可取0.9,运营稳定性较差时可取0.7~0.8。

12.3.2 多停靠位车站通行能力

单一停靠位通常难以满足高客流走廊的通行能力需求。因此,快速公交系统常通过增加车站停靠位数量来提升通行能力。多停靠位车站有包括子母站在内的多种形式,但在国内城市的实践中,通常会采用对道路资源要求最低、实施难度相对较小的一种形式,即将停靠位紧邻布设,之间仅保持最小安全间距(一般是2m)。这种车站的通行能力要小于相同数量独立停靠位通行能力之和。主要因素有:

(1)各停靠位公交车之间不能相互超车,否则会出现后车完成停靠后,由于前车阻挡而无法离站的情况。

(2)多停靠位车站中,乘客不知道公交车具体停靠位置,导致停靠时间中乘客上下车不连续引起延误增加,同时还会引起上下客时间波动性增大。

(3)停靠位利用不均匀,越靠后的停靠位利用率越低。

由于影响停靠位效率的因素比较复杂,因此很难通过数学模型进行精确标定,还需要对我国城市中运营的快速公交系统进行大量的现场观察和统计才能得到更进一步的结论,下面仅总结一些国外研究成果以及某些特定状态下的理论值。

当停靠位紧邻且呈线形布设时,多停靠位车站乘客通行能力为:

$$C_{station} = C \times N_\varepsilon \quad (1\text{-}12.16)$$

式中:$C_{station}$——车站通行能力,p/h;

C——停靠位通行能力,p/h;

N_ε——有效停靠位数量,个。

表1-12.5列出了北美相关研究,以及按照理想状态编组运营估算的有效停靠位取值。从表中数据可以看到,随着停靠位数量的增加,有效停靠位边际增量递减非常明显;当停靠

位数量超过 3 个时,通行能力的提升已经非常有限;而当停靠位数量增加到 5 个时,再增加停靠位已经很难提升通行能力。

快速公交站有效停靠位数量 N_e 取值　　　　　　表 1-12.5

停靠位数量	有效停靠位总数 N_e			
	北美公交手册（随机到达）	北美公交手册（队列到达）	北美仿真结果	理想编组运营
1	1.00	1.00	1.00	1.00
2	1.75	1.85	1.83	1.65~1.75
3	2.45	2.65	2.43	2.15~2.35
4	2.65	2.90		2.50~2.80
5	2.75	3.00		2.75~3.15

12.4 轨道交通通行能力

在世界各大城市的轨道交通系统中,目前已建成的城市轨道交通系统基本类型有地下铁路、轻轨交通、独轨交通、市郊铁路等,以轻轨交通和地下铁路为主。

12.4.1 线路通行能力

线路通行能力指规定时间内(一般为 1h)轨道上运行的车辆数量。

轨道交通线路通行能力的主要影响因素为:

1)列车控制和信号

列车信号控制分为固定闭塞、准移动闭塞、移动闭塞三类。信号控制模式决定了车辆之间的最小间隔。闭塞分区长度大、列车运行速度低、停靠时间长,将会引起列车发车间隔增加,使得线路的通行能力就降低。

2)停靠时间

停靠时间通常是确定列车最小时间间隔和线路通行能力的主要影响因素,停靠时间主要包括三个内容:列车开闭门时间以及列车等待出发时间、乘客上下车时间、乘客上下车后车门尚未关闭时间。三个因素之中,乘客的上下车时间最难控制,取决于乘客数量、列车车门数量、车门宽度、车内和站台乘客的拥挤水平、列车车门处乘客的拥挤程度等。

3)运营裕量

当轨道交通运营中接近通行能力的时候,无规律的服务将会导致延误,导致后续车辆无法进站,无规律服务产生的原因可能是车站停靠时间的差异、列车性能的差异、人工驾驶模式下不同驾驶员的差异等。在确定最小列车发车间隔的时候,需要考虑不确定性因素,与信号系统确定的最小时间间隔和临界停靠时间一同构成最小列车间隔。运营裕量时间是指一列车辆能够晚点于时刻表运行而不影响后行列车的有效时间量。

4)折返

通过能力主要受到折返站的配线形式及折返方式、列车停站时间、车站信号设备类型、车载设备反应时间、折返作业进路长度、调车速度和列车长度等因素影响。

12.4.2 客运通行能力

根据美国编制的公共交通通行能力和服务质量手册,客运通行能力是指在某种运营条件下(没有不合理的延误、危险或者限制)、给定时间内、给定线路区段、上行或者下行某一断面最大通过的乘客数量,也称作高峰断面客运量。

轨道交通线路在满负荷运行时,最大断面的客运通过能力由小时列车数乘以每列车车辆数确定,其计算公式为:

$$P = P_c N_c C_h \quad (1\text{-}12.17)$$

式中:P——轨道交通客运通行能力,p/h;

P_c——每节列车的最大设计负荷,p/节;

N_c——车辆编组,节/veh;

C_h——每小时运营的车辆数,veh/h。

表 1-12.6 给出了轨道交通客运能力的参考值。

车辆编组、定员与运能(通行能力)参考表　　　　表 1-12.6

车型		车辆编组(节/veh)					
		2辆	3辆	4辆	5辆	6辆	7辆	8辆
A	长度		69.2	92.0	114.8	137.6	160.4	183.2
	定员		930	1240	1550	1860	2170	2480
	运能		27900	37200	46500	55800	65100	74400
B	长度		58.10	77.65	97.20	116.75	136.30	155.85
	定员		710	960	1210	1460	1710	1960
	运能		21300	28200	36300	43800	51300	58800

注:车辆编组均按照两端车辆为驾驶室,中间车无驾驶室计算。运能按照 30 对/h 计算。

我国轨道交通工程建设标准规定,每条线路的运能应该能够满足全线远期高峰小时、各车站间客流断面的预测值。每条设计正线远期的设计运能应该根据列车编组长度、最高运行速度、追踪行车间隔、站停时分等因素,针对不同运量等级和服务水平,确定设计列车发车密度和运行交路。关于发车密度,要求运营初期高峰时段不应小于 12 对/h(5min 间隔),平峰时段应该为 6~10 对/h(10~6min 间隔),远期高峰时段不应小于 30 对/h(2min 间隔),平峰时段不应小于 10 对/h(6min 间隔)。

式(1-12.17)为美国线路通行能力的理论计算方法,我国轨道交通的线路通行能力计算方式采用车辆编组定员(表 1-12.7)乘以单位时间内通过断面的车辆数确定。

地铁车辆的定员参照表　　　　表 1-12.7

项　目	A 型 车	B 型 车
单驾驶车厢	310(超员 432)	230(超员 327)
其中:座席	56	36
无驾驶室车厢	310(超员 432)	250(超员 352)
其中:座席	56	46

第13章 交通仿真与通行能力

交通仿真是采用计算机数字模型反映复杂交通现象的交通分析方法,是计算机仿真技术在交通工程领域的一个重要应用。它利用计算机对所研究对象(交通系统)的结构、功能、行为以及参与交通控制者的思维过程和行为特征进行较为真实的模仿,具有直观、准确和灵活的特点,是描述复杂道路交通现象的一种有效手段。仿真模型的建立以及仿真系统的开发是交通仿真的两个核心研究内容,分为微观交通仿真模型、中观交通仿真模型和宏观交通仿真模型三类。本章在介绍目前常用交通仿真软件的基础上,主要从高速公路系统、双车道公路、城市道路交通仿真三个方面介绍微观交通仿真在道路通行能力分析中的应用。

13.1 交通仿真分析软件介绍

早在20世纪60年代,国外就对高速公路交通流进行了模拟研究,并根据不同的需要,构造了多种模拟模型。至80年代初已经形成了CORQ、FREQ、INTRAS、MACK和CSOT五大类高速公路模拟模型,其中CORQ、FREQ、MACK和CSOT为宏观模拟模型,INTRAS为微观模拟模型。这些模型最初都用于高速公路匝道控制和事故研究。

1980年,美国联邦公路局使用FORTRAN语言编制成TRAF交通模拟软件,TRAF对道路网、高速公路等各类交通设施进行宏观和微观模拟,它采用时间扫描法,模拟车辆运行位置、速度和运行状况,得到给定条件下的道路通行能力。1987年,瑞典公路交通研究院开发了VTI模拟软件,通过微观模拟研究双车道公路的交通流特性。澳大利亚、荷兰等国也对交通模拟做过一些研究,用计算机模拟道路通行能力,生成需要的交通流,重复分析某种交通流的特性。1992年,德国Wiedeman博士开发了MISSION高速公路微观仿真模型,模拟了驾驶人根据周围交通状况的理解、判断而进行的驾驶操作过程。随后,FRESIM[FHWA(1994)]、NETSIM[FHWA(1985)]、CORSIM[FHWA(1996)]等较为知名的交通仿真软件也相继推出。以下列出了各国较为典型的仿真软件,供大家在学习使用时参考。

美国:CORSIM、INTEGRATION、MITSIM、PHAROS、SHIVA、TRANSIM、THORAU。

英国:DRACULA、PADSIM、PARAMICS、SIGSIM。

德国:PTV-VISSIM、AUTOBAHN、MINCROSIM、PLANSIM-T、SIMNET。

法国:NEMIS、SIMDAC、SIDRA-B+、ANATOLL。

日本:MELROSE、MICTSTRAN。

国内相关部门也在积极开展这方面的研究工作,积累了一些交通流模拟经验,如东南大学、北京工业大学等高校的交通工程学者在各自的领域进行路段和交叉口的交通流模拟与仿真技术的研究和应用开发。以下着重介绍几款常用的交通仿真软件。

13.1.1 PTV系列软件

PTV VISION是一组用于交通规划和交通工程的软件,由德国PTV公司开发,在德国及欧洲广泛使用。PTV VISION(VISION＝交互式网络优化的图形信息系统)的软件适用于从区域交通需求模型到交叉口的详细分析和仿真。

VISUM:综合性的交通规划工具——私人交通和公共交通的交通分配与交通需求计算。

VISEM:在人的活动链的基础上计算关于所有交通工具的和所有出行目的的交通需求。

VISSIM:建立在微观驾驶行为模型基础上的交通流的仿真。非常复杂的交通流的过程可以鲜明地、形象地得到显示,便于分析。

CROSIG:一个交通工程师的工作台,用来进行有关信号灯控制的工程项目工作,包括计算绿灯间隔时间,设计定时信号控制、信号配时方案和用于协调控制的时间——距离图(绿波),它得到多个数据库的部分支持,适用于 Client/Server 环境。

VISSIM:由德国 PTV 公司开发的交通模拟软件,该系统是一个离散的、随机的、以 1/10s 为时间步长的微观仿真软件,车辆的纵向运动采用了心理—物理跟驰模型(Psycho-Physical Car Following Model),横向运动采用了基于规则(Rule-Based)的算法,是迄今为止计算机交通仿真技术中最为精确的模型之一。VISSIM 提供了图形化的界面,用 2D 和 3D 动画向用户直观显示车辆运动,运用动态交通分配进行路径选择。VISSIM 能够模拟许多城市内和非城市内的交通状况,特别适合模拟各种城市交通控制系统。

13.1.2　CROSIM 软件

由美国联邦公路署(FHWA)开发,综合了两个微观仿真模型,即用于城市的 NETSIM 和用于高速公路的 FRESIM,因此 CROSIM 能够仿真城市道路和公路的交通流。

CROSIM 采用能够真实再现动态交通的随机交通仿真模型,有先进的跟车模型,以 1s 为间隔模拟车辆的运动。CROSIM 提供了用于量化交通网的性能的多项指标。同时,为了便于使用者观察仿真结果,还可以用动画显示仿真过程。

1997 年,FHWA 发行了修订版,大大增强了面向 ITS 的仿真功能,提高了对高速公路、干线、交叉口、各种车型(小汽车、公交车、货车)的控制策略的模拟性能。

CROSIM 软件的主要缺点是缺少交通分配算法,使得评价由于匝道控制、交通事故或者出行者信息发生变化而引起的交通量的转移难以实现。

13.1.3　MITSIM 软件

由 MIT 的杨齐博士等开发的 MITSIM 软件是 SIMLAB 的核心组成部分,SIMLAB 用于评价动态交通管理系统,MITSIM 用于交通管理策略的评价和检验,包括研究动态交通控制、事故管理方案、实时路径诱导、自适应交叉口信号控制、匝道和主线控制、车道控制(例如车道使用标示、可变信息标示、ETC、高占有率车道等),也可以对设计参数做敏感性分析和评价,如车道数、匝道长度、道路曲率和坡度、车道变化规则等。

13.1.4　PARAMICS 软件

Paramics 是苏格兰 Quadstone Limited 公司于 1992 年开始开发的产品。PARAMICS 具有如下的功能和特点:清晰地表现路网的几何形状,包括交通设施,如信号灯、检测器等;实现驾驶员的行为模拟;车辆间的相互作用模拟,如跟车、车道变换时的相互作用;实现交通信号控制策略(定周期、自适应、匝道控制等);能够模拟先进的交通管理策略,如采用 VMS 提供的路径重定向、速度控制和车道控制等;提供与外部实时应用程序交互的接口;模拟动态车辆诱导,再现被诱导车辆和交通中心的信息交换;能够应用于普通的路网,包括城市道路和城市间的高速公路;仿真路网交通流的状况,例如交通需求的变化,模仿交通设施的功能;模拟公共交通;提供各类用于交通分析的数据;提供结果分析工具。

13.2 交通仿真模型

目前,交通模型主要分为三类:流体模型、跟车模型以及元胞自动机模型。

13.2.1 流体模型

流体模型,在宏观上以流体的方式来描述交通流状态。将道路上的车辆、行人等的移动看作是流体,形成车流和人流,进行交通运行状态及性能等的研究,进而形成了一系列的流体模型。旨在从宏观上描述交通的状态,典型的有交通流理论的双流模型。

双流模型基于以下两条假设:

(1)车辆在路网中的平均行驶速度与运行车辆所占的比重成比例。

(2)路网中循环试验车辆(即交通观测车)的停车时间比例与路网中同期运行的车辆的停车比例相等。

双流模型的具体形式如下:

$$\ln T_r = \frac{1}{n+1}\ln T_m + \frac{n}{n+1}\ln T_t \qquad (1\text{-}13.1)$$

式中:T_m——单位距离上平均最短行驶时间,s;

T_t——平均行程时间,s;

T_r——平均行驶时间。

13.2.2 跟车模型

跟车模型在微观上描述单一车辆的运动行为建立的仿真模型;车辆在道路上行驶过程中,与外界环境有信息的交流,驾驶员需要通过对这些信息进行识别和判定,进而决定自身的驾驶行为。驾驶员的驾驶行为是一个生理—心理相互作用、相互制约的过程,Widemann建立了驾驶员生理—心理过程的行为阈值模型。

在心理—生理模型(AP模型)中,Michaels通过分析驾驶员生理和心理的一些潜在因素,认为驾驶员通过分析视野中前车尺寸大小的改变,即前车在驾驶员视觉中投影夹角的变化,感知前后车相对速度,来进行适当的加减速跟车行驶,公式如下:

$$d\theta dt = -w\Delta v/R^2 \qquad (1\text{-}13.2)$$

根据公认的感知阈值界限值($d\theta/dt$ 的感知界限值介于 $3\times10^{-4} \sim 10\times10^{-4}$ rad/s,其平均值约为 6×10^{-4} rad/s)判断是否正在与前车接近。当视角变化率大于 6×10^{-4} rad/s 时,驾驶员可以感知到后车与前车的相对速度发生了变化,从而采取相应的措施(加速或减速)跟随。驾驶员保持这个速度不变,直到不能再感知到前后车之间的相对速度,也就是视角变化率已经低于感知阈值,此时,驾驶员可以保持当前速度行驶。

13.2.3 元胞自动机模型

元胞自动机模型,在微观上,以一组自定义的规则来描述车辆行为。

元胞自动机实质上是定义在一个具有离散、有限状态的元胞组成的元胞空间上,并按照一定的局部规则,在离散的时间维度上演化的动力学系统。在元胞自动机中,空间被一定形式的规则网格分割为许多单元。这些规则网格中的每一个单元都称为元胞,并且它只能在有限的离散状态集中取值。元胞自动机不是由严格定义的物理方程或函数确定,而是由一系列的演化规则构成,是一个离散化的模型,常见的元胞自动机模型包括:

1) 184 模型

1983 年,Wolfram 提出了著名的元胞自动机 184 模型。模型中,道路被划分为等距格子,每个格点表示一个元胞。元胞或者为空(用 0 表示)或者被一辆车占据(用 1 表示)。184 号模型中,某一元胞下一时刻的状态是由其本身加上前后两个元胞共三个元胞的状态所决定的,这三个元胞的状态有八种二进制组合形式,即 000~111,与其相对应的也有八种演化结果。将所得到的八种结果看成一个二进制数则为"10111000",化为十进制后即为 184,模型因此得名。184 模型是后续各种交通流元胞自动机模型的基础,其规则见表 1-13.1。

184 模型的演化规则 表 1-13.1

t 时刻	111	110	101	100	011	010	001	000
$t+1$ 时刻	1	0	1	1	1	0	1	0

将 184 号模型规则赋予车辆交通的含义:如果令黑色代表元胞被一辆车占据,白色表示没有车辆,当 t 时刻元胞是空的而其左侧邻居有车时,下一时刻左侧车辆向右行驶并占据该元胞,如果元胞上有车,而其右侧邻居也有车时,该元胞上的车辆因前方没有行驶空间而停留在原地。

2) NS 模型

184 模型虽然能够模拟出交通流的一些相变现象,但是由于该模型更多在于理论上的研究,因此在仿真更加复杂的真实交通流特性上就有很大的不足。在此基础上,德国的 Nagel 和 Schreckenberg 于 1992 年提出了 Nagel-Schreckenberg 模型,或称为 NS 模型。模型引入了车辆的加速行为和驾驶员反应而引起的车辆的随机延误,具体规则为:假设第 n 辆车的速度和位置分别用 v_n 和 x_n 表示。其中,速度可在 0 到最大速度之间取值,则车辆的状态按以下的演化规则更新:

(1) 加速规则: $v=\min(v+1,v_{max})$。
(2) 跟驰/减速规则: $v=\min(v+1,d)$ (d 为车头距)。
(3) 随机慢化规则: 已确定的概率 p,$v=\max(v-1,0)$。
(4) 移动 $x=x+v\times l\times s$

NS 模型的三条规则分别反映了驾驶员对车辆速度的追求、安全驾驶的限制以及人类行为的随机性。

13.3 交通仿真在道路通行能力分析中的应用

本节主要介绍高速公路系统、双车道公路、城市道路交通仿真三方面的交通仿真。

13.3.1 高速公路系统交通仿真

1) 高速公路系统交通仿真分析的方法

高速公路系统交通仿真的核心是高速公路系统的交通仿真模型,利用该模型提供的用户界面，输入所需要的道路、交通和驾驶员、车辆的特征参数，选择描述交通流特征的模型后，交通仿真模型可以自动计算得到该系统的流量、速度和密度等交通流参数。

(1) 总体仿真结构

高速公路系统交通仿真模型描述了基本路段、交织区、匝道及匝道与主线连接处等组成部分。该仿真模型的总体结构分为4个模块以及用户界面和知识库，它们之间的关系结构如图1-13.1所示。

(2) 道路模块

道路模块描述的是高速公路基本路段系统中的静态环境，包括道路的各组成部分和试验设备。其中，道路的主要组成部分包括横断面、平曲线、竖曲线、纵坡、紧急停车带、入口匝道、出口匝道以及加减速车道等；试验设备主要是指车辆检测器，用于记录仿真过程中某断面的车辆运行参数。

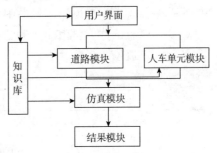

图1-13.1 高速公路系统仿真模型结构示意图

用户通过菜单及对话框方式，可自由组合道路各组成部分；经过路线设计规范的检验，可以确定仿真道路各组成部分自身的合理性，以及各组成部分之间的协调性；协调的仿真道路各组成部分最终构成了仿真模型的道路环境。道路环境将和人—车单元模块建立的动态外部环境一起构成完整的交通仿真环境。事实上，这些交通仿真环境是由一系列对应着不同车辆、不同路段的自由流速度构成的。具体的道路模块结构图如图1-13.2所示。

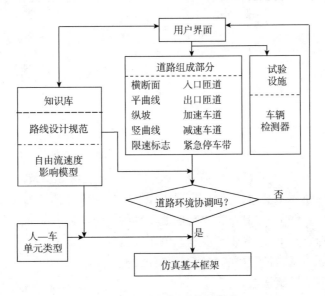

图1-13.2 道路模块结构示意图

在道路模块中，交通仿真最核心的模型是自由流速度影响模型。自由流速度影响模型主要包括车道位置影响模型、道路横断面影响模型、平曲线影响模型以及速度修正模型等。

① 车道位置影响模型

在高速公路中，由于车辆所在的车道位置不同，其自由流速度存在比较明显的差别。特别是在我国大多数地区，大中型车由于在速度性能方面与小客车存在显著的差距，且这些车辆多在外侧车道上行驶，因此由于车道位置引起的自由流速度的影响相当大。各车道中自由流速度影响模型如式(1-13.3)所示,车道位置影响系数见表1-13.2。

$$S_f = S_{fe} \times f_1 \tag{1-13.3}$$

式中:S_f——各车道中自由流车辆的中位车速,km/h;

S_{fe}——理想条件下自由流车辆的期望速度,km/h;

f_1——车道位置影响系数。

车道位置影响系数 f_1　　　　表1-13.2

车道位置	四车道高速公路		六车道高速公路		
	左侧车道	右侧车道	左侧车道	中间车道	右侧车道
f_1 值	1.00	0.83	1.00	0.86	0.71

②横断面影响模型

横断面影响模型描述的是横断面尺寸对自由流速度的影响,由于车道所处的位置不同,横断面尺寸的影响因素有所差异,这里分别给出了左侧车道、中间车道和右侧车道的横断面尺寸影响自由流速度的计算公式,参见式(1-13.4)~式(1-13.6);而计算公式中采用的各参数的推荐值见表1-13.3。

横断面影响模型标定参数取值表　　　　表1-13.3

车道位置	四车道高速公路		六车道高速公路		
	左侧车道	右侧车道	左侧车道	中间车道	右侧车道
a_i 值	-0.017	-0.166	-0.415	1.00	-0.597
b_i 值	-1.154	-0.665	—	—	—
c_i 值	1.007	1.018	1.098	—	1.142

左侧车道:

$$S_{1左} = [a_1(w_{11} - w_{10}) + b_1(w_{21} - w_{20})] \times S_{10} + c_1 \tag{1-13.4}$$

式中:$S_{1左}$——受横断面影响后,左侧车道自由流车辆的中位车速,km/h;

S_{10}——理想条件下,左侧车道内自由流车辆的中位车速,km/h;

w_{10}、w_{20}——理想条件下,路缘带宽度和左侧车道宽度,m;

w_{11}、w_{21}——实际的路缘带宽度和左侧车道宽度,m;

a_1、b_1、c_1——模型的标定常数。

中间车道:

$$S_{1中} = a_2(w_1 - w_0) \times S_{20} + c_2 \tag{1-13.5}$$

式中:$S_{1中}$——受横断面影响后,中间车道自由流车辆的中位车速,km/h;

S_{20}——理想条件下,中间车道内自由流车辆的中位车速,km/h;

w_0——理想条件下,中间车道宽度,m;

w_1——实际的中间车道宽度,m;

a_2、c_2——模型的标定常数。

右侧车道：

$$S_{1右} = [a_3(w_{31} - w_{30}) + b_3(w_{41} - w_{40})] \times S_{30} + c_3 \tag{1-13.6}$$

式中：$S_{1右}$——受横断面影响后，右侧车道自由流车辆的中位车速，km/h；

S_{30}——理想条件下，右侧车道内自由流车辆的中位车速，km/h；

w_{30}、w_{40}——理想条件下，路肩宽度和右侧车道宽度，m；

w_{31}、w_{41}——实际的路肩宽度和右侧车道宽度，m；

a_3、b_3、c_3——模型的标定常数。

③平曲线影响模型

当平曲线半径小于1000m时，驾驶员考虑到行车安全，将降低期望速度；而平曲线半径大于1000m时，自由流车辆的速度没有明显的下降。受平曲线半径影响的自由流速度计算公式见式(1-13.7)。

$$\left(\frac{1}{S_2}\right)^2 = \left(\frac{1}{S_1}\right)^2 + b\left(\frac{1}{r} - 0.001\right) \tag{1-13.7}$$

式中：S_2——平曲线中，自由流车辆的中位车速，km/h；

S_1——平曲线起点处，自由流车辆的中位车速，km/h；

r——平曲线半径值，m；

b——模型的标定常数，通过实测数据的标定，默认值取为0.021。

④速度修正模型

值得注意的是以上两个模型中均是对中位车速进行修正，为了得到任意车速的修正速度，可按式(1-13.8)计算：

$$S_0^Q - S_2^Q = S_{0i}^Q - S_{2i}^Q \tag{1-13.8}$$

式中：S_0^Q、S_2^Q——自由流车辆的中位车速，km/h；

S_{0i}^Q、S_{2i}^Q——特定车辆的自由流车速，km/h；

Q——修正系数。通常，该修正系数是横断面影响模型和平曲线影响模型的加权修正量，$Q = \dfrac{q_1 \cdot \Delta_1 + q_2 \cdot \Delta_2}{\Delta_1 + \Delta_2}$。其中，$q_1$为横断面影响模型权重，默认值为0.2；$q_2$为平曲线影响模型权重，默认值为0.4；$\Delta_1$为横断面影响模型计算的速度变化量，$\Delta_1 = S_0 - S_1$；$\Delta_2$为平曲线影响模型计算的速度变化量，$\Delta_2 = S_1 - S_2$。

(3) 人—车单元模块

人—车单元模块描述的是驾驶人和车辆的总体特征，这些特征改变了不同人—车单元的理想期望速度，该速度在整个仿真过程中是车辆行驶速度的上限。在特征参数中，关于驾驶人的特征参数包括性别、年龄和驾驶倾向性；而关于车辆类型的特征参数则包括中位运行速度和最大加、减速度。这些特征参数对于人—车单元基本期望速度的影响权重默认值见表1-13.4。车辆的其他特征参数，如几何尺寸(车长、车宽、迎风面积)、动力性能参数(最大功率、期望运行速度、最小运行速度、运行速度标准差)以及空车质量则不是影响理想期望速度，而是影响车辆行驶过程中速度、加速度的选择。

各人—车单元特征参数对理想期望速度的权重　　　　　　　表 1-13.4

车辆特性参数权重		驾驶人特性参数权重		
中位运行速度	最大加、减速度	年龄	性别	驾驶倾向性
0.64	0.22	0.02	0.02	0.10

(4) 仿真模块

仿真模块是仿真模型中核心部分,该模块是在已知仿真基本条件(包括流率、分布情况)和仿真基本框架(由道路模块和人—车单元模块决定)的基础上,根据一定的规则(包括发车规则、自由行驶规则、跟驰规则和换车道规则),对分析时段内的各人—车单元的状态进行模拟。仿真模块的计算流程见图 1-13.3。

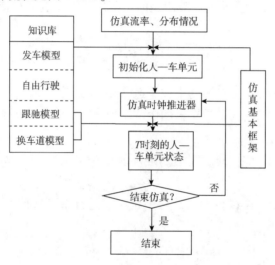

图 1-13.3　仿真模块计算流程示意图

(5) 发车模型

发车模型是仿真模块知识库的一个重要组成部分,包括两种方式。其一,利用实测数据作为输入数据,产生与实际情况完全相同的交通流,这里不再赘述;其二,根据用户设定的仿真参数(包括驾驶人类型组成、车辆类型组成、车道分布、仿真流量和时间等),以及其分布规律,运用蒙特卡罗方法随机生成符合特定分布的交通流。在发车模型中常用分布形式有均匀分布、爱尔朗分布和正态分布。

均匀分布模型通常用于描述驾驶人类型、车辆类型和车道分布。而爱尔朗分布是较通用的车头时距分布模型,不同的 K 阶取值可以反映畅行车流和拥挤车流之间的各种车流条件。表 1-13.5 给出了不同小时流率情况下相应的 K 阶取值。其中,最小车头时距为 0.5s (启车时)。正态分布模型则用于描述车辆类型、理想期望速度、运行速度以及功率质量比 P 的分布。

不同流率下爱尔朗分布的 K 阶取值　　　　　　　表 1-13.5

流 量 区 间	K 值	100 个车头时距样本	
		均值(s)	标准差(s)
0~500	1	7.640	7.301

续上表

流量区间	K值	100个车头时距样本	
		均值(s)	标准差(s)
500~1000	3	3.301	1.771
1000~1500	15	2.442	0.668
1500~2000	20	1.808	0.378

(6) 仿真单体初始化

在仿真单体初始化过程中,主要包括5个步骤:

① 按照车头时距、行驶速度、车辆类型理想期望速度、运行速度以及功率质量比 P 的已知参数,利用各种分布模型,生成服从特定分布的随机数。

② 按照驾驶人的不同年龄、性别、驾驶倾向性、车辆不同运行中位速度、最大加减速度以及不同车道中各车型的相对折算系数,计算各仿真单体的理想期望速度。

③ 根据自由流速度影响模型和人—车单元以及路段特征的特征参数计算基本期望速度。

④ 为了避免车头时距与初始行驶速度不匹配的情况,利用式(1-13.9)验证各仿真单体的有效性。如果安全性不足,则按照特定的分布规律,重新计算初始速度。

$$S_0 = \frac{S_1(t+t_r) - L_0 - L_1}{t_r} \quad (1\text{-}13.9)$$

式中:S_0——仿真单体初始速度,m/s;

S_1——前车初始速度,m/s;

t——计算仿真单体的车头时距,s;

t_r——计算仿真单体的最小反应时间,s,通常取2s;

L_0——停车状态时,最小安全间距,m;

L_1——前车车长,m。

⑤ 为保证车辆运行速度与其分配的功率质量比匹配,在分配功率质量比后,总是检验该 P 值能否维持该仿真单体的初始速度,能维持则认为 P 值合适,否则重新分配 P 值。

(7) 自由行驶

当车辆处于头车位置或与同车道前导车的距离大于某一阈值时(默认值为150m),车辆处于自由行驶状态。此刻车辆所采用的加速度由两个因素决定:

① 道路模块限制该类车辆基本自由流速度时应该采用的加速度 a_{road}。

② 车辆的当前速度与基本期望速度之间的差距。自由行驶车辆在两个路段衔接处采用的加速度计算公式如式(1-13.10)所示,而在相同路段当中采用的加速度计算公式如式(1-13.11)所示。

$$a_{free} = \begin{cases} \max\left\{a_{road}, a_{max}^+\left[1-\left(\dfrac{S}{S_{exp}}\right)^2\right]\right\}, S_{exp} > S \\ \min\left\{a_{road}, a_{max}^-\left[1-\left(\dfrac{S_{exp}}{S}\right)^2\right]\right\}, S_{exp} \leq S \end{cases} \quad (1\text{-}13.10)$$

$$a_{\text{free}} = \begin{cases} a_{\max}^{+}\left[1-\left(\dfrac{S}{S_{\exp}}\right)^{2}\right], S_{\exp} > S \\ a_{\max}^{-}\left[1-\left(\dfrac{S_{\exp}}{S}\right)^{2}\right], S_{\exp} \leqslant S \end{cases}$$

(1-13.11)

式中：a_{free}——自由行驶状态下的加速度，m/s²；

a_{road}——自由流状态下，采用基本期望速度时对应的加速度，m/s²；

$a_{\max}$——最大减速度，m/s²；

S——当前速度，m/s；

$S_{\exp}$——理想期望速度，m/s。

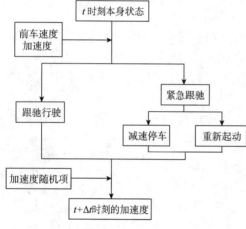

图 1-13.4　加速度计算流程示意图

(8) 跟驰模型

跟驰模型中，驾驶人通过对自身状态的判断，包括车头间距、速度、加速度，以及前车状态，确定车辆的行驶状态（包括跟驰行驶和紧急跟驰行驶两种状态），确定下一时刻所采用的加速度。加速度计算流程见图 1-13.4。

当车头间距处于[40,150]m，或车头时距处于[2,8]s时，车辆跟随前导车行驶，其计算公式见式(1-13.12)。而此刻，车辆还存在变换车道的可能性。

$$a_{\text{follow}}^{\pm} = a^{\pm}\frac{S_{\text{f}}^{\beta^{\pm}}}{(x_{1}-x_{\text{f}})^{\gamma^{\pm}}}(S_{1}-S_{\text{f}})$$

(1-13.12)

式中：$a_{\text{follow}}^{\pm}$——跟驰车辆在加、减速过程中采用的加、减速度，m/s²；

x_{1}——前车位置，m；

x_{f}——后车位置，m；

S_{1}——前车速度，m/s；

S_{f}——后车速度，m/s；

$a^{\pm}$、$\beta^{\pm}$、$\gamma^{\pm}$——加、减速度过程的标定参数，参见表 1-13.6。

跟驰行驶状态下的加减速模型参数　　　　表 1-13.6

状态	α	β	γ
加速过程	2.15	−1.67	−0.89
减速过程	1.55	1.08	1.65

这里的加、减速度在仿真过程中会受到不同车辆类型的最大加、减速度和期望速度的限制，避免出现纯粹与实际情况不符的极端状况。

当车头间距小于紧急跟驰的界限时（默认值为2s），车辆状态处于紧急跟驰状态，驾驶人将采取减速措施，直到车辆恢复到一般的跟驰状态。紧急跟驰状态中驾驶人采用的减速度计算公式见式(1-13.13)。

$$a_{\text{urgent}} = \max\left[\frac{2(x_1 + S_1 t_r + 0.5 a_1 t_r^2 - x_f - S_f t_r - L_{\text{urgent}})}{t_r^2}, -a_{\max}^-\right] \quad (1\text{-}13.13)$$

式中：L_{iurgent}——紧急跟车间距，m；

式中其他符号的含义同式(1-13.9)和式(1-13.12)。

当交通需求大于通行能力时，车辆保持一般的跟驰状态，会不断减速。当速度减小至车辆的最小运行速度时，车辆进入减速停车状态。此状态中的车辆，其减速度都采用该类车辆的最大减速度，直到车辆速度为 0 时，减速度也为 0。

当车队疏散时，停止车辆与前车的距离逐渐增大，当车头间距大于重新起动的界限(默认值为 15m)时，车辆则以该类车型最大加速度的一半开始起动，直到其速度大于该类车型的最小运行速度。

(9)基本路段的车道变换模型

在高速公路基本路段中，由于车道功能明确划分为超车道和行车道，所以超车行为已经转变成为换车道行为。在车道变换模型中，以利益驱使为基础，只有为了获得更有利的驾驶状态，驾驶人才会变换车道，否则不会变换车道。驾驶人在车道变换过程中的判断流程如图 1-13.5 所示，变换过程分为 4 个阶段。

(10)入口匝道的车道变换模型

入口匝道的合流车辆要进入高速公路，其车道变换行为可分为直接式、调节式和挤入式三种。

直接式车道变换发生在没有加速车道的入口匝道处，汇入车辆只能在入口处等待主线交通流中出现可插入间隙，然后进入主线。

调节式车道变换发生在具有加速车道的入口匝道。汇入车辆进入加速车道后，寻找高速公路最外侧车流中最安全的可插入间隙，调整加速度大小，实施合流操作。具体判断过程见图 1-13.6。

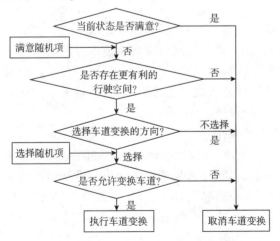

图 1-13.5　车道变换判断过程示意图

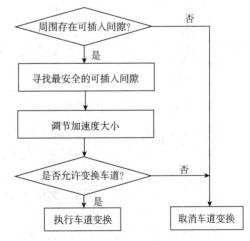

图 1-13.6　调节式合流换车道判断过程示意图

挤入式车道变换发生在加速车道结束区间，由于汇入车辆在加速车道中没有找到合适的可插入间隙进行换车道，在加速车道的最后 1/4 路段中，汇入车辆仅判断目标车道中是否存在足够的空间用于换车道。如果汇入车辆与目标车道中的前车之间的车头时距 h_A 大于最小的临界可插间隙 1.0s，且汇入车辆与后车之间的车头时距 h_B 大于最小的临界可插间隙 2.0s 时，则实施车道变换行为；否则执行减速停车行为。

（11）出口匝道的车道变换模型

出口匝道的分流车辆要离开高速公路，由于驶出车辆与出口匝道的距离不同，其车道变换模式也存在较大的差别。在图 1-13.7 所示的三个关键断面处，断面 1 的车道变换行为为直接式，断面 1 与断面 2 之间的车道变换模式为调节式，断面 2 与断面 3 之间的车道变换模式为挤入式。

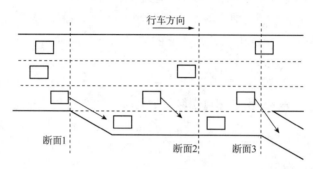

图 1-13.7　出口匝道车道变换模式示意图

（12）交织区的车道变换模型

交织区中直行车辆的车道变换行为与基本路段中的基本类似，只是由于交织区存在交织车辆的影响，为了避开交织车辆，车辆的车道变换道频率会高于基本路段的车道变换行为。因此，在车道变换判断过程中，驾驶人往往选择更敏感的参数来决定是否变换车道。

交织区中的交织车辆由于其车道变换行为必须发生，且目标车道已经确定，因此，其行为非常类似于入口匝道和出口匝道中的换车道行为。同样，根据交织车辆车道变换位置不同，可以分为调节式和挤入式。

2）高速公路系统交通仿真分析步骤

高速公路系统交通仿真分析是通过仿真模型实验，对高速公路基本路段、交织区、出入口匝道以及高速公路系统的通行能力进行分析，从而得到高速公路各组成部分及其系统的速度、密度和流量随时间的变化规律，以及道路条件、交通条件变化对高速公路系统产生的影响，还可以借助仿真模型研究通行能力分析的一些基本问题。

（1）分析数据需求

交通仿真分析所需要的分析数据主要包括道路和交通条件的相关参数。其中，道路条件主要包括横断面形式及其尺寸、道路平纵线形参数、出入口位置和形式、交织区位置和形式等；交通条件主要包括车辆外形尺寸、车辆动力参数、驾驶人类型及其特征参数。

（2）分析步骤

利用仿真模型分析高速公路各组成部分及其系统的通行能力，通常按照如图 1-13.8 所示的分析流程来进行。

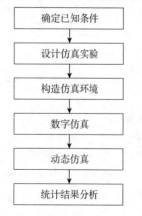

图 1-13.8　高速公路系统交通仿真分析流程图

①首先确定已知的道路、交通条件,以及需要解决的问题。

②根据已知条件,结合考虑仿真实验可能得到的结果,设计相应的交通仿真实验,增设仿真环境中的实验设备,通过多次实验以得到相应的结果。

③按照已知条件,从仿真实验的需要出发,构造仿真所需要的道路、交通环境。

④利用仿真环境建立的道路、交通条件,进行数字仿真。

⑤利用仿真环境建立的道路、交通条件和数字仿真的结果,进行动态仿真,以得到速度、密度和流量的统计结果。

⑥按照仿真实验计划,分析仿真数据,以得出结论。

13.3.2 双车道公路交通仿真

双车道公路的通行能力存在相当复杂的影响因素,如前面提到的影响自由流速度的路面宽度、地形条件、横向干扰以及影响通行能力的方向分布和交通组成等,这些错综复杂的因素共同作用于双车道公路,使得双车道公路的通行能力分析存在相当的不确定性。因此,基于同高速公路系统交通仿真模型一样的想法,为双车道公路通行能力分析提供了辅助的交通仿真模型。需要注意的是,本章和第3章的分析虽然都适用于双车道公路通行能力分析,但是由于二者侧重不一样,解决问题的思路也完全不一样,因此,如果用于分析同样的问题,二者的结果肯定是存在差异的,随着研究的不断深入,这种差异会逐渐缩小。

1) 双车道公路仿真模型的总体结构

总体介绍双车道公路仿真模型的总体结构,至少应该包括道路描述子模型、车辆描述子模型和仿真子模型。

(1) 道路描述子模型

在双车道公路仿真模型中,所有的道路条件对仿真模型的影响都通过具体条件对仿真路段自由流速度的影响来反映。具体的道路影响模型,见图1-13.9。

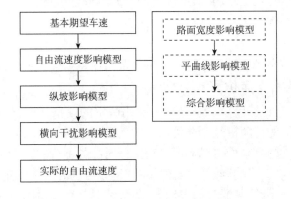

图 1-13.9 双车道公路道路影响模型

(2) 车辆描述子模型

对于由复杂车型组成的双车道公路而言,如何描述车辆的影响是仿真模型好坏的关键。本节介绍的仿真模型中,主要考虑不同车型在基本期望速度、使用的功率质量比以及车队中车头时距三方面的特性差异。

(3) 仿真子模型

仿真子模型中主要是描述车辆在行进过程中遵循的规则,主要包括自由行车模型、跟车模型、超车模型和慢车模型。

自由行车模型是车辆在路段上不受限制,以驾驶人的期望速度自由行驶,其行车状态满足一般的动力学关系。

跟车模型是描述在无超车的单一车道上车辆列队行驶时后车跟随前车的行驶状态。

在双车道公路上,超车是在对向车道上进行的。能否超车,需根据对向交通流中是否满足超车的最小间距,同时视道路条件是否允许超车而定。超车可以在各种不同的情况和条件下进行,因而超车的行为方式多种多样。所以相应的超车模型也是多样的,根据具体的建模目标及约束条件等确定。

2) 双车道公路仿真分析步骤

双车道公路仿真分析是通过仿真模型实验,对双车道公路路段的通行能力进行分析,从而得到其交通流的速度、密度和流量随时间的变化规律,以及道路条件、交通条件变化对双车道公路交通流的影响。由此,可以分析双车道公路的服务水平等级,粗略分析设计、规划条件下交通运行状况。

(1) 数据需求

交通仿真分析所需要的分析数据主要包括道路条件和交通条件的相关参数。其中,道路条件主要包括路面宽度、路肩宽度、道路平纵线形参数等;交通条件主要包括车辆类型和横向干扰等级等。

(2) 分析步骤

利用仿真模型分析双车道公路的通行能力,通常按照以下分析流程进行。

①首先确定已知的道路、交通条件,以及需要解决的问题。

②根据已知条件,结合考虑仿真实验可能得到的结果,设计相应的交通仿真实验。

③按照已知条件,从仿真实验的需要出发,构造仿真所需要的道路、交通环境。

④利用仿真模型对特定道路、交通条件下的交通流进行仿真。

⑤统计仿真模型得到的速度、密度和流量。需要重复实验时,则统计多次的仿真模型计算结果。

⑥按照仿真实验计划,分析仿真数据,以得出结论。

13.3.3 城市道路交通仿真

交叉口通行能力分析的计算机模拟,就是利用一定的模型让计算机自动产生与实际交通流具有相同分布特征的伪随机数。并且通过对伪随机数的排序、检验形成随机变量,经过数值计算及逻辑推演、检验,来模仿车辆通过交叉口时的各种行驶行为及其产生的排队和延误,由此形成通行能力与其影响因素的数值关系或动态再现。对于给定的交叉口,可以根据其几何特征和车流特征,计算其通过的车辆数、运行情况。交叉口通行能力的仿真分析包括数字仿真和图像仿真两种。

1) 十字交叉口通行能力仿真

十字交叉口上的车流运行系统分析的重点是对系统的主要因素及其相互作用过程问题进行描述,这一过程称系统分析或问题描述,它是进行计算机仿真的基础。描述十字交叉口车流的运行系统需三类数据:

(1) 固定交通单元数据

描述交叉口的控制方式、几何形状、车道数目、车道宽度、所连接道路的等级等。

(2)活动交通单元数据

对交通流数据进行描述,如车流的到达分布规律、车头时距规律、车型组成、转向比例、行驶速度等。

(3)模拟控制数据

主要指模拟时间的设置、车辆折算系数等。

以上三类数据构成十字交叉口数字模拟通行能力的输入数据;其输出数据为各流向的通行能力及整个交叉口的通行能力。其数据处理框图见图1-13.10。其中 t_c 为次要道路上车辆的临界间隙,也是次要道路上车辆完成穿越任务时所需要的最小时间间隙;t_f 为次路车辆连续通过时的随车时距,它主要与车辆的加减速性能有关。

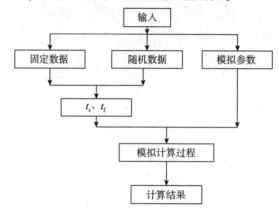

图 1-13.10　数据处理框图

这样,对于给定交叉口,随机产生一定分布的交通流后,便可计算其实际通过车辆数,当车流特征如车型比例、转向比例发生变化时,便可计算其对应通行能力,进而考虑它们的影响程度。

2)T型交叉口通行能力仿真

T型交叉口的通行能力为3个道路入口流向通行能力之和。每一入口通行能力的影响因素同十字交叉口的分析一样,既与交叉口几何状况有关,又与交通流情况有关。

T型交叉口的车流运行规则,是指车辆在不同规模T型交叉口下的一般运行轨迹、避让冲突的方式。它是开发通行能力仿真软件的基础。虽然它比十字交叉口的简单,但由于它是设计程序的依据和基础,还需再具体说明一下。

在2×2路T型交叉口中(图1-13.11),F_2、F_3、F_5 为优先车流,它们自由经过交叉口,通行能力按路段计算。支路右转车流 F_9 与 F_2 有合流冲突,因此它能否通过主要视 F_2 的间隙。主路左转车流 F_4,它与 F_2 有交叉冲突,F_3 有合流冲突。因此它能否通过主要看 F_2 或 F_3 所提供的间隙,也就是说 F_9 只计算 F_2 的间隙,而 F_4 要计算 F_2、F_3 两类车流的间隙,即主路的"真正"间隙。支路左转车流 F_7,与其冲突的车流为除 F_3 外的一切车流,因此 F_7 能否通过3个冲突点,要看 F_2、F_4 或 F_5 所提供的公共间隙。

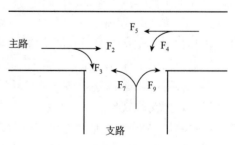

图 1-13.11　2×2路T型交叉口

在 4×2 路交叉口中(图 1-13.12),4 车道道路一般视为主路,主路车道多、支路车道少。这种路口一般是主路的左、右转车流不多,直行车流多的路口。在这样的交叉口上,主路两个方向的快速直行车辆一般行驶在无干扰车道。转向车辆多集中在靠近支路口的两个车道上。支路上两个方向的转向车流也都驶入两方向靠近支路的车道上。若图 1-13.12 中 F_{21}、F_{52} 为快速直行车,F_{22} 与 F_{51} 为慢速直行车,则支路右转车流 F_9 的冲突车流为 F_{22},主路左转车流 F_4 的冲突车流为 F_{21}、F_{22}、F_3,因此 F_4 的能力主要受 F_{21} 与 F_{22} 或 F_3 所提供公共间隙的影响。支路左转车流 F_7,由于转向进入交叉口后由靠近交叉口的车道驶出交叉口,因此其冲突车流为 F_{21}、F_{22}、F_{51} 或 F_4,故 F_7 的可利用间隙为 F_{21}、F_{22}、F_4 或 F_{51} 所提供的公共间隙。

在 4×4 路交叉口中(图 1-13.13),由于支路车道数的增加。使得支路的两个转向车流也分道行驶,这时支路右转车流 F_9 仅与 F_{22} 冲突。主路左转车流 F_4 与 F_{22}、F_{21} 冲突,其通过能力主要受 F_{21} 与 F_{22} 所提供的公共间隙影响。支路左转车流 F_7 的影响车流为 F_{21}、F_{22}、F_4 或 F_{51},其他情况同 4×2 路交叉口情形。

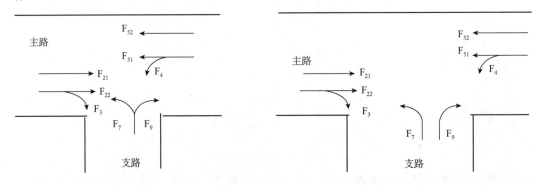

图 1-13.12 4×2 路 T 型交叉口　　　　　图 1-13.13 4×4 路 T 型交叉口

3)环型交叉口通行能力仿真

我国现阶段环型交叉口上车流运行方式通常有三种,首先是当环型交叉口上车流量相当小的时候,车辆基本上是自由通过交叉口,很少发生车辆间的冲突,称为自由行驶。其次是当环型交叉口上车流量很大时,由于入环车辆希望快速进入环交路口,环绕车辆希望尽快绕行出环。因此,在入环车辆的排队中,若排队头车入环后,尾随车辆紧跟前面的车辆驶入环交,强迫环绕车流停车或减速,称为强行行驶。除上述两种情况外,大部分环交运行方式是以绕环或出环车流优先,进环车流为次的优先顺序运行。这类似于主路优先的十字型或 T 型交叉口,但与它们还不完全一样。主要是因为环交路口相当于若干个 T 型交叉口的复合。在其相对于支路(入口道路)较短的环路上,车辆要进行交织或交汇。使其既有"交织路段"的特征,又有 T 型交叉口的特征,其运行方式随"交织路段"的长短有很大区别。而这一所谓"交织路段"取决于环型交叉口环岛半径的大小。当交织段长度足够时,车流在环型交叉口上发生交织现象。所谓交织运行是指两股车流以较小的角度汇入,以相同的方向行驶一段距离后再分流,进出环车辆在通过交织断面时改变车道。当交织段不太长时,车流在环型交叉口上通常按穿插方式运行。即进环车辆可直接从环行车流或出环车流的空当穿越而过,无须改变方向以较大的角度进入环行车流。介于交织与穿插运行现象之间还有另一种运行方式,即交汇,它指进环车流插入出环或环行车流后,并与之同向运行。它们的运行模式见图 1-13.14。

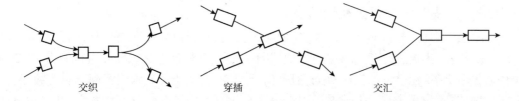

图 1-13.14 环交路口上车流运行模式

穿插运行可以看成是进环车辆接受出环车流的间隙而通过;交汇运行可以看成是进环车辆接受出环车流或环行车流的间隙而汇入;交织是进环车辆接受出环车流的间隙先汇入,运行一段时间后,再分流。由于常见交叉口在一般情况下的交织、穿插、交汇运行方式都可以用间隙接受理论统一分析,这种运行情况称为间隙运行。研究通行能力大多不讨论交通量小的情况。因此,自由运行方式不在讨论之列。强制通过运行方式多发生在交通拥挤之时,这时交通量超过通行能力,其对研究通行能力失去意义,因此主要讨论间隙通过方式。由于我国公路交叉口直径大多数在 20~60m,其交织段长度在 15~45m,这样的长度无法提供车辆交织运行所需空间。因此所讨论的间隙通过方式着重以穿插和交汇形式为主。在运行过程中以出环和绕环运行车流为主要车流(具有优先行驶权),进环车流为等待车流(不具优先行驶权)。这样以 2 环道 4 路交叉环交路口为例,其上车流运行状况见图 1-13.15。A 入口右转车流 F_3 不受影响,左转车流 F_1 及直行车流 F_2 进环时与出环车流 F_{11} 及 F_4 穿插或交织,与 F_{10} 交织或交汇。其中 $F_{11}+F_4+F_{10}$ 为优先车流,F_1+F_2 为等待车流。

由于环型交叉口多为 4 路环交,其交通流的数据产生同十字交叉口。对于个别特殊的环型交叉口,可采用相似的方法进行处理。例如:3 路环交,可用类似 T 型交叉口的方法;5 路环交,每一路的可能流向扩展为 4 个,其余不变。

影响环型交叉口通行能力大小的因素主要有环岛半径、环道车道宽度、车道数、进口道路宽度、车道数等几何方面因素和交通量方面的交通因素。其中,几何因素中环岛半径影响较大,它不仅影响通行能力的大小,而且还影响到通行车辆的运行方式、通行能力的计算方式等。另外,环道宽度、环道车道数及其宽度对通行能力的影响也比较大。其余诸如交通因素、进口宽度等方面的影响与十字或 T 型等平面交叉口的影响情况类似。

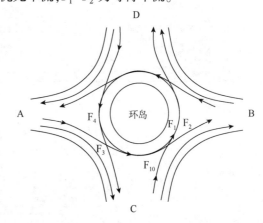

图 1-13.15 环型交叉口车流运行图

仿真软件的结构模块同十字型交叉口,由用户界面、交叉口模块、交通流模块、仿真模块、显示结果模块 5 部分组成。交叉口模块与十字交叉口不同,它不但有道路引道情况,还要有环岛半径、环行道车道数等参数。在交叉口模块中不再有交叉口控制类型内容。仿真实现模块也是由主控函数控制输入函数、模拟计算函数和结果显示函数。与实现十字交叉口通行能力仿真模型的编程方法相比,环型交叉口的对应输入函数中不再有交叉口控制函数。仿真计算函数则按环交系统的运行规则重新编制,结果显示函数与十字交叉口、T 型交叉口等的结果显示函数基本一样。

13.3.4 快速路交织区交通仿真

影响交织区通行能力的因素有很多,如交织区类型、交织区长度、交织区内车道数以及交织流量比等。因此,交织区没有所谓的理想条件,所以,要计算交织区的通行能力,就要获得大量的不同情况组合下的实测数据,但是由于资金、技术条件和人员等问题,想要获得大量的实测数据有很大困难。但若通过理论模型和仿真模型结合部分实测数据,通过设计仿真方案,改变输入条件就可以得到不同条件组合下的通行能力值。

利用仿真的方法求解道路设施的通行能力,一般步骤是:首先确定影响设施通行能力的因素,进行需求分析,进而选择合适的仿真模型(或建立仿真模型),然后对仿真模型进行标定、验证,最后用标定过的模型来求得设施的通行能力。

CROSIM 仿真能够给出快速路交织区的流量、速度、密度以及延误等指标,表 1-13.7 为 CROSIM 模型中的部分默认值,在进行仿真时需根据不同的情况对这些参数进行标定。

模型中部分参数的默认值 表 1-13.7

参 数	意 义	默 认 值
1 类驾驶员车辆跟驰灵敏系数	Pitt 跟车模型公式中的常数值	1.25
Pitt 常数	Pitt 跟车模型公式中的常数值	10
完成车道变换行为的时间(s)	完成一次车道变换所需要的时间	2
驾驶员让路权的百分比(%)	驾驶员让路权给车道变换车辆的比例	20
最小间隔(s)	仿真中最小发车间隔	1.6
强制性换车道的可接受间隙	强制换道的程度,1 表示最大、6 表示最小	3
判断换车道的阈值	判断换车道的阈值	0.4
实施判断性换车道请求的乘数	反映驾驶员决定车道变换影响的值	0.5

下面用实例来说明 CROSIM 模型确定交织区的实际通行能力。图 1-13.16 所示为上海南北高架一个交织区,交织区内 6 车道,主线 4 车道,匝道 2 上 2 下,交织区长度 120m,内侧 3 车道宽度均是 2.9m,无路肩,上匝道纵坡 2%,其中,主线自由流速度 72km/h,匝道自由流速度 56km/h。

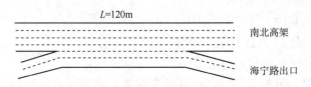

图 1-13.16 上海南北高架上一个交织区

以交织速度和非交织速度为参数标定的评价标准,根据两种速度对不同的参数的灵敏度分析,最后确定要调整的一组参数及参数值见表 1-13.8,其他参数仍取原来的默认值。

调整的参数及取值 表 1-13.8

参 数	调整后参数值
1 类驾驶员车辆跟驰灵敏系数	4.5
完成车道变换行为的时间(s)	1

续上表

参 数	调整后参数值
判断换车道的临界值	0.8
实施判断性换车道请求的乘数	0.2

用 CROSIM 仿真确定交织区的通行能力时,保持起讫点的交通需求比例不变(即交织流量比不变),用多周期分析的功能,不断地增加主线和匝道的流入量,当交通需求增加到一定的时候,系统的交通量就会出现溢出的现象,这时系统(整个交织区的)所能通过的最大流量,就可以理解为交织区在该流量比条件下的实际通行能力值。这里需要定义两个概念,主线流量比是主线交织的流量与主线总的流入量的比值,匝道流量比是匝道交织的流量与匝道总的流入量的比值。基于此,通过仿真得到的实际通行能力值如表 1-13.9 所示。

用仿真求得的通行能力值(pcu/h)   表 1-13.9

匝道流量比	快速路主线流量比					
	0	0.2	0.4	0.6	0.8	1.0
0	10100	8940	6450	5060	4270	3730
0.2	10050	8720	6500	5200	4070	3520
0.4	9180	8400	6700	5180	4250	3450
0.6	8270	7800	6590	5200	4170	3500
0.8	7830	7330	6450	5300	4280	3590
1.0	7440	6877	5957	5200	4228	3515

需要说明的是,当主线和匝道的交织流量比较大时,在达到通行能力时,所对应的临界速度已经很低了,即当交织流量比较大时,系统运行的状态是极不稳定的,随时可能会崩溃,这时会出现低效率的运行和局部车辆的排队现象。

选取早晚高峰时段两个饱和流量值和仿真求得的通行能力对比。如表 1-13.10 所示,可以发现,仿真值和实测值很接近,从而也证明了用标定过的 CROSIM 软件来求交织区的通行能力是可行的。

仿真求得的通行能力值与观测值的比较   表 1-13.10

匝道流量比	主线流量比	观测最大流量 (pcu/h)	仿真通行能力 (pcu/h)	相对误差 (%)
0.68	0.19	7722	7646	1
0.57	0.21	7460	7945	6.1

第2篇

国内外相关研究案例

案例一 高速公路基本路段通行能力研究
——适用于佛罗里达州的估算方法

1.1 简 介

《道路通行能力手册》(HCM)依据自由流速度,给出了高速公路基本路段通行能力推荐值,美国各州均以此为依据分析本地区的高速公路通行能力,然而不同地区高速公路基本路段的通行能力并不完全相同。佛罗里达交通运输部发现,佛罗里达州高速公路基本路段的通行能力要低于 HCM 的推荐值。

虽然 HCM 可以通过自由流速度和交通需求对通行能力进行修正,但其提供的道路通行能力值并不适用于所有高速公路。因此,本研究在分析高速公路通行能力估算方法的基础上,给出适用于佛罗里达州的高速公路基本路段通行能力估算方法,主要开展的研究工作如下:

(1)分析常见高速公路基本路段通行能力估算方法,比较多种估算方法的优缺点及适用条件。

(2)确定一种简单易用、计算结果能够与其他方法相近的通行能力估算方法。

(3)对佛罗里达州高速公路基本路段的交通流状况开展调查,收集相关数据。

(4)采用选定或提出的通行能力估算方法对数据进行处理和分析。

(5)对比分析不同估算方法的计算结果。

1.2 高速公路基本路段通行能力估算方法

高速公路基本路段通行能力估算方法主要有以下几种。

1.2.1 Van Aerde 模型

由 Van Aerde 建立的数学模型较好地拟合了速度—流量关系,能够解释速度—流量图中的交通状态,与交通流理论具有一致性。该模型给出了连续车辆之间的最小车头间距跟驰模型,见式(2-1.1):

$$k = \frac{1}{c_1 + \frac{c_2}{u_f - u} + c_3 \times u} \tag{2-1.1}$$

式中:k——交通流密度,veh/km;

u——区间平均速度,km/h;

u_f——自由流速度,km/h;

c_1——车头间距常数,km;

c_2——第一可变车头间距常数,km²/h;

c_3——第二可变车头间距常数,h。

采用非线性回归对各参数进行标定,模型参数计算如下:

$$c_1 = m \times c_2 \tag{2-1.2}$$

$$m = \frac{2 \times u_c - u_f}{(u_f - u_c)^2} \tag{2-1.3}$$

$$c_2 = \frac{1}{k_j + \left(m + \dfrac{1}{u_f}\right)} \tag{2-1.4}$$

$$c_3 = \frac{-c_1 + \dfrac{u_c}{q_c} - \dfrac{c_2}{u_f - u_c}}{u_c} \tag{2-1.5}$$

式中: m——辅助参数, h^{-1};

u_f——自由流速度,km/h;

u_c——达到通行能力时的速度,km/h;

q_c——达到通行能力时的流量,veh/h;

k_j——阻塞密度,veh/km。

模型中的流量最大值即为高速公路基本路段通行能力估算值,该模型仅适用于速度—流量图中阻塞流处有较多数据点的高速公路基本路段。

Van Aerde 和 Rakha 利用多元回归分析方法对多条道路上的速度—流量关系进行拟合,验证了模型在不同类型道路情况下均适用。

1.2.2 PLM 法

当高速公路的交通需求大于通行能力时,高速公路将处于阻塞状态。由非阻塞状态到阻塞状态的转变被定义为故障,故障事件对高速公路基本路段的通行能力有显著影响。

PLM(Product Limit Method,随机通行能力估算方法)通过鉴别交通流的故障事件来估算道路的通行能力。根据一段时间内车辆运行速度的突然降低或增加来判别故障事件,依据引发故障事件的流量确定道路通行能力值,由于观察到的流量具有随机性,因此其通行能力值也具有随机性。其分布函数如下:

$$F_c(q) = p \qquad (c \leqslant q) \tag{2-1.6}$$

式中: F_c——通行能力分布函数;

c——通行能力,pcu/(h·ln);

q——交通量,pcu/h。

对通行能力分布进行修正,得到时间分布函数如下:

$$F(t) = 1 - S(t) \tag{2-1.7}$$

式中: $F(t)$——时间分布函数,即 $p(T \leqslant t)$;

T——时间,s;

$S(t)$——剩余函数,即 $p(T > t)$。

$$\hat{S}(t) = 1 - \prod_{j:t_j \leqslant t} \frac{n_j - d_j}{n_j} j \tag{2-1.8}$$

式中：$\hat{S}(t)$——剩余函数估计值；

n_j——$T \geqslant t_j$ 对应的个体数；

d_j——失败数 t_j。

得到通行能力分布函数如下所示：

$$F_c(q) = 1 - \prod_{i:q_i \leqslant q} \frac{k_i - d_i}{k_i}; i = (B, C_2) \tag{2-1.9}$$

式中：$F_c(q)$——通行能力分布函数；

q——交通量，pcu/h；

q_i——第 i 个时段交通量，pcu/h；

k_i——交通量 $q \geqslant q_i$ 时的时间段数量；

d_i——交通量为 q_i 时故障数；

$\{B\}$——故障事件时间段集合。

该函数将交通量 q 分为不同的类别或集合，将这些集合命名为非阻塞交通量集合。

1.2.3 其他方法

Agyemang-Duah 和 Hall 利用 52d 的高峰时段交通流数据，探讨了车辆排队时道路通行能力降低的可能性，给出了高速公路基本路段通行能力建议值。推荐 2300pcu/(h·ln)作为稳定流下高速公路基本路段的基本通行能力值，2200pcu/(h·ln)作为故障状态下的通行能力值。

Ponzlet 指出通行能力会随着其他条件(如路面的干湿状况、照明状况以及驾驶员出行目的等)的改变而发生变化。

Mnderhoud 等人使用 PLM 法讨论通行能力值的变化特性，该方法一般用于估算非拥挤交通流下的通行能力，认为非拥挤流对高速公路的基本通行能力有显著影响，认为 PLM 法能够表现出通行能力的随机性。

1.3 研究方法

确定高速公路基本路段通行能力估算方法并进行数据收集、筛选和处理。

1.3.1 估算方法

采用三种估算方法，第一种方法依据 Van Aerde 模型估算通行能力；第二种方法采用 PLM 法估算通行能力；第三种方法利用最大流率均值对通行能力进行估算，最后，分析不同方法的结果差异。

1）Van Aerde 模型法

Van Aerde 模型目前被广泛应用，软件 SPD_CLA 中包含 Van Aerde 回归分析程序。计算出的高速公路基本路段通行能力值，相当于速度—流量图中的流量峰值。

2）PLM 法

PLM 法的关键在于对高速公路故障事件的判别，故障事件可以通过观测速度、占有率以及分析流量与占有率间的关系来确定。具体方法为：依据平均速度的变化来确定故障事件，若交通流速度在一段时间内低于确定的速度阈值即认为发生故障;对数据进行时间序列分析,发现阻塞和非阻塞状态的过渡点,进而判别出故障事件;在阻塞和非阻塞状态之间存在一个阈值,只有当所有车道的车辆速度均值在一段时间内低于速度阈值时,才能判定发生了故障事件。

利用曲线叠加的方式确定通行能力。一种方法是计算所有威布尔(Weibull)分布曲线期望均值,这一均值即为高速公路基本路段通行能力;另一种方法是曲线经过叠加后,从通行能力分布函数中得出对应于某一流率的概率值,根据各点的流率值可以获得对应的概率范围,选择一个合适的概率值对应到通行能力分布函数和速度—流量曲线,可以确定出所有检测点的通行能力。最后,将两种方法计算的通行能力值与 Van Aerde 和 HCM 方法确定的通行能力值进行比较。

3) 平均最大流率法

与 Van Aerde 模型和 PLM 法不同,平均最大流率法不依赖复杂的数学模型和故障事件。而是分析一段时间内路段的最大流量,并将这些流率数据按大小排序,通过下述方法计算通行能力。

首先,求最大 $x\%$ 的流率均值,将其与 Van Aerde 法和 PLM 方法得到的通行能力估算值对比,分析不同 $x\%$ 值求得的结果与 Van Aerde 法和 PLM 方法得到的结果的一致性,确定出最优的 $x\%$ 值,使其得到的通行能力值与 Van Aerde 法和 PLM 法得出的结果相同。通过这种方法选择的特定 x 值,其通行能力估算值与 Van Aerde 法和 PLM 方法确定的通行能力值误差最小。

确定平均最大流率法适用的最短分析时间。采用时长分别为 3 个月、2 个月、1 个月和 2 星期的数据进行对比分析,比较不同分析时间长度的误差,确定最短分析时间。

1.3.2 数据收集

1) 调查路段

选择具有较高流量的高速公路基本路段进行观测,要求高速公路基本路段长度不小于 1500ft❶,车道数固定且不受分合流区影响;匝道前后车道数不同,但 1500ft 长度范围内车道数相同的路段也可作为高速公路基本路段,高速公路基本路段有 3 种形式,如图 2-1.1 所示。

2) 数据参数

收集的参数包括:

(1) 高速公路基本路段长度。

(2) 基本路段距离出入口匝道的距离。

(3) 限速值。

(4) 地形和纵坡坡度。

(5) 是否拥有平曲线。

(6) 每分钟内各条车道的交通量、速度、占有率。

(7) 重型车辆混入率。

3) 数据处理

从 2 年的调查数据中选取合理的数据进行分析,数据处理后的样本格式见表 2-1.1。

---

❶ 1ft = 0.3048m。

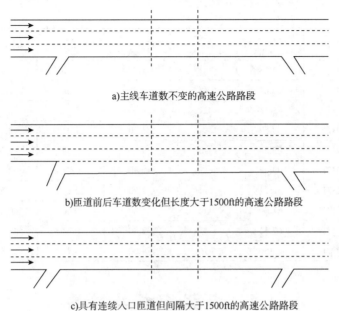

a) 主线车道数不变的高速公路路段

b) 匝道前后车道数变化但长度大于1500ft的高速公路路段

c) 具有连续入口匝道但间隔大于1500ft的高速公路路段

图 2-1.1　高速公路路段类型

数据处理结果样例　　　　　　　　　　　　　　　　　　　　表 2-1.1

时 间	编 号	自由流速度 （km/h）	流量 （pcu/h）	占 有 率	速度变化系数	流量比	速度比
0:00:00	210371	58.58	12	1.80	0.71	1.67	1.04
0:01:00	210371	61.86	7	1.50	2.12	0.00	0.00
0:02:00	210371	58.31	16	2.20	0.71	2.33	1.04
0:03:00	210371	59.00	14	3.80	0.00	4.00	1.22
0:04:00	210371	59.75	16	3.20	3.54	2.67	1.12
0:05:00	210371	60.14	14	2.60	0.00	1.25	1.07
0:06:00	210371	60.44	18	4.30	0.71	1.40	1.06
0:07:00	210371	60.12	17	2.40	2.83	1.75	1.15
0:08:00	210371	60.27	11	2.00	3.54	1.33	1.16
0:09:00	210371	62.38	21	5.20	3.54	1.33	1.15
0:10:00	210371	62.75	16	1.80	1.41	3.50	1.08
0:11:00	210371	63.38	16	1.80	4.24	2.67	1.14
0:12:00	210371	65.50	10	2.00	4.24	5.00	1.19
0:13:00	210371	62.06	16	2.50	2.12	1.20	1.09
0:14:00	210371	67.80	15	2.00	6.36	2.67	1.11
0:15:00	210371	66.47	15	2.00	1.41	1.50	1.06
0:16:00	210371	64.63	8	1.50	0.71	2.00	1.11
0:17:00	210371	65.46	13	2.00	2.83	1.25	1.13
0:18:00	210371	68.62	13	2.70	0.00	3.00	1.21
0:19:00	210371	64.88	16	3.20	0.71	1.50	1.24
0:20:00	210371	63.89	18	2.50	3.54	1.40	1.21

续上表

时间	编号	自由流速度（km/h）	流量（pcu/h）	占有率	速度变化系数	流量比	速度比
0:21:00	210371	64.18	11	2.00	0.00	5.00	1.25
0:22:00	210371	65.07	15	2.20	3.54	1.50	1.35
0:23:00	210371	61.68	22	3.00	7.07	2.00	1.23
0:24:00	210371	63.57	14	1.80	1.41	2.33	1.09
0:25:00	210371	65.38	13	4.00	2.12	6.00	1.10
0:26:00	210371	63.74	19	2.70	0.71	2.67	1.04
0:27:00	210371	62.21	14	2.20	2.12	1.50	1.07
0:28:00	210371	61.00	6	1.80	0.00	0.00	0.00
0:29:00	210371	62.55	11	2.80	0.71	1.33	1.10
0:30:00	210371	63.56	16	4.60	0.71	2.67	1.04

1.4 数据分析及结果

采用 VAM(Van Aerde Model)法、PLM 法和平均最大流率法分别对通行能力进行估算。将这 3 种方法和 HCM 提供的通行能力估算方法所得结果进行对比。最后,讨论并给出高速公路基本路段通行能力估算的替代方法。

1.4.1 VAM 通行能力估算方法

VAM 法利用 TSC(Traffic Stream Calibration)和 SPD_CAL 软件,输入流率、自由流速度、通行能力及其对应的速度(临界速度)和交通流密度等数据,调整 Van Aerde 模型中的参数,进而得出通行能力估算结果。

为保证输入数据的可靠性,需舍弃超过 2700veh/h、小于 100veh/h 的流量数据。图 2-1.2 为采用 Van Aerde 模型对数据拟合所获得的速度—流量图,TSC 软件给出的相关参数及计算结果如表 2-1.2 所示。

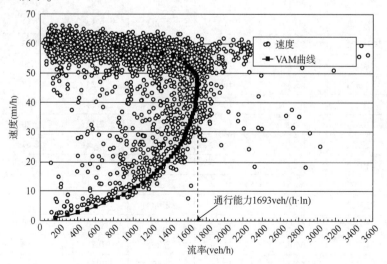

图 2-1.2　某观测点 VAM 模型拟合速度—流量图

相关参数与计算结果　　　　　　　　　　表 2-1.2

地点编号	车道数	通行能力(veh/h)	自由流速度(mi/h)❶	临界速度(mi/h)	阻塞密度(veh/mi)
T1(Mia.)	3	1693	60.10	44.50	256.47
T2(Mia.)	3	1790	59.23	40.40	229.28
T3(Mia.)	3	1632	61.59	36.67	273.05
T4(Mia.)	3	1746	73.83	58.36	247.95
T5(Orl.)	3	2024	54.88	43.44	144.81
T6(Orl.)	3	2082	56.12	43.51	144.81
T7(Orl.)	3	2021	55.81	44.50	144.81
T8(Jax.)	3	1897	66.63	53.08	172.00
T9(Jax.)	3	1850	65.38	58.30	169.43
T10(Jax.)	3	1743	68.55	64.08	171.36
T11(Jax.)	3	2027	66.19	58.73	194.53
T12(Tpa.)	3	1851	52.20	34.98	247.67
T13(Tpa.)	3	1931	56.61	47.11	193.60
T14(Tpa.)	3	1819	64.13	56.92	227.23
T15(Tpa.)	3	1841	62.51	54.68	197.62
F1(Mia.)	4	1678	64.51	53.82	189.70
F2(Mia.)	4	1729	63.21	56.43	193.40
F3(Orl.)	4	1692	55.44	41.89	228.64
F4(Orl.)	4	1905	59.11	45.56	174.90
F5(Jax.)	4	1851	68.86	62.27	144.81
F6(Jax.)	4	1976	69.17	54.94	186.00
FV1(FtL.)	5	1460	66.13	52.83	156.80

1.4.2 PLM 通行能力估算方法

1) 速度阈值的确定

PLM 适用于高速公路基本路段的通行能力估算。应用 PLM 法估算通行能力首先需确定速度临界值,可根据故障事件发生点及下游位置速度临界值对故障事件进行判定。

根据速度时间序列图,计算每分钟内车辆的平均速度。当平均速度连续 5min 内下降,可以确定该点的速度阈值,若在 5min 内平均速度下降至此阈值以下,则会发生故障事件。当速度在 10min 内以速度以 10mi/h 下降时,也可认为发生了故障事件。某一观测点上游的速度时间序列见图 2-1.3,各观测点上游和下游位置的速度阈值见表 2-1.3。

2) 故障事件的判定

将速度阈值作为输入参数,确定所有故障事件,筛选出由于下游位置故障而引起的故障事件。

舍弃流率大于 2700veh/h、小于 1000veh/h 的异常数据(这些数据异常通常是检测器故

---

❶ 1mile=1609.344m。

障导致的),获得新的数据集合。当流率小于 1000veh/h 时,结果中仅包含非阻塞状态的流率数据。

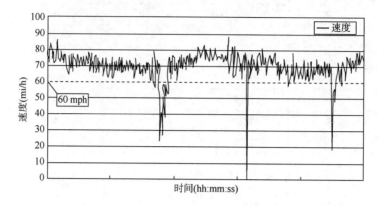

图 2-1.3 某观测点上游的速度时间序列图

各观测点上、下游位置的速度阈值　　　　　表 2-1.3

地点编号	高速公路名称	车道数	速度阈值(mi/h)	
			上游	下游
T1(Mia.)	SR-826(Mia)	3	48	48
T2(Mia.)	SR-826(Mia)	3	48	52
T3(Mia.)	SR-826(Mia)	3	48	60
T4(Mia.)	SR-826(Mia)	3	60	48
T5(Orl.)	I-4(Orl)	3	44	44
T6(Orl.)	I-4(Orl)	3	48	44
T7(Orl.)	I-4(Orl)	3	48	48
T8(Jax.)	I-95(Jax)	3	60	64
T9(Jax.)	I-95(Jax)	3	60	56
T10(Jax.)	I-95(Jax)	3	60	52
T11(Jax.)	I-295(Jax)	3	60	60
T12(Tpa.)	I-275(Tpa)	3	40	48
T13(Tpa.)	I-275(Tpa)	3	44	48
T14(Tpa.)	I-275(Tpa)	3	56	48
T15(Tpa.)	I-275(Tpa)	3	48	52
F1(Mia.)	I-75(Mia)	4	56	56
F2(Mia.)	SR-826(Mia)	4	64	56
F3(Orl.)	I-4(Orl)	4	48	48
F4(Orl.)	I-4(Orl)	4	52	52
F5(Jax.)	I-95(Jax)	4	56	60
F6(Jax.)	I-95(Jax)	4	56	56
FV1(FtL.)	I-595(Ft.L)	5	56	60

3) PLM 和速度—流量曲线

PLM 给出的曲线即为通行能力分布函数曲线。随机选择两个站点,显示威布尔分布能很好地与 PLM 曲线拟合,因此认为威布尔分布即是通行能力的分布函数。可利用最大似然估算方法,估算给出威布尔分布的参数。

将所有站点的 PLM 曲线、威布尔分布曲线和速度—流量数据点叠在一个图上,如图2-1.4所示。

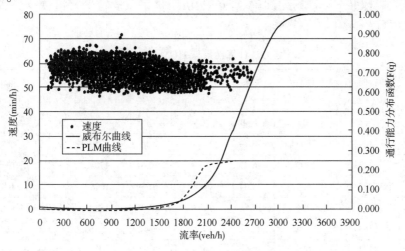

图 2-1.4　某观测点的速度—流量数据、威布尔曲线及 PLM 模型曲线

4) 通行能力估算

通行能力分布函数可确定合适的故障概率,该值可以表明所选路段的故障发生情况,并能很好地估算其通行能力,估算通行能力的方法如下:

(1) 从速度—流量数据点中选取流率最大的点(交通量稀少的区域除外)。这种方法得出的结果可能存在较大偏差,因此不推荐这种方法。

(2) 从通行能力分布函数选取某一点,结果显示该点对应的通行能力值与 VAM 法得到的通行能力结果相近。

(3) 取故障事件发生 10min 以内的最大流率值的平均数,并得出该平均值对应的故障发生概率,进而估算通行能力。利用 VAM 法及平均最大流率方法计算出的故障发生概率值为 $F_c(q)$。

为确定合理的故障概率值,计算每种方法得到的 $F_c(q)$ 的平均值。利用 VAM 法得到的 $F_c(q)$ 的变化范围为 0.7%~10.67%,平均值为 3.98%;在最大平均流率法中,$F_c(q)$ 的变化范围为 0.24%~9.09%,平均值为 3.27%。本研究中各观测点均按 4% 来计算通行能力值,速度—流量图上的第 4 百分位流率值为该观测点的通行能力。

1.4.3　平均最大流率通行能力估算方法

平均最大流率法确定故障事件不需要借助复杂的数学模型。

首先将各站点得到的数据以 5min 为单位集合到一起,转化为小时流率,并按从高到低的排序排列。计算最大 3%~5% 流率值的平均值,作为高速公路基本路段的通行能力。对比与 VAM 法及 PLM 法计算结果的偏差,结果可得 5% 的最大流率平均数与 VAM 法和 PLM 法计算结果之间的差异较小。

1.4.4 结果比较

将 HCM 给出的通行能力值与各种方法得出的通行能力值进行比较。HCM 中的通行能力值由路段自由流速度确定,自由流速度为 70mi/h 的高速公路段的通行能力值取 2400pcu/(h·ln),自由流速度为 55mi/h 的路段通行能力值取 2250pcu/(h·ln)。表 2-1.4 给出了 HCM 法、VAM 法、随机通行能力估算法和平均最大流率法的计算结果样例。HCM2010 中的通行能力值是以标准车来计算的,但本研究中,由于货车数量较少,因此并未对重型车辆进行修正,交通量以 veh/(h·ln)表示。

各方法计算结果与 HCM 法对比　　　　　表 2-1.4

观测点	通行能力 [veh/(h·ln)] A	通行能力 [veh/(h·ln)] B	差异 (%) A 与 B	通行能力 [veh/(h·ln)] C	差异 (%) A 与 C	通行能力 [veh/(h·ln)] D	差异 (%) A 与 D	差异 (%) A 与 E	每天故障数
SR-826(Mia)	2143	1693	-20.99	1738	-18.89	1759	-17.91	-9.79	1.43
SR-826(Mia)	2143	1790	-16.47	1787	-16.61	1787	-16.61	-10.59	1.32
SR-826(Mia)	2143	1632	-23.84	1916	-10.59	1676	-21.79	-4.43	0.55
SR-826(Mia)	2143	1746	-18.52	1912	-10.77	1812	-15.44	-12.31	0.92
I-4(Orl)	2143	2024	-5.55	1940	-9.47	2096	-2.19	-11.71	1.09
I-4(Orl)	2143	2082	-2.84	1988	-7.23	2053	-4.19	-8.91	1.13
I-4(Orl)	2143	2021	-5.69	1855	-13.43	2146	0.15	-6.48	2.54
I-95(Jax)	2286	1897	-17.01	2147	-6.07	1870	-18.19	-20.16	0.23
I-95(Jax)	2286	1850	-19.06	1847	-19.19	2028	-11.28	-16.04	1.08
I-95(Jax)	2286	1743	-23.74	2211	-3.27	2002	-12.41	-17.31	0.52
I-295(Jax)	2286	2027	-11.32	1889	-17.36	2017	-11.76	-16.61	0.80
I-275(Tpa)	2143	1851	-13.62	1703	-20.53	1840	-14.13	-22.63	1.17
I-275(Tpa)	2143	1931	-9.89	1971	-8.02	2033	-5.13	-15.53	1.33
I-275(Tpa)	2143	1819	-15.11	1882	-12.17	1895	-1157.00	-19.59	0.67
I-275(Tpa)	2238	1841	-17.74	1969	-12.02	1743	-22.12	-22.52	0.38
I-75(Mia)	2286	1678	-26.59	1968	-13.90	1565	-31.53	-19.37	0.12
SR-826(Mia)	2143	1729	-19.31	2014	-6.01	1443	-32.66	-3.35	0.27
I-4(Orl)	2286	1692	-25.98	1852	-18.98	1777	-22.26	-12.81	0.91
I-4(Orl)	2143	1905	-11.10	1840	-14.13	1908	-10.96	-22.02	0.56
I-95(Jax)	2286	1851	-19.02	1946	-14.86	1730	-24.31	-26.11	0.16
I-95(Jax)	2286	1976	-13.55	2563	12.13	1731	-24.27	-23.92	0.04
I-595(Ft.L)	2286	1460	-36.13	1779	-22.17	1530	-33.06	-6.24	0.48

注:A.HCM2010 估算的通行能力值,按 10%的重型车比例将 pcu/h 转换为 veh/h。
　　B.VAM 法估算的通行能力值。
　　C.随机通行能力法估算的通行能力值。
　　D.最大 5%的平均流率对应的通行能力值。
　　E.最大 65%的平均流率对应的通行能力值。

对比发现,HCM 比其他 3 种方法给出的通行能力值要大。PLM 和 VAM 法在故障前 10min 最大流率对应的故障概率分别为 3.98% 和 3.27%。因此,可选用通行能力分布函数中第 4 百分位数值来估算高速公路基本路段通行能力。与 HCM2010 所给出的值相比,第 4 百分位的通行能力估算值较低。最大平均流率分析法得到的通行能力亦低于 HCM 提供的通行能力值。

而在故障事件发生频率较低的站点,最大平均流率与随机通行能力方法得到的结果差异较大。当故障发生频率低于 0.5 次/d 时,利用 PLM 法得出的通行能力值比利用最大平均流率得出的通行能力值要大。

1.5 结 论

对估算高速公路基本路段通行能力的 VAM 模型法、PLM 随机通行能力估算法和平均最大流率法进行了对比,在佛罗里达州 22 处有频繁交通阻塞现象的高速公路基本路段应用了这 3 种方法。

采用 VAM、随机通行能力和平均最大流率方法得到的佛罗里达高速公路基本路段通行能力值均低于 HCM 中给出的通行能力值。其中,平均最大流率法将最大的 5% 的流率均值作为高速公路基本段通行能力估算值,3 种方法的优缺点见表 2-1.5。

3 种方法的优缺点　　　　　　　　　　　表 2-1.5

序 号	方 法	优 点	缺 点
1	VAM 法	不需要对故障事件进行判定; 以交通流理论为基础; 输入数据较为简单; 应用于不同形式的高速公路基本路段	交通拥挤状态数据的使用增加了计算精度,而得到的通行能力值与故障事件并不直接相关; 需要大量数据和计算
2	PLM 法	体现通行能力具有随机性的本质; 利用故障的概念以确定道路通行能力是否大于所有观测到的交通量; 通行能力取值更加灵活,实用性更强	需要大量数据和计算; 故障概率无法直接确定
3	最大流率平均值法	易于理解和应用; 不需要对故障事件进行判断	无相关理论基础支持; 若故障或交通阻塞状态数据量不足,结果精度较低

PLM 法适用于运营阶段的路段,如一些需改善运行状况的路段;VAM 通行能力估算方法,适用于一般性的通行能力估算;平均最大流率通行能力估算方法适用于规划和工程初步实施阶段的通行能力估算。

案例二 高速公路附加车道对道路通行能力的影响研究

2.1 简 介

高速公路通常设置附加车道以减少车辆合流、分流所造成的交通干扰,附加车道的主要作用是便于车辆进出高速公路,其通行能力估算方法与基本路段不同。

HCM2000 并未明确给出高速公路附加车道通行能力的估算方法,建议当高速公路附加车道长度≤2500ft 时,将其当作交织区进行分析;当高速公路附加车道长度≥3000ft 时,认为附加车道的通行能力与相邻高速公路车道的通行能力相同;对 2500~3000ft 范围内的附加车道分析缺少相关估算方法。各长度阈值是根据 HCM 分析交织区和分流、合流区的距离准则来确定的。

HCM2010 交织区分析方法与 HCM2000 相比有显著差异。HCM2000 规定最大交织区长度为 2500ft,而 HCM2010 规定交织区的最大交织长度不是定值,由附加车道长度和交织区的特点确定,这是 HCM2010 和 HCM2000 交织区分析最主要的区别。

FDOT(Florida Department of Transportation,佛罗里达州交通运输部)提供了一种分析高速公路附加车道通行能力的方法,该方法目前应用于 FREEPLAN 软件,如表 2-2.1 所示,然而,FDOT 并未对其附加车道阈值及其通行能力的可靠性进行说明。

FDOT 附加车道通行能力分析方法　　　　表 2-2.1

附加车道长度(mi)	占整体通行能力比例(%)
<0.5	60
0.5≤L<1	70
1≤L<2	80
2≤L<3	90
L≥3	100

将分合流的交织区(HCM2010 法)与单独匝道分、合流分析结果相比较,从而确定附加车道的作用。

主要包括以下几项内容:

(1)确定关键参数,包括实验路段车道数、高速公路流量、自由流速度、进出口匝道流量、加减速车道长度、分流与合流区间的距离。

(2)用 HCM2010 对每个实验路段进行分流与合流区通行能力分析。

(3)用附加车道连接进口匝道的加速车道和出口匝道的减速车道,并用 HCM2010 对交织区进行分析。

(4)用 CORSIM 软件对实验路段(分合流区和交织区)进行微观仿真。

(5) 对 HCM 及 CORSIM 方法进行评价。
(6) 比较 HCM2010 和 CORSIM 分析结果,确定合适的分析方法。
(7) 推荐选用的附加车道通行能力分析方法。

根据现有高峰小时流量数据及每一样本点的长度,判定样本点是否可按照 HCM2010 交织区分析方法进行分析。有93%的样本适用于 HCM2010 交织区分析方法,而只有68%的样本点适用于 HCM2000 交织区分析方法(即交织路段长度≤2500ft)。

2.2 研究方法

采用 HCM 和 CORSIM 方法,对比分析有无附加车道时高速公路交织区的交通性能,从而量化附加车道对通行能力的影响。

2.2.1 关键参数

根据 HCM2010 交织区分析方法,影响附加车道通行能力的主要因素有区域类型、车道数、交通流量、自由流速度、出入口匝道流量、加速车道和减速车道长度、合流与分流区间的距离等,选择上述参数作为研究方案考虑的关键参数。

2.2.2 参数设定

在制定方案时,若合流与分流区间的距离在1~2mi时,当作城市区域类型处理;距离为3mi时,当作郊区或乡村区域类型处理,各参数设定汇总如表2-2.2所示。

各参数设定方案汇总   表2-2.2

区域类型		城市				城市				郊区/乡村			
自由流速度(mi/h)		65				65				70			
匝道速度(mi/h)		35				35				40			
加速车道长(ft)		1000				1000				1000			
减速车道长(ft)		450				450				450			
交织段长度(ft)		5280(1.0mi)				10,560(2.0mi)				15,840(3.0mi)			
车道数(条)		3		4		3		4		2		3	
交织流量		高(20%)	低(10%)	高(20%)	低(10%)	高(20%)	低(10%)	高(20%)	低(10%)	高(20%)	低(10%)	高(20%)	低(10%)
最大服务交通量(pcu/h)	A	1763	1923	2350	2564	1763	1923	2350	2564	1280	1396	1920	2095
	B	2938	3205	3917	4273	2938	3205	3917	4273	2120	2313	3180	3469
	C	4171	4550	5562	6067	4171	4550	5562	6067	2960	3229	4440	4844
	D	5229	5704	6972	7605	5229	5704	6972	7605	3600	3927	5400	5891
	E	5875	6409	7833	8545	5875	6409	7833	8545	4000	4364	6000	6545

注:交通量为服务水平 A~E 对应的最大服务交通量。

2.2.3 方法比选

1) 研究方案

从 HCM2000、HCM2010 和 CORSIM 中选择合适的方法,分析增加一条辅助车道对高速公路路段通行能力的定量影响。

（1）分合流区 HCM 分析（HCM2010 法、HCM2000 法）

采用 HCM 方法对 0.5mi 长的城市区域合流与分流区进行分析。由于上下游匝道的影响区域相互重叠（各 1500ft），选取区域交界处（密度最高处）进行分析。

（2）交织区的 HCM 分析

用 HCM 方法分析 0.5mi 长的附加车道，除了采用这种方法明确附加车道的作用外，还可采用 HCM2010 方法对所有车道的通行能力进行分析。

（3）合流与分流区仿真

采用 CORSIM 仿真方法分析 0.5mi 长的城市区域分合流区，进行 10 次仿真，得到各仿真结果平均值。

（4）交织区微观仿真

采用 CORSIM 仿真各交织区，输入相应参数，得到各仿真结果平均值。

为了能使用 HCM2000 交织分析方法，测试段长度必须在 2500ft 内。由于城市区域内许多分、合流区间距离为 0.5mi，因此测试段长度选用 2640ft。虽然这个长度略高于 HCM2000 分析方法中的长度限制，但是其差异引入的误差很小。城市区域方案设置如表 2-2.3 所示。

城市区域方案（区域长度 0.5mi） 表 2-2.3

地点编号	1	2	3	4	5	6	7	8	9	10
区域类型	城市	城市	城市	城市	城市	城市	城市	城市	城市	城市
自由流速度(mi/h)	65	65	65	65	65	65	65	65	65	65
匝道速度(mi/h)	35	35	35	35	35	35	35	35	35	35
加速车道长度(ft)	1000	1000	1000	1000	1000	1000	1000	1000	1000	1000
减速车道长度(ft)	450	450	450	450	450	450	450	450	450	450
车道数(条)	3	3	3	3	3	3	3	3	3	3
交织流量	低(10%)	低(10%)	低(10%)	低(10%)	低(10%)	高(20%)	高(20%)	高(20%)	高(20%)	高(20%)
交通量(pcu/h)	1923	3205	4550	5704	6409	1763	2938	4171	5229	5875
服务水平	A	B	C	D	E	A	B	C	D	E
匝道间距(ft)	2640	2640	2640	2640	2640	2640	2640	2640	2640	2640
地点编号	11	12	13	14	15	16	17	18	19	20
区域类型	城市	城市	城市	城市	城市	城市	城市	城市	城市	城市
自由流速度(mi/h)	65	65	65	65	65	65	65	65	65	65
匝道速度(mi/h)	35	35	35	35	35	35	35	35	35	35
加速车道长度(ft)	1000	1000	1000	1000	1000	1000	1000	1000	1000	1000
减速车道长度(ft)	450	450	450	450	450	450	450	450	450	450
车道数(条)	4	4	4	4	4	4	4	4	4	4
交织流量	低(10%)	低(10%)	低(10%)	低(10%)	低(10%)	高(20%)	高(20%)	高(20%)	高(20%)	高(20%)
交通量(pcu/h)	2564	4273	6067	7605	8545	2350	3917	5562	6972	7833
服务水平	A	B	C	D	E	A	B	C	D	E
匝道间距(ft)	2640	2640	2640	2640	2640	2640	2640	2640	2640	2640

注：交通量为服务水平 A~E 对应的最大服务交通量。

区段平均行程速度和密度分析汇总结果见表 2-2.4 和表 2-2.5。

区段平均行程速度分析结果　　　　　　　　　　　　　　表 2-2.4

地点编号	平均速度(mi/h)								交织区		
	分合流区										
	HCM				CORSIM				HCM 2000	HCM 2010	CORSIM
	所有车道		匝道影响范围		所有车道		匝道影响范围				
	进口匝道	出口匝道	进口匝道	出口匝道	进口匝道	出口匝道	进口匝道	出口匝道			
1	60.6	58.5	58.9	54.8	62.7	62	62.6	63.5	64.2	59.5	63
2	59.7	58.7	58.4	54.5	61.7	61.8	61.7	62.3	60.2	56.4	62.2
3	58.2	58.4	57	54.2	60.3	60.1	60.3	60.5	56.1	53	61.0
4	55.7	57.9	54.2	54	58.8	58.2	58.5	58.3	53.3	50.3	60
5	52.8	57.5	50.6	53.8	57.4	56.4	56.9	56.1	51.6	48.6	59.3
6	60.5	57.7	58.9	54.4	61.7	62.4	61.6	63.4	60.2	57.4	62.3
7	59.6	57.3	58.3	53.9	60.8	60.7	60.8	61.6	55.6	53.4	61.4
8	57.8	56.7	56.3	53.4	59.3	58.9	59.2	59.5	50.9	49.3	60.3
9	53.7	56.2	51.5	53	57.5	56.4	57.1	56.5	47.4	45.6	59.3
10	48.1	55.8	44.7	52.7	55.6	54.1	54.7	53.5	43.6	43.4	58.3
11	61.6	62.1	58.9	54.6	62.6	63	62	63.4	64.2	58.4	63
12	60.4	61.5	58.5	54.3	61.7	61.7	61.2	61.8	60.2	54.7	62.2
13	58.9	60.5	57.4	53.9	60.4	60	59.7	59.6	56.3	50.8	61
14	57	59.6	55.2	53.6	58.8	57.9	57.7	57	53.3	47.4	59.8
15	55	59.1	52.8	53.4	57	55.1	55.1	52.8	51.6	45.4	59
16	612	61.1	58.8	54.2	61.8	62.2	60.9	62.8	58.4	55.9	62.2
17	60.4	60.5	58.3	53.8	60.8	60.5	60	60.9	53.1	50.9	61.3
18	58.7	59.4	56.7	52.9	59.2	58.1	58	57.7	48.8	45.7	60
19	56.2	58.5	53.4	52.3	56.9	53.9	54.9	51.6	45.8	41.1	58.8
20	53.4	57.9	49.4	51.9	53.4	48.9	49.6	43.5	44.2	38.2	57.6

区段密度分析结果　　　　　　　　　　　　　　表 2-2.5

地点编号	密度(pcu/mi)								交织区		
	分合流区										
	HCM				CORSIM				HCM 2000	HCM 2010	CORSIM
	所有车道		匝道影响范围		所有车道		匝道影响范围				
	进口匝道	出口匝道	进口匝道	出口匝道	进口匝道	出口匝道	进口匝道	出口匝道			
1	10.4	11.6	9.7	13.4	8.9	10.0	11.6	11.4	11.0	8.9	8.4
2	17.9	19.2	16.7	21.1	15.2	17.0	19.6	19.5	19.5	15.6	14.2

续上表

地点编号	密度(pcu/mi)								交织区		
	分合流区										
	HCM				CORSIM				HCM 2000	HCM 2010	CORSIM
	所有车道		匝道影响范围		所有车道		匝道影响范围				
	进口匝道	出口匝道	进口匝道	出口匝道	进口匝道	出口匝道	进口匝道	出口匝道			
3	25.9	27.3	24.0	28.6	22.0	24.9	28.3	28.2	29.9	23.9	20.4
4	33.0	34.5	30.3	34.7	28.3	32.2	36.3	36.4	39.2	31.2	26.1
5	37.4	39.0	34.5	38.2	32.6	37.3	41.8	42.2	45.5	36.3	29.7
6	10.3	11.7	10.1	14.1	9.1	10.1	12.2	11.7	11.6	9.2	8.4
7	17.7	19.5	17.4	23.3	15.4	17.3	20.3	19.9	21.1	16.5	14.3
8	25.6	27.6	25.9	32.9	22.4	25.4	29.2	29.0	32.8	25.4	20.7
9	32.4	34.7	33.5	41.2	29.0	33.3	37.8	37.9	44.1	34.4	26.4
10	36.5	39.1	38.3	46.2	33.6	38.9	44.0	44.2	54.6	40.6	30.1
11	10.6	11.1	9.1	12.0	9.4	10.3	11.8	11.7	11.0	9.7	8.9
12	18.2	18.5	15.7	19.9	15.9	17.5	20.2	20.2	19.5	17.2	15.1
13	26.4	26.6	22.6	28.2	23.2	25.6	29.2	29.6	29.6	26.3	21.8
14	33.7	33.7	28.5	35.3	29.8	33.2	37.9	38.8	39.3	35.3	27.9
15	38.6	38.1	32.1	39.6	34.6	39.2	44.6	46.9	45.5	41.5	31.8
16	12.4	11.2	11.4	13.1	9.6	10.4	12.9	12.7	12.1	10.1	9.0
17	18.0	18.6	17.2	21.6	16.2	17.8	21.7	21.7	22.1	18.5	15.3
18	26.1	26.6	24.7	30.6	23.7	26.4	31.6	32.3	34.2	29.2	22.2
19	33.2	33.7	31.2	38.3	30.9	35.8	41.6	44.7	45.7	40.8	28.4
20	37.7	38.1	35.1	43.0	37.0	44.2	51.1	53.5	53.2	49.3	32.6

用 HCM2010 分析各交织区通行能力结果见表 2-2.6。对 3 车道和 4 车道低交织流量的研究发现,其单车道通行能力相同。而 3 车道和 4 车道交织流量较高时,其总通行能力相同。

不同方案交织区通行能力(HCM2010) 表 2-2.6

交织分类	交织段影响距离 L_{max}(ft)	地点编号	交织区通行能力	
			(veh/h)	[veh/(h·ln)]
3 车道交织段低交织流量(10%)	4260	1	8718	2180
		2	8719	2180
		3	8726	2182
		4	8719	2180
		5	8719	2180

续上表

交织分类	交织段影响距离 L_{max}(ft)	地点编号	交织区通行能力	
			(veh/h)	[veh/(h·ln)]
3车道交织段 高交织流量(20%)	5763	6	7580	1895
		7	7578	1895
		8	7577	1894
		9	7581	1895
		10	7581	1895
4车道交织段 低交织流量(10%)	4260	11	10897	2179
		12	10898	2180
		13	10899	2180
		14	10898	2180
		15	10898	2180
4车道交织段 高交织流量(20%)	5763	16	7576	1515
		17	7581	1516
		18	7581	1516
		19	7578	1516
		20	7580	1516

HCM2010交织区通行能力分析模型如下：

(1) 当交织区车辆平均密度达到43pcu/(mi·h)时,易出现拥堵。

$$C_{iwl} = C_{ifl} - [438.2(1+V_R)^{1.6}] + [0.0765L_p] + [119.8N_{wl}] \quad (2\text{-}2.1)$$

$$C_w = C_{iwl} \times N \times f_{HV} \times f_p \quad (2\text{-}2.2)$$

式中：C_{iwl}——交织区单车道通行能力，pcu/(h·ln)；

C_{ifl}——高速公路基本路段单车道通行能力，pcu/(h·ln)；

C_w——交织区总通行能力，pcu/h；

V_R——交织流量比；

L_p——交织区长度，ft；

N_{wl}——变化车道数小于等于1的交织段车道数；

N——高速公路基本路段车道数；

f_{HV}——重型车辆的修正系数；

f_p——驾驶人修正系数。

(2) 当交织区交织流率达到2400pcu/h，$N_{wl}=2$时,交织区易发生阻塞。

$$C_{iw} = \frac{2400}{V_R} \quad (2\text{-}2.3)$$

$$C_w = C_{iw} \times f_{HV} \times f_P \quad (2\text{-}2.4)$$

式中：C_{iw}——交织区内所有车道通行能力，pcu/h。

对于低交织流量路段,交织区通行能力由密度决定。由于地点1~5和11~15的交织流量比和区段长度相同,所以得到的单车道通行能力也相同。对于高交织流量路段,交织区通行能力由交织流率决定,其实际的通行能力为不出现拥塞情况下可穿越其他车流的车辆数。交通流率较高的路段,若交织率一定,总通行能力与交织段内附加车道数无关。

2)方法评价

将 HCM2010 和 CORSIM 分析结果进行对比,确定适合附加车道通行能力分析的方法。

比较两种方法的合分流区及交织区平均速度和密度指标,发现二者分析的结果存在差异。采用 HCM2010 法得到的数据显示,增加附加车道后区段行程速度降低且交通流密度变大,这与设置附加车道的预期作用不一致,因此 HCM2010 不适用于附加车道通行能力研究。由 CORSIM 获得的结果与增加附加车道的预期作用相符,所以选用 CORSIM 仿真开展进一步研究。

在相同的密度、速度条件下,分析一条附加车道所容纳的额外通行量,进而量化增加附加车道的影响。在确定服务水平后,可用 CORSIM 估计相同密度条件下,分合流和交织区的交通量。

2.3 CORSIM 仿真分析

2.3.1 城市区域的 CORSIM 分析

利用 CORSIM 对间距为 1mi 和 2mi 的分合流点进行仿真。分析交织流量为主线流量 10%和 20%时,增加一条附加车道其交通量增长情况,如表 2-2.7 和表 2-2.8 所示。

城市区域交通量增长情况(间距为 1mi)　　　　表 2-2.7

交织分类	密度 [veh/(mi·ln)]	总流量(veh/h)		附加流量 (veh/h)	流量增加百分比 (%)
		匝道	交织区		
2 车道交织段 低交织流量(10%)	10.0	1276	1903	627	49.14
	17.0	2134	3157	1023	47.94
	24.0	2948	4367	1419	48.13
	31.0				
	39.0				
2 车道交织段 高交织流量(20%)	10.0	1284	1896	612	47.66
	17.0	2136	3144	1008	47.19
	24.0	2964	4344	1380	46.56
	31.0	3744	5496	1752	46.79
	39.0				
3 车道交织段 低交织流量(10%)	10.0	1914	2519	605	31.61
	17.0	3201	4224	1023	31.96
	24.0	4450	5863	1414	31.77
	31.0	5643	7403	1760	31.19
	39.0				

续上表

交织分类	密度 [veh/(mi·ln)]	总流量(veh/h)		附加流量 (veh/h)	流量增加百分比 (%)
		匝道	交织区		
3车道交织段 高交织流量(20%)	10.0	1920	2508	588	30.63
	17.0	3204	4224	1020	31.84
	24.0	4464	5832	1368	30.65
	31.0	5640	7368	1728	30.64
	39.0				
4车道交织段 低交织流量(10%)	10.0	2552	3157	605	23.71
	17.0	4279	5313	1034	24.16
	24.0	5929	7337	1408	23.75
	31.0	7535	9284	1749	23.21
	39.0				
4车道交织段 高交织流量(20%)	10.0	2544	3156	612	24.06
	17.0	4284	5256	972	22.69
	24.0	5928	7308	1380	23.28
	31.0	7536	9228	1692	22.45
	39.0				
5车道交织段 低交织流量(10%)	10.0	3190	3784	594	18.62
	17.0	5368	6358	990	18.44
	24.0	7425	8789	1364	18.37
	31.0				
	39.0				
5车道交织段 高交织流量(20%)	10.0	3204	3780	576	17.98
	17.0	5316	6312	996	18.74
	24.0	7404	8760	1356	18.31
	31.0	9360	11040	1680	17.95
	39.0				

城市区域交通量增长情况(间距为2mi) 表2-2.8

交织分类	密度 [veh/(mi·ln)]	总流量(veh/h)		附加流量 (veh/h)	流量增加百分比 (%)
		匝道	交织区		
2车道交织段 低交织流量(10%)	10.0	1276	1903	627	49.14
	17.0	2107	3168	1061	50.36
	24.0	2943	4378	1435	48.76
	31.0				
	39.0				

续上表

交织分类	密度 [veh/(mi·ln)]	总流量(veh/h)		附加流量 (veh/h)	流量增加百分比 (%)
		匝道	交织区		
2车道交织段 高交织流量(20%)	10.0	1272	1896	624	49.06
	17.0	2124	3168	1044	49.15
	24.0	2952	4368	1416	47.97
	31.0	3732	5544	1812	48.55
	39.0				
3车道交织段 低交织流量(10%)	10.0	1914	2530	616	32.18
	17.0	3190	4235	1045	32.76
	24.0	4422	5863	1441	32.59
	31.0	5616	7403	1787	31.82
	39.0				
3车道交织段 高交织流量(20%)	10.0	1908	2532	624	32.70
	17.0	3204	4212	1008	31.46
	24.0	4428	5868	1440	32.52
	31.0	5640	7416	1776	31.49
	39.0				
4车道交织段 低交织流量(10%)	10.0	2541	3157	616	24.24
	17.0	4268	5291	1023	23.97
	24.0	5907	7337	1430	24.21
	31.0	7535	9295	1760	23.36
	39.0				
4车道交织段 高交织流量(20%)	10.0	2544	3156	612	24.06
	17.0	4260	5292	1032	24.23
	24.0	5904	7320	1416	23.98
	31.0	7512	9276	1764	23.48
	39.0				
5车道交织段 低交织流量(10%)	10.0	3179	3806	627	19.72
	17.0	5335	6358	1023	19.18
	24.0	7403	8822	1419	19.17
	31.0				
	39.0				
5车道交织段 高交织流量(20%)	10.0	3180	3792	612	19.25
	17.0	5328	6336	1008	18.92
	24.0	7404	8784	1380	18.64
	31.0	9360	11112	1752	18.72
	39.0				

2.3.2 郊区/乡村区域的 CORSIM 分析

对具有 2、3、4 条主线车道,分合流点间距为 3mi 的郊区/乡村区域进行仿真。分析交织流量为主线流量 10% 和 20% 的情况,其交通量变化结果如表 2-2.9 所示。

郊区/乡村区域交通量增长情况(交叉口间距为 3mi)　　　　表 2-2.9

交织分类	密度 [veh/(mi·ln)]	总流量(veh/h)		附加流量 (veh/h)	流量增加百分比 (%)
		匝道分析	交织区分析		
2 车道交织段 低交织流量(10%)	10	1364	2057	693	50.81
	17	2266	3394	1128	49.78
	24	3146	4697	1551	49.30
	31				
	39				
2 车道交织段 高交织流量(20%)	10	1356	2040	684	50.44
	17	2268	3396	1128	49.74
	24	3144	4692	1548	49.24
	31	3984	6000	2016	50.60
	39				
3 车道交织段 低交织流量(10%)	10	2046	2728	682	33.33
	17	3410	4543	1133	33.23
	24	4730	6292	1562	33.02
	31	5995	7909	1914	31.93
	39				
3 车道交织段 高交织流量(20%)	10	2052	2724	672	32.75
	17	3420	4536	1116	32.63
	24	4740	6276	1536	32.41
	31	6012	7920	1908	31.74
	39				
4 车道交织段 低交织流量(10%)	10	2739	3410	671	24.50
	17	4565	5676	1111	24.34
	24	6325	7865	1540	24.35
	31	8030	9933	1903	23.70
	39				
4 车道交织段 高交织流量(20%)	10	2736	3396	660	24.12
	17	4572	5676	1104	24.15
	24	6324	7848	1524	24.10
	31	8022	9900	1878	23.41
	39				

由表 2-2.7~表 2-2.9 可以看出,当主线车道数一定时,增加附加车道,交织区流量增加百分比基本为定值。此外,流量增加比例不受交织流量和交叉口间距的影响,主线车道数与

交通量平均增长情况如表 2-2.10 所示。

增加一条附加车道交通量平均增长比例 表 2-2.10

主线车道数 N(条)	交通量增长率(%)
2	48.87
3	32.03
4	23.81
5	18.71

依据 CORSIM 获得的数据,建立增加附加车道后的交通量增长比例模型,模型的形式如下:

模型 1

$$k_q = 16.0 + 10 \times (5-N) \qquad (2\text{-}2.5)$$

模型 2

$$k_q = 65.4 - (10.0 \times N) \qquad (2\text{-}2.6)$$

式中:N——主线车道数,条;

k_q——交通量增长率,%。

模型 1 只适用于主线车道数不大于 5 的高速公路,尽管本次研究中的最大车道数为 5,但高速公路主线车道数有可能大于 5,此时只能选用第 2 个模型。表 2-2.11 给出了主线车道数一定时,增加一条附加车道后,采用 CORSIM 及两种模型得到的交通量平均增长比例情况,两种模型得到的结果非常接近。

增加一条附加车道交通量平均增长比例 表 2-2.11

主线车道数 N(条)	交通量增长率(%)		
	CORSIM	模型 1	模型 2
2	48.87	46	45.4
3	32.03	36	35.4
4	23.81	26	25.4
5	18.71	16	15.4

2.4 结 论

对于低交织流量路段,交织区通行能力由密度决定,交织流量比和区段长度相同,所得到的单车道通行能力也相同;对于高交织流量路段,交织区通行能力由交织流率决定,若交织流量比一定,总通行能力与交织段内附加车道数无关。

采用 HCM2010 法增加附加车道后区段行程速度降低且交通流密度变大,与高速公路附加车道的预期作用不一致;CORSIM 获得的结果与增加附加车道的预期作用相符,选用 CORSIM 仿真分析可用于附加车道通行能力分析。

在相同的密度、速度条件下,增加 1 条附加车道所容纳的额外通行量与主线车道数有关,当主线车道数一定时,增加附加车道,交织区流量增加百分比基本为定值,流量增加比例不受交织流量和交叉口间距的影响。

案例三 高速公路作业区通行能力仿真研究

3.1 简 介

本研究的主要目的是考虑高速公路作业区的道路与交通条件,构建高速公路作业区通行能力模型研究。在对比分析作业区通行能力研究方法的基础上,针对三种类型的作业区(2-to-1、3-to-2、3-to-1 车道封闭),基于 CORSIM 仿真研究给出不同类型作业区规划和运营阶段通行能力估算模型。

3.2 文 献 综 述

3.2.1 HCM 分析方法

HCM 将通行能力定义为:"在给定道路、交通、环境、控制条件下车辆和人员在一个特定的时期合理地预计可穿越某一点或均匀路段最大持续流率,通常表示为 veh/h 或 pcu/h。"

HCM 将作业区划分为短期养护作业区和长期施工作业区。在不考虑车道封闭情况下,短期作业区的基本通行能力值推荐值为 1600pcu/(h·ln)。结合具体作业区的实际情况,基本通行能力值可能更高或更低。

工作强度、工地上工人的数量、施工车辆的数量和大小以及作业靠近行车道的情况,都会对作业区的通行能力造成影响,其基本通行能力将增加或减少 10%左右;同时,HCM 提出应考虑由于重型车辆和匝道的影响;为了尽量减小匝道对通行能力的影响,HCM 建议作业区应至少在上游 1500ft 处开始设置成全封闭式,如匝道位于施工作业区锥形区域内或作业区本身就是个匝道,则匝道的交通量应计入主线交通量中。HCM 估算作业区通行能力的模型如下:

$$C_a = (1600+I-R) \times f_{HV} \times N \tag{2-3.1}$$

式中:C_a——修正的主线通行能力,pcu/(h·ln);

f_{HV}——重型车辆修正系数;

I——工作作业的类型、强度和位置的修正值,-160~+160pcu/(h·ln);

R——匝道修正值,pcu/(h·ln);

N——HCM 短期作业区开放交通的车道数,条。

HCM 给出了长期作业区的通行能力值。当封闭车道的交通占用对向车道行驶,则通行能力为 1550pcu/(h·ln);如果没有占用对向车道的需求,只是变为单向单车道,此时通行能力可能达 1750pcu/(h·ln);开放车道由三条变为两条的情况下,通行能力范围为 1780~2060pcu/(h·ln)。

HCM 认为车道宽度会影响作业区开放车道的通行能力,建议短期和长期作业区均需考虑道路车道宽度影响,10~11ft 的车道宽度会使通行能力降低 9%~14%,HCM 方法没有考虑作业区各影响因素间的交互作用。

3.2.2 FDOT 封闭车道分析方法

1995 年 FDOT 开发了封闭车道分析程序,其通行能力估算以道路条件参数为依据,考虑三种车道封闭情况:

(1)双向两车道改为双向单车道。
(2)双向四车道改为双向两车道。
(3)双向六车道改为双向四车道。

上面三种封闭方案的基本通行能力值分别为 1400veh/h、1800veh/h 和 3600veh/h。实际通行能力需在此基础上加以修正,修正系数包括车道宽度、侧向净空与作业区长度。作业区侧向净空为 6ft,车道宽为 12ft 的修正系数为 1.00;侧向净空为 0ft,车道宽度为 9ft 的通行能力最低修正系数为 0.65;当作业区长度的取值范围为 200~6000ft 时,修正系数阈值为[0.65,0.98]。

3.2.3 其他分析方法

关于高速公路作业区通行能力估算方面的其他研究分别为:

1994 年,Krammes 和 Lopez 提出短期作业区封闭车道的通行能力值为 1600pcu/(h·ln),考虑作业区的活动强度、开放的车道数、匝道和重型车辆的影响,其通行能力公式为:

$$C = (1600 + I - R) \times H \times N \tag{2-3.2}$$

式中:C——估计的作业区通行能力,pcu/(h·ln);

I——工作活动的类型和强度修正值,pcu/h;

R——匝道修正值,pcu/h;

H——HCM 给出的重型车辆修正系数;

N——作业区开放的车道数,条。

1996 年,Dixon 等人给出高速公路作业区道路通行能力确定方法,考虑因素包括:施工时间、作业活动强度(重型的、适中的、较轻的)、靠近主车道及靠近作业区交汇处等。提出乡村公路作业区的通行能力约 1200pcu/(h·ln),城市为 1500pcu/(h·ln)。

2000 年,AL-Kaisy 等采用实地调查法分析高速公路长期封闭车道的通行能力,认为时空变化、封闭情况、星期、天气等因素对作业区通行能力的影响较大。

2001 年,Kim 等人研究导致作业区通行能力减少的因素,并提出一种新的方法来估算作业区的通行能力。封闭一条车道的作业区通行能力公式为:

$$C = 1857 - 168.1 \times NUMCL - 37.0 \times LOCCL - 9.0 \times HV + 92.7 \times LD - 34.3 \times WL - 106.1 \times WIH - 2.3 \times WG \times HV \tag{2-3.3}$$

式中:NUMCL——封闭的车道数,条;

LOCCL——封闭的车道位置(封闭的车道);

HV——重型车辆比例,%;

LD——开放车道的侧向净空,m;

WL——作业区长度,m;

WIH——作业区活动强度;

WG——作业区等级。

2003年,Adeli和Jiang采用模糊推理估算作业区的通行能力,构建了作业区神经模糊逻辑通行能力模型。模型涉及17项影响因素,包括:重型车比例、路面等级、车道数、封闭车道数、车道宽度、作业区布局(合流、车道变换、交织)、工作强度、封闭长度、车辆速度、与立交的距离、作业区位置、作业区的持续时间、工作时间(白天或晚上)、工作或休息日、天气条件、路面状况、驾驶员组成,归一化通行能力公式如下:

$$C_n = \frac{C - C_{min}}{C_{max} - C_{min}} \quad (2\text{-}3.4)$$

式中:C_n——归一化作业区通行能力,pcu/(h·ln);

C_{min}、C_{max}——最小和最大的作业区通行能力,pcu/(h·ln)。

2003年,Al-Kaisy和Hall研究认为高速公路长期施工作业区基本通行能力范围为1853~2252pcu/(h·ln),平均通行能力为2000pcu/(h·ln),给出了作业区通行能力公式:

$$C = C_b \times f_{HV} \times f_d \times f_w \times f_s \times f_r \times f_l \times f_i \quad (2\text{-}3.5)$$

式中:C——作业区实际通行能力,pcu/(h·ln);

C_b——作业区基本通行能力,pcu/(h·ln);

f_{HV}——重型车辆的修正系数;

f_d——驾驶员修正系数,平峰期=f_d、高峰期=1;

f_w——工作活动修正系数,工作期间=f_w、非工作期间=1;

f_s——单侧封闭车道的修正系数,左侧车道封闭=f_s、右侧车道封闭=1;

f_r——雨天修正参数,雨天=f_r、非雨天=1;

f_l——光照条件修正系数;

f_i——各因素间交互作用修正系数。

虽然该模型包括道路、交通和环境条件,但并未涉及车道宽度影响。此外,该模型数据取自长期施工作业区,由于驾驶员熟悉施工作业区的路况,其通行能力值比短期作业区高。

2004年,Sarasua等人在南卡罗来纳州进行一项研究,以确定短期作业区每小时每车道的车辆数,收集2001—2002年来自22个作业区的数据资料,建议高速公路作业区的基本通行能力值为1460pcu/(h·ln)。

2006年,Ping和Zhu使用CORSIM分析不同网络配置的作业区通行能力。设计测试的参数包括开放车道、自由流动的速度、重型车百分比、警告标志的位置和封闭车道的位置。给出其通行能力值介于1320~1920pcu/(h·ln),取决于各参数具体情况。

3.2.4 作业区分析软件

对作业区排队长度和用户成本评估,通常将通行能力作为一项重要的输入参数,以计算延误成本。1984年Memmott和Dudek开发QUEWZ软件。该软件主要用来评估作业区所处的高速公路上的车辆运行情况,同时也适应用于不同类型的公路。

另一个常用软件是QuickZone(联邦公路管理局,2000年),它是分析作业区排队和延误的软件。QuickZone2.0是QuickZone软件的增强版本。车道封闭时间以用户成本最小化为目标,其中,重型车换算系数为2.3,作业区通行能力为1200pcu/(h·ln)。重型车换算系数2.3高于HCM中规定的高速公路基本路段重型车换系数1.5。因此,使用该软件进行延误分析通常比使用HCM得到的值要高。

3.2.5 各方法对比

1)方法选择

一些方法侧重于作业区的道路参数,如车道宽度、车流交汇区等;另一些方法则侧重于交通流参数,如驾驶员数量、交通流中的重型车比例等。

作业区的基本通行能力采用 Krammes 和 Lopez 的建议值 1600pcu/(h·ln)(HCM 的使用值),在这之前这个值是不确定的;Maze 建议作业区的基本通行能力应根据具体地理位置,在 1374~1630pcu/(h·ln) 取值;Sarasua 认为短期作业区通行能力的估计值为 1460pcu/(h·ln),QuickZone2.0 软件工具分析得到的值较为保守,为 1200pcu/(h·ln)。

HCM 高速公路作业区分析方法将道路、交通和环境因素考虑在内,具有准确性和全面性。

2)HCM 评估方法

HCM 作业区评估是基于 Krammes 和 Lopez 方法(1994 年)开展的研究。该方法使用 1600pcu/h 作为基本通行能力,其他的研究和分析软件所推荐的值都较低。方法包含了重型车辆对通行能力的影响,但是 Al-Kaisy 和 Hall(2003 年)的研究表明,客运车辆在长期作业区中对通行能力的影响更大。

作业区的通行能力可能会随着作业区作业强度的增加而降低,HCM 方法中可以随作业区作业强度的不同对作业区的基本通行能力值进行修正,但并未对修正取值提供具体建议。

HCM 规定,如果在全封闭车道下游 500ft 之内有一个入口匝道,那么这个匝道会对作业区的通行能力产生影响,但未给出匝道修正系数,建议根据专业经验合理评估这一因素影响。

3)作业区通行能力考虑因素

以往的作业区的通行能力模型考虑了道路、交通和环境因素。涉及的因素包括:

(1)沿作业区的匝道数。
(2)封闭行车道的数目。
(3)行车道宽度。
(4)侧向净空。
(5)道路等级。
(6)PCE 值和重型车辆的比例。
(7)驾驶员情况。
(8)合流策略。
(9)光线条件。
(10)下雨影响。
(11)作业区工作强度。

FDOT 程序在通行能力模型中只考虑了道路因素。

3.3 仿真方法与通行能力估计

本研究方法建立于仿真的基础之上。结合实测数据和仿真技术,得到不同类型作业区的通行能力,并构建相应模型。

3.3.1 仿真软件选择

CORSIM 按照三种作业区结构类型进行开发(2-to-1、3-to-2、3-to-1 车道封闭),每种类型的封闭结构都构建了两种模型(规划模型和运营模型)。规划模型适用于通行能力预测;运营模型需更多的数据支持,可用于评估现有作业区的通行能力。

选择 CORSIM 软件程序包,利用集成的 FRESIM 模型模拟高速公路路段,FRESIM 可以对高速公路上的事故、封闭行车线、车道减少、路肩事件等进行分析。

有两种技术使 FRESIM 可以近似地模拟作业区封闭行车线:一种是车道数变化,该软件允许多达 3 车道增加或减少发生在同一链接上,可模拟右侧车道封闭;另外一种可以模拟事件引起的车行道封闭,用户可以在模拟同一链接的不同时间创建多个事件,这类事件包括路肩事件或堵塞引起的通行能力减少,这些因素可以同时出现在几条车道。两种技术都需要输入上游车道封闭警示标志的设置距离,两种方法都没有考虑车道封闭前的渐变路段。

车辆分布作为输入数据,车辆变更车道情况可以通过修改软件中驱动程序的行为参数加以控制。当车辆通过仿真作业区警示标志时,它们根据现有队列、车辆间距、行驶速度和驾驶员的驾驶水平作出并线等反应。

3.3.2 作业区场景仿真

1)仿真网络

图 2-3.1 给出了将要研究的测试区仿真网络。

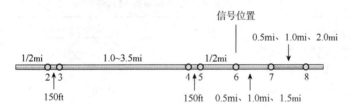

图 2-3.1 仿真高速公路网络示意图

共有 9 个节点(2~8 用黄色显示),输入节点位于节点 2 上游 0.5mi 处。CORSIM 通过链接提供输出信息,各个链接的特点和功能如下:

(1)链接(2-3)——长 150ft;用来验证数据站(位于节点 2 和节点 3 中间位置)收集的车头时距数值。

(2)链接(3-4)——长度范围从 1mi 到 3.5mi;车辆可以在该区域自由变换车道。

(3)链接(4-5)——长 150ft;用来检验数据站收集到的车头时距值(位于节点 4 和节点 5 中间)。

(4)链接(5-6)——长度为 0.5mi;用来观测上游车辆驾驶员看见作业区警示标志时驾驶员的反应行为。

(5)链接(6-7)——长度介于 0.5~1.5mi;从作业区到上游警示标志的距离,网络整体长度保持不变,当链接(6-7)延长或缩短时,链接(3-4)相应地缩短或延长。

(6)链接(7-8)——长度介于 0.5~2mi;行车线封闭段链接,在节点 7 和节点 8 之间有一个数据收集站,用来验证链接上游的车头时距值。

2) 输入变量和仿真方案

输入数据变量如下:

车道配置:2/1、3/2、3/1(单向行车道数/开放车道数)。

封闭前交通分布(%)情况:

2/1 封闭:50/50、40/60、30/70(左/右)。

3/2 和 3/1 封闭:20/40/40、30/30/40、30/40/30(左/中/右)。

上游标志距作业区的距离:0.5mi、1.0mi、1.5mi。

作业区上游的警示标志需要设置在距离限速 45mi/h 的区域不小于 0.5mi 位置上,两个附加的配置数据(1.0mi、1.5mi)用来评估作业区上游警告标志设置距离的影响。

重型车辆的比例:0%、10%、20%。

吸引注视率:0%、15%、25%。

由于没有关于吸引注视因素的文献,设计几个数值来确定并理解该因素对路段通行能力的影响。

关于作业区长度,作业区的最大长度已经在 2006 年 FDOT 的设计标准中给出,对于任何限速大于 55mi/h 的设施,作业区的长度不得超过 2mi。试验证明,作业区的长度和通行能力之间没有必然联系,因此该变量在仿真过程中不予考虑。

表 2-3.1 给出了高速公路作业区仿真参数输入值,总共创建了 243 种仿真场景。为了使样本均值的误差范围达到要求,每个场景运行 15 次。

高速公路作业区仿真参数输入值　　表 2-3.1

变量	一	二	三	说明
车道配置	2-1	3-2	3-1	单向总车道数-开放车道数
车辆分布(%)	50/50	40/60	30/70	左车道/右车道
	20/40/40	30/30/40	30/40/30	左车道/中间车道/右车道
上游标志距离(mi)	0.5	1	1.5	英里
重型车辆比例(%)	0	10	20	百分比
吸引注视率(%)	0	15	25	百分比

除了上述作业区外,非作业区段也进行了仿真,用来比较特定作业区条件下通行能力的下降情况。非作业区段的仿真测试输入值与相应作业区段一致,不同的是删除了行车线封闭及上游标志,吸引注视率为零。同时,与作业区相链接的自由流速度为 65mi/h(作业区为 55mi/h)。表 2-3.2 提供了用于非作业区段的仿真输入参数。

非作业区参数输入值变化　　表 2-3.2

变量	一	二	三	单位
车道配置	2	3		非作业区单向总车道数
车辆分布(%)	50/50	40/60	30/70	左车道/右车道
	20/40/40	30/30/40	30/40/30	左车道/中间车道/右车道
上游标志距离(mi)	0.5	1	1.5	英里
重型车辆比例(%)	0	10	20	百分比

3) 模型假设

仿真模拟过程中的模型假设和输入,包括自由流速度、需求和其他条件。假定作业区的自由流速度为55mi/h,其值不能比上下游区域自由流运行速度低10mi/h以上。作业区段上游和下游的自由流速度为65mi/h。

上游的需求采用CORSIM建议值,为9999veh/h,确保在所有情况下发生的衰减是类似的。关于重型车交通,CORSIM提供三种选择:不限制车道、倾向一组车道、抑制一组车道。可以指定重型车偏向车道。本研究考虑佛罗里达州的实际交通情况,认为重型车偏向于高速公路最右侧车道行驶。

4) 仿真输出

输出的数据参数如下:

(1) 链接(7-8)车道的车辆通过量,最大通过量代表通行能力。
(2) 所有链接上车辆的车辆分布。
(3) 所有链接上车辆的行车速度。
(4) 所有链接的车道变更数。

3.3.3 仿真估算通行能力

仿真获得的高速公路作业区和非作业区段通行能力,见表2-3.3、表2-3.4。由表2-3.3可知,重型车的比例对作业区的通行能力有很大的影响;作业区上游车辆分布情况对通行能力的影响不大;车道封闭类型(例如2-to-1与3-to-1)的通行能力分析结果类似;最小值和最大值之间的差异较大,表明驾驶员因素对作业区的影响显著。

高速公路不同作业区类型的通行能力值[pcu/(h·ln)]　　　　表2-3.3

车道封闭	车辆分布	重型车辆比例(%)								
		0			10			20		
		最小值	最大值	平均值	最小值	最大值	平均值	最小值	最大值	平均值
2-to-1	50/50	1378	1964	1568	1336	1939	1562	1299	1720	1458
	40/60	1376	1979	1564	1346	1977	1563	1292	1756	1461
	30/70	1379	1968	1569	1340	1982	1566	1288	1726	1456
3-to-2	20/40/40	1374	2093	1605	1336	1894	1539	1299	1719	1453
	30/30/40	1372	2091	1604	1335	1894	1540	1291	1722	1450
	30/40/30	1380	2097	1610	1331	1892	1536	1298	1732	1454
3-to-1	20/40/40	1380	1776	1562	1354	1844	1545	1311	1728	1467
	30/30/40	1363	1771	1557	1350	1849	1546	1311	1719	1464
	30/40/30	1373	1755	1557	1351	1845	1548	1299	1718	1460

非作业区2车道和3车道的通行能力值　　　　表2-3.4

车道数	车辆分布	重型车辆比例(%)		
		0	10	20
2车道 [pcu/(h·ln)]	50/50	2154	1869	1685
	40/60	2164	1859	1660
	30/70	2171	1869	1683

续上表

车道数	车辆分布	重型车辆比例(%)		
		0	10	20
3车道 [pcu/(h·ln)]	20/40/40	2151	1885	1646
	30/30/40	2149	1879	1638
	30/40/30	2164	1888	1637

利用仿真得到作业区及非作业区通行能力值,可以分析3种作业区封闭类型下的通行能力变化情况,见表2-3.5。

高速公路2车道和3车道封闭前后通行能力变化情况 表2-3.5

项目	车辆分布	通行能力下降比率								
		无重型车			10%重型车			20%重型车		
		最小值	最大值	平均值	最小值	最大值	平均值	最小值	最大值	平均值
2车道和 2-to-1 对比	50/50	0.64	0.91	0.73	0.71	1.04	0.84	0.77	1.02	0.87
	40/60	0.64	0.91	0.72	0.72	1.06	0.84	0.78	1.06	0.88
	30/70	0.64	0.91	0.72	0.72	1.06	0.84	0.77	1.03	0.86
3车道和 3-to-2 对比	20/40/40	0.64	0.97	0.75	0.71	1.00	0.82	0.79	1.04	0.88
	30/30/40	0.64	0.97	0.75	0.71	1.01	0.82	0.79	1.05	0.89
	30/40/30	0.64	0.97	0.74	0.70	1.00	0.81	0.79	1.06	0.89
3车道和 3-to-1 对比	20/40/40	0.64	0.83	0.73	0.72	0.98	0.82	0.80	1.05	0.89
	30/30/40	0.63	0.82	0.72	0.72	0.98	0.82	0.80	1.05	0.89
	30/40/30	0.63	0.81	0.72	0.72	0.98	0.82	0.79	1.05	0.89

由表2-3.5可知,当没有重型车通过作业区时通行能力会大幅减少,其通行能力为未封闭前的0.63~0.97,当重型车辆占20%时其通行能力的变化范围为0.79~1.06,其值超过1.0表示作业区行车道的通行能力大于未封闭时的通行能力。

3.4 变量参数与通行能力关系

封闭单向双车道高速公路最右侧车道。输入变量包括:
(1)上游标志的距离。
(2)重型车辆所占比例。
(3)吸引注视率。
(4)封闭车道的通行能力。
(5)各链接的车道变化。
(6)平均速度。
(7)作业区警示标志上游的交通量车辆分布情况。

对模拟的输入数据和得到的通行能力以及其他因素间的关系进行研究,以确定通行能力估计的重要影响因素。

3.4.1 2变1车道情况

图 2-3.2 为上游标志位置与作业区通行能力之间的关系,随着上游警示标志距离的增加,通行能力小幅增加。

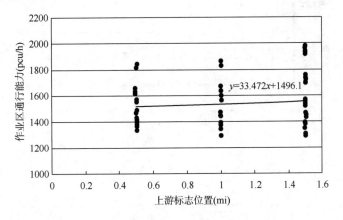

图 2-3.2 作业区通行能力与上游标志的位置之间关系

图 2-3.2 和图 2-3.4 分别显示了重型车率与吸引注视率的增加对作业区通行能力的影响。图 2-3.3 显示,在车流中,重型车比例的增加导致了通行能力的减少。相同地,分心行为的增加也会导致通行能力的下降。重型车率的增加使行驶速度有所下降,从而导致通行能力的减少。

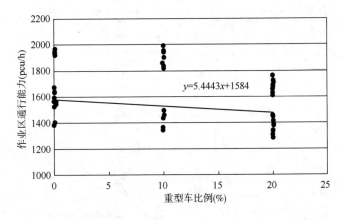

图 2-3.3 作业区通行能力与重型车率关系

作业区警告标志下游路段 1 车道和 2 车道车辆的平均速度与作业区通行能力的关系见图 2-3.5,1 车道(封闭车道)的通行能力没有 2 车道(邻近车道)增加的明显。因为 1 车道中车辆可以较顺畅地驶入邻近车道,而对于本来就是稳定流的 2 车道来说,其通行能力增加明显。

作业区警告标志上、下游车辆的离散程度与通行能力关系对于执行特定的交通管理方式十分重要。图 2-3.6 为作业区上游不同位置车辆的离散程度与通行能力的关系,位置(4,5)和(5,6)处二者的关系接近,车辆更趋于平均分布在道路上;然而,警告标志下游(6,7)位置处车辆的离散程度对于通行能力的影响明显,模型中需考虑该因素的影响。

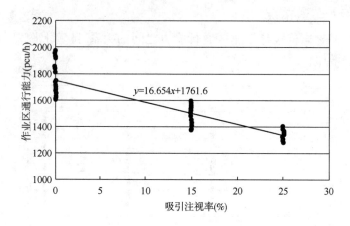

图 2-3.4 作业区通行能力与吸引注视率关系

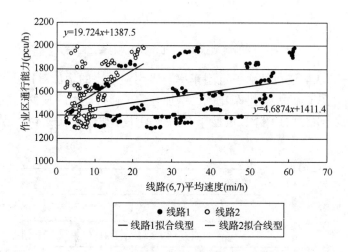

图 2-3.5 作业区通行能力与各车道车速关系

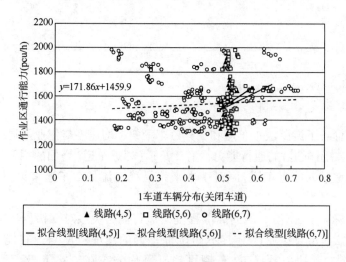

图 2-3.6 作业区通行能力与 1 车道车辆比率关系

车辆的离散程度与警告标志设置位置有关。警告标志设置得越远,非封闭车道中的车辆越多,封闭车道上的车辆越少。1车道车辆比率、上游标志距离与通行能力间关系见图2-3.7。

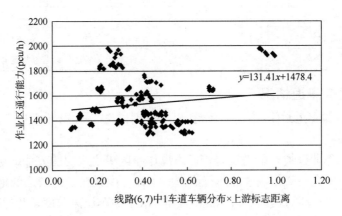

图2-3.7 通行能力与1车道车辆比率、上游标志距离关系

警告标志位置与车道1的平均车速对通行能力也有影响,通行能力与1车道平均车速×上游标志距离关系见图2-3.8。随着二者之积的增加,作业区通行能力增加明显,因此模型中需考虑二者的共同作用。

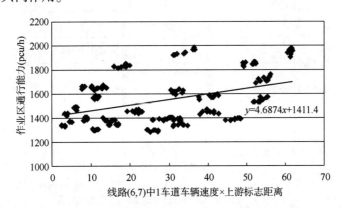

图2-3.8 作业区通行能力与1车道车速、上游标志距离关系

综上,2-to-1模型中各变量与作业区通行能力的关系见表2-3.6。

2-to-1模型中各变量与作业区通行能力的关系　　　　表2-3.6

变　　量	是否在最终模型	原　　因
上游标志距离	是	与通行能力正相关
重型车率	是	与通行能力显著线性相关
吸引注视率	是	与通行能力显著线性相关
1车道车速	否	统计意义不显著
2车道车速	否	统计意义不显著
1车道车辆比率(4,5)	否	与通行能力无明显关系

续上表

变　量	是否在最终模型	原　因
1车道车辆比率(5,6)	否	与通行能力无明显关系
1车道车辆比率(6,7)	是	与通行能力正相关
车辆分布标志距离	是	与通行能力正相关
1车道车速×标志距离	是	与通行能力显著线性相关

3.4.2　3变2车道情况

3车道的最右侧车道封闭,变为2车道,以下分别讨论3-to-2模型中各影响变量对作业区通行能力的影响。

图2-3.9显示作业区通行能力与警告标志离作业区距离之间的关系。与2-to-2模型类似,标志距离的增加会提高作业区的通行能力。当标志设置在上游较远的地方,变换车道更为顺畅,从而导致通行能力提高。考虑到线路(6,7)中的车流离散度以及封闭车道速度的相互作用,这种关系更为明显。

图2-3.10显示作业区通行能力与重型车率的关系,图2-3.11为作业区通行能力与吸引注视率间的关系。重型车率增加会降低作业区的通行能力。

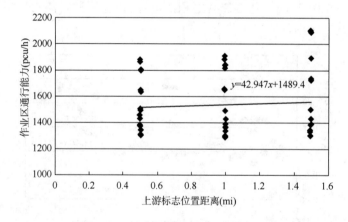

图2-3.9　上游标志距离与作业区通行能力之间关系

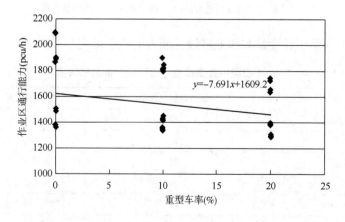

图2-3.10　重型车率与作业区通行能力关系

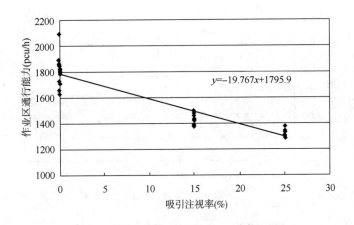

图 2-3.11 吸引注视与作业区通行能力关系

吸引注视率的增加会降低车辆在作业区的行驶速度,从而降低通行能力。吸引注视率对通行能力的影响显著。

作业区通行能力与各车道车速关系见图 2-3.12。线路(5,6)中的车辆速度被考虑进通行能力估计模型中,然而,这个变量中包含了警告标志位置的影响。

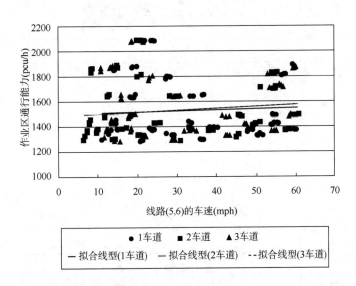

图 2-3.12 作业区通行能力与各车道车速关系

作业区与 1 车道车速和标志距离的关系见图 2-3.13。1 车道车辆行驶速度的增加,会提高作业区通行能力,特别是警告标志设置在上游较远位置的时候,车辆将有更多的机会变换车道。

作业区通行能力与各车道车辆分布关系见图 2-3.14。车流在车道的分布情况对作业区通行能力有影响,但其中包含了警告标志位置的影响,增加标志距离和车辆分布的综合作用对于增加 1 车道的通行能力是有利的。这表示车流车道上车辆分布对通行能力的作用同时取决于标志的设置位置,因此,该因素也应被考虑进通行能力估计模型中。

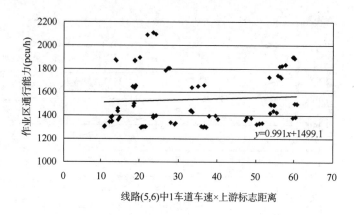

图 2-3.13 作业区通行能力与 1 车道车速和标志距离关系

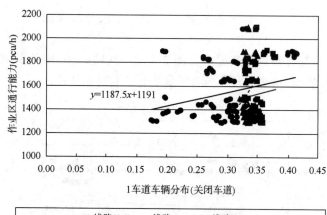

图 2-3.14 作业区通行能力与各车道车辆分布关系

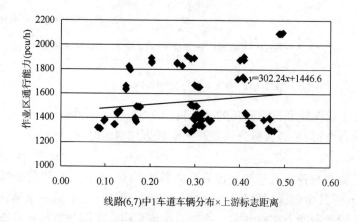

图 2-3.15 作业区通行能力与 1 车道车辆比率和标志距离关系

表 2-3.7 列举了 3-to-2 模型中的初始考虑变量与作业区通行能力的关系。

3-to-2 模型中各变量与作业区通行能力的关系　　　表 2-3.7

变　量	是否在最终模型中	原　因
上游标志距离	是	与通行能力正相关
重型车率	是	与通行能力显著线性相关
吸引注视率	是	与通行能力显著线性相关
1 车道车速	否	统计意义不显著
2 车道车速	否	统计意义不显著
3 车道车速	否	统计意义不显著
1 车道车辆比率(4,5)	否	与通行能力无明显关系
1 车道车辆比率(5,6)	否	与通行能力无明显关系
1 车道车辆比率(6,7)	否	统计意义不显著
车辆分布×标志距离	是	与通行能力正相关
1 车道车速×标志距离	是	与通行能力显著线性相关

3.4.3　3 变 1 车道情况

3 车道的路段最右侧 2 条车道封闭。图 2-3.16 为作业区通行能力与警告标志位置的关系,标志距离与通行能力无明显相关性。标志距离变量含有速度以及车辆分布的交互影响,然而没有发现这些变量的交互作用对通行能力的明显影响。对于 3-to-1 模型,警告标志的位置对于车道变化没有明显的影响,从而对通行能力没有明显的影响。因此,不需要考虑警告标志距离对通行能力估计模型的影响。

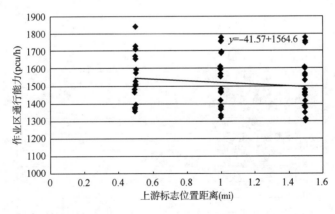

图 2-3.16　作业区通行能力与上游标志位置关系

图 2-3.17 和图 2-3.18 显示了重型车率和吸引注视率对作业区通行能力的影响。重型车率和吸引注视率的增加会导致作业区通行能力下降,二者均应考虑到模型中。

图 2-3.19 为作业区上游(6,7)位置处所有车道的行车速度与通行能力间的关系。2 车道(内侧的封闭车道)上车辆速度增加所带来通行能力的增加要比 1 车道(外侧封闭车道)多。通常 3 车道(开放车道)上的车辆速度较低。

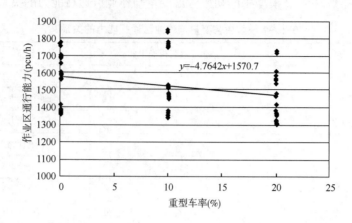

图 2-3.17 作业区通行能力与重型车率关系

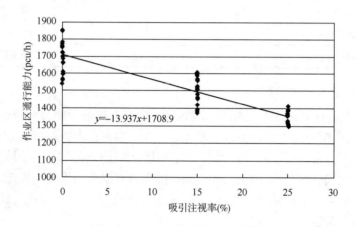

图 2-3.18 作业区通行能力与吸引注视率关系

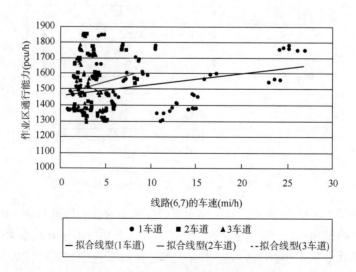

图 2-3.19 作业区通行能力与各车道车速关系

图 2-3.20 显示作业区上游各车道车辆分布对通行能力的影响。各车道的车辆分布情况对通行能力有显著影响,此变量需考虑进估计模型。

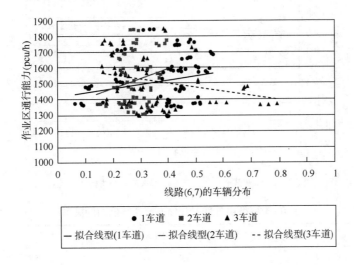

图 2-3.20 作业区通行能力与各车道车辆比率关系

车辆分布和标志距离[也就是线路(6,7)的长度]存在相互作用。作业区通行能力与车辆分布和上游标志距离间关系见图 2-3.21,两者的交互作用对通行能力无显著影响,因此通行能力模型中不需考虑二者共同作用的影响。

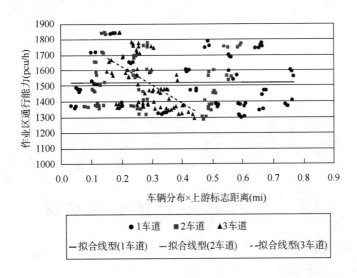

图 2-3.21 作业区通行能力与车道车辆比率和上游标志距离间关系

警示标志的位置和中间车道的行车速度对通行能力的共同作用见图 2-3.22。二者的共同作用对通行能力无显著影响,因此通行能力模型中不需考虑二者共同作用的影响。

3-to-1 模型中各变量与作业区通行能力的关系见表 2-3.8。

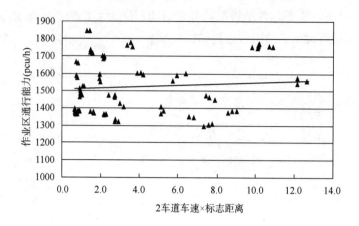

图 2-3.22 作业区通行能力与 2 车道车速和标志距离间关系

3-to-1 模型中各变量与作业区通行能力的关系　　　　表 2-3.8

变量	是否在最终模型中(是/否)	原因
上游标志距离	否	统计意义不显著
重型车率	是	与通行能力显著线性相关
吸引注视率	是	与通行能力显著线性相关
1 车道车速	否	统计意义不显著
2 车道车速	否	统计意义不显著
3 车道车速	否	与通行能力无明显关系
1 车道车辆比率(6,7)	否	统计意义不显著
2 车道车辆比率(6,7)	否	统计意义不显著
3 车道车辆比率(6,7)	是	与通行能力显著线性相关
1 车道车辆比率(6,7)×标志距离	否	与通行能力无明显关系
2 车道车辆比率(6,7)×标志距离	否	与通行能力无明显关系
3 车道车辆比率(6,7)×标志距离	否	与通行能力无明显关系
1 车道车速×标志距离	否	统计意义不显著

3.5　通行能力评估模型构建

3.5.1 描述和定义通行能力计算模型中选定的因变量和自变量,3.5.2 介绍规划阶段的通行能力模型,3.5.3 介绍运营阶段的通行能力模型。

3.5.1　独立变量描述和定义

以下是在规划和运行阶段通行能力模型中用到的变量:

C_{unadj}——修正前的通行能力。它是模型的因变量,并且给定了输入值,车辆穿过作业区域的最大数量,pcu/(h·ln)。

C_{adj}——修正后通行能力,这是经影响因素修正后的值,pcu/(h·ln)。

SignDist.——上游标志距离。表示作业区上游第一个警告标志到作业区的距离,通常和链接(6,7)的长度相等,mi。

f_{HV-F}——重型车修正因素。高速公路上重型车比例对通行能力的影响,其值与重型车辆比例有关,也和道路的地形(平坦或陡坡)有关。

Rubber%——吸引注视率修正。用来表征作业区在场工人和相邻的闭合车道对通行能力的影响。

SpdLan1$(6,7)_{adj}$——作业区上游1号车道的修正速度。表示link(6,7)最右侧车道(1号车道)的修正后速度,mi/h。

SpdLan1$(5,6)_{adj}$——警告标志上游1号车道的修正速度。表示link(5,6)最右侧车道(1号车道)的修正后速度,mi/h。

DistLan1(6,7),DistLan3(6,7)——作业区上游1车道和3车道的车辆分布。表示最右车道(1号)和最左车道(3号)在link(6,7)位置的交通分布情况。例如10%的车辆在1号车道,则输入变量值为0.10。

3.5.2 通行能力评估模型在规划阶段的应用

通行能力评估模型在作业区建立之前常用来估计总通行能力或者比较不同车道封闭类型的通行能力。模型的输入变量包括:重型车比例、封闭类型、吸引注视率。修正参数包括:光照条件(白天或者有光照的晚上)、驾驶员数量(工作日高峰时段、工作日或周末非高峰时段)、下雨情况(无雨、小到中雨、大雨)等。

分析各种封闭车道情况下,各独立变量对通行能力影响的灵敏度,并将计算结果与HCM和FDOT方法进行比较。

1)算法流程

规划阶段作业区通行能力计算需输入参数见表2-3.9。

规划阶段通行能力计算输入变量   表2-3.9

道 路 数 据	符 号
地形(平原、丘陵、山岭重丘)	N/A
匝道入口车道数(是否有一条是沿着作业区的)	N
交通特性参数	
驾驶员数量(工作日高峰时段、工作日或周末非高峰时段)	f_d
匝道驾驶员数量(非工作出行)	f_p
高速公路、匝道车辆换算系数(基于坡度和车辆类型比值)	$E_{HV-F}, E_{HV-R}, E_{R-R}$
吸引注视率	Rubber%
交通需求数据	
匝道交通量(veh/h)	V_R
高速公路和匝道重型车比例(%)	P_{HV-F}, P_{HV-R}
匝道大型客车比例(%)	P_{R-R}
光照和天气数据	
光照情况(白天或有照明的夜间)	f_l
下雨情况(无雨、小到中雨、大雨)	f_r

表 2-3.10 给出了 3 种封闭情况下的未修正通行能力评估模型以及修正后的通行能力综合模型，其通行能力计算步骤见表 2-3.11。

不同车道封闭类型的通行能力　　　　　　　　　　　　表 2-3.10

车道封闭类型	规划阶段的通行能力评估模型	
2-to-1 车道	$C_{\text{unadj}}^{2\text{-to-}1} = 1330.31 + 476 \times f_{\text{HV-F}} - 16.7 \times \text{Rubber}\%$	(1)
3-to-2 车道	$C_{\text{unadj}}^{3\text{-to-}2} = 1180 + 695 \times f_{\text{HV-F}} - 19.8 \times \text{Rubber}\%$	(2)
3-to-1 车道	$C_{\text{unadj}}^{3\text{-to-}1} = 1337 + 420 \times f_{\text{HV-F}} - 13.9 \times \text{Rubber}\%$	(3)
综合模型	$C_{\text{adj}} = f_l \times f_d \times f_r \times (C_{\text{unadj}} - V_R)$	

作业区通行能力计算步骤　　　　　　　　　　　　　　表 2-3.11

重型车修正	$f_{\text{HV-R}} = \dfrac{1}{1 + P_{\text{HV-R}}(E_{\text{HV-R}} - 1)}$ $E_{\text{HV-F}} = 2.4$　平原区 $E_{\text{HV-F}} = 3.0$　1km 长度 3% 的坡度 $P_{\text{HV-F}}$ 为重型车比例
吸引注视率	无施工活动时，Rubber% = 0% 有施工活动时，Rubber% = 5.6%
计算未修正的通行能力	使用表 2-3.10 的式(1)~式(3)
光照情况修正	白天，$f_l = 1.00$ 有照明的夜间，$f_l = 0.96$
驾驶员修正	工作日高峰时段，$f_d = 1.00$ 工作日非高峰时段，$f_d = 0.93$ 周末，$f_d = 0.84$
雨天修正	无雨，$f_r = 1.00$ 小到中雨，$f_r = 0.95$ 大雨，$f_r = 0.90$

续上表

匝道修正	匝道位于作业区距离500ft以内要考虑。 $$V_R = \frac{V_R}{PHF \times N \times f_{HV-R} \times f_P}$$ 式中：V_R——匝道通行能力； N——车道数； f_P——匝道驾驶员修正系数； f_{HV-R}——HCM中的匝道重型车修正。 $$f_{HV-R} = \frac{1}{1+P_{HV-R}(E_{HV-R}-1)+P_{R-R}(E_{R-R}-1)}$$
计算修正后的通行能力	$C_{adj} = f_l \times f_d \times f_r \times (C_{unadj} - V_R)$

2) 灵敏度分析

灵敏度分析用以评估输入变量对通行能力的影响，灵敏度分析仅适用于修正前的通行能力计算模型，输入变量和计算结果如表2-3.12所示。

规划阶段模型输入变量与通行能力间关系 表2-3.12

输入变量	1	2	3	4	5	6	7	8	9	10
吸引注视率(%)	5.6	0.0	0.0	0.0	0.0	0.0	5.6	5.6	5.6	5.6
重型车比例(%)	0.2	0.0	0.2	0.2	0.1	0.0	0.0	0.2	0.2	0.1
重型车换算系数	3.0	2.4	3.0	3.0	2.4	2.4	2.4	3.0	3.0	2.4
重型车修正系数	0.714	1.0	0.714	0.714	0.877	1.0	1.0	0.714	0.714	0.877
C_{unadj}^{2-to-1} (pcu/h)	1577	1806	1670	1670	1747	1806	1713	1577	1577	1654
C_{unadj}^{3-to-2} (pcu/h)	1565	1875	1676	1676	1791	1875	1765	1565	1565	1679
C_{unadj}^{3-to-1} (pcu/h)	1561	1760	1644	1644	1710	1760	1677	1561	1561	1627

吸引注视率输入值分别对应"不工作"情况（Rubber%=0%）和"工作"情况（Rubber%=5.6%），5.6%的吸引注视率可导致作业区通行能力平均降低7%；重型车比例的增加会降低通行能力，重型车增加30%，通行能力降低约12%。

3) 评估模型与HCM和FDOT方法比较

HCM和FDOT方法比较见表2-3.13，两种方法的变量不同，差异较大。

HCM与FDOT车道封闭分析方法 表2-3.13

HCM	FDOT
$C = (1600+I-R) \times f_{HV} \times N$ 式中：C——通行能力，pcu/h； I——作业区作业强度修正，pcu/h，范围-160~160pcu/h； R——坡度修正； f_{HV}——重型车修正； N——开放车道数	$1800 \times OF \times WZF$ 式中：OF——侧向净空和车道宽度影响； WZF——作业区长度影响

设置一作业区形式（标记为"默认状态"）用来测试各模型间的差异。改变各输入变量，用3种模型分别计算通行能力。由于各模型使用不同的输入参数，为了便于比较，选择具有

兼容性和可比性的变量，"默认情况"有以下几个变量：

车道宽度：$L_W = 11ft$。

侧向净空：$L_C = 6ft$。

中等工作强度：Rubber = 5.6%（模型推荐值）、-160pcu/h（HCM 推荐）。

平原区。

重型车比例 = 10%：PCE = 2.4（模型推荐）、1.5（HCM 推荐）。

无雨、仅通勤交通、作业区附近没有坡道、照明条件良好。

表 2-3.14 为"默认情况"下的输入值范围以及通行能力计算结果。FDOT 方法不涉及 3-to-1 封闭行车线的通行能力，其通行能力计算仅与侧向净空、车道宽度以及作业区长度有关。因此，FDOT 方法计算得到的通行能力值为 1728pcu/(h·ln)。HCM 方法给出的通行能力范围为 1309~1676pcu/(h·ln)。规划模型评估通行能力范围为 1588~1790pcu/(h·ln)，并提供 3 种作业区的通行能力计算值。

规划阶段各方法模型参数及通行能力对比　　　　表 2-3.14

参数	默认条件	取值范围	C_{unadj}^{2-to-1} [pcu/(h·ln)]	C_{unadj}^{3-to-1} [pcu/(h·ln)]	C_{unadj}^{3-to-2} [pcu/(h·ln)]
建议的模型					
吸引注视率(%)	5.6	0	1748	1710	1790
		5.6	1654	1627	1679
f_{HV-F}	0.877	1.000	1713	1677	1765
		0.877	1654	1627	1679
		0.781	1609	1588	1612
HCM					
吸引注视率(%)	-160	160	1676	1676	1676
		-160	1371	1371	1371
f_{HV-F}	0.952	1.000	1440	1440	1440
		0.952	1371	1371	1371
		0.909	1309	1309	1309
FDOT					
障碍因素	0.96*	N/A	1728	N/A	1728

注：* 车道宽度 $L_W = 11ft$、侧向净空 $L_C = 6ft$、障碍因素取 0.96。

三种模型下的作业区通行能力与各参数之间的关系分别见图 2-3.23、图 2-3.24。由图可知，HCM 的方法低估了作业区通行能力，而 FDOT 方法高估了作业区通行能力，是否作业因素对 HCM 方法的影响显著。鉴于实际情况下照明、雨水、驾驶员和匝道等影响因素的存在，计算的通行能力值将更低，而其他两种方法，不考虑上述因素的影响，因此其通行能力计算结果将维持不变。

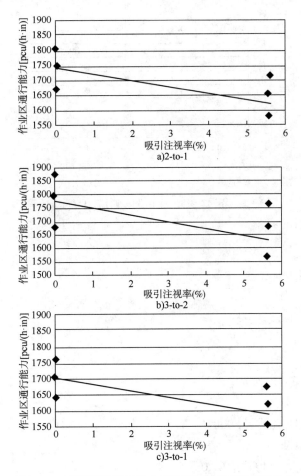

图 2-3.23 不同封闭情况下作业区通行能力与吸引注视率关系

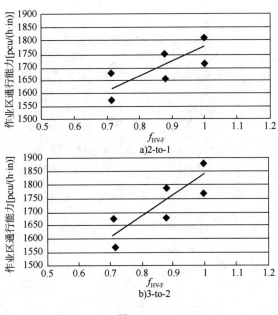

图 2-3.24

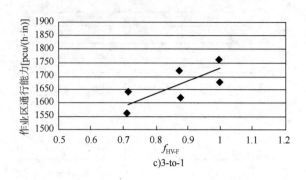

c)3-to-1

图 2-3.24　不同封闭情况下作业区通行能力与 f_{HV-F} 关系

4）应用算例

（1）实例一

①2-to-1 的情况

平原区。

重型车率:5%。

施工作业区:施工。

光照条件:白天。

驾驶人员:非高峰的工作日。

天气:中雨。

施工作业区位于匝道下游 500ft。

匝道交通量:100veh/h。

匝道:PHF=0.90, f_{HV} 和 f_p 均为 1.0。

②计算步骤

计算步骤见表 2-3.15。

2-to-1 应用算例计算步骤　　表 2-3.15

重型车修正	$f_{HV-F}=\dfrac{1}{1+P_{HV-F}(E_{HV-F}-1)}=\dfrac{1}{1+0.05\times(2.4-1)}$ $f_{HV-F}=0.9345$
吸引注视率	作业区内有施工,吸引注视率为 5.6%
计算未修正的通行能力	$C_{unadj}^{2-to-1}=1330+476\times f_{HV-F}+(-16.7)\times Rubber\%$ $=1330+476\times 0.9346-16.7\times 5.6$ $=1681pcu/h$
光照情况修正	白天 $f_l=1.0$
驾驶员修正	非高峰工作日 $f_d=0.93$
雨天修正	光照适中 $f_r=0.95$
匝道修正	$V_R=\dfrac{V_R}{PHF\times N\times f_{HV-R}\times f_P}=\dfrac{100}{0.90\times 1\times 1\times 1}=111.11pcu/h$
计算修正后的通行能力	$C_{adj}^{2-to-1}=f_l\times f_d\times f_r\times(C_{unadj}^{2-to-1}-V_R)=1.00\times 0.93\times 0.95\times(1681-111)=1387pcu/h$

(2)实例二

①3-to-2 的情况

平原区。

重型车率:10%。

施工作业区:施工。

光照条件:白天。

驾驶人员:非高峰的工作日。

天气:中雨。

施工作业区位于匝道下游 500ft。

匝道交通量:100veh/h。

匝道:PHF=0.90,f_{HV} 和 f_p 均为 1.0。

②计算步骤

计算步骤见表 2-3.16。

3-to-2 应用算例计算步骤　　　　　　　表 2-3.16

重型车修正	$f_{HV-F}=\dfrac{1}{1+P_{HV-F}(E_{HV-F}-1)}=\dfrac{1}{1+0.10\times(2.4-1)}=0.877$
吸引注视率	作业区内有施工,吸引为注视率为 5.6%
计算未修正的通行能力	$C_{unadj}^{3\text{-to-}2}=1180+695\times f_{HV-F}+(-19.8)\times Rubber\%$ $=1180+695\times0.877-19.8\times5.6=1679\text{pcu/h}$
光照情况修正	白天 $f_l=1.0$
驾驶员修正	非高峰工作日 $f_d=0.93$
雨天修正	光照适中 $f_r=0.95$
匝道修正	$V_R=\dfrac{V_R}{PHF\times N\times f_{HV-R}\times f_P}=\dfrac{100}{0.90\times1\times1\times1}=111.11\text{pcu/h}$
计算修正后的通行能力	$C_{adj}^{3\text{-to-}2}=f_l\times f_d\times f_r\times(C_{unadj}^{3\text{-to-}2}-V_R)=1.00\times0.93\times0.95\times(1679-111)=1385\text{pcu/h}$

(3)实例三

①3-to-1 的情况

平原区。

重型车率:10%。

施工作业区:施工。

光照条件:白天。

驾驶人员:高峰的工作日。

天气:中雨。

施工作业区位于匝道下游 500ft。

匝道交通量:100veh/h。

匝道:PHF=0.90,f_{HV} 和 f_p 均为 1.0。

②计算步骤

计算步骤见表 2-3.17。

3-to-1 应用算例计算步骤　　　　　　　　　　　　　　　　　　表 2-3.17

重型车修正	$f_{\text{HV-F}} = \dfrac{1}{1+P_{\text{HV-F}}(E_{\text{HV-F}}-1)} = \dfrac{1}{1+0.10\times(2.4-1)} = 0.877$
吸引注视率	作业区内有施工,吸引为注视率为 5.6%
计算未修正的通行能力	$C_{\text{unadj}}^{3\text{-to-1}} = 1337+420\times f_{\text{HV-F}}+(-13.9)\times \text{Rubber}\%$ $= 1337+420\times 0.877-13.9\times 5.6 = 1627 \text{pcu/h}$
光照情况修正	白天 $f_l = 1.0$
驾驶员修正	高峰工作日 $f_d = 1.0$
雨天修正	光照适中 $f_r = 0.95$
匝道修正	$V_R = \dfrac{V_R}{\text{PHF}\times N\times f_{\text{HV-R}}\times f_P} = \dfrac{100}{0.90\times 1\times 1\times 1} = 111.11 \text{pcu/h}$
计算修正后的通行能力	$C_{\text{adj}}^{3\text{-to-1}} = f_l\times f_d\times f_r\times (C_{\text{unadj}}^{3\text{-to-1}}-V_R) = 1.00\times 1.00\times 0.95\times (1627-111) = 1440 \text{pcu/h}$

3.5.3　通行能力评估模型在施工作业阶段的应用

施工作业分析模型的适用条件包括施工作业区位置确定、车速可测、车辆分布和其他施工作业区的相关因素已知。这个模型也可以应用于期望条件下不同形式施工作业区设施的通行能力评估。施工作业区上游的车辆速度值和分布是该模型的主要输入变量,与施工作业区上游的警示标志的距离、重型车率和施工作业强度也是模型的输入变量。车速和车辆分布都是可以通过警示标志、物理障碍或其他强制措施控制在一定范围内。因此,提出的模型也可以用来分析不同施工作业区管理策略对于通行能力的影响。

1）算法流程

施工阶段作业区通行能力计算需输入参数见表 2-3.18。表 2-3.19(来源于 HCM)给出施工阶段作业区的速度修正值。

施工阶段通行能力计算输入变量　　　　　　　　　　　　　　　　表 2-3.18

道 路 数 据	标　　记
地形(平原、丘陵、山岭重丘)	N/A
与标志的距离(mi)	SignDist
主线平均车道宽度(ft)	f_{LW}
主线平均侧向净距(ft)	f_{LC}
匝道入口车道数(是否有一条是沿着作业区)	N
交通特性参数	
作业区上游 1 车道位置(6-7)处的平均车速 作业区上游 1 车道位置(5-6)处的平均车速	SpeedLan1(6,7) SpeedLan1(5,6)
1 车道和 3 车道的车辆分布情况(%)	DistrLan1(6,7) DistrLan3(6,7)
驾驶员数量(工作日高峰时段、工作日或周末非高峰时段)	f_d
匝道驾驶员数量(非工作出行)	f_p
高速公路、匝道车辆换算系数(基于坡度和车辆类型比值)	$E_{\text{HV-F}}, E_{\text{HV-R}}, E_{\text{R-R}}$

续上表

道路数据	标记
吸引注视率	Rubber%
交通需求数据	
匝道交通量(veh/h)	V_R
高速公路和匝道重型车比例(%)	P_{HV-F}, P_{HV-R}
匝道大型客车比例(%)	P_{R-R}
光照和天气数据	
光照情况(白天或有照明的夜间)	f_l
下雨情况(无雨、小到中雨、大雨)	f_r

车速修正表　　　　　　　　　　　　　　　　表2-3.19

	车速修正		
	车道宽(ft)	车速降低值(mi/h)	
车道宽度修正 (f_{LW})	12	0.0	
	11	1.9	
	10	6.6	
	右路肩侧向净距(ft)	车速降低值(mi/h)	
		同向车道	
		1	2
侧向净距修正 (f_{LC})	≥6	0.0	0.0
	5	0.8	0.6
	4	1.6	1.2
	3	2.4	1.8
	2	3.2	2.4
	1	4.0	3.0
	0	4.8	3.6

表2-3.20给出了3种封闭情况下的未修正通行能力评估模型以及修正后的通行能力综合模型。

不同车道封闭情况下的通行能力　　　　　　　表2-3.20

车道封闭类型	施工作业期间的通行能力评估模型
2-to-1 车道	$C_{unadj}^{2\text{-to-}1} = 1855 - 693 \times SignDist + 191 \times f_{HV-F} - 12.3 \times Rubber\% - 467 \times DistrLan1(6,7) + 829 \times DistrLan1(6,7) \times SignDist + 7.43 \times SpeedLan1(6,7) \times SignDist$ (5)

续上表

车道封闭类型	施工作业期间的通行能力评估模型
3-to-2 车道	$C_{unadj}^{3\text{-to-}2} = 917+461\times \text{SignDist}+854\times f_{HV\text{-}F}-20.4\times \text{Rubber}\%$ $-611\times \text{DistrLan1}(6,7)\times \text{SignDist}-4.03$ $\times \text{SpeedLan1}(5,6)_{adj}\times \text{SignDist}$ (6)
3-to-1 车道	$C_{unadj}^{3\text{-to-}1} = 1177+550\times f_{HV\text{-}F}-14.5\times \text{Rubber}\%+157\times \text{DistrLan3}(6,7)$ (7)
综合模型	$C_{adj} = f_l \times f_d \times f_r \times (C_{unadj}-V_R)$ (8)

施工作业期间的通行能力计算步骤见表 2-3.21。

施工期间作业区通行能力计算步骤   表 2-3.21

重型车修正	$f_{HV\text{-}R} = \dfrac{1}{1+P_{HV\text{-}R}(E_{HV\text{-}R}-1)}$ $E_{HV\text{-}F} = 2.4$ 平原区 $E_{HV\text{-}F} = 3.0$ 1km 长度 3%的坡度 $P_{HV\text{-}F}$ 为重型车比例
获得吸引注视率	无施工活动时,Rubber% = 0% 有施工活动时,Rubber% = 5.6%
获得与警示标志间的距离	第一个警示标志到达施工作业区的距离(mi)
获得施工作业区上游车辆分布	DistrLan1(6,7)表示从警示标志下游到施工作业区 1 车道(封闭)的交通量所占百分比(适用于 2 车道变为 1 车道和 3 变为 2 车道的通行能力模型); DistrLan3(6,7)表示从警示标志下游到施工作业区上游中心车道(开放)交通量所占百分比(适用于 3 车道变为 1 车道的通行能力模型)
获得施工作业区上游各车道车速	SpeedLan1(6,7)$_{unadj}$表示警示标志下游到施工作业区 1 车道的平均车速(适用于 2 车道变为 1 车道的通行能力模型); SpeedLan1(5,6)$_{unadj}$表示警示标志上游 0.5mi 处 1 车道的平均车速(适用于 3 车道变为 2 车道的通行能力模型)
车道宽度和侧向净距修正车速 (无法实地测量车速时使用)	从测量车速中减去车道宽度和侧向净空修正值(表 2-3.16) SpeedLan1(6,7)$_{adj}$ = SpeedLan1(6,7)$_{unadj}$ $-f_{LW}-f_{LC}$ SpeedLan1(5,6)$_{adj}$ = SpeedLan1(5,6)$_{unadj}$ $-f_{LW}-f_{LC}$
计算未修正的通行能力	使用表 2-3.20 的式(5)~式(7)
光照情况修正	白天,$f_l = 1.00$ 有照明的夜间,$f_l = 0.96$

续上表

驾驶员修正	工作日高峰时段,$f_d = 1.00$ 工作日非高峰时段,$f_d = 0.93$ 周末,$f_d = 0.84$
雨天修正	无雨,$f_r = 1.00$ 小到中雨,$f_r = 0.95$ 大雨,$f_r = 0.90$
匝道修正	匝道位于作业区距离 500ft 以内要考虑。 $$V_R = \frac{V_R}{PHF \times N \times f_{HV-R} \times f_P}$$ 式中：V_R——道通行能力； N——车道数； f_P——匝道驾驶员修正系数； f_{HV-R}——HCM 中的匝道重型车修正。 $$f_{HV-R} = \frac{1}{1+P_{HV-R}(E_{HV-R}-1)+P_{R-R}(E_{R-R}-1)}$$
计算修正后的通行能力	$C_{adj} = f_1 \times f_d \times f_r \times (C_{unadj} - V_R)$

2) 灵敏度分析

灵敏度分析用以评估输入变量对通行能力的影响，灵敏度分析仅适用于修正前的通行能力计算模型，输入变量和计算结果如表 2-3.22 所示。

施工作业期间模型输入变量与通行能力间关系　　　　表 2-3.22

输入变量	1	2	3	4	5	6	7	8	9	10
吸引注视率(%)	5.6	0	0	0	0	0	5.6	5.6	5.6	5.6
重型车比例(%)	0.2	0.0	0.2	0.2	0.1	0.0	0.0	0.2	0.2	0.1
重型车换算系数	3.0	2.4	3.0	2.4	2.4	2.4	2.4	3.0	3.0	2.4
重型车修正系数	0.714	1.0	0.714	0.714	0.877	1.0	1.0	0.714	0.714	0.877
$SpeedLan1(6,7)_{adj}$ $SpeedLan1(5,6)_{adj}$	20	50	35	50	20	35	20	50	35	35
$DistrLan1(6,7)$	0.3	0.7	0.5	0.5	0.3	0.7	0.7	0.5	0.3	0.7
SignDist	0.5	1.5	1	1.5	0.5	0.5	1.5	1	1	1.5
$DistrLan3(6,7)$	0.4	0.3	0.4	0.3	0.4	0.4	0.3	0.4	0.4	0.3
C_{unadj}^{2-to-1}(pcu/h)	1635	2107	1739	1897	1735	1793	1704	1782	1598	1848
C_{unadj}^{3-to-2}(pcu/h)	1511	1519	1541	1458	1765	1717	1586	1367	1549	1390
C_{unadj}^{3-to-1}(pcu/h)	1551	1774	1633	1617	1722	1790	1693	1551	1551	1625

吸引注视率输入值分别对应"不工作"情况（Rubber% = 0%）和"工作"情况（Rubber% = 5.6%），5.6% 的吸引注视率可导致作业区通行能力平均降低 7%。

2车道变为1车道情况下,警示标志的距离、作业区上游车速及车辆分布与通行能力正相关,其中车速的相关性最大;同时,吸引注视率、重型车辆的增加会降低通行能力。

3车道变为2车道情况下,警示标志的距离、作业区上游车速及车辆分布与通行能力负相关,其中车速对通行能力的影响更大。

3车道变为1车道情况下,其通行能力模型较简单。数据分析表明,施工作业区通行能力与警告标志的位置以及车速无关。其原因可能是3车道变为1车道产生了严重的交通阻塞。

3)评估模型与HCM和FDOT方法比较

通行能力评估模型与HCM和FDOT分析,结果见表2-3.23。设置一作业区形式(标记为"默认状态")用来测试各模型间的差异。由于各模型使用不同的输入参数,为了便于比较,选择具有兼容性和可比性的变量,"默认情况"有以下几个变量:

车道宽度:L_W=11ft。

侧向净空:L_C=6ft。

中等工作强度:Rubber=5.6%(模型推荐值)、-160pcu/h(HCM推荐)。

平原区。

重型车比例=10%;PCE值=2.4(模型推荐)、1.5(HCM推荐)。

距警告标志的距离:1.0mi。

1车道车速(未修正):10mi/h。

封闭车道的车辆分布:0.4。

开放车道的车辆分布:0.4。

无雨、仅通勤交通、在作业区附近没有坡道、照明条件良好。

模型参数及施工作业阶段各方法通行能力对比 表2-3.23

参 数	默认条件	范 围	C_{unadj}^{2-to-1} [pcu/(h·ln)]	C_{unadj}^{3-to-1} [pcu/(h·ln)]	C_{unadj}^{3-to-2} [pcu/(h·ln)]
建议的模型					
吸引注视率(%)	5.6	0	1609	1722	1810
		5.6	1540	1641	1679
f_{HV-F}	0.877	1.000	1563	1709	1800
		0.877	1540	1641	1696
		0.781	1522	1588	1614
标志距离	1.0	0.5	1653	—	1624
		1.0	1540	—	1696
		1.5	1426	—	1767
未修正速度	20	15	1503	—	1716
		20	1540	—	1696
		25	1577	—	1675

续上表

参　数	默认条件	范　围	$C_{unadj}^{2\text{-to-}1}$ [pcu/(h·ln)]	$C_{unadj}^{3\text{-to-}1}$ [pcu/(h·ln)]	$C_{unadj}^{3\text{-to-}2}$ [pcu/(h·ln)]
车道宽度	11	10	1503	—	1714
		11	1540	—	1696
		12	1554	—	1688
侧向净空	6	6	1510	—	1708
		5	1516	—	1705
		4	1522	—	1703
		3	1528	—	1700
		2	1534	—	1698
		1	1540	—	1696
车辆分布	0.4	0.3	1504	1625	1757
		0.4	1540	1641	1696
		0.5	1576	—	1634
HCM					
吸引注视率(%)	−160	160	1676	1676	1676
		−160	1371	1371	1371
$f_{HV\text{-}F}$	0.952	1.000	1440	1440	1440
		0.952	1371	1371	1371
		0.909	1309	1309	1309
车道宽度	11	N/A	1371	—	1371
侧向净空	6	N/A	1371	—	1371
车辆分布	0.4	N/A	1371	1371	1371
FDOT					
车道宽度	11	10	1620	—	1620
		11	1728	—	1728
		12	1800	—	1800
侧向净空	6	6	1548	—	1548
		5	1620	—	1620
		4	1656	—	1656
		3	1692	—	1692
		2	1710	—	1710
		1	1728	—	1728
障碍因素	0.96	N/A	1728	N/A	1728

三种模型下的作业区通行能力与各参数之间的关系分别见图 2-3.25~图 2-3.27。

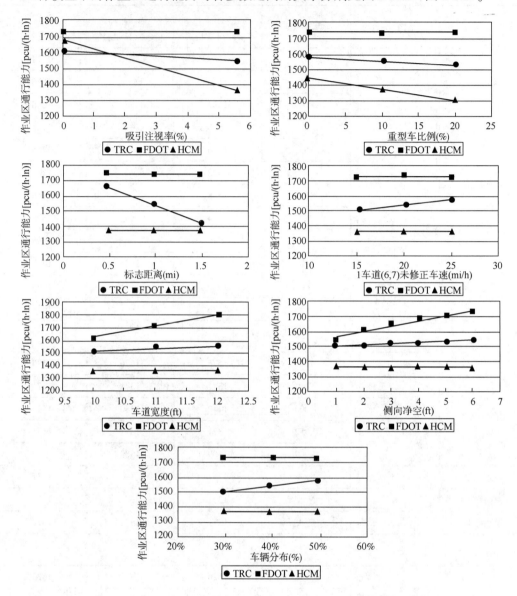

图 2-3.25 2-to-1 封闭情况下三种方法作业区通行能力与各参数关系对比

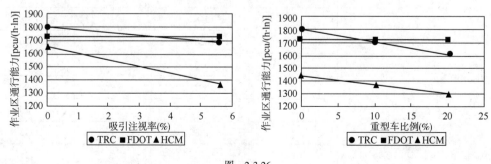

图 2-3.26

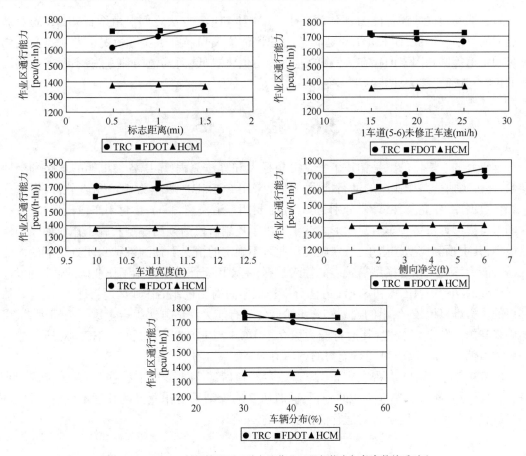

图 2-3.26　3-to-2 封闭情况下三种方法作业区通行能力与各参数关系对比

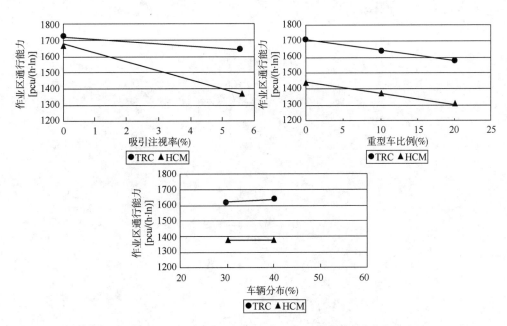

图 2-3.27　3-to-1 封闭情况下三种方法作业区通行能力与各参数关系对比

231

施工期间建议的通行能力评估值介于 HCM 和 FDOT 方法之间。由图可知,HCM 对通行能力的评估值偏低,而 FDOT 对通行能力的评估值偏高。鉴于实际情况下照明、雨水、驾驶员和匝道等影响因素的存在,计算的通行能力值将更低,而其他两种方法,不考虑上述因素的影响,其通行能力计算结果不变。

3.6 结　　论

本研究的主要目的就是构建了一个分析模型和算法流程,考虑各种可能的道路和交通参数,评价高速公路作业区的通行能力。研究采用 CORSIM(版本为 5.1)仿真软件,设计一个综合数据库,建立三种模型,分别为:3-to-1 封闭车道模型、3-to-2 封闭车道模型、2-to-1 封闭车道模型。对每种车道封闭形式分别给出了规划阶段的预测模型和施工作业期间的评估模型,其中预测模型较简单,可在施工作业区不确定的情况下预测各种封闭方式下的作业区通行能力。施工作业模型需较多的输入数据,主要用于评估实际施工作业区的通行能力。

研究的结论为:HCM 和 FDOT 方法分别选取不同的变量评估作业区通行能力,二者评估结果的优劣难以比较;给出的规划和施工阶段的通行能力评估方法综合考虑了道路因素、交通因素和施工作业区特性;其通行能力值介于 HCM 与 FDOT 方法之间。HCM 对通行能力的评估值偏低,而 FDOT 对通行能力的评估值偏高。

CORSIM 仿真输出结果对封闭右车道或左车道所产生的影响不敏感,其算法应进一步修正,以满足右侧车道慢行交通的分析;同时仿真输出结果对作业区的长度不敏感,需要进一步研究作业区的长度是否对通行能力有影响。

案例四 高速公路施工作业区道路通行能力分析方法
——适用于得克萨斯州作业区的方法

4.1 简　　介

随着得克萨斯州交通需求的不断增加,州交通部对高速公路基础设施的维护和改扩建工程持续增加。施工作业区封闭或占用部分路段,可能会造成交通延误,进而导致旅客使用成本升高。

施工作业区对交通的影响程度除了与交通需求相关外,还与封闭车道数、施工强度等多个因素相关。为了减少作业区对交通运行的不良影响,需要对作业区通行能力进行精确预测,并对其进行合理的规划和管控。

常用的确定高速公路作业区通行能力的方法有两种。第一种方法认为作业区域的通行能力等于作业区的最大流量,这个值通常定为15min高峰小时流率。另一种方法认为作业区中的通行能力是在拥挤时从作业区释放出的排队车辆数。

常用的衡量作业区通行能力的指标有:
(1)拥堵条件下的3min换算流率。
(2)拥堵条件下的小时交通量。
(3)道路由非拥塞状态转为拥塞状态的流率。
(4)5min高峰小时流率。
(5)行车速度快速下降前的交通量。
(6)速度快速下降前或快速提升后15min的流率。

为使工程建设标准化,可根据作业区通行能力评估结果确定车道占用及使用者成本,衡量施工对高速公路通行能力的影响,以此确定适合的交通控制措施,使出行延误最小。

本研究在收集得克萨斯州高速公路作业区数据的基础上,对比分析各道路通行能力估算方法的适用性,确定适用于得克萨斯州高速公路作业区道路通行能力估算的方法。

4.2 文献综述

4.2.1 作业区通行能力影响因素

作业区道路通行能力的影响因素有很多,确定作业区通行能力时需要考虑车辆数、车辆组成(如重型车所占比例)、光照条件(白天或夜晚)、天气状况、工作强度、车道封闭、车道宽度、道路地形和坡度等多方面因素,其中一些因素可通过测量获得,另一些则必须通过计算获得,通行能力影响因素可以划分为5类,如表2-4.1所示。

作业区道路通行能力影响因素分类　　　表 2-4.1

分　类	影响因素	参数指标
1	作业区结构	封闭车道数、作业区布局、作业区长度
2	道路条件	道路等级、人行道条件、道路宽度
3	施工活动	施工强度、施工时间、施工类型、施工工期
4	驾驶人因素	工作日驾驶人数、非工作日驾驶人数
5	光照及天气环境	白天、夜晚、暴雨、暴雪等

4.2.2 作业区通行能力估算方法

关于作业区通行能力估算方法的研究有很多,HCM1985给出了一种估算高速公路作业区通行能力的经验方法。HCM对这一方法进行了改进,作为高速公路车道封闭时通行能力的标准估算方法。认为在车流量不受限制的情况下,以每小时通过1600辆车作为作业区单车道的基本通行能力。该方法考虑了车道宽、重型车率、施工强度和坡度等相关因素。

Krammes和Lopez研究了不同车道封闭情况下通行能力的估算方法,并给出了短期作业区车道封闭时的通行能力值。

Dudek等人建立了QUEWZ计算模型,对车道的不同封闭形式进行划分并估算其通行能力,之后又考虑了施工强度、重型车率、入口匝道位置等因素,对QUEWZ模型进行了改进。

Kim等对作业区通行能力分析需要考虑的因素进行了补充,即除了包括开放和封闭的车道数、封闭车道的位置、重型车率、匝道交通量、开放的车道宽度和作业区服务等级之外,还包括施工强度、施工时长、天气条件和工作时间,该方法可以更精确地预测作业区开放车道的通行能力。

Al-Kaisy和Hall分析了重型车辆、交通量、天气条件、作业区类型、施工活动和光照条件对作业区通行能力的影响,认为重型车辆和交通量是最主要的影响因素。给出了两个通行能力计算模型,其中一个是乘法模型,考虑可能影响通行能力的各种因素,见式(2-4.1)。

$$C = C_b \times f_{HV} \times f_{d1} \times f_{d2} \times f_w \times f_s \times f_r \tag{2-4.1}$$

式中:C——作业区道路通行能力,pcu/(h·ln);

C_b——理想通行能力,pcu/(h·ln);

f_{d1}——工作日非高峰期驾驶人数修正系数,非高峰期取f_{d1},其他情况取值为1;

f_{d2}——周末驾驶人数修正系数,非高峰期取f_{d2},其他情况取值为1;

f_w——施工活动修正系数,非工作时取值为1;

f_s——封闭车道位置修正系数,左侧封闭为f_s、右侧封闭为1;

f_r——天气影响修正系数,下雨为f_r、不下雨为1;

f_{HV}——重型车辆修正系数。

比较实际通行能力和计算模型折算后的通行能力,如表2-4.2所示。结果显示,应用乘法模型估算出的通行能力与实际观测值相近。

乘法模型计算结果 表 2-4.2

因素	乘法模型	实际值
基本通行能力	2050pcu/(h·ln)	2000pcu/(h·ln)
工作日非高峰期驾驶人数	减少 4%	减少 7%
周末驾驶人数	减少 17.5%	减少 16%
施工活动	减少 3.5%	减少 1.85%~12.5%
车道封闭	减少 5.7%	减少 6%
雨天	减少 2.5%	减少 4.4%~7.8%

另一个加法模型,采用多元线性回归,除了考虑变量的自身作用外,还考虑变量之间的相互影响。加法模型只包含影响作用较大的因素,计算式如下:

$$C=1964-20.9P_{HV}-82D_1-352D_2-172W-121S-71R+55SD_1+185WD_2+5SD_2+107RD_2 \tag{2-4.2}$$

式中:C——作业区道路通行能力,pcu/(h·ln);

P_{HV}——重型车所占比例,%;

D_1——工作日平峰流量,pcu/h;

D_2——周末流量,pcu/h;

W——施工状况;

S——封闭车道位置;

R——天气因素,下雨时为 1,其他情况为 0;

SD_1——封闭车道位置及工作日交通量,pcu/h;

WD_2——施工情况及周末交通量,pcu/h;

SD_2——封闭车道位置及周末交通量,pcu/h;

RD_2——雨天及周末交通量,pcu/h。

单独使用乘法模型或加法模型并不能准确地预测通行能力。Al-Kaisy 与 Hall 于 2003 年第一次提出结合两种模型估算施工区道路通行能力,该模型具有乘法模型的格式,但能够像加法模型一样考虑多因素间的相互作用,又考虑了光照及其他条件的影响。

4.3 现场调查与模型选择

4.3.1 现场调查

为使工程建设对道路交通影响最小,得克萨斯州交通部设立了奖惩制度,对提早完成任务的工程进行奖励,对超过合同截止日期的工程进行处罚。

本研究目的在于选择一种适用于得克萨斯州的不同时期作业区道路通行能力计算方法,为此在州内选择了多个作业区进行了数据收集。

许多作业区的施工都在夜间进行,以减少对交通的影响,其交通需求很难超过道路通行能力,导致通行能力很难被测量出来。为此,重点研究主线车道被封闭的城市区域作业区,此外还分别对长期和短期封闭的作业区进行调查。

4.3.2 模型对比

目前,常用的分析高速公路作业区的交通模型有两类,可用来估算封闭车道对交通的影响。一类为线性模型包括QUEWZ-92、HCS、Micro BENCOST 和 Kim 回归模型,另一类模型为网络模型,主要有 Quick Zone 和 VISSIM,网络模型可以评价作业区和封闭车道对邻近道路或替代路线的影响。

1) 线性模型

(1) QUEWZ-92

20 世纪 90 年代初,TTI 开发了 QUEWZ-92 系统用于评价高速公路作业区车道封闭的影响。估计由于车道封闭引起的排队长度以及附加的道路使用成本,仿真同一路段有无施工情况下的交通流,估算道路封闭引起的交通流特性变化和附加道路使用成本,其中时间段和道路结构由使用者自行设定。

QUEWZ-92 所需的输入参数信息分为 4 类:车道封闭类型、施工安排、交通量和模型参数默认值。如车道封闭类型信息包括:车道封闭数目、每个方向的总车道数与开放车道数、封闭路段长度、施工日程等。

用户需要提供某一方向相关时段的小时交通量,也可以提供该道路的 AADT 值。

当施工活动进行时,QUEWZ-92 运用式(2-4.3)计算作业区的通行能力:

$$C = (1600 + I - R) \times H \times N \tag{2-4.3}$$

式中:C——作业区通行能力,veh/h;

I——工作强度的影响,$-160 \sim 160$ veh/h,默认值为 0;

R——入口匝道的影响,$0 \sim 160$ veh/h,默认值为 0;

H——重型车的影响;

N——通过作业区的开放车道的数量。

QUEWZ-92 的输出结果包括:相关输入数据(封闭车道的类型、交通参数及施工安排)、用户成本、交通状况、交通流数据、封闭车道时间安排。

(2) 公路通行能力软件

佛罗里达大学 McTrans 研究中心开发的公路通行能力 HCS+ 软件。该软件使用了 HCM 评估方法,虽然软件未提供评价作业区通行能力的功能,但其考虑了路段宽度、横向障碍物的影响,可对高速公路基本路段的通行能力进行估计。所需的输入参数包括高速公路特征及其交通特性。其中高速公路特征用于估计通行能力,交通特性用于估计运行速度和延误。

HCS+ 提供了衡量服务水平的方法及服务量表。服务量表由多个交通参数(如流量、通行能力、速度、密度和目标路段服务水平)组成。输出参数包括三部分:高峰方向的高峰小时交通量、双向高峰小时交通量以及 AADT。

(3) Kim 多元回归模型

Kim 等人采用多元线性回归建立了作业区通行能力和几个重要独立变量(例如封闭车道数、重型车比例和施工活动强度)间的函数关系。Kim 模型如式(2-4.4)所示:

$$C = 1857 - 168.1 \text{NUMCL} - 37.0 \text{LOCCL} - 9.0 \text{HV} + 92.7 \text{LD} -$$
$$34.3 \text{WL} - 106.1 \text{WI}_H - 2.3 \text{WG} \times \text{HV} \tag{2-4.4}$$

式中:NUMCL——封闭车道数目;

  LOCCL——封闭车道位置,右=1,其他=0;

HV——重型车比例,%;
　　LD——开放车道的侧向净空,ft;
　　WL——作业区长度,mi;
　　WI_H——作业强度;
　　WG——作业区等级。

(4) Micro BENCOST

1990年美国开发出了 Micro BENCOST 系统。该系统可用来分析七种类型的施工作业区,评价车道封闭对通行能力的影响,并计算损失的通行能力。

输入参数包括:区域类型(乡村或城市)、车道总数、开放车道数、作业区长度、封闭车道起点及终点的位置、重型车辆比例、入口控制方式(全感应、半感应、无控制)、小时交通量或 AADT、施工等级、线型、车道宽度、路肩宽度、设计速度。

2) 网络模型

(1) Quick Zone

Quick Zone 是由 FHWA 和 Mitretek 公司共同开发的软件,可以估计作业区的交通延误,评估作业区疏解策略及相关成本。

软件最多可计算具有100个节点和200条路线的路网。用户可输入作业区位置、绕行路线、交通量、作业强度和施工日期与时间等数据,可输出车辆小时延误及最大排队长度。

Quick Zone 软件以表格方式呈现计算结果,具有易于应用的优点,但需要大量数据以精确模拟道路系统。

(2) VISSIM

VISSIM 软件由德国 PTV 公司开发,能对整个街道网络,公路系统进行模拟,在美国已得到广泛应用。软件可以分析不同的道路结构,交通组成和交通信号条件下的交通运营情况,分析延误、排队时长、交通量等参数的变化,是评估各种交通控制策略的有效工具。

此外,VISSIM 凭借其强大的动态分配模型,可以解决路径选择问题,如作业区或拥挤问题的影响,可用来研究高速公路网单个或多个公路建设项目的区域影响。

VISSIM 可以定义每个不同车道的宽度,但未考虑车道宽度对车辆自由流速度的影响,其一些特征限制了其模拟作业区的有效性和快捷性。

综上,本研究在收集得克萨斯州高速公路作业区相关数据的基础上,对比分析所选四个线性模型的差异,确定适用于得克萨斯州高速公路作业区通行能力评估的方法。

4.3.3　模型估算

选取四个线性模型(QUEWZ-92、HCS+、Micro BENCOST、Kim)对12个施工作业区进行估计。各模型中用户可以根据作业区的实际情况修改默认值,对比四个模型的输入条件,得到如下结论:

(1) Kim 模型区分了封闭左、右侧车道的差异。

(2) HCS+和 Micro BENCOST 区分了乡村和城市作业区。

(3) Kim 模型和 Micro BENCOST 考虑了侧向净空对作业区通行能力的影响。

(4) Kim 模型和 QUEWZ-92 将作业强度作为影响通行能力的因素,Micro BENCOST 则未考虑作业强度及日程安排。

(5) HCS+没有直接估计作业区通行能力的功能,可通过观测速度及对应这一速度下的最大交通流量,来估计作业区的通行能力。

将各模型计算出的通行能力与现场观测得到的最大交通流量进行对比,见表 2-4.3。

各模型作业区通行能力评估结果对比(单位:pcu/(h·ln))　　表 2-4.3

编号	形式	类型	观测	QUEWZ	差异(%)	HCS+	差异(%)	Kim	差异(%)	Miero BENCOST	差异(%)
1	R	2-1	1652	1800	8.96	1710	3.51	1627	-1.51	1554	-5.93
2	U	3-1	1694	1545	-8.80	1862	9.92	1461	-13.75	1556	-8.15
3	R	3-1	1742	1800	3.33	1719	-1.32	1722	-1.15	1563	-10.28
4	R	3-1	1519	1556	2.44	1719	13.17	1694	11.52	1563	2.90
5	R	3-1	1678	1800	7.27	1719	2.44	1615	-3.75	1563	-6.85
6	U	2-1	1625	1447	-10.95	1776	9.29	1453	-10.58	1470	-9.54
7	U	2-1	1683	1447	-14.02	1776	5.53	1416	-15.86	1470	-12.66
8	U	3-1	1704	1485	-12.85	1809	6.16	1486	-12.79	1526	-10.45
9	U	3-1	1741	1485	-14.70	1809	3.91	1465	-15.85	1503	-13.67
10	U	4-1	1686	1567	-7.06	1941	15.12	1467	-12.99	1586	-5.93
11	U	4-1	1755	1535	-12.54	1913	9.00	1574	-10.31	1565	-10.83
12	U	3-1	1640	1545	-5.79	1862	13.54	1467	-10.55	1556	-5.12

通过对比可以看出,HCS+计算的通行能力值一般比 QUEWZ、Kim、Micro BENCOST 模型的计算结果大。

当作业区位于市区时,QUEWZ-92、Kim 模型和 Micro BENCOST 可能会低估区域通行能力。三个模型计算结果的标准偏差均值分别为:-10.8%(SD=3.29%)、-12.8%(SD=2.26%)和-9.5%(SD=3.02%),其中,Kim 模型的标准偏差最小。

乡村区域作业区,三个模型计算结果的标准偏差均值分别为 5.5%、1.3% 和-5.0%,P 值为 0.046,表明三个模型的平均估计误差在 95% 的置信水平下是显著的。

乡村区域的作业区,Kim 模型计算得到的误差最小,城市区域的作业区,HCS+模型误差最小。

4.4 结　　论

本研究目的是为了选取适用于得克萨斯州高速公路作业区通行能力分析的方法,研究结果如下:

(1) QUEWZ-92 会高估乡村作业区的通行能力,但会低估城市作业区的通行能力;HCS+会高估作业区的通行能力,12 个作业区中的 11 个被高估;Kim 模型会低估城市作业区的通行能力;Micro BENCOST 会低估作业区的通行能力,低估了 12 个施工地点中的 11 个。

(2) 虽然 QUEWZ-92 模型会低估作业区的通行能力,但其性能并不比其他线性模型差。使用 Kim 模型更容易被用户接受。当存在相邻绕行路线时,可使用 QuickZone 对网络的影响进行分析。

案例五　信号交叉口货车的 PCE 值研究

5.1　简　　介

与小客车相比,货车对交通运行的影响更大。有效分析这种影响,可准确地反映道路交通的运行质量。

HCM 通过对比小客车与货车的车头时距,给出了大货车的车辆当量值 PCE 为 2.0。一些研究人员质疑 HCM 提出的 PCE 值的有效性,认为货车对信号交叉口的影响被低估,而交叉口的通行能力被高估。当交通流中货车比例较高时,货车的长度会对信号交叉口的通行能力产生负面影响;与小客车相比,货车重新加速到正常行驶速度需要的时间长,对信号交叉口产生的延误大,当货车在排队车辆前面位置时,其影响程度更大。

5.2　文　献　综　述

5.2.1　HCM 关于 PCE 的规定

HCM1965 首次引入了"客车当量"的概念,定义为"在现行道路和交通状况下,小客车的数量被一辆货车或公共汽车取代的数目。"

HCM2000 认为客车当量是在指定的道路、交通和管制条件下,某一特定类型的重型车辆能够替代的小客车数量。根据 HCM 的定义,一辆重型汽车为任何超过四个轮胎的车辆,并没有区分车型,认为所有大型车辆的 PCE 值均为 2.0。

HCM2000 还建议对于缺少调查数据的信号控制交叉口,假定城市道路有 2% 的重型车辆,默认的车辆起动损失时间为 2.0s。没有考虑信号交叉口饱和流率对货车和公交车辆的影响。

5.2.2　信号交叉口 PCE 的确定

一些学者普遍认为,车头时距法是确定信号交叉口 PCE 值的有效方法。

Molina 研究交叉口客运车辆等效模型,假设饱和流情况下的客运车辆具有恒定的车头时距。认为排在队列前面的不同类型的重型车辆对交通流的影响不同,并且认为车辆在车队中的位置对交通流的影响没有车辆类型的影响明显。

Benekohal 等人开展信号交叉口排队车辆货车位置对后续车辆延误的影响研究。引入术语"D-PCE",即为基于延误的 PCE 值计算方法。该方法考虑了货车在交通流中所占的比例,认为在信号交叉口,由于大型车引起的附加延误应该用于 PCE 值计算,货车在队列中的位置并不重要,重要的是有多少车辆在货车后面,只要货车不在队列的第一个位置,其他位置对后续车辆的延误影响都不大。

Kockelman 等人研究货车对信号交叉口车头时距的影响。选择地形平坦、具有专用左转车道、混合交通流的信号控制交叉口,交叉口附近没有停车区和公交停靠站,研究认为影响车头时距的因素为车辆长度、车辆性能和驾驶员行为,并根据车头时距法给出五种不同类型货车的 PCE 值。

Bonneson 等人研究信号交叉口饱和流率和车辆起动损失时间。得出车辆起动损失时间和饱和流率之间存在很强的相关性,将重型车的 PCE 值定为 1.74。

5.2.3 跟车模型相关研究

Cohen 对信号交叉口的车辆排队进行模拟,改进了 Pitt 跟车模型。假定队列中的每辆车都以相同的车头时距从交叉口出发,忽略了前面几辆车起动所带来的延误和其他问题,未考虑车辆及驾驶员的特性差异。

Greenshields 考虑了信号交叉口车辆起动的影响,认为队列中前几辆车的车头时距不同,从第五辆车开始,车辆间的车头时距基本稳定;对于排在队列前面的车辆,如果车辆的尺寸较大,其对应的车头时距也较大。

Bonneson 研究基于车辆和驾驶员特性的跟车模型,包括驾驶员的反应时间、车辆加速度、速度,并选用 5 个不同地点采集的数据对模型进行对比和验证。

Briggs 分析信号交叉口排队车辆起动时的车头时距模型,假定队列中每辆车的加速度保持不变。该模型不按车辆位置分析车头时距,而是分析排队位置距停车线的距离与达到期望车速所需距离间的差异。

Messer 等人发现队列中第一辆车的驾驶员反应时间为 3.0s,其他位置驾驶员的反应时间都为 1.0s,队列中车辆间的平均车头间距为 25ft,研究并没有考虑车辆构成的影响。

Evans 和 Rothery 研究排队驾驶员的加速度和速度特性,该模型方法不考虑混合交通形式、车身的长度和前后车之间的距离。认为最小车头时距依赖于行驶过程中驾驶员的反应时间、车辆速度和交通压力,指出从第 8 辆车开始才会有稳定的车头时距。

Akcelik 等人描述了一种指数车头时距和速度模型。考虑的参数包括行车间距、密度、时间和空间占有率、可穿越间隙和加速特性。

Pipes 描述了车辆以 10mi/h 的速度运行时,理想的车头间距为一辆车的长度,如一辆小客车跟随一辆货车行驶,理想的车间距为货车的长度。模型没有考虑驾驶员行为及车辆的加速性能,认为车头时距取决于前车的长度。

福布斯理论在研究车辆跟随行为时考虑了跟随者的反应时间。认为车辆间的最小时距应该大于驾驶员的反应时间。除了最小间隙之外,模型还考虑了车辆本身的长度。

5.3 数据调查与处理

5.3.1 数学方法

常用的 PCE 值研究方法有两种,一种是基于延误的方法,另一种是 HCM 方法。基于车头时距计算某一种车型的 PCE 值,需考虑车队中的不同类型车辆。

不同类型货车对交通流运行的影响不同。货车、牵引车、半挂车、拖车及组合型货车所占的道路空间不同,加速能力也不同。因此,依据型号和操作特性将货车分为小型、中型和大型三种。

研究给出能够计算3种货车PCE值的方法,与HCM方法类似,该方法也可用于计算重型车的影响系数f_{HV},见式(2-5.1)。

$$f_{HV} = \frac{1}{[1 + P_{ST} \times (E_{ST}-1) + P_{MT} \times (E_{MT}-1) + P_{LT} \times (E_{LT}-1)]} \tag{2-5.1}$$

式中:f_{HV}——交通流中重型车辆的影响系数;

P_i——交通流中i型货车所占的比例,%;

E_i——i型货车的PCE值;

i——ST表示小型货车、MT表示中型货车、LT表示大型货车。

依据HCM中获得交通流饱和流率计算方法,需要对每个交叉口的车流进行饱和车头时距观测,车流中至少应有8辆车。由于车头时距受前车和后车共同影响,因此,可能的前后车组合数为16种,见表2-5.1。

四种车型的可能组合　　　　　　　　　表2-5.1

PC-PC	ST-PC	MT-PC	LT-PC
PC-ST	ST-ST	MT-ST	LT-ST
PC-MT	ST-MT	MT-MT	LT-MT
PC-LT	ST-LT	MT-LT	LT-LT

注:PC为小客车;ST为小型货车;MT为中型货车;LT为大型货车。

5.3.2 调查地点

选择交通流中货车比例较高的地点进行调查,为了降低其他因素对交叉口的影响,选择收集数据的地点需满足以下条件:

1)道路条件

(1)十字交叉口(转角为90°或接近90°)。

(2)至少一个样本点只有一条直行车道,其余调查地点有2~3条直行车道。

(3)有左转专用道。

(4)道路平坦或坡度较小。

(5)交叉口附近没有路边停车或公交车站。

2)交通条件

(1)在数据收集期间,绿灯开始时每条车道的最小车流长度为10辆。

(2)交通流中的重型车辆占10%以上。

(3)车辆运行不受上游车辆的干扰。

5.3.3 调查方法

可采用两种不同的数据调查方法。第一种是将摄像机等采集设备安装到信号控制窗口内,以获得信号状态和交通流信息;第二种是使用两台摄像机同时获得交通和信号状态信息。

1)方法一

收集数据时需要相关部门的合作,将设备安装在信号控制窗口内部,一台摄像机、一个编码装置以及若干连接到绿色信号灯电源线上的电流传感器。

在信号杆臂上安装摄像机,调整角度,使其对准调查地点。需要注意的是摄像机的安装位置以能够方便地铺设从摄像机到控制窗口的视频信号线和电源线为宜,如图 2-5.1 所示。停车线及后面的排队车辆在摄像机的拍摄范围内。

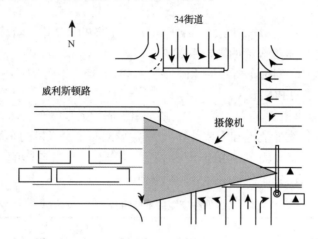

图 2-5.1　摄像机的安装位置(方法一)

2) 方法二

需要两部摄像机,一部摄像机设置在能够观察信号灯和足够数量排队车辆的位置,另外一部需要设置在能观察到停车线和队列中前几辆车的位置,如图 2-5.2 所示。

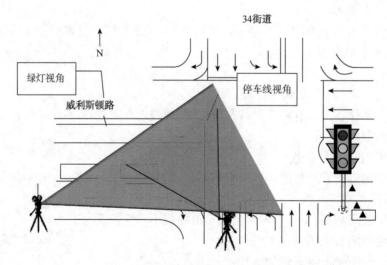

图 2-5.2　摄像机的设置(方法二)

如果有排队车辆离开摄像机的观察范围,则需要人工记录;两部摄像机需同时进行工作并能够将采集的图像以时间为基准进行合成;记录信号灯变绿时队列中的各车辆前轮驶过停车线时的视频信息(包含时间)及队列中车辆的类型(包括客车、小型货车、中型货车和大型货车)。

3) 数据采集周期

方法一,信号控制窗口中的摄像机可以记录任何周期,数据采集时间灵活。方法二,数据采集周期是整个现场数据采集的时间。

5.3.4 数据整理

对原始数据进行整理，将车型用数字表示，1 代表客车、2 代表小型货车、3 代表中型货车、4 代表大型货车。

数据包含了 403 个周期的调查数据，其中 174 个周期只有客车、126 个周期只有 1 辆货车、68 个周期有 2 辆货车、28 个周期有 3 辆货车、7 个周期有 4 辆货车。除去重复数据，共有 110 个不同的观测结果。

由于连续交通流中的车头时距是前车和后车共同作用的结果。表 2-5.2 总结了第 2 辆车至第 8 辆车及第 5 辆车至第 8 辆车之间车头时距的变化情况。由于绿灯开始时 403 辆车中只有 231 辆通过，车辆通过率较低，因此第 1 辆车的车头时距并未给出。

相邻车辆的平均车头时距和频率　　　表 2-5.2

第 2 辆车至第 8 辆车平均车头时距													
后车	1	1	1	1	2	2	2	3	3	3	4	4	4	4
前车	1	2	3	4	1	2	3	2	3	4	1	2	3	4
频率	417	51	37	61	45	8	5	7	36	4	4	1	65	6	7	16
平均值	2.40	3.13	3.34	4.70	3.01	3.85	4.92	5.61	3.67	4.86	5.70	4.24	4.14	4.4	4.97	5.09
第 5 辆车至第 8 辆车平均车头时距													
后车	1	1	1	1	2	2	2	3	3	3	4	4	4	4
前车	1	2	3	4	1	2	3	4	1	2	3	4	1	2	3	4
频率	232	29	21	38	28	3	3	21	2	3	4	1	39	2	3	11
平均值	2.19	2.82	2.72	4.13	2.86	3.08	4.88	4.22	3.74	5.61	4.59	4.24	4.13	4.5	4.46	5.23

5.4 数据分析及仿真模型检验

5.4.1 仿真模型

仿真模型选择改进的 Pitt 模型。改进的 Pitt 模型是基于理想的跟驰车头时距规则建立的模型，模型参数包括：前车的速度和加速度、前车和跟驰车辆的位置关系、车头时距，根据已有的参数计算加速度值。

车头时距同时取决于前车和跟驰车辆，同时考虑到两者的物理特性和可操作性，改进的 Pitt 模型如式(2-5.2)所示。

$$a_f(t+T) = \frac{K \times \left\{ \begin{array}{l} s_t(t+R) - s_f(t+R) - L_1 - h \times v_f + \\ [v_f(t+R) - v_t(t+R)] \times T - \dfrac{1}{2 \times a_1(t+R) \times T^2} \end{array} \right\}}{T \times \left(h + \dfrac{1}{2 \times T} \right)} \quad (2\text{-}5.2)$$

式中：$a_f(t+T)$——$t+T$ 时刻跟驰车辆的加速度，ft/s^2；

$a_1(t+R)$——$t+R$ 时刻前车的加速度，ft/s^2；

$s_t(t+R)$——$t+R$ 时刻上游车流前车的位置，ft；

$s_f(t+R)$——$t+R$ 时刻上游车流跟驰车辆的位置,ft;

$v_f(t+R)$——$t+R$ 时刻跟驰车辆的速度,ft/s;

$v_l(t+R)$——$t+R$ 时刻前车的速度,ft/s;

L_1——前车长度加阻塞密度缓冲区的长度,ft;

h——车头时距参数(前车的后保险杠和跟驰车的前保险杠距离加一个缓冲区的长度),s;

T——仿真的时间序列间隔,s;

t——实际的时间序列间隔,s;

R——反应时间,s;

K——灵敏度参数。

其中参数 L 的值随着不同车辆类型的变化而变化。车头时距参数 h 为随机变量,h 值的变化服从正态分布,驾驶员行为和车辆类型均影响车头时距。

5.4.2 车头时距

车头时距的变化可以看出货车对交通流产生的影响,饱和车头时距的概念与 HCM 方法是一致的,见式(2-5.3)。

饱和车头时距(即第 5 辆车和第 8 辆车之间的平均车头时距):

$$h_{SAT} = \frac{T_8 - T_4}{4} \tag{2-5.3}$$

第 1 辆车至第 8 辆车之间的平均车头时距:

$$\overline{h_{1-8}} = \frac{T_8}{8} \tag{2-5.4}$$

第 2 辆车至第 8 辆车之间的平均车头时距:

$$\overline{h_{2-8}} = \frac{T_8 - T_1}{7} \tag{2-5.5}$$

式中:T_i——第 i 辆车通过停车线的时间,s。

表 2-5.3 概括性地给出了通过原始数据预测的平均饱和车头时距。

由原始数据得到的车头时距结果　　　　表 2-5.3

车头时距	全部车辆	全部车辆含起动时间	仅有小客车	有小客车含起动时间
$h_{SAT}(s)$	2.87	2.83	2.18	2.23
$h_{1-8}(s)$	N/A	2.98	N/A	2.48
$H_{2-8}(s)$	3.11	N/A	2.36	N/A

1)模型 1

本模型利用重型车比例预测平均饱和车头时距,见式(2-5.6)。

$$h_{SAT} = h_{SPC} \times [1 + Pct_{ST} \times (b_1 - 1) + Pct_{MT} \times (b_2 - 1) + Pct_{LT} \times (b_3 - 1)] \tag{2-5.6}$$

式中:h_{SAT}——饱和车头时距,s;

h_{SPC}——只有小客车排队的饱和车头时距,s;

Pct_{ST}——排队车辆中小型货车的比例,%;

Pct_{MT}——排队车辆中中型货车的比例,%;

Pct_{LT}——排队车辆中大型货车的比例,%;

b_1、b_2、b_3——相关参数。

2）模型 2

本模型与模型 1 相似,但是预测的值是第 2 辆车到第 8 辆车之间的平均车头时距,其中 h_{PC} 是小型载客车的平均车头时距,相应的预测系数见表 2-5.4。

$$\overline{h_{2-8}} = h_{PC} \times [1 + Pct_{ST} \times (b_1 - 1) + Pct_{MT} \times (b_2 - 1) + Pct_{LT} \times (b_3 - 1)] \quad (2-5.7)$$

模型 2 系数预测结果　　　　　　　　　　　表 2-5.4

参　数	估　计	标 准 差	T 值
$h_{PC}(s)$	2.381300	0.021310	111.7433
b_1	1.765421	0.099050	17.8236
b_2	2.062019	0.118059	17.4660
b_3	2.508828	0.077991	32.1682

3）模型 3

本模型与模型 1 类似,采用了包括起动反应时间的数据,系数值见表 2-5.5。

$$h_{SAT} = h_{SPC} \times [1 + Pct_{ST} \times (b_1 - 1) + Pct_{MT} \times (b_2 - 1) + Pct_{LT} \times (b_3 - 1)] \quad (2-5.8)$$

模型 3 系数预测结果　　　　　　　　　　　表 2-5.5

参　数	估　计	标 准 差	T 值
$h_{SPC}(s)$	2.204078	0.040422	54.52684
b_1	1.705201	0.189231	9.01121
b_2	2.148228	0.217222	9.88953
b_3	2.639080	0.174277	15.14304

4）模型 4

本模型与模型 2 类似,采用了包括起动反应时间的数据,系数值见表 2-5.6。

$$\overline{h_{1-8}} = h_{PC} \times [1 + Pct_{ST} \times (b_1 - 1) + Pct_{MT} \times (b_2 - 1) + Pct_{LT} \times (b_3 - 1)] \quad (2-5.9)$$

模型 4 系数预测结果　　　　　　　　　　　表 2-5.6

系　数	估　计	标 准 差	T 值
$h_{PC}(s)$	2.479479	0.024889	99.61976
b_1	1.414669	0.102169	13.84634
b_2	1.882030	0.117720	15.98733
b_3	2.239560	0.093155	24.04133

5.4.3 起动反应时间

起动反应时间是指从绿灯开始至第一辆车起动的时间。如果最前面的车辆前轮停在停止线上,则起动反应时间等同于车辆的车头时距。

经观测发现,封闭一条车行道的车辆起动反应时间对排队消散率没有任何不利影响(不包括右转车辆)。车辆的起动反应时间频率如图 2-5.3 所示。

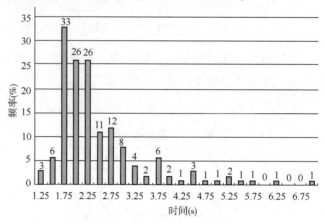

图 2-5.3 起动反应时间频率

将 3.5s 看作是实际起动反应时间的最大值,高于 3.5s 的起动反应时间认为是由于驾驶员的停顿(与注意力不集中等因素有关)造成的。因此,将高于 3.5s 的起动反应时间剔除。图 2-5.4 给出了起动反应时间在 3.5s 以下的频率分布。

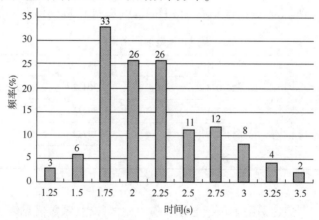

图 2-5.4 低于 3.5s 的起动反应时间频率分布

计算出平均起动反应时间为 2.04s,标准偏差为 0.47s。

假定第一辆车在停止线处起动,排队中不论第一辆车是何种车型,车头时距均等同于起动反应时间,仿真时可将起动反应时间设置为 2.0s。

5.4.4 起动损失时间

起动损失时间 SLT,假定排队车辆中只有小客车时前 4 辆车和后 4 辆车通过停止线的运行时间的差值。起动损失时间可由式(2-5.10)计算得出。

$$SLT = TT_{1-4} - (h_{SAT} \times 4) \tag{2-5.10}$$

式中:TT_{1-4}——排队车辆中前 4 辆车通过停止线的总时间,s;

h_{SAT}——排队车辆中只有小客车的平均饱和车头时距,s。

根据基础数据,得出起动反应时间的增长和货车比例的增长存在一定的关系。

5.4.5 仿真模型修正

均方差通常是用来比较预测值和观测值二者之间的差异。可用均方差比较原始数据观测得到的平均车头时距和仿真数据预测得到的平均车头时距之间的差异,式(2-5.11)给出了均方差的计算方法:

$$\mathrm{MSE} = \frac{\sum \left(\bar{h}_{\mathrm{Field}} - \bar{h}_{\mathrm{Simul}} \right)^2}{N} \quad (2\text{-}5.11)$$

式中:MSE——均方差;
h_{Field}——由原始数据得到的平均车头时距,s;
h_{Simul}——由仿真数据得到的平均车头时距,s;
N——观测值的总数。

通过具有相同数据结构的有效原始数据和仿真数据的对比,有效周期为至少有 8 辆车排队的周期。

在修正过程中仿真区间间隔保持不变,参数 R 和 K 分别定为 0.7 和 1.25,车身长度根据观测的原始数据确定,且与推荐值相匹配。其余参数值需要进行修正。

5.4.6 参数标定

将每种排队形式重复运行 10 次,样本容量最低需要 60 次,重复次数提高到 100 次。通过实验确定前车的加速度和最大加速度、自由流速度、最小期望车头时距以及每种车型的车辆间距,见表 2-5.7。

标准参数值确定结果　　　　　　　　表 2-5.7

车型	车长 (ft)	最大加速度 (ft/s²)	FFS (ft/s)	FFS 标准差 (ft/s)	车头时距 (s)	车头时距 标准差(s)	停车间隔 (ft)	停车间隔 标准差(ft)
PC	15	10	72.5	3.75	1.50	0.25	10	2.0
ST	30	5	67.5	3.75	2.50	0.25	14	2.0
MT	45	4	62.5	3.75	3.00	0.25	16	2.5
LT	65	3	57.5	3.75	3.50	0.25	20	2.5

5.4.7 实验设计

每种车辆排队组合仿真运行 100 次。由于原始数据差异较大,允许每次仿真运行结果存在较大差异。

100 次仿真模拟得到 100 个平均值,将得到的新数据输入统计软件。确定模型需要的变量,不同位置不同车型的指标、不同情况下每种车型出现的频率和比例,须包含在模型变量中,同时可添加其他变量。

另外需要确定的参数如下:

(1)只有 10000 辆小客车的饱和车头时距。

(2)只有 400 辆车的交通流,将第 4 辆车变换位置以测算不同类型货车对第 5 辆车车头时距的影响。

(3)对车流第 1~4 辆车是货车、第 5~8 辆车是小客车的 256 种情况进行 100 次仿真,以剔除货车排队起动损失时间的影响。

(4) 不考虑车辆排队位置,得到不同车型组合数据,以验证模型。

5.5 仿真结果

参考 HCM2000 关于排队起动损失时间和饱和车头时距对排队的影响分析方法,即前 4 辆车的车头时距属于起动损失时间,剩余车辆的车头时距为饱和车头时距。车辆排队分成两部分,见图 2-5.5。

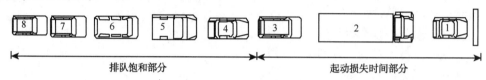

图 2-5.5　车辆排队划分

假定货车在排队中随机分布,即对任一给定周期货车可能出现在整个排队中的任意位置,将交通流中货车数量设置为某一个固定比例,假定货车等概率出现在排队任何位置。

第一种方法是研究排队车辆的饱和交通流部分,采用 HCM 推荐的方法,即每种车型在排队位置 5~8 出现的比例。由于不能说明车头时距是前车和后车的共同作用,因此结果不能直接反映车辆的排队特性。

另一种方法用排队中每两种车型的组合频率。假定无论车辆处在什么位置,各车辆组合有相同的车头时距。为了验证模型的正确性,仿真获得不受排队位置影响的最佳车头时距,发现车辆组合在排队中所处位置不同,其车头时距值不同。位置 4 的车型对计算饱和车头时距有很大影响;车队前几个位置中货车的数量也会对饱和车头时距产生影响,见图 2-5.6。

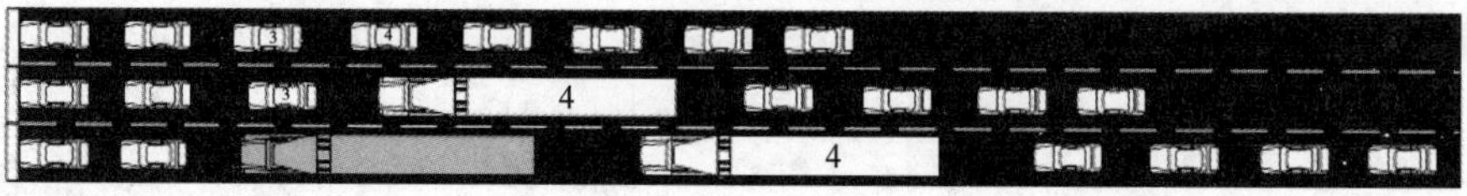

图 2-5.6　车队前半部分货车的存在对饱和车头时距的影响

第一种情况,车队均为小客车;第二种情况,位置 4 为大货车;第三种情况,位置 3 和 4 处为大货车。虽然三种情况排队车辆在位置 5~8 处均是小客车,但其饱和车头时距却明显不同,分别为 2.033s、2.795s 和 2.641s。第二种情况与第一种情况唯一不同的是排队车辆的第 4 个位置为大货车,直接影响了位置 5 车辆的车头时距。大货车与小客车相比加速度较小,且车辆不允许变道,导致后面的排队车辆受大货车的影响也较大。因此,排队中位置 4 处车辆的车型对饱和车头时距有很大影响。

当车队中有两辆大货车时,车流饱和车头时距比只有一辆货车时小。这表明不仅位置 4 的车型影响饱和车头时距,而且位置 4 前面的车型也对饱和车头时距有影响。

利用前 4 个位置处的 16 种不同车辆组合,分析货车对起动损失时间的影响。由于仿真软件对第一辆车(不分车型)设置了相同的车头时距,采用简化模型,模型不考虑排队中第 1 辆车的影响。第 1 辆车的车头时距对于不同车型是相同的,但第 1 辆车的长度和加速度对后续车辆的影响是不同的,模型见式(2-5.12)。

$$TT_{1-4}=TT_{1-2}+TT_{PC3-4}+\sum_{k=2}^{4}(b_{2k}\times ST+b_{3k}\times MT+b_{4k}\times LT) \tag{2-5.12}$$

式中：TT_{1-4}——排队中前 4 辆车的时间间隔，s；

TT_{1-2}——排队中前 2 辆车的时间间隔，s；

TT_{PC3-4}——位置 3-4 的小客车时间间隔，s；

b_{ik}——k 位置的 i 型车越过的附加时间，s；

ST——小型货车的指标变量（1-是，0-否）；

MT——中型货车的指标变量（1-是，0-否）；

LT——大型货车的指标变量（1-是，0-否）；

k——排队位置的指标。

前 2 辆车的时间间隔定义见式(2-5.13)：

$$TT_{1-2}=2.0+h_{PC-PC}+\sum_{i,j=1}^{4}(b_{ij}\times I_{ij}) \tag{2-5.13}$$

式中：TT_{1-2}——排队中前 2 辆车的时间间隙，s；

h_{PC-PC}——位置 2 为小客车时与前车（小客车）的车头间距，s；

b_{ij}——j 位置的 i 型车时的附加时间，s；

I_{ij}——跟随 j 车型车辆的 i 车型车辆的指标；

i——车型指标；

j——车型指标。

排队中前 4 辆车通过停车线所需要的总时间见下式：

$$TT_{1-4}=10.59+\begin{pmatrix}1.62\times b_{212}+3.00\times b_{213}+5.04\times b_{214}\\+1.38\times b_{221}+3.09\times b_{222}+4.53\times b_{223}\\+6.65\times b_{224}+2.47\times b_{231}+4.19\times b_{232}\\+5.65\times b_{233}+7.80\times b_{234}+4.22\times b_{241}\\+5.96\times b_{242}+7.36\times b_{243}+9.47\times b_{244}\end{pmatrix}+\begin{pmatrix}1.47\times b_{32}+2.49\times b_{33}\\+4.03\times b_{34}+0.83\times b_{42}\\+1.21\times b_{43}+1.72\times b_{44}\end{pmatrix} \tag{2-5.14}$$

假定全为小客车时，前 4 辆车通过停车线所需的总时间为 10.59s，b_{kij} 和 b_{ij} 定义如前所述。

由式(2-5.6)可知，起动损失时间可以理解为排队车辆中只有小客车时前 4 辆车和后 4 辆车通过停止线的运行时间差值。排队车辆中只有小客车的起动损失时间估计值为 2.47s，比 HCM 推荐的 2.0s 稍微高一些，与调查的原始数据一致。

研究货车对起动损失时间的影响，排队组成情况如图 2-5.7 所示。

图 2-5.7　起动损失时间案例

图中位置 2 是 1 辆大货车，位置 4 是 1 辆中型货车，其他位置是小客车，起动损失时间模型见式(2-5.15)。

$$SLT=[10.59+(4.22\times b_{241})+(1.72\times b_{44})]-(4\times 2.03) \tag{2-5.15}$$

此混合交通流情形下，起动损失时间是 8.41s，远大于排队中只有小客车时的起动损失时间 2.47s,因此需要做特殊考虑。

可以利用货车在车队中所占的比例情况预估起动损失时间,对式(5-4)进行改进。假定货车在排队中是随机分布,排队中的货车均匀分布。起动损失时间如式(2-5.16)所示。

$$\text{SLT} = 2.5 + 5.0 \times \text{Pct}_{ST} \times 9.0 \text{Pct}_{MT} + 15.0 \times \text{Pct}_{LT} \tag{2-5.16}$$

式中:Pct_i——i 型货车所占比例,%。

分析车队中两部分车辆的车头时距建立综合模型,利用该模型计算队长为 8 辆车的总起动损失时间,模型如式(2-5.17)所示。

$$\text{TT}_{1-8} = \text{TT}_{1-4} + 4 \times h_{PC-PC} + \sum (b_{ij} \times F_{ij}) \tag{2-5.17}$$

式中:TT_{1-8}——前 8 辆车通过停车线所需时间,s;

TT_{1-4}——排队中前 4 车通过停车线所需时间,s;

h_{PC-PC}——小客车间的饱和车头间距,s;

b_{ij}——i 类车跟随 j 类车的附加车头时距,s。

模型输出附加车头时距的预测值如表 2-5.8 所示。

不同车辆对附加车头时距的预测值 表 2-5.8

系 数	预 测 值	标 准 差	t 检验值
$h_{PC-PC}(s)$	2.028586	0.0041	484.98
b_{12}	0.590274	0.0122	48.33
b_{13}	1.046166	0.0122	85.67
b_{14}	1.852489	0.0122	151.69
b_{21}	1.024162	0.0122	83.86
b_{22}	1.531207	0.0169	90.59
b_{23}	2.035979	0.0200	101.63
b_{24}	2.993811	0.0200	149.44
b_{31}	1.407661	0.0122	115.27
b_{32}	1.920917	0.0200	95.88
b_{33}	1.393117	0.0169	141.59
b_{34}	3.377253	0.0200	168.58
b_{41}	1.823759	0.0122	149.34
b_{42}	2.426886	0.0200	121.14
b_{43}	2.835042	0.0200	141.52
b_{44}	3.573751	0.0129	211.45

将预测值代入式(2-5.18),得下式:

$$\text{TT}_{1-8} = \text{TT}_{1-4} + 4 \times 2.029 + \begin{pmatrix} 0.590 \times F_{12} + 1.046 \times F_{13} + 1.852 \times F_{14} + 1.024 \times F_{21} + \\ 1.531 \times F_{22} + 2.036 \times F_{23} + 2.994 \times F_{24} + 1.407 \times F_{31} + \\ 1.921 \times F_{32} + 2.393 \times F_{33} + 3.377 \times F_{34} + 1.824 \times F_{41} + \\ 2.427 \times F_{42} + 2.835 \times F_{43} + 3.574 \times F_{44} \end{pmatrix} \tag{2-5.18}$$

模型预测值与实际观察值关系,见图 2-5.8。

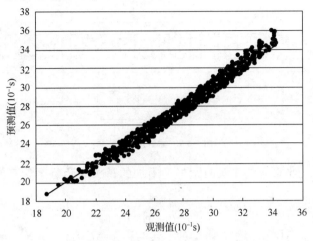

图 2-5.8 观测值与预测值对比图

本模型提供了车队 5-8 位置全为小客车时的车头时距,以及该位置为其他类型车辆时的附加车头时距。任意车辆组合的车头时距,见表 2-5.9。

16 种车辆组合的车头时距及 PCE 值 表 2-5.9

车辆对 后车→前车	h_{PC-PC} (s)	附加车头时距 (s)	车头时距 (s)	车辆对的 PCE 值
PC→PC	2.029		2.029	1.000
PC→ST		0.590	2.619	1.291
PC→MT		1.046	3.075	1.516
PC→LT		1.852	3.881	1.913
ST→PC		1.024	3.053	1.505
ST→ST		1.531	3.560	1.755
ST→MT		2.036	4.065	2.004
ST→LT		2.994	5.022	2.476
MT→PC		1.408	3.436	1.694
MT→ST		1.921	3.950	1.947
MT→MT		2.393	4.422	2.180
MT→LT		3.377	5.406	2.665
LT→PC		1.824	3.852	1.899
LT→ST		2.427	4.455	2.196
LT→MT		2.835	4.864	2.398
LT→LT		3.574	5.602	2.762

车头时距是 HCM 定义下的车头时距,尽管这些取值较准确地反映了驾驶习惯,但获取每一种车辆组合的 PCE 值并不实际。考虑不同类型货车本身的车头时距及其对后续车辆车头时距的附加影响时间,给每种货车类型定义新的 PCE 因子。图 2-5.9 比较了小客车跟

随大货车的车头时距和小客车跟随小客车的车头时距。

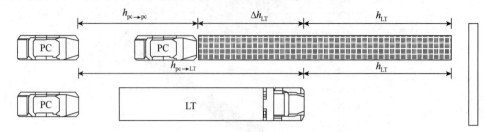

图 2-5.9 货车的时间消耗

如图 2-5.9 所示,小客车的车头时距加上附加的车头时距是客货车的车头时距,附加车头时距公式如下:

$$\Delta h_{LT} = h_{PC \to LT} - h_{PC \to PC} \tag{2-5.19}$$

表 2-5.10 给出了不同车辆组合类型的车头时距及 Δh 值。

不同车辆类型的车头时距及 Δh 值(单位:s)   表 2-5.10

后车	前车为小客车车头时距	Δh(ST)	Δh(MT)	Δh(LT)
PC	2.029	0.590	1.046	1.853
ST	3.053	0.507	1.012	1.970
MT	3.436	0.513	0.986	1.970
LT	3.852	0.603	1.011	1.750
Δh 均值		0.553	1.014	1885

基于 3 种货车类别确定的 PCE 值具有明显的普遍性,因此,车辆的具体位置信息可以忽略。假设每种车辆组合在交通流中出现的频率是相同的,用 H 表示,见式(2-5.20)。

$$H_i = h_{i \to PC} - \overline{\Delta h_i} \tag{2-5.20}$$

$$\overline{\Delta h_i} = \frac{\sum_{i,j=1}^{4}(h_{j \to i} - h_{j \to PC})}{4} \tag{2-5.21}$$

表 2-5.10 中给出了队列中每种类型车辆的消耗时间,可以用来确定各类车型的 PCE 影响值。表 2-5.11 给出了这些影响因素对各类车型的影响值。

每种车辆类型的时间消耗及 PCE 值   表 2-5.11

车辆类型	$h_{i \to PC}$(s)	$\overline{\Delta h_i}$(s)	H_i(s)	PCE
PC	2.029	0.000	2.029	1.000
ST	3.053	0.553	3.606	1.778
MT	3.436	1.014	4.450	2.194
LT	3.852	1.885	5.738	2.828

为了评价这些取值的准确性,在只有 3 种类型货车条件下,用队列中的前 8 辆车通过停车线所需的总时间来衡量,模型见式(2-5.22):

$$TT_{1-8} = TT_{1-4} + 4 \times h_{PC5-8} + (b_{ST} \times F_{ST} + b_{MT} \times F_{MT} + b_{LT} \times F_{LT}) \tag{2-5.22}$$

式中:TT_{1-8}——前8辆车通过所需时间,s;

TT_{1-4}——前4辆车通过所需时间,s;

h_{PC5-8}——位置5-8都为小客车时的车头时距,s;

b_i——i型车的附加车头时距,s;

F_i——i型车在位置5-8的比例,%;

i——车辆类型,小货车为ST、中型货车为MT、大货车为LT。

模型的预测结果列于表2-5.12中。

模型预测结果　　　　　　　　　　　　　　　　　　表2-5.12

系　　数	预测值(s)	标　准　差	t检验值
h_{PC4-8}	2.270076	0.029382	309.0408
b_{ST}	1.228277	0.018823	65.2534
B_{MT}	1.952747	0.018823	103.7416
B_{LT}	2.985894	0.018823	158.6285

图2-5.10表明,与16种跟车模型得出的数据进行比较时,其方差会增加,同预期的结果一致。仅用3种车型来代替16种车辆组合,会降低饱和交通流的预测精度。

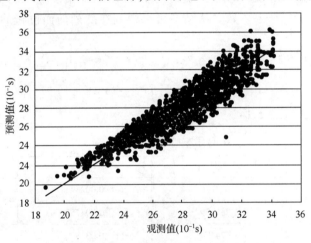

图2-5.10　模型观测值与预测值对比

表2-5.13给出了车头时距的仿真结果以及由表2-5.12计算得到的PCE值。

3种车辆类型的PCE值　　　　　　　　　　　　　　表2-5.13

车　辆　类　型	车头时距(s)	PCE
PC	2.270	1.000
ST	3.498	1.541
MT	4.223	1.860
LT	5.256	2.315

表2-5.13中标注的PCE值比表2-5.11的值低。表明小客车对车头时距的影响超出了预期,而货车的影响却被低估,第4辆货车对饱和车头时距有显著影响,但是该方法并没有

考虑这一因素。

另一种方法是利用 HCM 中 f_{HV} 的变形形式,车队中前 8 辆车通过停车线所需要的时间如式(2-5.23)所示,如果 $TT_{1-8} = TT_{1-4} + TT_{4-8}$,则

$$TT_{5-8} = 4 \times h_{PC5-8} + (b_{ST} \times F_{ST} + b_{MT} \times F_{MT} + b_{LT} \times F_{LT}) \qquad (2-5.23)$$

HCM 中定义 PCE 为相对车头时距:

$$PCE_i = \frac{b_i + h_{PC5-8}}{h_{PC5-8}} \Rightarrow b_i = (PCE_i \times h_{PC5-8}) - h_{PC5-8} \qquad (2-5.24)$$

则:

$$TT_{5-8} = 4 \times h_{PC5-8} + \begin{bmatrix} (b_{PC5-8} \times PCE_{ST} - h_{PC5-8}) \times F_{ST} + \\ (b_{PC5-8} \times PCE_{MT} - h_{PC5-8}) \times F_{MT} + \\ (b_{PC5-8} \times PCE_{LT} - h_{PC5-8}) \times F_{LT} \end{bmatrix} \qquad (2-5.25)$$

若:

$$h_{SAT} = \frac{TT_{5-8}}{4}, Pct_i = \frac{F_i}{4}$$

$$h_{SAT} = h_{PC5-8} \times [1 + Pct_{ST} \times (PCE_{ST} - 1) + Pct_{MT} \times (PCE_{MT} - 1) + Pct_{LT} \times (PCE_{LT} - 1)]$$

该模型用于计算 PCE 值,结果与用式(2-5.22)的结果相似。该模型认为 h_{PC-PC} 是固定值,与式(2-5.18)得到的结果一致。从结果可以得到在队列前面位置的货车对车流车头时距的影响不大。

f_{HV} 的修正形式也可以基于 16 种跟车模型进行推导,给出了这个公式的最终形式:

$$h_{5-8} = h_{PC-PT} \times \{1 + \sum_{i,j=1}^{4} [Pct_{ij} \times (PCE_{ij} - 1)]\} \qquad (2-5.26)$$

模型预测结果,见表 2-5.14。

16 种跟车模型预测值(单位:s)　　　　　　　　　　表 2-5.14

系　　数	预 测 值	标 准 差	t 检 验 值
h_{PC-PC}	2.099136	0.002592	809.6979
b_{12}	1.255759	0.003755	334.4511
b_{13}	1.474404	0.003898	378.2679
b_{14}	1.860251	0.004181	444.9291
b_{21}	1.431489	0.003869	370.0254
b_{22}	1.672034	0.005277	316.8362
b_{23}	1.911019	0.006270	304.6783
b_{24}	2.364296	0.006512	363.0607
b_{31}	1.614128	0.003996	403.9260
b_{32}	1.855496	0.006243	297.2072
b_{33}	2.079154	0.005505	377.6886
b_{34}	2.545657	0.006620	384.5518
b_{41}	1.813318	0.004145	437.5067

续上表

系 数	预测值	标准差	t检验值
b_{42}	2.097403	0.006365	329.5371
b_{43}	2.290151	0.006470	353.9746
b_{44}	2.638246	0.005874	449.1694

虽然这种形式与 HCM 一致，新的 PCE 值采用了式(2-5.18)的模型，采用总时间有利于对车流的理解，将饱和车头时距中货车对起动损失时间的影响分离出来。

第二种方法调整了附加时间，这种方法模型见式(2-5.27)：

$$H_{\text{adj-}i}=h_{i\text{-PC}}+\overline{\Delta h_i}+\frac{\sum_{i,j=2}^{4}(\overline{\Delta h_{i,j}}-\overline{\Delta h_j})}{3} \tag{2-5.27}$$

式中：$H_{\text{adj-}i}$——车队中 i 车消耗的调整后时间，s；

$h_{i\text{-PC}}$——i 车跟随小客车时的车头时距，s；

$\overline{\Delta h_i}$——i 型车附加车头时距的平均值，s；

$\overline{\Delta h_{i,j}}$——$i$ 行车跟随 j 型车的附加车头时距，s。

利用这种方法获得 PCE 值分别为小货车 1.75、中型货车 2.16、大型货车 2.80。

5.6 结　　论

为三种货车类型确定新的 PCE 值，从 16 种跟车模型中获取这三种类型货车的新的 PCE 值。使用了两种研究方法，第一种方法假定货车在排队中随机分布，货车等概率出现在排队中的任何位置。该方法的基本思想是对 i 型车跟随小客车的车头时距加上该车跟随其他 j 类型车的附加车头时距之和作为车辆消耗时间。

第二种方法调整了附加时间，利用这种方法获得 PCE 值分别为小货车 1.75、中型货车 2.16、大型货车 2.80。

用这两种方法得出的 PCE 值基本相等，因此，对于信号交叉口可采用 1.8、2.2、2.8 作为小货车、中货车、大货车的 PCE 值。

案例六 通行能力在信号交叉口展宽车道设计中的应用

6.1 简 介

交叉口展宽车道(Auxiliary Through Lane,ATL)是在交叉口上游和下游增设的一定长度的车道,如图2-6.1所示。

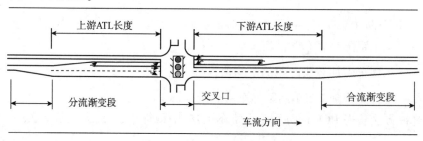

图 2-6.1 典型的交叉口 ATL 构造图

ATL 应用于城市主干路及次干路,可作为缓解信号交叉口拥堵的过渡措施,通常设置在不能增加直行车道的位置,ATL 可增加红灯时段交叉口的停车容纳能力,进而降低车辆的延误和排队时间。

收集 22 个信号控制交叉口的 ATL 调查数据,分析 ATL 的使用性能、车辆运行方式及交通安全与 ATL 设计特性间的关系。结果表明:设有一条直行车道和一条 ATL 的交叉口,高峰期间平均有 24%的车辆使用 ATL 通行,可使车辆通过信号交叉口的平均延误降低;设有两条直行车道和一条 ATL 的交叉口也可得到相似的结论。虽然 ATL 没有达到与直行车道相同的功能,但仍具有实质的运行效益。

当信号交叉口处的饱和度比值接近 1.0 时,设置 ATL 是最有效的。交叉口的拥挤程度和交叉口 ATL 的使用率有很大关系,若交叉口不太拥挤,驾驶员一般不会选择使用 ATL,而当拥挤程度增加到一定数值时,会促使驾驶员使用 ATL 通行。

6.2 ATL 特 性

ATL 与直行车道在分析和设计等方面具有相似性,但 ATL 的一些特点需要特别注意,即车辆在进入 ATL 时需要换道,会影响交通运行和安全。因此,ATL 车道长度、交通标志以及人行横道等的设计需考虑换道影响。

6.2.1 专业术语

用于描述交叉口 ATL 的一些专业术语和定义如下。

(1)ATL:在交叉口上游或下游增设的有一定长度的车道。

(2)公用 ATL:为了满足交叉口右转和直行车辆的通行需求而增设的车道。

(3)专用直行 ATL:只服务于交叉口直行车辆。

(4)CTL:毗邻 ATL 并且位于交叉口上、下游的长度至少在 2km 以上的直行车道。

(5)上游 ATL 长度:在交叉口上游停车线与过渡渐变段末端之间可用的排队长度。

(6)下游 ATL 长度:从交叉口下游向停车线开始到下游过渡段的起点间的距离,下游 ATL 的长度应满足车辆的合流需求。

(7)主线上的速度:在不考虑设计速度的情况下,在给定的路段上使大多数驾驶员感到舒适的行驶速度。

(8)上游过渡段:在交叉口上游确保车辆完全进入到 ATL 的车道渐变段。

(9)下游终止段:在交叉口下游使车辆从 ATL 驶出并完成合流的车道渐变段。

(10)X_T:不设置 ATL 时,交叉口通行车辆中直行交通量与该交叉口总交通量的比值。

6.2.2 ATL 设置条件

与直行车道相似,ATL 可以增加信号交叉口停车线前的停车容量,且可以应用在城市或者郊区的主干路或次干路交叉口。

下列情况中 ATL 经常用于替代直行车道。

(1)直行车道正在建设,暂不可用。

(2)设置 ATL 增加的通行能力能够满足现在或者未来一段时间交叉口的交通需求。

(3)ATL 应具有足够的长度以满足上游车辆停车和下游车辆合流需求。

6.2.3 常见构造类型

图 2-6.1 中有四种常见的 ATL 类型:

(1)一条直行车道和一条公用 ATL。

(2)一条直行车道、一条专用直行 ATL 和一条右转专用道。

(3)两条直行车道和一条公用 ATL。

(4)两条直行车道、一条专用直行 ATL 和一条右转专用车道。

调查发现,85%的 ATL 都是图 2-6.2 中的构造类型,即在交叉口上游原车道右侧增加了一条 ATL,下游也是在原车道的右侧增加了一条 ATL。

6.2.4 ATL 使用率

ATL 使用率定义为使用 ATL 的交通量与通过交叉口总的直行交通量的比值。HCM2010 中没有考虑 ATL 长度对车道使用率的影响。

下面给出评估使用 ATL 交通量的两种方法:

(1)统计模型法。通过回归模型直接估计通过某一交叉口 ATL 的交通量,模型可与 HCM2010 中的信号交叉口程序结合使用。

(2)微观仿真法。车道选择修正系数能够更精确地反映车道实际使用情况,微观仿真软件可以用于预测 ATL 的使用情况。

6.2.5 线形和交通设计

直行车道设计的一些基本原则同样适用于交叉口 ATL 的设计:

(1)ATL 的线形设计应满足驾驶员需求。

(2)标志或人行横道标线所传达的信息需能够反映 ATL 形式。

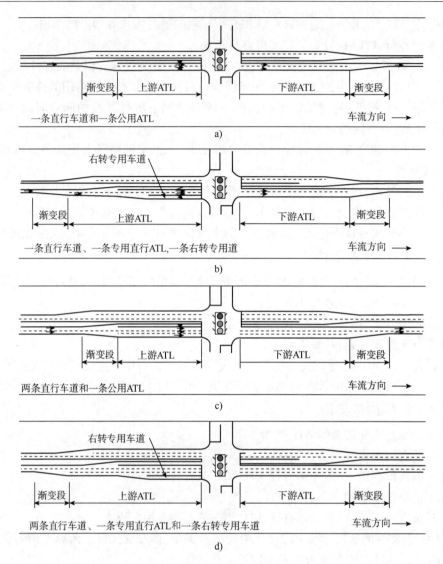

图 2-6.2　常见 ATL 类型

(3) 有足够的视距满足驾驶员对前方道路情况的预判和紧急停车需求。

(4) 其他障碍物应该设置在交叉口范围的外侧(对 ATL 而言,影响区域包括上下游过渡段)。

ATL 设计与标志以及路面标线相关联,上游 ATL 长度应满足排队的车辆在一个信号周期内全部通过交叉口。下游 ATL 的长度应该确保车辆从停车驶出后能够在下游过渡段的终点前达到预期的合流速度,同时保证车辆在到达过渡段终点前相邻的直行车道上有足够的可插车间隙,使车辆能够安全合流。

对应的交通标志需设在交叉口上游,可放置在单柱杆或龙门架上,以提示驾驶员 ATL 的使用性质。

6.2.6　考虑的因素

在设置 ATL 时有四个基本考虑因素(行人、自行车、公交车和其他车辆),分析其与 ATL

设计的相关性。

1)行人

与增加一条直行车道相似,当交叉口增加一条 ATL 时,行人穿过交叉口所要行走的距离增加,会造成如下影响:

(1)增加行人暴露在交通流中的时间。ATL 的设置会增加行人发生交通事故的风险。AASHTO(American Association of State Highway and Transportation Officials,美国公路与运输协会)出版的道路安全手册指出,交叉口的进出口车道数越多,行人与机动车发生事故的可能性越大。

(2)降低过街行人的服务水平。ATL 增加了行人的横穿距离,会导致行人舒适性下降,过街行人的服务水平降低,信号交叉口的行人服务水平计算方法见 HCM2010。

(3)行人过街时间增加。增加一条 ATL 会增加 3.5s 行人过街时间,此时需要增加相交道路行人绿灯时间以满足过街需求,进而会减少主路的绿灯通行时间。增加所有路口的绿灯时间就会使总的行人延误增加,导致行人服务水平降低。

2)自行车

在没有自行车专用道情况下,所有自行车都应该在 ATL 行驶而不能占用直行车道。根据 HCM2010 中信号交叉口服务水平的计算方法,距离的增加会降低相交道路自行车使用者的服务水平。信号交叉口有无专用右转 ATL 的自行车组织方式,如图 2-6.3 所示。

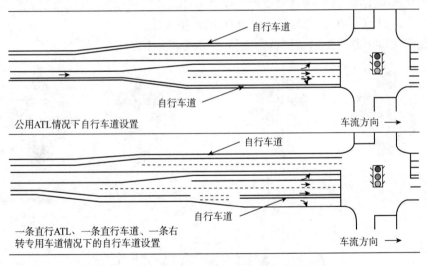

图 2-6.3 自行车车道设置示例

3)公交车

公交停靠站可以设置在交叉口 ATL 范围内或者是邻近交叉口的位置,也可以设在远离交叉口的位置,需根据公交政策、土地使用情况和信号周期时长来确定。图 2-6.4 给出了根据交叉口的结构而设计的公交停靠站布设位置。如果公交车辆经过交叉口的频率较高,则 ATL 的使用率一般较低。

4)机动车

驾驶员通常期望以最小的延误通过交叉口,当不知道交叉口直行信号的绿灯时长,且 ATL 排队车辆较少时,部分驾驶员会选择使用 ATL。

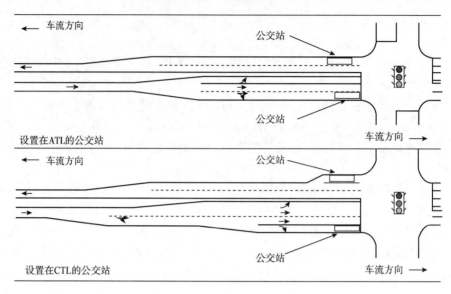

图 2-6.4　公交停靠站布设示意图

需要设置交通标志向驾驶员传递 ATL 的相关信息,图 2-6.5 给出了车道合流标志示意图,交通标志设置的方式如下:
(1)在交叉口上游,需提醒驾驶员前方设有 ATL。
(2)在交叉口范围内,让驾驶员了解 ATL 的使用性质。
(3)在交叉口下游需提示驾驶员合流,并提示合流条件。

a)分流标志　　　　　　　　　b)合流标志

图 2-6.5　交互合流标志示例

6.3　ATL 交通量估算

6.3.1　数据调查与处理

1)专用 ATL 车道

将 ATL 视为一种独立的车道形式(不论该车道是直右车道或是直行专用车道)。因此,一个含有一条左转专用车道、一条 CTL、一条 ATL 和一条右转专用车道的交叉口进口道应包含 4 种车道形式,专用 ATL 车道设置如图 2-6.6 所示。

2)数据收集要求

与 HCM2010 分析信号交叉口交通运行特性相同,需收集高峰 15min 内的小时流率、大型车比例、交叉口道路参数、信号配时等信息。

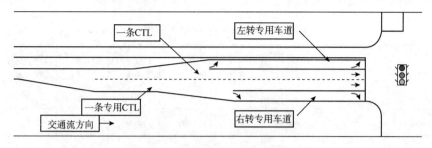

图 2-6.6 专用 ATL 车道设置图

如果 ATL 中存在直行车辆,其直行交通量归到右转交通量中,并假定左转车辆没有影响到相邻的直行车道或 ATL 的交通运行。需要收集的数据如下:

(1)进口道直行交通量,veh/h。
(2)进口道右转流率(针对公用 ATL 而言),veh/h。
(3)进口道有效绿灯时间(在高峰小时 15min 时间段内),s。
(4)信号周期(高峰小时 15min 时间段内),s。
(5)经过调整的进口道直行和右转车辆的饱和流率(用来预测使用 ATL 的交通量,采用 HCM2010 的方法计算),veh/h。

选择 22 个交叉口开展 ATL 交通数据调查。所有的交叉口都在 CTL 的右侧设置了 ATL,且其中一个是在下游合流区的右侧。调查地点存在限制 ATL 使用的障碍物(如车道、停车区、作业区等)。

表 2-6.1 和表 2-6.2 分别列举了所观测的 14 个有 1 条 CTL 和 8 个有 2 条 CTL 的交叉口进口道观测数据。

1 条 CTL 时 ATL 使用率情况 表 2-6.1

进 口	位 置	形式	上游 ATL 长度 (ft)	下游 ATL 长度 (ft)	ATL 最小使用率 (%)	ATL 平均使用率 (%)	ATL 最大使用率 (%)
EB Walker at Murray	Beaverton,OR	公用	570	150	21	28	35
WB Walker at Murray	Beaverton,OR	公用	220	350	23	29	32
EB NC 54 at Fayetteville	Durham,NC	专用	1650	450	19	23	27
NB La Canada at Magee	Tucson,AZ	公用	780	430	15	19	25
SB La Canada at Magee	Tucson,AZ	公用	580	720	11	18	27
EB Magee at La Canada	Tucson,AZ	公用	620	390	14	19	25
WB Magee at La Canada	Tucson,AZ	公用	700	500	9	14	19
NB La Canada at Orange Grove	Tucson,AZ	公用	640	590	11	19	25
SB La Canada at Orange Grove	Tucson,AZ	公用	730	560	18	19	24
EB Walker at 185th	Beaverton,OR	专用	410	220	34	40	44
WB Walker at 185th	Beaverton,OR	公用	350	310	13	15	17
SB Sunset Lake at Holly Springs	Holly Springs,NC	公用	420	950	3	9	13
NB Garrett at Old Chapel Hill	Durham,NC	专用	320	300	13	19	24
SB Garrett at Old Chapel Hill	Durham,NC	专用	330	380	15	23	27

注:EB=东行的、WB=西行的、NB=北行的、SB=南行的。

2 条 CTL 时 ATL 使用率情况   表 2-6.2

进　口	位　置	形式	上游 ATL 长度 (ft)	下游 ATL 长度 (ft)	ATL 最小使用率 (%)	ATL 平均使用率 (%)	ATL 最大使用率 (%)
EB Walker at Murray	Annapolis, MD	专用	800	300	15	19	22
WB Walker at Murray	Annapolis, MD	专用	1670	1060	13	20	31
EB MD 214 at Kettering	Bowie, MD	专用	830	510	2	5	8
NB IL 171 at IL 64	Melrose Park, IL	公用	890	1000	13	18	24
SB IL 171 at IL 64	Melrose Park, IL	公用	1150	830	14	18	23
NB IL 171 at Roosevelt	Melrose Park, IL	公用	290	230	1	6	9
SB IL 171 at Roosevelt	Melrose Park, IL	公用	450	360	21	26	30
SB US 1 at New Falls	Wake Forest, NC	专用	470	1040	11	13	15

注：EB＝东行的、WB＝西行的、NB＝北行的、SB＝南行的。

由表 2-6.1 和表 2-6.2 可知，几乎所有的 ATL 都没有充分利用。根据 HCM2010，当交叉口进口道有 1 条 CTL 时，ATL 的使用率为 47.5%；当交叉口进口道有 2 条 CTL 时，ATL 的使用率应为 31.7%。依据此调查结果，应将 ATL 作为一种单独的车道形式进行考虑。

现场观测和数据分析结果表明：ATL 的使用率主要受主线交通流的饱和度、交叉口入口的几何形状两个因素的影响。

6.3.2　交通拥挤对 ATL 使用率的影响

ATL 的使用率受交叉口运行要素影响，包括：

（1）进口道交通流量。进口道流量较大时，会促使更多的车辆使用 ATL，驾驶员会换道使用 ATL，进而避免在一个信号周期内无法通过该交叉口。

（2）信号配时。有效绿灯时间占交叉口信号周期的比值越低，进口道的通行能力越小，ATL 使用率越高。

（3）车辆到达形式。交叉口绿灯时间内车辆大量到达，此时的 ATL 使用率比同等情况下车辆随机到达时的使用率低。

（4）右转车辆。紧邻 ATL 的车道会产生潜在的右转车辆，以及公共 ATL 上大量的右转车辆均会影响 ATL 的使用率。

图 2-6.7 给出直行车道数不同的情况下，ATL 交通量与总交通量的关系。图 2-6.7b) 中有一个交叉口数据并未使用，因为该交叉口存在与其他交叉口不同的交通特性。该交叉口（底端被圈出的数据）信号配时良好，尽管直行交通量很大，但 ATL 的使用率却不高。

由图 2-6.7 可知，交通拥挤程度与 ATL 的使用情况关系十分密切，比直行交通和 ATL 使用率之间的关系更为明显。ATL 流率随着总流量的增长而增长。因此，对 ATL 流率可以直接建模而不必通过使用率进行预测。

图 2-6.8 给出 ATL 流率和 X_T 的关系。

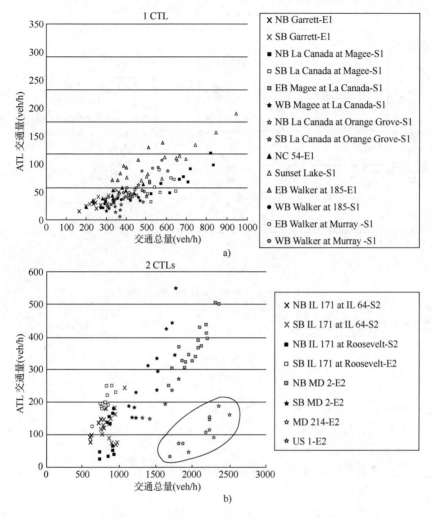

图 2-6.7 ATL 的通过交通量和总交通量的关系

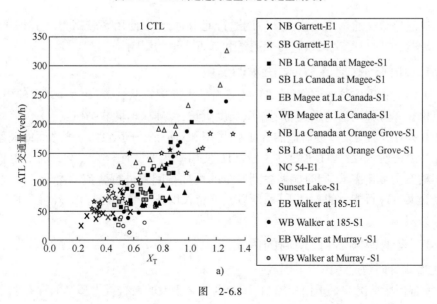

图 2-6.8

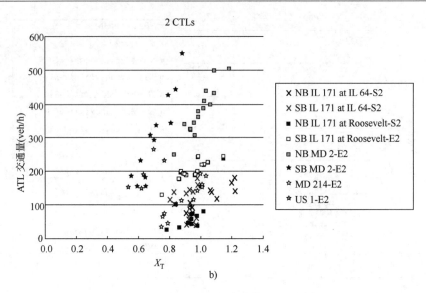

图 2-6.8 ATL 交通量和交通拥堵水平(X_T)的关系

X_T 为直行交通的拥挤水平(V/C)。

$$X_T = \frac{V_T}{N \times S_T \times \frac{g}{C}} \qquad (2\text{-}6.1)$$

式中：V_T——15min 进口直行车道交通流率，veh/h；

N——进口道直行车道的数量；

S_T——每条直行车道的饱和流率，veh/h；

g——进口道有效绿灯时间，s；

C——信号周期时长，s。

式(2-6.1)中所有计算都基于 15min 流率，包括信号周期可变时的有效绿灯和周期时长。

交叉口进口道交通量接近该交叉口的通行能力时，ATL 使用率较高，其使用率受车辆到达形式的影响，同时也受交叉口右转交通量和邻近车道的影响。

6.3.3 几何形状对 ATL 使用率的影响

ATL 上游的长度应该能够容纳 ATL 区域内最大期望排队长度(95%)。在理想情况下，该长度应比相邻直行车道的最大期望排队长度更长，以确保车辆顺畅换道。

图 2-6.9 给出了交叉口进口道的 ATL 使用率和对应的下游 ATL 长度之间的关系。

研究结果表明，下游 ATL 长度对上游 ATL 使用率几乎没有影响。ATL 的下游长度应能够满足车辆安全合流需求，同时能够找到安全的可插车间隙进行合流。由于 ATL 本质上是临时提高交叉口通行能力的一种手段，所以其下游长度还会受到通行权、环境条件和工程造价等因素的限制。

6.3.4 其他影响 ATL 使用的因素

在 ATL 设计时也应考虑以下因素：

(1)下游拥堵情况。由于信号控制、下游区域车道数的减少或大型车的存在而产生的交通瓶颈可能导致车辆在ATL下游合流区发生排队,影响其合流。

(2)交叉口入口视距。保证足够的视距会使驾驶员在使用ATL时感觉更加舒适。

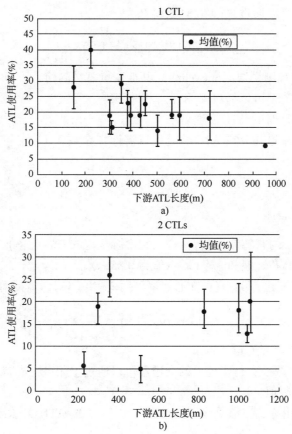

图2-6.9 最小、平均、最大ATL使用率和下游ATL长度之间的关系

6.3.5 ATL交通量的估算

采用分步分析法预测使用ATL的直行交通量,对各参数进行修正,从而估算ATL期望的交通量值,建立基于直行车道数的ATL交通量预测模型。

HCM2010规定了专用或公用车道的最大期望交通量。估计上限值考虑了右转交通的影响,可以根据ATL交通量估算结果推算ATL的使用率。

1) 只有一条直行车道时的ATL交通量

分析只有一条直行车道时的情况,估算交叉口ATL交通量的一个关键参数是X_T,X_T是交叉口进口道直行交通量和交叉口通行能力的比值,见式(2-6.2),当$N=1$时,得到式(2-6.2)。

$$X_T = \frac{V_T}{S_T \times \frac{g}{C}} \tag{2-6.2}$$

式中:V_T——进口直行15min交通流率,veh/h;

S_T——每条直行车道的饱和流率,veh/h;

g——进口道有效绿灯时间,s;
C——信号周期时长,s。

ATL 的交通流率可以通过式(2-6.3)获得:

$$V_{ATL} = 20.226 + 81.791 \times X_T^2 + 1.65 \times \frac{V_T^2}{10000} \tag{2-6.3}$$

式中:V_{ATL}——ATL 的预测交通流率(veh/h),其他变量意义同前。

直行车道的交通流率可以通过 V_T 和 V_{ATL} 相减获得。

2)有两条直行车道时的 ATL 交通量

对具有两条直行车道和公用 ATL 的交叉口需计算参数 X_R(右转交通量的 V/C 比),X_R 可由式(2-6.4)得到:

$$X_R = \frac{V_R}{S_R \times \frac{g}{C}} \tag{2-6.4}$$

式中:V_R——公用 ATL 的右转流率(包括进入到下游车道的右转流率),veh/h;
S_R——公用 ATL 右转饱和流率(默认值为 $0.85S_T$)。

如果 ATL 为专用车道,ATL 直行交通流率可用式(2-6.5)计算,此时 $X_R = 0$。

$$V_{ATL} = 20.24 - 90.291 \times X_R + 1.73 \times \frac{V_T}{100} \tag{2-6.5}$$

式中:V_T——总的进口道交通量,veh/h。

根据计算的 V_{ATL},两条直行车道上的交通量可以通过 V_T 和 V_{ATL} 相减获得。

3)ATL 交通量上限值

如果 ATL 是专用车道,那么具有一条直行车道的 ATL 最大交通流率可以通过式(2-6.6)计算:

$$V_{ATL,MAX} = V_T \left(1 - \frac{0.50}{f_{LV}}\right) \tag{2-6.6}$$

若进口道有两条直行车道,则 ATL 交通流率上限值可以通过式(2-6.7)计算:

$$V_{ATL,MAX} = V_T \left(1 - \frac{0.667}{f_{LV}}\right) \tag{2-6.7}$$

式中:$V_{ATL,MAX}$——ATL 交通流率上限值,veh/h;
f_{LV}——HCM2010 车道利用参数(默认值为 0.908)。

如果 ATL 是直行与右转共用的车道,那么 f_{LV} 值不再适用,因为驾驶员对车道的选择受到公用车道上右转交通量阻抗影响。同样,ATL 交通流率的上限值可以利用式(2-6.8)计算:

$$V_{ATL,MAX} = \text{Max}\left\{0, \frac{V_T}{N} \times \left[1 - \frac{\frac{V_R}{S_R}}{\frac{V_T}{N - S_T}}\right]\right\} \tag{2-6.8}$$

式中:N——交叉口进口道的直行车道和公用 ATL 数量;
V_R——公用 ATL 车道右转交通流率(包括进入下游车道的右转车辆),veh/h;

S_R——右转交通的饱和流率,veh/h。

6.3.6 计算示例

1) 公用 ATL 示例

根据式(2-6.4),假设每条车道 $V_R = 191\text{veh/h}$、$V_T = 1000\text{veh/h}$、$S_T = 1800\text{veh/h}$、$S_R = 1800 \times 0.85 = 1530\text{veh/h}$,则:

$$X_R = \frac{191}{1530 \times \frac{30}{120}} = 0.50$$

由式(2-6.5)得到 ATL 的预测交通流率为:

$$V_{ATL} = 20.24 - 90.291 \times 0.50 + 1.73 \times \frac{1000}{100} = 157\text{veh/h}$$

依据式(2-6.8)计算公用 ATL 的直行流率上限值($N=3$):

$$V_{ATL,MAX} = \text{Max}\left\{0, \frac{1000}{3} \times \left[1 - \frac{\frac{191}{1530}}{\frac{1000}{3600}}\right]\right\} = 184\text{veh/h}$$

由式(2-6.5)得到的预测值比用 V/C 标准得到的数值要小。预测公用 ATL 每小时将吸引 157 辆车通行,占总交通量的 15.7%。进口道非直行总的交通量为 157+191 = 348veh/h,两条专用的直行车道每条车道每小时将有(1000-157)/2 = 422 辆车通过。

2) 专用 ATL 示例

当 ATL 为直行专用车道时,式(2-6.4)中 X_R 为 0,得到 $V_{ATL} = 202\text{veh/h}$。直行交通量的上限值可以通过式(2-6.7)计算,其中车道利用系数采用 HCM2010 中的默认值,即 $f_{LV} = 0.908$。将其代入等式(2-6.7)得到 $V_{ATL,MAX} = 265\text{veh/h}$。专用 ATL 的交通流率是两个值中的较小值,即 202veh/h,则平均每条直行车道的交通流率为(1000-202)/2 = 399veh/h。

设置公用或专用 ATL 均可明显缓解交叉口进口道的拥挤情况。表 2-6.3 中给出了三种情况下计算得出的 V/C 比。假设现有的流量和交通信号不改变的情况下,短期内将右转专用车道改造为一条公用的 ATL 车道可以极大缓解交叉口的拥堵情况。

改造或增设 ATL 后不同运行方向的 V/C 值　　　表 2-6.3

运动方向	V/C	改造成公用 ATL 后的 V/C	增设专用 ATL* 后的 V/C
直行交通	1.167	0.964(直行车道)	0.50(ATL)
			0.93(直行车道)
右转交通	0.50	0.850(ATL 中的交通)	0.50

注:* 代表假设增设专用 ATL 的情况下依旧保留右转专用车道。

6.4 安 全 性

ATL 可以改善交叉口交通运行状况,但由于合流区的增加,ATL 会导致其他类型事故增加,对道路交通安全产生一定的负面影响。

6.4.1 碰撞事故与拥堵程度的关系

图2-6.10给出了设置ATL前进口直行车道的交通拥堵水平与追尾碰撞事故数之间的关系。

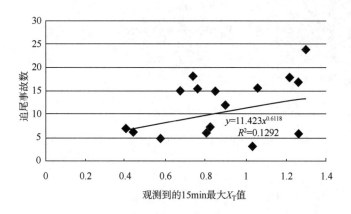

图2-6.10 追尾碰撞数据与进口直行车道的交通拥堵水平间关系

由图2-6.10可知,追尾碰撞事故数与拥堵程度X_T之间的线性关系不是非常明显,拥堵水平低时,追尾碰撞事故的发生频率也较低。

图2-6.11为追尾碰撞事故与ATL平均小时流量之间的关系图。从图中可以看出ATL小时交通量与追尾碰撞事故的关系不大。

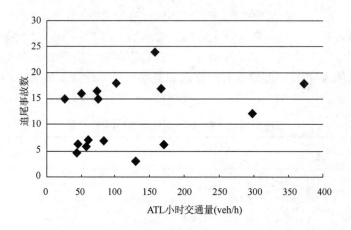

图2-6.11 追尾碰撞与ATL平均小时交通量的关系

6.4.2 碰撞事故和ATL总长度的关系

图2-6.12将刮擦碰撞数量与ATL的总长度(上游ATL的长度、交叉口宽度以及下游ATL的长度的总和,不包括渐变段的长度)进行对比分析。可以看出,随着ATL总长度的增加,刮擦事故发生的概率也会增加。

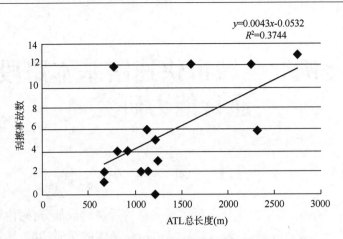

图 2-6.12 平均追尾/侧面碰撞事故数与 ATL 总长度的关系

6.5 结　　论

ATL 一般应用于交通量增加,但用地条件限制不能增设直行车道的交叉口,也常用在直行车道改造完成之前的过渡阶段。由于 ATL 的车道使用率与其他车道不同,因此,在设计和使用 ATL 时应注意以下几点:

(1)设置 ATL 时应考虑整个交叉口的情况,包括交叉口所处地点以及当地的政策、标准和规范等。

(2)不论是公用还是专用 ATL 车道,均是与直行车道不同的车道类型,具有独特的交通运行特性,应区别对待。

(3) ATL 的几何设计与交通运行特性之间相互影响,使用和设计 ATL 时,要对其所处的交叉口整体环境进行分析,合理确定 ATL 的起始、结束位置,渐变段长度和总长度等几何元素,最大化地发挥其对缓解交叉口交通拥挤、提高交叉口通行能力的作用,尽量降低其对车辆运行安全的负面影响。

案例七 城市快速路基本路段通行能力研究

7.1 简　　介

快速路系统作为城市多层次综合交通运输体系的重要组成部分,对内联系城区干道及主要交通枢纽,对外与高速公路衔接。以其大容量、高速度的交通功能,满足日益增长的城市交通需求。

在快速路建设飞速发展的同时也存在一些问题。一方面,由于对新建快速路的通行能力估计过高,使之建成后不久即产生严重交通阻塞而影响运输效率,造成交通安全隐患增多和行车难的后果,或对快速路交通发生拥堵的机理认识不足,使得在交通严重阻塞时仍得不到改建。另一方面,由于对快速路通行能力的分析不够准确,也可能导致建设标准过高或平行建设,从而造成决策不当或失误。本案例主要针对快速路基本路的通行能力开展调查研究。

7.2 数据调查与处理

由于快速路在城市中所处位置的复杂性及其道路系统结构形式的多样性,其交通流数据采集的方法也应灵活机动,因地制宜。采用视频、磁映像、气压管和远程微波等检测技术。

7.2.1 数据采集

1)采集仪器

使用的检测设备包括美国 Autoscope 视频检测系统和深圳 Video Trace VT2100R 视频检测系统(图 2-7.1)、美国 NC-97 袖珍交通流量计(图 2-7.2)、澳大利亚 MetroCount5600 车辆分型统计系统(图 2-7.3)和加拿大 RTMS 远程交通微波传感器(图 2-7.4)。

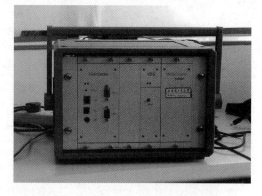

图 2-7.1　Video Trace VT2100R 视频检测系统

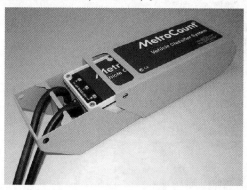

图 2-7.2　MetroCount5600 车辆分型统计系统

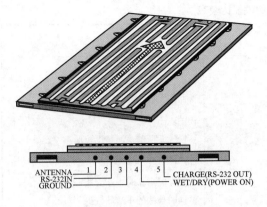

图 2-7.3 NC-97 袖珍交通流量计

图 2-7.4 RTMS 远程交通微波传感器

(1) Video Trace VT2100R 视频检测系统

一种采用视频图像分析和计算机视觉技术对路面车辆运行情况进行检测分析的系统，可准确检测路面各车道的交通量、车速、车流密度、道路占有率、车辆分类等。该系统采用摄像机检测交通流数据，摄像机可安装在人行天桥、路中间的隔离带或路边，安装高度通常在7~20m。

(2) MetroCount5600 系列路旁单元

该系统采用双气压管传感器，可以检测到从自行车到重型车的各种车辆，并且能够提供精确的速度和车轮位置数据。尤其是在短期的交通调查工作中，利用橡胶气压管来检测车轴是一种简单有效的车辆传感方式。

MetroCount5600 车辆分型统计系统用于间隙式交通调查工作的交通数据采集及统计分析，能够灵活地对交通状况进行定期或不定期的调查，为交通调查统计工作提供精确的交通量、车辆类型、车辆行驶速度等基本交通信息，并由软件进行统计、分析和预测，直观地描绘交通流分布、交通流组成、密度、拥堵情况、排队情况、通行能力及交通恢复等情况。

(3) NC-97 袖珍交通流量计

将车辆磁映像(VMI)技术用于交通数据的采集，在任何时间都可以对单车道交通参数进行检测，可置于道路任意位置。该设备安装于车行道中央，不需要与车辆进行物理性接触。由于其外观小巧，不会对驾驶员的驾驶行为及车辆造成大的影响，这对所采集的数据能否真实反映交通流的实际状况非常重要。可检测交通量、车速、车型、道路占用率等信息。

①检测参数：车流量、车速、车头时距、车长和路面状况(路面温度及干湿程度)；车速可分为 15 级，车长 8 级。

②检测精度：自由流交通量>99%，拥挤条件交通量>95%、车速95%、车长92%。

③车辆磁映像(VMI)感应技术：具备双向自动计数能力。

④安装方便：置于路面，加盖保护就可投入使用。

2) 性能比较

在调查中，采用以视频观测为主，磁映像、气压管和远程微波等检测技术相辅进行交通流和道路状况数据采集。交通流数据的采集与处理方法选择至关重要，四种交通流检测技术都具有各自的优缺点和适用条件(表 2-7.1)。

不同检测技术的性能比较表　　　　　　　　表 2-7.1

检测技术	优　点	缺　点
视频检测	设备安装时无需中断交通； 提供单车信息； 提供大量可视化交通管理信息； 单台处理器可同时检测多车道； 视频资料可反复利用； 可跟踪突发性事件	安装条件要求较高； 车辆分型较粗糙； 阴影、积水反射或昼夜转换可造成检测误差； 慢速车队的观测精度较低； 受气候条件的影响较大
气压管传感器	恶劣气候下性能出色； 车辆分型准确； 能够获得每辆车的车轴信息	安装时需短时中断交通； 同时检测的车道数较少； 慢速车队的观测精度较低； 仅适于柔性沥青路面铺装
磁映像	可检测小型车辆，包括自行车； 适合在不便安装线圈场合采用； 无线检测，设备小巧，便于携带	安装时需短时中断交通； 慢速车队的观测精度较低； 容易遭受重型车辆碾压破坏； 单一设备只能检测一个车道
远程微波传感器	设备安装时无需中断交通； 在恶劣气候下性能出色； 可检测静止的车辆； 可侧向检测多车道	安装条件要求较高； 不能对车辆进行准确分型； 不能检测单车信息

7.2.2　调查方案制定与实施

具体内容包括调查路段的车道数、车道宽、分隔带宽、侧向净空、标线间距及标线长等。实测交通流数据基本参数包括车型、交通组成、流量、车速、车头时距、密度及车道占有率。

1）检测设备布设

（1）直线段

快速路为地面道路，路段有大量天桥可以利用，因此主要采用视频观测。对于城市内环高架路，则采用 NC-97 或 MetroCount 气压管采集为主，并配合数码摄像机进行高峰期交通状况记录。

（2）曲线段

采用组合观测，双向 6 车道及 8 车道利用 1 台 RTMS 远程交通微波传感器、6 或 8 个 NC-97 袖珍交通流量计及 4 组 MetroCount5600 系列路旁单元分别布设在弯道起点、终点及弯道中点 3 个断面，设备布置见图 2-7.5。

（3）纵坡路段

采用组合观测，双向 6 及 8 车道时选择坡前直线段布设 6 或 8 个 NC-97，坡段上布设 4 组 MetroCount5600 气压管。如果条件允许，调查路段有合适的人行天桥，则在天桥上设置 2 台摄像机进行视频观测，设备布置见图 2-7.6。

2）数据采集

根据上述调查方案，对几个城市的快速路系统进行了实地交通调查。表 2-7.2 为基本路段调查统计结果。

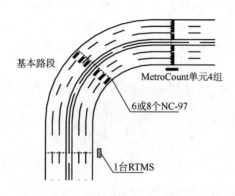

图 2-7.5　曲线路段检测设备布置示意图

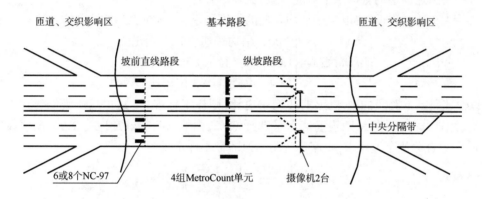

图 2-7.6　纵坡路段检测设备布置示意图

部分城市快速路基本路段调查统计　　　　　　　　　　　表 2-7.2

城市	快速路	基本路段			城市	快速路	基本路段		
		直线段	曲线段	纵坡段			直线段	曲线段	纵坡段
广州	内环高架	3	1	2	深圳	南环	1	1	—
	外环	1	—	—		北环	1	1	—
上海	内环高架	2	—	—	天津	中环	4	—	—
	外环	3	—	—		外环	—	—	—
北京	二环	1	—	1	沈阳	东西快速路	—	1	—
	三环	1	1	—		沈苏快速路	1	—	—
	四环	2	—	—		一环	—	—	—
	五环	1	—	—		二环	1	—	—
	京通快速路	1	—	—	哈尔滨	二环	3	—	1

7.2.3　数据分析处理

1) 观测样本确定

从实测数据看, 快速路交通流通常多以车队的方式到达。因此, 交通流以 1min 短时观测时段作为观测时间间隔更为适宜,因为其更能真实反映车队数据信息及其在不同时段的交通状态和相应服务水平。事实上,由实际观测发现,快速路交通流的拥堵现象,更多地表现为走走停停的现象,也就是说,在短期时间段内,交通流状态可能发生很大的变化。

根据数理统计原理要求,满足相应的置信水平,需要观测的车速最小样本量由下式估算:

$$n \geqslant \left(\frac{\sigma \times K}{E}\right)^2 \left(1+\frac{r^2}{2}\right) \tag{2-7.1}$$

式中:n——最少观测的样本量;

σ——观测车速样本数量标准差,两车道取 $\sigma=8.5$km/h、四车道取 $\sigma=6.8$km/h、六车道取 $\sigma=5.2$km/h;

K——满足期望的置信水平对应常数,见表 2-7.3;

E——车速允许误差,取决于平均车速的精度要求,一般在 1.5~2km/h。

$$r(\text{常数})=\begin{cases} 0.00 & \text{平均车速、15\%位车速} \\ 1.04 & \text{15\%位或 85\%位车速} \\ 1.64 & \text{5\%位或 95 位车速} \end{cases}$$

以快速路基本路段的观测为例,按四车道计,则样本标准差(这里指所观测车速的速度标准差)为 6.8km/h。如果期望置信水平选择 95%,由表 2-7.3 知 K 应为 1.96,E 值设定为 2km/h,考虑百分位车速要求,则需要观测车速的最小样本量为:

$$n \geqslant \left(\frac{6.8 \times 1.96}{2}\right)^2 \left(1+\frac{1.64^2}{2}\right) = 104$$

如果以 15min 作为观测统计间隔,则观测时间为 $104 \times 15 \div 60 = 26$h;如果以 5min 作为统计间隔,则观测时间为 $104 \times 5 \div 60 = 8.67$h;如果以 1min 作为统计间隔,则观测时间为 $104 \times 1 \div 60 = 1.73$h。这表明,只要一个观测点的连续观测时间满足 26h(15min 统计间隔)或 8.67h(5min 统计间隔)或 1.73h(1min 统计间隔),人机反应记录取样就可以满足最小样本量的要求,使观测的数据具有代表性。

满足期望置信水平对应的常数 K 表 2-7.3

期望置信水平(%)	K
86.6	1.50
95.0	1.96
99.0	2.58
99.7	3.00

实际检测时,采用 1min 或 30s 作为观测统计间隔,这样既能减少样本采集观测时间需求,同时,需要 5min 或 15min 间隔时间数据进行特定分析时,又可由 1min 或 30s 统计间隔数据衍生而成。实际观测时段为视频检测 12h(6:00—18:00),MetroCount 检测和 NC-97 检测 24h,均满足最小样本量要求。

2)数据分析方法

数据处理基于两方面,一是利用检测设备自带程序对实测数据进行预处理,二是借助专业数据处理软件 SPSS、Matlab 及 Office 等进行辅助分析。

(1)Video Trace 视频检测系统。通过设置各种虚拟检测域对摄像带记录的路面交通流信息进行数字化处理。通过视频处理,视频检测系统可产生所需的交通量、车速、车型、道路占有率、车头距离、车辆排队长度等多种交通数据,数据存储为 Excel 格式,数据处理软件界面如图 2-7.7 所示。

(2)NC-97 袖珍交通量检测系统。利用 HI-STAR 数据管理软件 HDM 对 NC-97 袖珍交通流量计进行设置(图 2-7.8),并下载它所保存的交通调查基础数据,进而处理交通量、车速、车型、占用率等数据。

图 2-7.7　Video Trace 检测系统虚拟检测设备设置　　　图 2-7.8　NC-97 袖珍交通量计软件

(3)MetroCount5600 气压管检测系统。对于由 MetroCount5600 系列路旁单元采集到的交通流数据,利用设备自带的 Traffic Executive 软件进行处理(图 2-7.9),同时应用该专用软件剔除不符合实际的数据,从而获得研究所需的有效的交通流参数。

图 2-7.10~图 2-7.12 为交通流数据统计分析管理系统数据分析与处理界面。

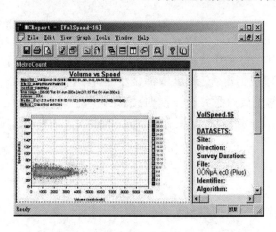 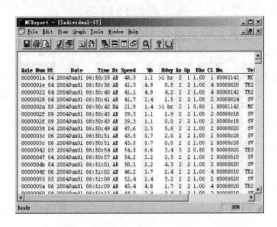

图 2-7.9　MetroCount5600 车辆分型统计系统生成的速度-流量散点图

图 2-7.10　交通流数据统计分析管理系统界面

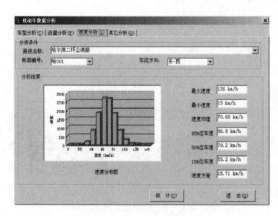

图 2-7.11　速度分布示例

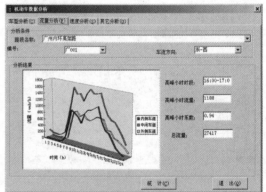

图 2-7.12　流量分析示例

7.3　快速路基本路段通行能力确定

7.3.1　基本路段理想条件

影响快速路基本路段通行能力的因素有很多,如道路等级、车道宽度、线形标准、交通组成以及横向净宽等。为了研究结果的可比性,有必要建立快速路通行能力分析的标准条件。原则上以满足《城市道路设计规范》中规定的理想情况:交通流中都是小客车;全部控制出入;天气良好,直线路段,平坡,路面状况良好,驾驶员熟悉路况。同时,满足计算行车速度为 80km/h;快车道宽度为 3.50m、慢车道宽度为 3.75m、中间带宽度为 3.00m;视距大于 300m 的快速路。

7.3.2　理论通行能力

1) Greenshields 模型法

基于 Greenshields 速度—密度线性模型的流量—速度模型为:

$$Q = K_j \left(V - \frac{V^2}{V_f} \right) \tag{2-7.2}$$

理论通行能力计算式为：

$$C_b = Q_{max} = \frac{1}{4}K_j V_f \tag{2-7.3}$$

相应临界速度按下式计算：

$$V_m = \frac{1}{2}V_f \tag{2-7.4}$$

阻塞密度取 $K_j = 111.1\text{pcu}/(\text{km}\cdot\text{ln})$（平均车头时距按 9m 计），对于计算行车速度分别为 60km/h、80km/h 和 100km/h 的快速路，其相应理论通行能力、最佳速度和最佳密度见表 2-7.4（为便于比较起见，本文以计算行车速度 V_d 代替自由流速度 V_f）。

基于 Greenshields 速度—密度模型的基本通行能力　　　表 2-7.4

计算行车速度(km/h)	60	80	100
通行能力[pcu/(h·ln)]	1665	2222	2778
最佳速度(km/h)	30	40	50
最佳密度(pcu/km)	55.55	55.55	55.55

Greenshields 速度—密度模型的理论通行能力值低者偏低、高者偏高，其级差相差 500pcu/h 以上，相应密度值为 55.55pcu/km，也偏高。

2）HCM 方法

HCM 关于高速公路基本路段的理论通行能力及相应的最佳速度按下式计算：

$$C_b = 1800 + 5V_f \quad 90 \leq V_f \leq 120\text{km/h} \tag{2-7.5}$$

$$V_m = \frac{5}{28}V_f + \frac{450}{7} \quad 90 \leq V_f \leq 120\text{km/h} \tag{2-7.6}$$

不同计算行车速度下的相应理论通行能力、最佳速度以及最佳密度列于表 2-7.5。

基于 HCM 法的不同计算行车速度下的理论通行能力、
最佳速度以及最佳密度指标　　　表 2-7.5

计算行车速度(km/h)	60	80	100
通行能力[pcu/(h·ln)]	2100	2200	2300
最佳速度(km/h)	75.00	78.57	82.14
最佳密度(pcu/km)	28.00	28.00	28.00

比较表 2-7.4 和表 2-7.5，可以看到，两者通行能力取值相差较大。HCM 法计算的通行能力值随自由流车速的增加其增大的幅度较小。从数据结果看，HCM 法较 Greenshields 速度—密度模型法更趋于合理。上述方法仅适应于自由流速度范围在 90~120km/h 的高速公路基本路段通行能力计算。例如，计算行车速度为 60km/h 时根据式（2-7.6）计算的通行能力相应最佳速度值为 75km/h，已超出快速路设计要求的底线，即使实际运行中能达到这样的车速，已属超速行驶，因此 HCM 方法并不适合快速路基本路段理论通行能力计算。

3）基于突变分析的速度—密度线性模型法

（1）交通流突变机理分析

图 2-7.13、图 2-7.14 为实测快速路速度流量关系散点图，从图 2-7.13 和图 2-7.14 可看出，

多数情况下,交通流不是处于非拥挤流状态就是处于拥挤饱和流状态,由非拥挤状态向拥挤状态或由拥挤状态向非拥挤状态过渡不是一个渐进过程,而是一种飞跃、一种突变。例如,快速路上一旦出现突发事件,如追尾事故,其车流速度将从某一较高速度骤然下降为零,从某一密度剧增为阻塞密度,也就是说速度和密度均发生了突变。

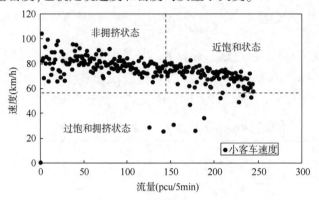

图 2-7.13 速度—流量散点关系

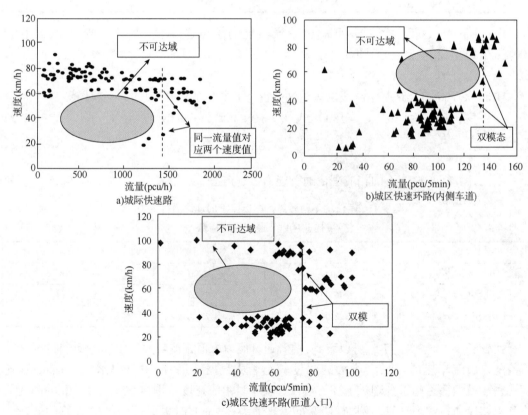

图 2-7.14 快速路交通流突变特征

从图 2-7.14 可以看到,任意一个流量值总是对应有两个速度值:一个位于非拥挤状态,另一个位于拥挤饱和状态,这与尖点突变理论的双模态特征相一致。从实测数据散点图还可以发现,某些区域的点非常少或者根本就没有(出现空白)。从交通心理角度分析,这是因为有一种时间利益在驱使驾驶员不能在这些区域停留,即尽量减少延误和缩短运行时间,于是在某些区域出现不可达域(图 2-7.14 中的椭圆形区域)。因此,系统具有不可达性。此外,当交通流达到系统的通行能力时,即系统处于临界平衡状态时,但这种平衡状态是理想化的,只是瞬间存在,属于不稳定平衡,也就是一种准平衡,一旦遇到外界因素的扰动就可能破坏这种平衡(如前车的突然制动或制动失灵)。因此系统可能偏向拥挤状态也可能偏向非拥挤状态,但这种偏向却又并不是固定不变的,有时可能偏向拥挤状态,有时又可能偏向非拥挤状态。这与突变理论的分叉特征相吻合,即系统具有分叉性。

图 2-7.15 为某立交主线实测高峰时段交通流参数随时间变化的情况。速度和密度(用车道占有率表示)在 8:24—8:25 区段发生"突跳"。因此,快速路交通流系统具有突变特征。

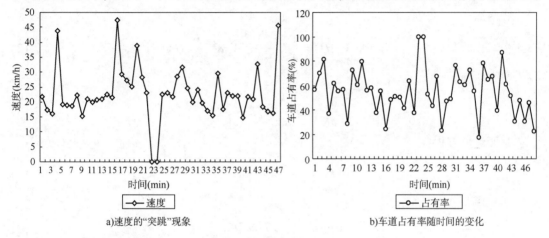

a) 速度的"突跳"现象　　　　b) 车道占有率随时间的变化

图 2-7.15　交通流参数随时间变化图

由于快速路交通流具有突变特征,快速路系统是一个具有尖点突变特征的复杂系统,因此也可以应用尖点突变理论来解释快速路交通流行为。

(2)密度突变模型

①模型建立

将快速路交通流当作流体来研究。车流速度随车流密度的变化而变化,其速度波方程为:

$$V_\omega = dQ/dK = Q/K + KdV/dK \tag{2-7.7}$$

当车流遇到某种扰动或突发事件时,车队会受到冲击而降低车速,车流密度会突然增大。车速的降低犹如一股冲击波,以 V_ω 的速度向后传播。受这一冲击波的影响,交通流在某种临界状态下可能会产生突变,即发生交通堵塞。

快速路交通流具有流量大、车流密度高的特点,车辆跟驰现象频繁。采用基于跟驰理论的广义速度——密度模型作为基本运动方程。该模型的优点在于当 $K=0$ 和 $V=0$ 时均有解,而且在 $0 \leq m<1$ 和 $l>1$ 区间内几乎涵盖了目前常用的所有速度—密度模型。

基于跟驰理论的广义速度—密度模型为:

$$V^{1-m} = V_f^{1-m}\left[1-\left(\frac{K}{K_j}\right)^{l-1}\right] \quad 0 \leq m<1, l>1 \tag{2-7.8}$$

取 $m=0$,对式(2-7.8)关于 K 求导可得:

$$dV/dK = -(l-1)\frac{V_f}{K_j}K\left(\frac{K}{K_j}\right)^{l-2} \tag{2-7.9}$$

代入式(2-7.7)有：

$$V_\omega = \frac{Q}{K} - (l-1)\frac{V_f}{K_j}K\left(\frac{K}{K_j}\right)^{l-2} \tag{2-7.10}$$

按模型曲线族结构方程 l 的取值范围取 $l=3$ 时，式(2-7.10)可写成：

$$K^3 + \frac{K_j^2}{2V_f}V_\omega K - \frac{K_j^2}{2V_f}Q = 0 \tag{2-7.11}$$

观察不难发现，式(2-7.11)与尖点突变流形方程的通式 $x^3 + ax + b = 0$ 相似。因此，根据突变理论，构造密度突变模型如下：

势函数：

$$U(K, V_\omega, Q) = \frac{1}{4}K^4 + \frac{1}{4}\frac{K_j^2}{V_f}V_\omega K^2 - \frac{K_j^2}{2V_f}QK \tag{2-7.12}$$

突变曲面：

$$\frac{\partial U}{\partial K} = K^3 + \frac{K_j^2}{2V_f}V_\omega K - \frac{K_j^2}{2V_f}Q \tag{2-7.13}$$

突变流形方程：

$$K^3 + \frac{K_j^2}{2V_f}V_\omega K^2 - \frac{K_j^2}{2V_f}Q = 0 \tag{2-7.14}$$

分叉集：

$$\frac{1}{2}\left(\frac{K_j^2 V_\omega}{V_f}\right)^3 + \frac{27}{4}\left(\frac{K_j^2 Q}{V_f}\right)^2 = 0 \tag{2-7.15}$$

临界曲面式(2-7.13)称为尖点突变曲面，见图 2-7.16，在该曲面中存在一条折叠曲线。当控制变量 Q、V_ω 变化时，状态变量 K 发生相应变化，曲线的运动轨迹亦发生渐变，开始是在突变曲面的下半曲面(底叶)运动，一旦运动轨迹经过折叠曲线便会出现"突跳"而逾越中间曲面(中叶)，进入上半曲面(上叶)。

②突变模型求解

突变流形方程式(2-7.14)为高阶三次方程，其三个根分别为：

$$K_1 = \sqrt[3]{\frac{K_j^2 Q}{4V_f} + \sqrt{\Delta}} + \sqrt[3]{\frac{K_j^2 Q}{4V_f} - \sqrt{\Delta}} \tag{2-7.16}$$

$$K_2 = \omega\sqrt[3]{\frac{K_j^2 Q}{4V_f} + \sqrt{\Delta}} + \omega^2\sqrt[3]{\frac{K_j^2 Q}{4V_f} - \sqrt{\Delta}} \tag{2-7.17}$$

$$K_3 = \omega^2\sqrt[3]{\frac{K_j^2 Q}{4V_f} + \sqrt{\Delta}} + \omega^3\sqrt[3]{\frac{K_j^2 Q}{4V_f} - \sqrt{\Delta}} \tag{2-7.18}$$

式中，$\omega = -\frac{1}{2} + \frac{\sqrt{3}}{2}i$，$\Delta = \left(\frac{K_j^2 Q}{4V_f}\right) + \left(\frac{K_j^2 V_\omega}{6V_f}\right)^3$。$K_1$ 为实数根，K_2、K_3 为复数根。

在突变曲面上，总势能对 K 的二阶导数为 $\frac{\partial^2 U}{\partial K^2} = 3K^2 + \frac{K_j^2}{2V_f}V_\omega$，在曲面中叶(含 $K=0$)上，$\frac{\partial^2 U}{\partial K^2} < 0$，处于不稳定状态；在上、下叶，$\frac{\partial^2 U}{\partial K^2} > 0$，处于稳定状态。

当 $\Delta \geq 0$ 时,式(2-7.14)有实数解;当 $\Delta<0$ 时,无实数解。$\Delta=0$ 时,K 为突变临界值,也就是说密度一旦达到或超越该临界值,就会产生状态的突变,也就是将出现交通阻塞。这体现出非线性动态系统的混沌特性,即初始条件的一个很小的变化也可能导致系统产生一个很大的响应。

若将图 2-7.16 中的投影面放大则可得到图 2-7.17 所示的平面。它是突变曲面(流形)在平面 $Q—V_\omega$ 上的一种突变映射。图 2-7.17 中的阴影区为折叠区。因为 Q 恒大于零,故交通流模型所适应的区域为折叠区的正半区域。当状态变量 K 在控制变量 Q、V_ω 的作用下,落在 $\Delta>0$ 的区域时,则 K 是渐变的,此为畅行区,即非拥挤交通状态,其交通流为畅行交通流;当 K 值经过 $\Delta=0$ 进入 $\Delta<0$ 区域时,K 的运动轨迹即刻由底叶突跳到上叶,形成一个突变,从物理意义上来说,车流密度由渐变演化为跳跃式突变,车流密度瞬间达到阻塞密度,交通流从运动变为静止,由畅通变为堵塞,故该区域为阻塞区,即过饱和流状态。这就是出现交通事件时交通流发生突变的机理。

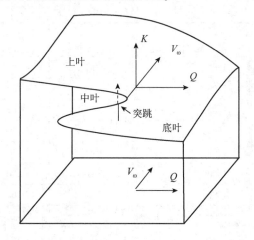

图 2-7.16 尖点突变曲面及其在 $Q—V_\omega$ 平面上的投影   图 2-7.17 突变曲面在平面 $Q—V_\omega$ 上的突变映射

③突变临界密度确定

对于纯小客车流,车流阻塞时的最大阻塞密度为 $1000 \div 6 = 166.7 \text{pcu/km}$(平均车长取小客车长 6m)。若考虑大型车辆混入率及车辆之间的最小安全距离,其最小安全车头间距取 9m,则最大阻塞密度为 $1000 \div 9 = 111.1 \text{pcu/km}$。实际上,上述阻塞密度应该是一种"静态"阻塞密度。也就是说,发生交通阻塞以后,总体上来说,车流或车队已停止,但车流中还存在着局部的"微动",驾驶员仍"想方设法"试图挪动自己的车辆前移,这种"微动"直至达到完全静止下的最大车流密度才结束。可见,交通阻塞现象的产生是一种"动态"的,是由动态向静态的过渡。换句话说,实际发生交通堵塞的临界密度肯定小于静态阻塞密度。因此,研究发生交通阻塞时的这一临界密度就显得至关重要。当实际检测到的车流密度接近临界密度时,就应制定相应的交通管制策略和对策(如调节匝道进出口流量、控制快速路上的车辆数等)。

由 $\Delta=0$,可得波速 V_ω 的临界值:

$$V_{\omega C} = \sqrt[-3]{\frac{27 V_f Q_C^2}{2 K_j^2}} \tag{2-7.19}$$

其相应突变临界密度为：

$$K_C = \sqrt[3]{\frac{2K_j^2 Q_C}{V_f}} \qquad (2\text{-}7.20)$$

式中：$V_{\omega C}$——突变临界波速，km/h；

K_C——突变临界密度，pcu/km；

Q_C——达到临界密度时相应的流量，pcu/h；

式中其余符号意义同前。

式（2-7.19）中的"-"表示车队受到的冲击波是一返回波，即是向后传播的。表2-7.6~表2-7.8为根据式（2-7.19）和式（2-7.20）计算的发生交通阻塞的临界密度数据结果。对于快速路，自由流速度分别按计算行车速度60km/h、80km/h和100km/h取值，阻塞密度取111.1pcu/km。

不同流量状态下的临界密度值[$V_f = 60$km/h、$K_j = 111.1$pcu/(km·ln)]　　表2-7.6

Q_C (pcu/h)	$V_{\omega C}$ (km/h)	K_C (pcu/km)	V_{CK} (km/h)	Q_C (pcu/h)	$V_{\omega C}$ (km/h)	K_C (pcu/km)	V_{CK} (km/h)
100	-8.68	34.52	2.90	1300	-48.04	81.17	16.02
200	-13.79	43.50	4.60	1400	-50.48	83.20	16.83
300	-18.08	49.79	6.02	1500	-52.85	85.14	17.62
400	-21.90	54.80	7.30	1600	-55.18	86.99	18.39
500	-25.41	59.03	8.47	1700	-57.45	88.77	19.15
600	-28.69	62.73	9.56	1800	-59.68	90.47	19.90
700	-31.80	66.04	10.60	1900	-61.88	92.12	20.62
800	-34.76	69.04	11.59	2000	-64.03	93.71	21.34
900	-37.60	71.81	12.53	2100	-66.14	95.24	22.05
1000	-40.34	74.38	13.44	2200	-68.23	96.73	22.74
1100	-42.98	76.78	14.33	2300	-70.28	98.18	23.43
1200	-45.55	79.04	15.18	2400	-72.30	99.58	24.10

不同流量状态下的临界密度值[$V_f = 80$km/h、$K_j = 111.1$pcu/(km·ln)]　　表2-7.7

Q_C (pcu/h)	$V_{\omega C}$ (km/h)	K_C (pcu/km)	V_{CK} (km/h)	Q_C (pcu/h)	$V_{\omega C}$ (km/h)	K_C (pcu/km)	V_{CK} (km/h)
100	-8.35	31.36	3.19	1000	-38.78	67.58	14.80
200	-13.26	39.52	5.06	1100	-41.32	69.76	15.77
300	-17.38	45.24	6.63	1200	-43.79	71.81	16.71
400	-21.05	49.79	8.03	1300	-46.19	73.75	17.63
500	-24.43	53.63	9.32	1400	-48.53	75.60	18.52
600	-27.58	57.00	10.53	1500	-50.81	77.35	19.39
700	-30.57	60.57	11.56	1600	-53.05	79.04	20.24
800	-33.42	62.73	12.75	1700	-55.24	80.65	21.08
900	-36.15	65.24	13.80	1800	-57.38	82.20	21.90

续上表

Q_C (pcu/h)	$V_{\omega C}$ (km/h)	K_C (pcu/km)	V_{CK} (km/h)	Q_C (pcu/h)	$V_{\omega C}$ (km/h)	K_C (pcu/km)	V_{CK} (km/h)
1900	-59.49	83.70	22.70	2200	-65.60	87.89	25.03
2000	-61.56	85.14	23.49	2300	-67.57	89.20	25.78
2100	-63.59	86.54	24.27	2400	-69.51	90.47	26.53

不同流量状态下的临界密度值[$V_f = 100\text{km/h}$、$K_j = 111.1\text{pcu}/(\text{km}\cdot\text{ln})$]　　表 2-7.8

Q_C (pcu/h)	$V_{\omega C}$ (km/h)	K_C (pcu/km)	V_{CK} (km/h)	Q_C (pcu/h)	$V_{\omega C}$ (km/h)	K_C (pcu/km)	V_{CK} (km/h)
100	-9.00	29.12	3.43	1300	-49.76	68.46	18.99
200	-14.29	36.68	5.45	1400	-52.28	70.18	19.95
300	-18.72	41.99	7.14	1500	-54.74	71.81	20.89
400	-22.68	46.22	8.65	1600	-57.14	73.37	21.81
500	-26.32	49.79	10.04	1700	-59.50	74.87	22.71
600	-29.72	52.91	11.34	1800	-61.81	76.31	23.59
700	-32.93	55.70	12.57	1900	-64.08	77.70	24.45
800	-36.00	58.23	13.74	2000	-66.31	79.04	25.30
900	-38.94	60.57	14.86	2100	-68.50	80.33	26.14
1000	-41.77	62.73	15.94	2200	-70.66	81.59	26.96
1100	-44.51	64.76	16.99	2300	-72.78	82.81	27.77
1200	-47.17	66.66	18.00	2400	-74.88	83.99	28.57

注:表 2-7.6~表 2-7.8 中的 V_{CK} 为突变临界密度相应的临界速度。

分析表 2-7.6~表 2-7.8 中的数据计算结果及波速—临界密度关系,并见图 2-7.18 可得出如下结论:

a.实际发生交通堵塞的临界密度并非最大阻塞密度,也就是说,实际发生交通堵塞的临界密度小于静态阻塞密度。这很好地解释了发生拥堵时,车流由准阻塞状态向绝对静态阻塞演变的动态过程;一般情况下,流量越大,遇到突发事件干扰时,其返回波速越大,发生交通突变导致交通阻塞的几率也越大。

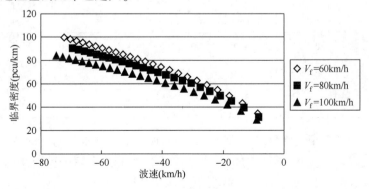

图 2-7.18　波速-临界密度关系图

b. 不同计算行车速度的快速路,其发生交通堵塞的临界密度也不同。计算行车速度越高的快速路,亦即平均行程速度越高的车流,其发生突变阻塞的临界密度越低;反之亦然。这是因为,车速越高,遇到突发事件干扰时,其返回波速越大,发生交通突变导致交通阻塞的可能性也越大。

c. 对于流量在 100~2400pcu/h 变化的交通流,其状态发生突变的临界密度范围在 30~95pcu/km。流量接近或达到通行能力(2000~2400pcu/h)时,交通状态发生突变的临界密度阈值介于 80~95pcu/km,临界速度介于 21~29km/h(表 2-7.6~表 2-7.8 中颜色加深部分数据)。

事实上,当密度大于 50pcu/km 时,车流已趋于准静止状态,即很容易发生交通突变造成交通堵塞。因此,当监测到快速路上的交通密度值达到或接近上述密度范围时,就应采取相应管制措施控制进入快速路系统的车辆数,以降低交通密度,避免交通堵塞的发生。

由交通流三参数关系特性分析知,基于速度—密度的分段式线性流量—速度模型由畅行流曲线和拥挤流曲线组成,通行能力点出现在畅行区的峰值,因此通行能力可由流量—速度模型函数求其极值获得。

由式(2-7.21)有:

$$Q = \frac{K_{j0}}{V_f V - V_{j0}} (V_f V - V^2) \qquad V \geqslant V_{j0} \qquad (2\text{-}7.21)$$

对上式中的 Q 关于 V 求极值,得:

$$C_h = Q_m = \frac{1}{4} \frac{K_{j0}}{V_f - V_{j0}} V_f^2 \qquad (2\text{-}7.22)$$

$$V_m = \frac{1}{2} V_f \qquad (2\text{-}7.23)$$

(3) 通行能力计算

根据上述突变特性分析讨论结果,在流量接近通行能力时,快速路交通流发生突变的密度阈值范围介于 80~95pcu/km、临界速度介于 20~29km/h。按表 2-7.9 取值计算通行能力。

基于突变分析的速度—密度线性模型的通行能力计算值　　　表 2-7.9

计算行车速度 (km/h)	K_{j0} (pcu/km)	V_{j0} (km/h)	最佳速度 (km/h)	最佳密度 (pcu/km)	C_b [pcu/(h·ln)]
60	80	20	30	60.00	1800
80	80	20	40	53.33	2133
100	80	20	50	50.00	2500

表 2-7.9 中计算行车速度分别为 60km/h 和 80km/h 的快速路相应的通行能力计算值,较 HCM 方法偏小。本模型通行能力值并不取决于最大静态阻塞密度而是取决于临界准阻塞密度,这是对 Greenshields 速度—密度模型的一大改进。

快速路实测高峰最大流率及相应速度和密度值见表 2-7.10。

快速路实测高峰最大流率及相应速度和密度值　　　　表 2-7.10

路　段		流率[pcu/(1min·ln)]或pcu/(30s·ln)]	小时流率[pcu/(h·ln)]	速度(km/h)	密度(pcu/km)
北京	二环	37	2220	72.41	30.66
	三环	36	2160	56.57	38.18
	四环	36	2160	62.42	34.60
	五环	37	2220	85.28	26.03
	京通快速路	2×20	2400	61.35	39.12
上海	内环	36	2160	61.18	35.30
	外环	35	2100	69.59	30.18
广州内环		32	1920	64.40	29.81
深圳北环		33	1980	62.63	31.61
沈阳东西快速路		28	1680	40.26	41.73

上述模型仍然受限于 Greenshields 线形模型，主要体现在最佳速度仅为自由流速度的一半，而实际观测数据最大流率相应速度往往大于计算行车速度的一半，此乃线性模型的固有缺陷。按上述理论计算得到的通行能力点相应的密度值仍在 50~60pcu/km。事实上，在现有道路运行管控条件下，在此密度范围，交通流已处于拥挤流状态，不可能出现通行能力点。因此，对获得的上述通行能力计算参数应做相应调整。

4) 尖点突变模型法

(1) 基本模型

交通流尖点突变基本模型为：

势函数：

$$U(V) = V^4 + A \times Q \times V^2 + B \times O \times V \tag{2-7.24}$$

突变流形：

$$4V^3 + 2A \times Q \times V + B \times O = 0 \tag{2-7.25}$$

分叉集：

$$4A^3 \times Q^3 + 27B^2 \times O^2 = 0 \tag{2-7.26}$$

式中：　　　速度 V——状态变量；

流量 Q 和车道占有率 O——控制变量；

A、B——参数。

研究发现，为满足 Maxwell 约定，尖点突变理论用于速度突变分析时须先进行一些变换。

(2) 坐标平移

坐标轴平移的目的是为了划分非拥挤状态和拥挤状态。坐标变换如下：

$$\begin{bmatrix} V_1 \\ Q_1 \\ O_1 \end{bmatrix} = \begin{bmatrix} V \\ Q \\ O \end{bmatrix} - \begin{bmatrix} V_m \\ Q_m \\ O_m \end{bmatrix} \tag{2-7.27}$$

式中：Q_m——最大流量值，pcu/h；

V_m——最大流量时对应的速度，km/h；

O_m——最大流量时对应的车道占有率。

(3) 坐标旋转

坐标平移后，由于 $Q(Y)$—$O(Z)$ 平面上的 Y 轴与 Maxwell 约定的垂直面（区分拥挤与非拥挤状态区域或尖点突变曲面上下平面界限）重叠，故可将 Y 轴重新定义为区分非拥挤与拥挤状态的界限，使非拥挤区域和拥挤区域分别处于 Y 轴的两侧，这样就满足了尖点突变模型的基础理论——分叉理论的要求。因此，有必要旋转 Y 轴和 Z 轴。

$$\begin{bmatrix} V_2 \\ Q_2 \\ O_2 \end{bmatrix} = \begin{bmatrix} 1 & 0 & 0 \\ 0 & \cos\theta & -\varphi\sin\theta \\ 0 & \sin\theta & \varphi\cos\theta \end{bmatrix} \begin{bmatrix} V_1 \\ Q_1 \\ O_1 \end{bmatrix} \tag{2-7.28}$$

式中：$\varphi = Q_m/(100 O_m)$——图形因子；

θ——坐标旋转角度。

经数据处理变换后，交通流速度突变模型为：

势函数：

$$V_2^4 + A \times Q_2 \times V_2^2 + B \times O_2 \times V_2 \tag{2-7.29}$$

突变流形方程：

$$4V_2^3 + 2A \times Q_2 \times V_2 + B \times O_2 = 0 \tag{2-7.30}$$

(4) 模型求解

同理，突变流形方程式(2-7.30)的三个根分别为：

$$V_{21} = \sqrt[3]{-\frac{B \times O_2}{2} + \sqrt{\Delta}} + \sqrt[3]{-\frac{B \times O_2}{2} - \sqrt{\Delta}} \tag{2-7.31}$$

$$V_{22} = \omega \sqrt[3]{-\frac{B \times O_2}{2} + \sqrt{\Delta}} + \omega^2 \sqrt[3]{-\frac{B \times O_2}{2} - \sqrt{\Delta}} \tag{2-7.32}$$

$$V_{23} = \omega^2 \sqrt[3]{-\frac{B \times O_2}{2} + \sqrt{\Delta}} + \omega^3 \sqrt[3]{-\frac{B \times O_2}{2} - \sqrt{\Delta}} \tag{2-7.33}$$

式中：$\omega = \frac{1}{2} + \frac{\sqrt{3}}{2}i$；

$\Delta = \left(\frac{B \times O_2}{2}\right)^2 + \left(\frac{A \times O_2}{3}\right)^3$；

V_{21}——实数根；

V_{22}、V_{23}——复数根。

由 $\Delta = 0$，可得，当 $Q_2 = \frac{3}{A}\sqrt[3]{-\left(\frac{B \times O_2}{2}\right)^2}$ 时，突变临界速度为：

$$V_C = \sqrt[3]{-4B \times O_2} \tag{2-7.34}$$

式(2-7.29)的临界曲面如图 2-7.19 所示，在该曲面中同样存在一条折叠曲线。当控制变量 Q、O 变化时，状态变量 V 发生相应变化，曲线的运动轨迹开始是在突变曲面的下半曲面（底叶）运动，一旦运动轨迹经过折叠曲线便会出现速度"突跳"。

根据实测数据对上述速度突变模型进行标定，可确定参数 A，B 的最佳值。根据标定好的模型，利用所观测到的经过变换的流量和车道占有率，可以推算出预测速度 V_{ip} 和临界速度 V_C。

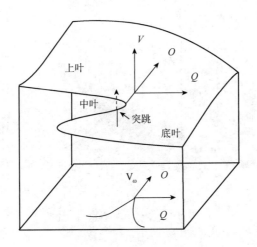

图 2-7.19 尖点曲面的速度"突跳"

(5)数据分析

采用北京市二环、三环、四环路,上海内环、南外环(康庄天桥)以及深圳南环个别地段和时段交通流数据进行分析,应用 MATLAB 语言编写了数据变换处理程序,对实测交通流数据进行处理分析,标定模型参数。坐标旋转前和坐标旋转后交通流三参数的三维空间关系见图 2-7.20~图 2-7.22。计算结果见表 2-7.11。

交通流突变模型数据计算标定结果 表 2-7.11

路　段	Q_m (pcu/h)	V_m (km/h)	O_m (%)	φ	θ (°)	A	B	V_C (km/h)	R^2	M (km/h)	D (km/h)
北京二环	2200	43.73	41.00	53.66	−32	1.45	−32.16	30.48	0.86	1.38	0.98
北京西三环	2100	37.8	42.48	49.44	−45	0.21	−52.84	23.88	0.92	1.24	0.89
北京南三环	2160	40.28	29.94	72.14	−45	0.06	−28.20	28.36	0.90	1.06	0.93
北京北四环	2040	64.00	28.21	72.31	−30	2.48	−128.43	18.23	0.88	1.48	0.96
上海内环	2160	51.52	20.97	103.0	−42	1.94	−118.47	26.74	0.92	1.84	0.79
上海外环	2160	56.61	23.39	92.35	−33	3.56	−148.35	29.82	0.90	1.56	0.89
上海南外环	2280	65.79	19.93	114.4	−32	5.68	−168.39	18.75	0.93	1.81	0.92
广州内环	2238	56.30	23.85	93.84	−33	3.43	−147.46	28.97	0.95	1.73	0.87
深圳南环	1980	61.00	19.48	101.6	−43	2.31	−105.62	21.48	0.91	1.85	0.97

由表中数据结果可以看出,发生交通突变而引发交通堵塞的临界速度值并非在通行能力附近,而是介于 18~30km/h,这与实测情况相吻合(8:24—8:25 时段发生阻塞时,速度由 23km/h "突跳" 为零),与临界速度范围相一致。由实测数据发现,当流量达到或接近通行能力时,车流往往处于一种较协调的状态,车速也相应较高,发生堵塞的可能性较小。事实上,车流只有达到畅行状态,其流量才能达到峰值。此外,预测速度值和观测速度值之间具有良好的相关性(相关系数平均达到 0.91),证明突变理论模型解释交通流三参数关系的合理性和可行性。

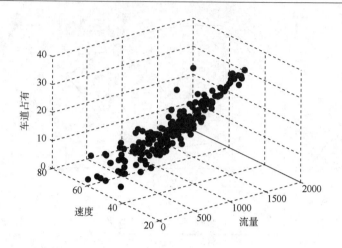

图 2-7.20　流量—速度—车道占有率散点关系

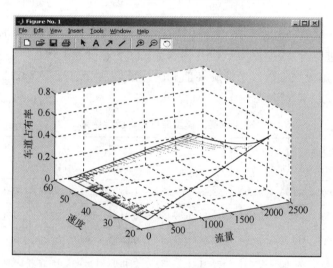

图 2-7.21　坐标旋转前

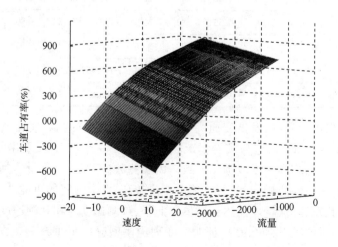

图 2-7.22　坐标旋转后

(6)通行能力计算

由上述速度突变模型分析,利用观测到的经过变换的流量和车道占有率计算出 V_C 值,可以推算出流量达到通行能力时的预测速度 V_{mp},其大小为:

$$V_{mp} = V_C + V_m = \sqrt[3]{-4 \times B \times O_2} + V_m \quad (2\text{-}7.35)$$

$$C_b = Q_{mp} = V_{mp} \times K_m \quad (2\text{-}7.36)$$

速度 V_{mp} 相对应的流量值即为通行能力。表 2-7.12 为根据式(2-7.35)和式(2-7.36)得到的通行能力有关计算值(V_C 值按表 2-7.11 计算的均值取 27km/h,K_m 按表 2-7.11 实测最大流量相应密度的均值取 33pcu/km)。

基于尖点突变模型的通行能力计算值　　　　表 2-7.12

V_d(km/h)	V_m(km/h)	V_{mp}(km/h)	K_m(pcu/km)	C_b[pcu/(h·ln)]
60	30	57	33	1881
80	40	67	33	2211
100	50	77	33	2541

与 HCM 方法相较,尖点突变模型法得到的快速路基本路段通行能力计算值,V_d = 60km/h 的快速路通行能力值偏低、V_d = 80km/h 的快速路通行能力值相近、V_d = 100km/h 的快速路通行能力值偏高。与基于突变分析的速度—密度线性模型法相较,尖点突变模型法得到的快速路基本路段通行能力计算值略高。此外,采用幂指数模型和多项式模型回归分析得到计算行车速度为 80km/h 的理论通行能力为 2270pcu/(h·ln),与本模型计算值接近。

综上,结合实地观测数据结果以及目前我国道路条件和车辆性能的实际情况,并考虑到使用上的便利性,给出不同计算行车速度下的快速路基本路段理论通行能力建议值,见表 2-7.13。

快速路基本路段理论通行能力建议值　　　　表 2-7.13

计算行车速度(km/h)	60	80	100
理论通行能力[pcu/(h·ln)]	2000	2200	2400

此处建议值与《城市道路工程设计规范》关于快速路基本路段一条车道的基本通行能力略有差异。

7.3.3　可能通行能力

1)HCM 方法

理想的通行能力是按车流的总体期望车速为最佳车速得到的,并在理想的道路和交通条件下得出,任何与理想条件不吻合情况的出现都会使其发生变化。

HCM 将自由流速度作为影响可能通行能力的主要因素,并对其进行修正来确定可能通行能力。自由流速度的确定按下式进行修正:

$$V_f = V_f - f_{LW} - f_{LC} - f_N - f_{ID} \quad (2\text{-}7.37)$$

式中:V_f——自由流速度,km/h;

f_{LW}——车道宽度修正值;

f_{LC}——侧向净空修正值;

f_N——车道数修正值；

f_{ID}——入口匝道密度修正值。

HCM方法是根据非理想条件下的不同情况，采用相对的经验系数对理想通过能力进行修正而得，因此称为系数修正法。

2）车头时距法

采用车头时距法进行标定。可能通行能力按下式计算：

$$C_p = \frac{3600}{t_f} \tag{2-7.38}$$

式中：t_f——连续跟驰车流平均车头时距间隔时间，s；

C_p——一条机动车道的路段可能通行能力，pcu/(h·ln)。

从实测单车信息中选取10个1min时段的连续车队车流的平均车头时距按式(2-7.38)计算得到不同计算行车速度下快速路的可能通行能力值见表2-7.14。

基于车头时距的快速路路段的可能通行能力　　　表2-7.14

计算行车速度(km/h)	平均车头时距(s)	可能通行能力[pcu/(h·ln)]
60	2.00	1800
80	1.85	1943
100	1.72	2093

3）非线性回归拟合法

通过对实测数据进行回归分析考察综合因素影响下的快速路的可能通行能力。由实测数据采用SPSS统计分析软件对流量—速度模型式进行非线性回归拟合，得到如表2-7.15所示的畅行区流量—速度标定模型及相应最大流量值（表中P_{HV}表示大型车比例）。为比较起见，表中列出了天津中环路实测数据计算结果。该路段虽然为环路，但沿线交叉口均为信号控制，故不是严格意义上的快速路。从拟合回归结果也可以看到，其最大流量仅为871pcu/(h·ln)，远比其他标准快速路小。

由实测数据标定的国内主要城市快速路流量—速度模型及其最大流量值　　　表2-7.15

路段	P_{HV}(%)	流量—速度模型	Q_m [pcu/(h·ln)]	路段	P_{HV}(%)	流量—速度模型	Q_m [pcu/(h·ln)]
1	1	$Q=-0.98V^2+77.58V$	1535	6	23	$Q=-0.93V^2+78.67V$	1664
2	20	$Q=-0.80V^2+72.14V$	1624	7	45	$Q=-0.41V^2+49.67V$	1504
3	22	$Q=-0.36V^2+44.30V$	1586	8	16	$Q=-0.69V^2+63.31V$	1452
4	17	$Q=-0.31V^2+44.03V$	1563	9	10	$Q=-0.66V^2+71.58V$	1941
5	20	$Q=-0.68V^2+67.08V$	1654	10	5	$Q=-0.39V^2+36.87V$	871

注：1-北京东二环东十四桥路段；2-北京南三环铁匠营路段；3-北京四环惠新东桥路段；4-北京五环北辰桥路段；5-京通快速四惠东站路段；6-上海内环陆家嘴路段；7-上海外环康庄桥路段；8-广州内环B线站前路段；9-深圳南环；10-天津中环解放路。

图2-7.23~图2-7.25为北京二环快速路实测交通畅行流和拥挤流分段回归拟合数据曲线。

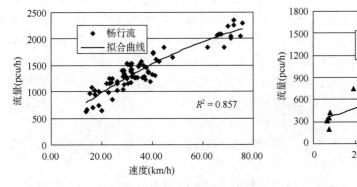

图 2-7.23 畅行区流量—速度拟合曲线

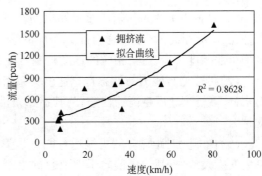

图 2-7.24 拥挤区流量—速度拟合曲线

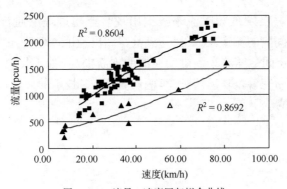

图 2-7.25 流量—速度回归拟合曲线

从实测数据回归分析所得最大流量值可认为是考虑了各种影响因素的快速路基本路段可能通行能力。而实测数据中的最大高峰小时流率远远超过回归拟合值,并接近理论通行能力值,原因是在某一特定时刻,其道路条件、交通条件均已接近理想条件,因此可作为基本通行能力的参考。由流量—速度模型回归拟合出来的最大流量值,充分综合了实际运行中各种道路、交通条件和驾驶员条件的影响,因此可作为可能通行能力的参考。

由表 2-7.14 和表 2-7.15 可以看到快速路基本路段的可能通行能力计算值介于 1500~2100pcu/(h·ln),交通组成中,大型车对通行能力有较大影响。而对于一般平直路段,其可能通行能力在 1800~2100pcu/(h·ln)。这表明,快速路可能通行能力除了受其本身道路条件、交通条件、车辆条件和驾驶员条件影响外,受其他因素影响较小,因此其通行能力折减远比一般城市道路小。表 2-7.16 给出了正常道路交通条件下一般平直路段的快速路可能通行能力建议值。

快速路基本路段可能通行能力建议值　　　　　　表 2-7.16

计算行车速度(km/h)	60	80	100
可能通行能力[pcu/(h·ln)]	1800	1950	2100

7.4 结　论

在计算快速路基本路段通行能力值时:
(1)快速路基本路段理想通行能力值并不低于高速公路。当计算行车速度达到一定值时(本文界定为100km/h),单车道路段的基本通行能力已与计算行车速度关系不大。事实上,由实测结果来看,基本通行能力相应的速度范围稳定在 50～60km/h。随着道路条件和机动车性能进一步改善,相应的速度范围可提高到 60～80km/h。

(2)可能通行能力与计算行车速度关系密切。这是因为,可能通行能力需考虑各种影响因素,计算行车速度越高的快速路,其道路条件、管理条件和运营条件越好,可能通行能力也就越大。

(3)由车头时距计算的可能通行能力是基于连续车流平均车头时距,是由短时时间间隔得到的扩大流率,其值更偏向于理论通行能力。

(4)从实测数据回归分析所得最大流量值则是整个观测时间段的计算小时流量,其值更趋于实际通行能力。

(5)从实测数据看,已发现短时流率数据出现甚至超过理论通行能力点,尤其是实测30s或1min观测时间间隔的流率较大,已达到甚至超出理论计算值,说明道路通行能力的指标仍有提高的余地和空间。随着车辆机动性能的不断提高(如不易出现机械故障而抛锚等现象),道路设施的不断完善及自动驾驶、车辆诱导等ITS技术的广泛应用,快速路通行能力指标还会有进一步提高。

案例八　HCM 在交通规划中的应用满意度调查

8.1　简　介

8.1.1　研究目的

交通部门通常使用 HCM 评估现有项目及待改建项目的通行能力与服务水平。本案例的研究目的为了解地方政府及交通、规划部门在交通规划时，如何使用或者应该如何使用 HCM 进行性能监控、问题识别及项目决策，美国联邦公路局参与了此次信息收集。选取联邦、州、地方规划机构以及咨询公司的 35 位工作人员作为调查样本，开展网络问卷调查。

8.1.2　工作计划

(1) HCM 的应用。
(2) 确定调查方法。
(3) 明确调查对象。
(4) 展开调查/访谈。
(5) 数据分析。
(6) 最终报告。

8.1.3　适用范围

HCM 中的一些分析方法可用于交通规划。然而，交通规划涉及的范围更广，一些规划项目超出了 HCM 的使用范围，只能部分借鉴 HCM 中的内容。为使 HCM 可以更好地适用于公路交通规划，需对 HCM 中的相关方法进行修改。

1) 交通规划范围

交通规划指南把交通规划的内容概括为以下 7 项：
(1) 州交通规划。
(2) 通道规划。
(3) 大城市交通规划。
(4) 活动中心影响分析。
(5) 乡村及社区规划。
(6) 运输场站规划。
(7) 休闲区规划。

2) 交通规划项目

交通规划项目包括大城市远期交通规划、国家远期交通规划、交通改善计划、交通改善项目、地方性综合或总体规划以及环境分析项目。

8.2 HCM 在交通规划中的应用

HCM2010 与 HCM2000 相比,其规划方法发生了较大的变化。研究人员通过改进 HCM 的方法、默认值和软件使其可以更好地应用于交通规划。

8.2.1 HCM2000

HCM2000 中 28、29、30 章介绍了通道和区域的交通规划分析方法,此外,HCM2000 中给出了单个交叉口饱和度评估方法。

28 章提出了评估设施运营质量的指标,介绍了系统的服务质量、拥挤程度、拥挤持续时间,拥挤范围、波动及可通过状况。

29 章提出采用 HCM 分析路段和节点的方法研究通道交通问题。

30 章建议使用交通需求评估模型分析公路设施的通行能力与性能。

8.2.2 HCM2010

HCM2010 内容做了许多修改,包括通行能力概念、服务水平概念、HCM2010 的应用、模型特性、分析工具、分析结果等,同时保留了 HCM2000 中关于信号控制交叉口的快速评估方法。

HCM2010 给出高速公路、多车道公路、双车道公路和城市道路的服务流率表;没有给出高速公路交织区、分合流路段和无信号控制交叉口的规划应用方法,删去了通道和区域的交通规划,建议使用替代工具进行分析;高速公路和城市道路的通行能力分析把过境交通的平均速度、行程时间和延误作为运行质量的评价指标;提出了一种新的 LOS 分析方法,这种方法考虑了城市道路交叉口、路段和设施的使用者。

8.2.3 相关研究项目

(1) NCHRP387 项目关于交通规划应用中评估速度和服务流率的技巧。

(2) NCHRP Report599 项目关于道路通行能力和服务水平的默认值问题。报告描述了如何使用 HCM 默认值进行规划研究,不同的默认值对计算精度的影响不同。

(3) 佛罗里达运输部服务水平手册和软件。

服务水平手册中的假设和默认值可以帮助规划者更好地使用 HCM。当已知一些设施的需求和基本信息时,服务流率表可以帮助规划者快速查找到适当车道数。

LOSPLAN 软件可以用于路段和交叉口的规划。包括 ARTPLAN、FREEPLAN 和 HIGHPLAN 几部分,可分别用于干线、高速公路和一般公路的规划与分析。

(4) ADB30 项目关于动态交通分配模型,在交通需求模型中更准确地模拟高速公路系统的交通运营状况,为行驶路线与出发时间选择提供参考。

(5) 交叉口通行能力利用率。假定每个信号周期的损失时间为定值,交叉口各入口实际交通流量之和与交叉口基本通行能力的比值为该交叉口的服务水平。

8.3 相关工作

为了评估 HCM 满足规划需求的程度以及如何改进使手册更好地满足规划需求,道路通行能力和服务水平委员会做了许多努力工作。

8.3.1 HCM 存在问题调查

成员来自奥兰多、佛罗里达、巴尔的摩、马里兰和波特兰等多个地区,共计 31 名被访者,一些人认为 HCM 太复杂了,应该在不降低功能的前提下进行简化;有的人则认为 HCM 应该再增加细节资料以更好地反映实际状况;还有的人指出 HCM 没有明确地指出哪些内容适用于交通规划,且规划的一些结果也不够准确。

8.3.2 HCM 的功能确定

HCM 具备以下功能:
(1) 能够给出全部设施、断面、路段和控制点的通行能力和服务水平。
(2) 可以估计饱和度、平均行程时间和(或)延误以及交通需求是否超过基本通行能力。
(3) 使用相同的数据、假设和预设参数时,应有相同的分析结果。

8.3.3 HCM 改进计划

(1) Motion05-3 项目,找出 HCM 现存的不足,确定合适的默认值、假设条件、简化方法并给出应用指导。
(2) Motion05-08 项目,能够确定全部交通设施、断面、路段和控制点的服务水平;评估交通设施、路段和控制点的平均行程时间和(或)延误;应提供小时交通需求量与通行能力之比,以量化过饱和的程度;在数据、假设和默认值相同的情况下应有相同的服务水平结果。

基本输入数据包括交通设施类型、区域类型、小时交通需求量、关键点的车道数、路段长度、互通立交间距或互通立交控制点的个数和类型。

8.4 调查方案与结果

8.4.1 调查方案

(1) 调查方法:网络调查方法。
(2) 调查对象:联邦、州、地方规划机构以及咨询公司从事交通行业的 35 位工作人员。
(3) 调查时间:被调查对象在 2 周内完成网络调查。
(4) 后续调查:电话回访。

8.4.2 调查结果

共有在 31 个不同机构的 35 个人参与了本次调查。其中 23 个机构中的 30 个人最终完成了该调查,样本回收率为 86%。调查 HCM 在规划中的使用状况,主要围绕如下 12 个问题。

(1) 您在什么单位或机构工作?受访者所属机构及工作地点见表 2-8.1。

受访者所属机构及工作地点(Q1) 表 2-8.1

机构类型	样本比例	工作地点
市/郡/区	3(10%)	美国威斯康星州密尔沃基市
		美国加利福尼亚州圣地亚哥市
		SFCTA,旧金山

续上表

机构类型	样本比例	工作地点
地区大都市的规划组织机构	7(23%)	MTC,美国加利福尼亚州奥克兰市 NCGRPC,佛罗里达州盖恩斯维尔 NCTCOG,德克萨斯州阿灵顿市 ARC,佐治亚州亚特兰大市 BMTS,纽约州宾汉姆顿市 SEMCOG,密歇根州底特律市 TJPDC,弗吉尼亚州夏洛特斯维尔市
美国运输部	13(43%)	加利福尼亚州、俄亥俄州、俄勒冈州、怀俄明州 佛罗里达州、蒙大拿州
其他	7(23%)	教授,南达科他州 咨询顾问,加利福尼亚州圣地亚哥市、弗吉尼亚州维也纳市、密歇根州伊尔奥克斯市 联邦公路局(FHWA),佐治亚州亚特兰大市、明尼苏达州圣罗保市、华盛顿特区
总计		30(100%)

受访的35位工作人员中,美国运输部占43%,其余受访者来自地区都市规划组织、当地机构及美国联邦公路局等。

(2)您对HCM的熟悉程度如何?受访者对HCM的熟识程度见表2-8.2。

受访者对HCM的熟识程度(Q2)   表2-8.2

对HCM的熟识度	人数及比例
很少或没有	9(30%)
平均水平	9(30%)
专业水平	12(40%)
总计	30(100%)

40%的受访者认为自己可以熟练应用HCM,30%的受访者认为自己是普通的HCM用户,30%的受访者认为自己有几乎没有用过HCM。

(3)您或您的单位做近期(<20年)规划项目的频率?从事近期规划项目的频率见表2-8.3。

从事近期规划项目的频率(Q3)   表2-8.3

近期规划	至少每月一次	至少每半年一次	至少每年一次	从不	总计
公路/交通系统规划	17(56.7%)	6(20.0%)	5(16.7%)	2(6.7%)	30(100%)
公路设施与通道规划	17(56.7%)	7(23.3%)	5(16.7%)	1(3.3%)	30(100%)
拥堵管理	14(46.7%)	6(20.0%)	7(23.3%)	3(10.0%)	30(100%)
行人/自行车规划	17(56.7%)	6(20.0%)	4(13.3%)	3(10.0%)	30(100%)

续上表

近期规划	至少每月一次	至少每半年一次	至少每年一次	从不	总计
发展决策(交通影响分析)	18(60.0%)	5(16.7%)	3(10.0%)	4(13.3%)	30(100%)
性能监控	11(36.7%)	8(26.7%)	9(30.0%)	2(6.7%)	30(100%)

近一半的被调查者或机构至少每月都从事公路/交通系统规划、公路设施和通道规划、拥堵管理、行人或自行车规划、发展决策分析项目。

(4)您或您的单位做远期(>20年)规划项目的频率?从事远期规划项目频率见表2-8.4。

从事远期规划项目频率(Q4)　　　　　　　　　　　表2-8.4

远期项目	至少每月一次	至少每半年一次	至少每年一次	从不	总计
公路/交通系统规划	10(33.3%)	7(23.3%)	9(30.0%)	4(13.3%)	30(100%)
公路设施与通道规划	12(40.0%)	6(20.0%)	10(33.3%)	2(6.7%)	30(100%)
项目优先级	11(36.7%)	4(13.3%)	12(40.0%)	3(10.0%)	30(100%)
行人/自行车规划	12(40.0%)	3(10.0%)	11(36.7%)	4(13.3%)	30(100%)
总体规划	11(36.7%)	5(16.7%)	9(30.0%)	8(26.7%)	30(100%)

约40%的受访者或机构每月至少开展一项公路与交通系统规划、公路设施和通道规划、项目优先级、行人或自行车规划及总体规划。

(5)近期(<20年)规划项目使用HCM的频率?包括HCM、HCM模型方法或者HCM应用软件。HCM在不同近期规划项目中的使用频率见表2-8.5。

近期规划项目中HCM使用频率(Q5)　　　　　　　　　表2-8.5

近期规划	至少每月一次	至少每半年一次	至少每年一次	从不	总计
公路/交通系统规划	12(40.0%)	6(20.0%)	7(23.3%)	5(16.7%)	30(100%)
公路设施与通道规划	17(56.7%)	4(13.3%)	5(16.7%)	4(13.3%)	30(100%)
拥堵管理	10(33.3%)	6(20.0%)	9(30.0%)	5(16.7%)	30(100%)
行人/自行车规划	9(30.0%)	4(13.3%)	8(26.7%)	9(30.0%)	30(100%)
发展决策(交通影响分析)	13(43.3%)	4(13.3%)	5(16.7%)	8(26.7%)	30(100%)
性能监控	7(23.3%)	7(23.3%)	8(26.7%)	8(26.7%)	30(100%)

多于50%的使用者表示他们经常使用HCM做近期规划项目,例如:公路/交通系统规划、公路设施和通道规划、拥堵管理、行人或自行车规划、发展决策、性能监控等。

(6)远期(>20年)规划项目使用HCM的频率?包括HCM、HCM模型方法或者HCM应用软件。HCM在不同远期规划项目中的使用频率见表2-8.6。

远期规划项目中HCM使用频率(Q6)　　　　　　　　　表2-8.6

远期项目	至少每月一次	至少每半年一次	至少每年一次	从不	总计
公路/交通系统规划	8(26.7%)	4(13.3%)	11(36.7%)	7(23.3%)	30(100%)
公路设施与通道规划	9(30.0%)	4(13.3%)	12(40.0%)	5(16.7%)	30(100%)
项目优先级	6(20.0%)	4(13.3%)	12(40.0%)	8(26.7%)	30(100%)

续上表

远期项目	至少每月一次	至少每半年一次	至少每年一次	从不	总计
行人/自行车规划	5(16.7%)	4(13.3%)	9(30.0%)	12(40.0%)	30(100%)
总体规划	6(20.0%)	4(13.3%)	7(23.3%)	13(43.3%)	30(100%)

远期和近期项目规划使用HCM(包括HCM手册、方法或者软件)的几率接近。

绝大多数(50%以上)的受访者表示,他们的机构在远期规划项目(高速公路和交通设施规划、项目优先级、自行车和行人规划、开发总体规划)使用HCM的频率为每月少于一次。有的甚至使用HCM不到一年两次或从未在大多数远期规划项目中使用HCM。

(7)某项近期(<20年)规划项目使用HCM、方法或者软件等的满意程度？HCM在某项近期规划项目中使用满意度见表2-8.7。

某项近期规划项目中使用HCM的满意程度(Q7)　　　表2-8.7

近期项目	非常不满意	不满意	一般	满意	非常满意	不适用
公路/交通系统规划	2(6.7%)	0(0.0%)	4(13.3%)	14(46.7%)	5(16.7%)	5(16.7%)
公路设施与通道规划	0(0.0%)	1(3.3%)	3(10.0%)	15(50.0%)	8(26.7%)	3(10.0%)
拥堵管理	0(0.0%)	1(3.3%)	3(10.0%)	13(43.3%)	6(20.0%)	7(23.3%)
行人/自行车规划	1(3.3%)	1(3.3%)	7(23.3%)	6(20.0%)	4(13.3%)	11(36.7%)
发展决策(交通影响分析)	0(0.0%)	0(0.0%)	2(6.7%)	15(50.0%)	5(16.7%)	8(26.7%)
性能监控	0(0.0%)	1(3.3%)	7(23.3%)	10(33.3%)	5(16.7%)	7(23.3%)

大约50%以上的受访者表示对HCM在近期规划项目中的应用效果非常满意或满意。

(8)某项远期(>20年)规划项目使用HCM、方法或者软件等的满意程度？HCM在某项远期规划项目中使用满意度见表2-8.8。

某项远期规划项目中使用HCM的满意程度(Q8)　　　表2-8.8

远期项目	非常不满意	不满意	一般	满意	非常满意	不适用
公路/交通系统规划	2(6.7%)	2(6.7%)	6(20.0%)	11(36.7%)	2(6.7%)	7(23.3%)
公路设施与通道规划	0(0.0%)	3(10.0%)	5(16.7%)	14(46.7%)	3(10.0%)	5(16.7%)
项目优先级	0(0.0%)	2(6.7%)	4(13.3%)	11(36.7%)	3(10.0%)	10(33.3%)
行人/自行车规划	1(3.3%)	4(13.3%)	5(16.7%)	6(20.0%)	3(10.0%)	11(36.7%)
总体规划	0(0.0%)	1(3.3%)	7(23.3%)	6(20.0%)	3(10.0%)	13(43.3%)

受访者做远期规划项目时对HCM的满意程度不如近期项目,除了公路设施和通道规划,只有不到50%的受访者对HCM在远期规划中的使用感到满意或非常满意。

(9)在规划项目中使用HCM分析方法存在的主要问题是什么？

分别询问从未使用过HCM的人员、普通用户和专家,咨询他们在使用HCM时发现的主要问题。HCM在规划项目中应用存在主要问题见表2-8.9。

HCM在规划项目中应用的存在主要问题(Q9)　　　表2-8.9

HCM存在问题	非常不满意	不满意	一般	满意	非常满意	不适用
规划项目不需要使用	9(30.0%)	15(50.0%)	1(3.3%)	4(13.3%)	0(0.0%)	1(3.3%)

续上表

HCM 存在问题	非常不满意	不满意	一般	满意	非常满意	不适用
应用需要大量基础数据	4(13.3%)	10(33.3%)	6(20.0%)	7(23.3%)	0(0.0%)	3(10.0%)
计算过于复杂	1(3.3%)	14(46.7%)	6(20.0%)	4(13.3%)	2(6.7%)	3(10.0%)
软件过于复杂	3(10.0%)	14(46.7%)	4(13.3%)	4(13.3%)	0(0.0%)	5(16.7%)
计算结果不准确或不可靠	2(6.7%)	16(53.3%)	6(20.0%)	2(6.7%)	0(0.0%)	4(13.3%)
性能度量对规划项目没用	2(6.7%)	12(40.0%)	10(33.3%)	3(10.0%)	1(3.3%)	2(6.7%)
对特定规划措施不敏感	2(6.7%)	3(10.0%)	9(30.0%)	9(30.0%)	3(10.0%)	4(13.3%)
缺乏评估运营策略的方法（HOV 车道、拥挤收费等）	0(0.0%)	(8.7%)	24(17.4%)	8(34.8%)	4(17.4%)	5(21.7%)
HCM 没有给出解决拥堵的措施	2(8.7%)	4(17.4%)	5(21.7%)	6(26.1%)	4(17.4%)	2(8.7%)
HCM 认为交通需求是固定的（没有考虑诱导需求）	1(4.3%)	2(8.7%)	9(39.1%)	3(13.0%)	2(8.7%)	6(26.1%)
HCM 或 HCM 软件未实现与交通需求预测软件兼容	2(8.7%)	1(4.3%)	7(30.4%)	4(17.4%)	1(4.3%)	8(34.8%)

52.2%的受访者认为 HCM 缺乏评估运营策略的方法；43.5%的受访者认为 HCM 无交通堵塞状况效益评估的方法；40.0%的受访者认为 HCM 对特有的规划政策不敏感。

（10）在规划项目中选择使用 HCM 的主要原因？规划项目中使用 HCM 的主要原因见表 2-8.10。

规划项目中使用 HCM 的主要原因（Q10）　　　　表 2-8.10

主要原因	非常不同意	不同意	一般	满意	非常同意	不适用
对近期规划有用	0(0.0%)	0(0.0%)	2(6.7%)	16(53.3%)	10(33.3%)	2(6.7%)
对远期规划有用	1(3.3%)	1(3.3%)	6(20.0%)	14(46.7%)	5(16.7%)	3(10.0%)
较出行需求预测方法能提供更准确的预测	2(6.7%)	1(3.3%)	6(20.0%)	12(40.0%)	2(6.7%)	7(23.3%)
决策者和大众偏爱用字母表示服务水平	0(0.0%)	2(6.7%)	11(36.7%)	10(33.3%)	6(20.0%)	1(3.3%)
客户、法规或审查机构要求使用	2(6.7%)	2(6.7%)	6(20.0%)	9(30.0%)	5(16.7%)	6(20.0%)
易于形成度量标准	1(3.3%)	1(3.3%)	12(40.0%)	8(26.7%)	3(10.0%)	5(16.7%)
对细节特征敏感，如停车标志和道路等级	0(0.0%)	2(6.7%)	8(26.7%)	8(26.7%)	4(13.3%)	8(26.7%)
适于规划应用	0(0.0%)	6(20.0%)	9(30.0%)	9(30.0%)	2(6.7%)	4(13.3%)

86.6%的受访者认为 HCM 适合用于近期规划项目，63.4%的受访者认为 HCM 适合用于长期规划项目。

(11)需要对HCM如何改进？HCM的改进调查见表2-8.11。

如何改进HCM(Q11)　　　　　　　　　　表2-8.11

改进措施	非常不同意	不同意	一般	满意	非常同意	不适用
不需要改进	5(16.7%)	14(46.7%)	6(20.0%)	2(6.7%)	1(3.3%)	2(6.7%)
开发HCM规划应用指南协助机构使用HCM	0(0.0%)	2(6.7%)	3(10.0%)	17(56.7%)	6(20.0%)	2(6.7%)
HCM提供更多的默认值	2(6.7%)	4(13.3%)	7(23.3%)	11(36.7%)	3(10.0%)	3(10.0%)
HCM增加服务水平分级	2(6.7%)	8(26.7%)	7(23.3%)	6(20.0%)	5(16.7%)	2(6.7%)
取消服务水平分级	10(33.3%)	10(33.3%)	6(20.0%)	2(6.7%)	1(3.3%)	1(3.3%)
添加传统的分析模型，如VMT、VHT、PMT和PHT	0(0.0%)	4(13.3%)	5(16.7%)	16(53.3%)	2(6.7%)	3(10.0%)
给出出行时间可靠性度量方法	0(0.0%)	3(10.0%)	5(16.7%)	16(53.3%)	3(10.0%)	3(10.0%)
增加系统、通道设施分析	0(0.0%)	2(6.7%)	6(20.0%)	16(53.3%)	3(10.0%)	3(10.0%)
简化HCM分析程序	1(3.3%)	1(3.3%)	10(33.3%)	11(36.7%)	3(10.0%)	4(13.3%)
将HCM方法集成到出行需求预测软件	0(0.0%)	1(3.3%)	5(16.7%)	12(40.0%)	6(20.0%)	6(20.0%)
提供易于使用服务量表	6(20.0%)	0(0.0%)	5(16.7%)	14(46.7%)	2(6.7%)	3(10.0%)

63.3%的受访者认为可以提高使用HCM的使用频率；63.4%的受访者认为需改进HCM、开发HCM规划应用指南；66.6%的受访者不赞成取消服务水平分级系统。

(12)对道路通行能力在规划中的应用是否有任何其他的评论或建议？

受访者提出的一些意见和建议如下：

需要考虑队列和合流等交通现象；公交优先、公交专用道项目在规划过程中需参考HCM；应实现基于网络的多媒体可视化应用；HCM应与区域交通需求分析软件相结合；HCM主要由交通工程师使用，规划部门常使用HCM软件评价服务水平、改善拥堵。

8.5　结　　论

1) HCM使用情况

(1) 13%的受访者从未在近期规划项目中使用HCM(其中6%从未用过HCM)。

(2) 40%的受访者在交通设施性能监控过程中从未使用HCM；43%的受访者从未在近期自行车或行人规划项目中使用HCM。

(3) 20%的受访者从未在任何远期规划项目中使用HCM；47%的受访者从未在远期自行车或行人规划项目中使用HCM。

2) 满意度情况

(1) 67%的受访者对HCM在交通设施决策方面的应用表示满意或非常满意。

(2) 63%~77%的受访者对HCM在系统和通道规划中的应用满意。

(3) 只有30%的受访者对HCM中在自行车和行人规划中的应用满意。

3) 提高 HCM 在交通规划中的应用的措施

(1) 77%的受访者认为需要制定 HCM 规划应用指南指导相关部门工作。

(2) 63%的受访者希望 HCM 增加衡量行程时间可靠性的指标。

(3) 63%的受访者指出需增加其他交通设施(如系统和通道)分析。

(4) 60%的受访者建议添加其他常用效率度量指标,如 veh/(p·mi)行程时间、veh/(p·h)行程时间等。

(5) 60%的受访者指出有必要将 HCM 分析方法应用到交通需求预测软件开发。

4) HCM2010 的多项改进措施

(1) 构建分析城市道路基本路段和交叉口的多模式综合分析方法。

(2) 运营分析章节应包括预测设施通行能力、速度和行程时间的方法。

(3) 提供高速公路和城市街道设施的服务流率表。

(4) 为具体建设部门提供服务流率表。

(5) 为较难获取的输入数据提供推荐的默认值。

案例九　北美公共交通通行能力

9.1　公共交通通行能力与影响因素

9.1.1　概述

对于多数中小型公交系统,通常不存在通行能力不足的问题。但是对于线路集中的市中心区域来说,即使是较小的公交系统也面临通行能力不足的问题。

公共交通机构和交通运输规划人员之所以要关注通行能力,主要有如下几个原因:

(1)提高车辆运行速度和可靠性。
(2)调控乘客负荷。
(3)预测检票程序、车辆类型或其他决策发生变化后的效果。
(4)远期规划。
(5)分析大城市和各类社区周围区域主要道路上的公交运行情况。
(6)特殊事件服务。
(7)交通运输系统管理。

公共交通通行能力与道路通行能力不同,公共交通同时体现人与车辆的运动,其通行能力取决于公交车辆的大小及运营频率,可反映乘客的出行与交通流之间的关系。公共交通通行能力依赖于公交机构的运营政策,这些运营政策通常确定了服务频率、额定载客量和载客车辆类型。因此,传统的通行能力概念必须被修改和扩展。

9.1.2　公共交通通行能力定义

1) 与通行能力有关的概念

公共交通服务专注于将乘客从一个地方转移至另一个地方。私人小汽车交通用大量的车转移少量的乘客,关注个体交通的转移,与此不同,公共交通服务致力于用较少的车辆转移大量的乘客,关注群体交通。在给定时间内确定可服务的最大车辆数,通常是确定可服务的最大乘客数所必需的第一步。

图 2-9.1 以高速公路为例,阐述车辆通行能力和客运通行能力之间的关系。运营公交车辆数由提供服务者设定,车道上可通行的最大小汽车数减去上述特定数量公共汽车折算成小汽车的车辆数即反映了该车道上小汽车的通行能力。因此,总客运通行能力就等于特定数量公共汽车所运载乘客的数量与上述小汽车所运载乘客的数量之和。

由图 2-9.1 可以看出,公交车辆数量通常只占总车辆数的较小部分,但却输送了绝大多数的乘客。

2) 客运通行能力

客运通行能力的定义:在特定的运营环境条件下,在特定的时间内,没有异常延误、危险或限制,合理确定性的条件下,通过交通设施特定地点所能运送的最大人数。

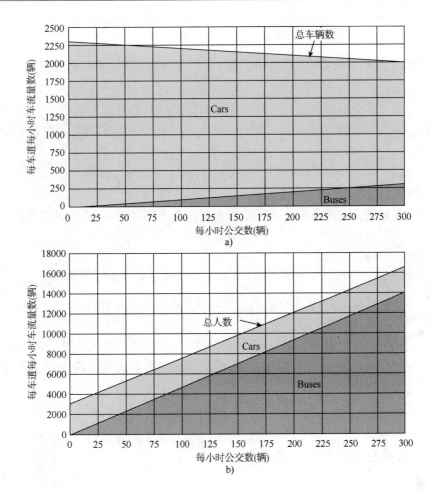

图 2-9.1 高速公路车辆通行能力及客运通行能力示例

这一定义不像车辆通行能力的定义那么绝对,主要考虑到如下一些因素:

(1) 特定地点

通行能力是在道路设施的特定地点确定的,通常是路线或者设施运送人数的最大断面,即最大荷载断面。

(2) 指定的运营环境

可搭载的人数取决于运营车辆数和这些车辆的型号。因此对车辆运行环境、车辆型号及其他条件作出规定是必要的。

(3) 没有异常延误

客运通行能力必须考虑车辆能够承载的乘客数量,因为所有乘客都希望乘坐第一辆能到达目的地的车。

(4) 没有危险或限制

假定乘客都紧密站在一起时的客运能力将更大,但在实际中,乘客不能容忍这样的条件,而会乘坐下一班车。

(5) 合理的确定性

通行能力应该反映平常稳定的客运量并且考虑乘客需求变化、交通拥挤及一些非公交机构能控制的因素。偶尔运载人数会大于得出的通行能力值,但这种情况不常见。

3) 车辆通行能力

特定公交线路或设施的车辆通行能力定义:特定的时间段内,通过特定地点的最大公交车辆数(公共汽车、火车、轮船等)。

车辆通行能力在手册的不同部分有不同的称谓,例如,公共汽车通行能力、线路通行能力、轮渡行能力。但是所有这些定义都涉及交通工具在一个特定的时间(一般为1h)内能够通过的数量。

在大多数情况下,实际运营中的公交线路不可能达到车辆通行能力。有时,这是由于资源的限制,也就是说没有足够的公交车辆来达到最大的车辆通行能力。许多情况下,没有足够的乘客需求满足运营来达到设计通行能力水平。无论哪种情况,最终的结果都使实际运营的通行能力低于理论水平。

以下一些因素也很重要:

(1) 在"通行能力理论值"情况下的运营导致车辆聚集和乘客延误等情况。这种运行情况并非理想的运营状态,而且大多数北美公共交通系统不会这样运行,即使有也是在相当短的时间内全负荷运行。

(2) 通行能力与以速度、舒适性、服务的可靠性为代表的系统性能和服务质量密切相关。一个固定值往往会引起误解。"运输生产能力"的概念是指客流量与速度的乘积,是衡量运输系统效率的重要指标。

(3) 通过理论分析方法获得的通行能力,需要对照实际运营情况反复核实,以确保其合理性。

9.1.3 公共交通通行能力影响因素

表 2-9.1 给出了影响公共交通通行能力的主要因素。下面列出的因素中一些影响单位车辆的载客数量,而另一些影响特定时间内通过特定地点的公交车辆数或车辆单元数。

影响公交通行能力的主要因素 表 2-9.1

车 辆 特 性	
(1) 单位车辆所含的车辆单元数(单车厢公共汽车、动车组列车); (2) 车辆尺寸; (3) 座椅的布局和数量; (4) 轮椅固定设施的数量	(1) 台阶的高度和数量; (2) 最高车速; (3) 加速度和减速度; (4) 开门装置的类型; (5) 车门数量、位置和宽度
道 路 特 性	
(1) 横断面设计(车道、轨道的数量); (2) 与其他交通方式的隔离程度	(1) 交叉口设计和控制方式; (2) 道路平、纵线形
停 靠 站 特 性	
(1) 停靠时间; (2) 站点间距; (3) 站台高度与车辆地板高度; (4) 上客区的数量和长度	(1) 收费方式; (2) 收费类型; (3) 共用的上、下客区与分离的上、下客区; (4) 乘客进出停靠站路径

续上表

运营特征	
(1) 城际运营与郊区运营； (2) 终点站停休和时刻表的修正	(1) 保持整时车头时距和驾驶员休息的时间损失； (2) 特定车站的到达规律
乘客交通特征	
主要停靠站的乘客集散	乘客流高峰特征
道路交通特性	
其他交通方式的数量及特征	平面交叉口
发车间隔控制方法	
自动或人工控制	车辆容许车头间距

1) 停靠时间

停靠时间是指公交车辆为了乘客上下车，在站点和车站停留的时间，是影响公交通行能力最重要的影响因素之一。特定停靠站的停靠时间和以下几个因素相关：

(1) 上下车乘客数量。需要服务的乘客越多，停靠时间就越久。

(2) 车票支付方式。一些车票支付方法比其他方式需要花费更多的时间。付费时间最小化是减少停靠时间的一个关键因素。

(3) 车辆类型和尺寸。乘客乘坐低地板公交汽车在上下车过程中的花费时间少于相应状态下的高地板公交汽车，特别是对携带婴儿车、包裹或行李的乘客以及残疾人。拥有多车门或宽车门同时上下车也有助于缩短上下客时间。

(4) 车内移动空间。当车辆有乘客站立时上下车会变慢。乘客站立空间的大小和车厢过道宽度也将影响到车内乘客的移动。从前门而不是后门下车的乘客也会拖延乘客上车的时间。

停靠时间与站点间距有间接关系。假定站点间距为可接受的步行距离，因此每个站点的乘车需求固定不变。如果该距离内的停靠站数量增加，客流量将分散到各停靠站，使每个站点的平均停靠时间减少，但会降低公交整体的运行速度。因此，站点合并是提高车辆运行速度的一种有效方式，即使平均停靠时间增加，只要在每一站最大停靠时间不受影响，并且从合并站到最近车站的距离是在可接受的步行距离内，那么该措施仍可作为提高公交运行车速的一个有效途径。

2) 路权特征

一般来说，路权的专用性越强，则公交车辆和其他交通工具之间的相互影响越小，速度和通行能力就会越大。然而在轻轨公交系统，这个规律并不总是成立。路权类型不同的道路其通行能力也不同，通行能力最低的区域将限制整个线路的通行能力。

3) 车辆特性

车辆特性影响特定车辆可载运乘客的人数。两辆外观尺寸完全相同的车辆的装载乘客的能力可能会有很大不同。取决于车内所提供的座位数量和座位排列方式（即纵向或横向）。低地板的公共汽车与相应的高地板公共汽车相比通常座位较少，这是因为车轮会占用部分座位空间。

4) 乘客负荷差异

乘客的需求在空间和时间上分布是不均匀的。公交乘客在时空上的分散不利于公交通行能力在高峰期间的充分利用。乘客到达分布和车站停靠时间的变化将可能使公交通行能力减弱。在通行能力计算时,时间差异通过高峰小时系数进行调整,可将理论客运通行能力降低到可实现的客运通行能力。空间分布方面,各个站点之间乘客分布相对均匀的交通线路通常拥有更高的通行能力。

5) 经济约束

经济约束通常导致设施的通行能力值低于技术上可行的通行能力以及乘客需求的通行能力。通常表现在特定路线上提供服务的车辆不足,导致乘客无法上车或过度拥挤,进而减少了潜在乘客数量,乘客宁愿等待一辆不太拥挤的公共汽车,因此,城市的交通系统的有效运力可被车辆的短缺所制约。

6) 机构政策

公交机构政策通过制定容许车头时距及车辆载客量标准影响通行能力水平。为了提供较高水平的乘客舒适度,公交政策可能表现为更高的服务频率或使用高载客量车辆,即低负荷标准的情形。制定这类政策可能出于安全考虑,如禁止高速公路上运行的公共汽车上有站立的乘客,或是为了确保公交系统对新乘客的吸引力。后者在公共交通无法为通勤者节省大量出行时间的情况下是特别重要的,因为此时公交出行与小汽车出行在舒适性方面的竞争更为直接。

9.1.4 各公交方式通行能力对比

图 2-9.2 比较了在美国和加拿大的一些公交出行方式及设施类型所能达到的最大客运通行能力,根据列车车厢数、停靠时间等因素的不同,其结果有相应变化。轨道交通的数值代表每条轨道每小时的运输乘客的数量,高承载率车道(HOV 车道)包含了合乘小汽车可用的情形。图中的客运通行能力反映了北美公交乘客通常可以接受的拥挤度上限。世界其他地区的客运通行能力更高。特别是亚洲和拉丁美洲,部分原因是那里的乘客可以接受更高的拥挤程度。

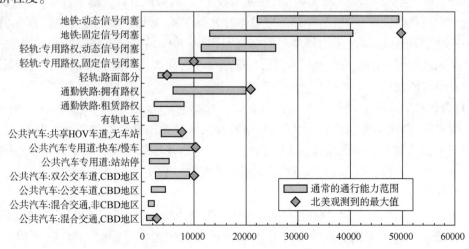

图 2-9.2 美国和加拿大公交出行方式的客运通行能力范围

图2-9.2显示了北美不同公交出行方式和交通设施类型的最大乘客运量的观测值,但有些观测值偶尔会略高于图中显示的通行能力。

9.2 常规公交通行能力

公交通行能力是一个复杂的研究课题,它需要处理好人与车的移动。公交通行能力取决于公交车辆运量的大小和发车频率的高低,并且反映了客流集散与公交车流之间的相互作用。公交通行能力还取决于公交公司的运营政策,因为政策决定了公交发车频率与额定载客量。总之,公交线路、公交专用道和首末站的通行能力通常受到三个方面的制约:

(1)公交停靠站或公交泊位的容量。
(2)运营车辆的数量。
(3)公交线路沿线客流分布。

9.2.1 公交通行能力计算方法

公交通行能力计算涉及三个关键点:
(1)公交泊位是指仅供一辆公交车停靠并上下客的路边区域。
(2)公交停靠站是由一个或多个公交泊位构成的,其大小取决于可同时停靠于此站的公交车数量。
(3)公交设施是指公交专用道路及沿线的公交停靠站。

公交停靠站通行能力取决于组成公交停靠站的单个公交泊位的通行能力。同理,公交设施通行能力受到沿线关键公交停靠站通行能力的限制,关键停靠站一般是具有最大客流量且停靠时间最长的公交停靠站。图2-9.3说明了公交泊位、公交停靠站和公交设施三者之间的关系。

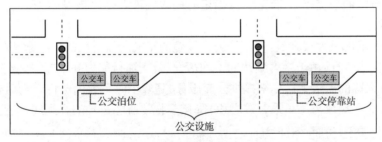

图2-9.3 公交泊位、公交停靠站和公交设施三者之间的关系

1)公交泊位

公交泊位通行能力取决于以下因素。
(1)停靠时间:公交车辆靠路边以供乘客上下车的平均时间,包括开门、关门时间。
(2)清空时间:公交车辆加速驶离泊位至下一辆公交车驶入该泊位所需的最短时间,包括公交车辆汇入主线交通前等待空挡的时间。
(3)停靠时间波动性:公交车辆使用公交泊位停靠时间的稳定性。
(4)进站失败率:公交车辆到达公交泊位时,该泊位被其他车辆占据的概率。

停靠时间和清空时间之和为一辆公交车停靠公交泊位的平均时间。结合停靠时间波动性和设计进站失败率,可以得到一个运营裕量以确保大多数公交车辆可以即到即用该公交泊位。这两部分时间之和为避免相邻公交车辆互相冲突所需的最小车头时距。将 1h 换算成秒除以该最短车头时距,即得出每小时内该公交泊位可服务的最大辆数,即公交泊位的通行能力。

2) 公交停靠站

公交停靠站通行能力取决于以下因素。

(1) 公交站公交泊位数:两个公交泊位比单个公交泊位停靠量最大,但其通行能力并不一定是两倍关系。

(2) 公交泊位的设计:公交泊位样式如何设计决定了公交泊位能够提供多大的额外通行能力。

(3) 交通控制:交通信号会限制信号周期内驶入或离开公交停靠站的车辆数量;如果公交车辆正准备离开,但红灯却阻止它通行,这就了延长了该公交车辆占用公交泊位的时间,降低了公交停靠站的通行能力。

3) 公交设施

路内式公交设施通行能力与以下因素相关。

(1) 关键停靠站通行能力:公交设施沿线通行能力最低的停靠站限制了可通过整个公交设施的公交车辆数;通行能力最低的公交停靠站一般具有最长的停靠时间,另外,较大的右转交通量将影响交叉口进口处停靠站的通行能力,对于受交通信号控制的停靠站,绿灯时间太短也会影响公交设施的通行能力。

(2) 公交运行模式:将公交线路车辆设计成"跳站"停靠,可以大大提高路内式公交设施通行能力。

4) 客运通行能力

在给定时间内公交设施能运输的最大乘客数量取决于以下因素。

(1) 公交设施的公交车通行能力:在给定时间段内能够使用该设施(车道、站点等)的最大公交车辆数。

(2) 公交车辆的最大载客量:使用该公交设施的车辆所能搭载的最大乘客数。

(3) 乘客需求特征:由于乘客到达的不均衡性,公交通行能力并不能得到充分利用,因此应以满足所有乘客的需求为目标来提供公交服务;高峰小时系数用于将理论通行能力(即每小时通过的公交车辆数与每车乘客数之积)降低至日常所能达到的客运通行能力。

9.2.2　公交泊位通行能力

1) 停靠时间

单个公交泊位的通行能力是确定公交停靠站和公交设施通行能力的基础。相应的,在公交泊位处的平均停靠时间是确定泊位通行能力的基础。

停靠时间可以由乘客的上车需求(如在晚高峰时段,当相对较空的公交车到达乘客需求量非常大的停靠站)、下车需求(如该停靠站在早高峰时段的情况)或换乘需求(如在主要换乘站)来确定;其中,停靠时间与上下乘客流量以及每位乘客所需的服务时间成正比。

影响公交车停靠时间的因素主要有五个。其中,两个与乘客需求有关,另外三个与乘客服务时间有关。

(1) 乘客需求及载客。通过流量最大车门上下车的乘客数是决定所有乘客服务时间的关键因素。通过最繁忙车门的下车乘客占上车乘客的比例同样影响所有乘客的服务时间。

(2)公交停靠站间距。公交停靠站数量越少,在相应的公交停靠站上车的乘客就越多。如果公交停靠站过少,在每站的停靠时间相对较长,乘客的步行距离也相对较大;如果公交停靠站太多,就会降低公交车辆总体的运行速度,因为很多时间浪费在了车辆加减速以及等待交通信号灯上。

(3)购票方式。平均购票时间是影响每个乘客上车时间的主要因素。在客流量较大的公交停靠站,多种类型的购票方式允许乘客从多个车门同时上车,节省了上车服务时间。

(4)车辆类型。在上下车过程中的上下阶梯也会增加乘客的上下车服务时间。

(5)车内空间。当车内乘客拥挤,上车乘客会耗费更多时间来付费,而且其他乘客必须花更多时间才能移动到车辆后部。

停靠时间也受到装载和稳固轮椅时间及安放自行车时间的影响。但是,这种情况除了在特定公交停靠站发生之外,基本上可以被当成随机事件。该随机事件由停靠时间波动性来确定。(轮椅装卸会引起停靠时间的延长,且将比平均停靠时间更长,但这种情况一般较少发生)

公交停靠时间估计方法有三种。

(1)现场测量法:对现有公交线路的最佳评估方法。确定公交停靠时间的最精确的方法就是现场直接测量。停靠时间的平均值和标准偏差可由观测数据得到。

(2)默认值法:适用于无可靠乘客需求预测数据的规划线路;无法得到停靠时间及客流量数据的情况下,以下具有代表性的数值可以作为关键(最忙碌)公交停靠站的停靠时间估计替代值:在市区停靠站、换乘中心、主要路内式换乘站点、主要停车换乘站点为60s;郊区主要停靠站为30s;郊区普通停靠站为15s。

(3)计算法:适用于有乘客需求数据或预测数据的情况下,估计公交停靠时间。该方法需要有实际的客流量数据或预测的客流量数据,并按上车和下车进行区分。其具体步骤为:

①预测小时客流量。这种预测值只适用于客流量最高的公交停靠站;当公交车"跳站"运行时,则需要对"跳站"运行公交线路中客流量最高的公交站点进行预测。

②调整小时客流量得到高峰小时客流量。式(2-9.1)为高峰小时系数计算方法。

通常公交线路的高峰小时系数范围为0.6~0.95。在缺乏足够数据,且公交时刻表(如发车间隔)未根据高峰时段的需求进行调整时,高峰小时系数可取0.75;当发车间隔根据预测高峰小时需求进行调整时,高峰小时系数可取0.85。当高峰小时系数趋近于1.0时,则表明公交系统超过负荷并存在潜在需求。

如果公交发车间隔大于15min,式(2-9.1)的分母应做适当的调整(例如,发车间隔为20min时分母为$3P_{20}$)。式(2-9.2)为调整高峰小时客流量。

$$\text{PHF} = \frac{P_h}{4P_{15}} \tag{2-9.1}$$

$$P_{15} = \frac{P_h}{4\text{PHF}} \tag{2-9.2}$$

式中:PHF——高峰小时系数;

P_h——高峰小时客流量;

P_{15}——15min 高峰客流量。

③确定基本乘客服务时间。表2-9.2可以用来预测常规情况下的乘客服务时间,即乘客

上下行分开,且所有乘客通过同一车门上车的情况。表 2-9.3 列出了乘客多门上车,乘客上下车服务时间估计。需要注意的是,通过两扇车门上客时,乘客上车时间显著减少,但是并没有使平均上客时间减半。

单通道上下车的乘客服务时间 表 2-9.2

适用情况	乘客服务时间(s/p)	
	观测值范围	推荐值
上车		
预付费*	2.25~2.75	2.5
单程票或代币	3.4~3.6	3.5
需要找零	3.6~4.3	4.0
刷卡或插卡	4.2	4.2
智能卡	3.0~3.7	3.5
下车		
前门	2.6~3.7	3.3
后门	1.4~2.7	2.1

注:* 包括免费、预付费公交、免费换乘和下车付费;如果有乘客站立,每人上车时间应该增加 0.5s;如果为低底盘车辆,上车及下车服务时间中减去 0.5s/p。

多通道上下车的乘客服务时间 表 2-9.3

车门通道	乘客服务时间默认值(s/p)		
	上车*	前门下车	后门下车
1	2.5	3.3	2.1
2	1.5	1.8	1.2
3	1.1	1.5	0.9
4	0.9	1.1	0.7
6	0.6	0.7	0.5

注:* 假设在车上不需要买票;如果有乘客站立,上车时间增加 20%。如果为低底盘的车辆,上车时间减少 20%,前门下车时间减少 15%,后门下车时间减少 25%。

④调整单门双流乘客服务时间。当通过单门与主方向客流相反方向客流达到 25%~50%时,车门处乘客集结,上下车客流服务时间应增加 20%(对单门来说增加 0.5s)。

⑤计算停靠时间。停靠时间为最拥挤的车门处所需的乘客服务时间加上开关车门的时间。通常情况下,开关车门的合理时间是 2~5s。

$$t_d = P_a t_a + P_b t_b + t_{oc} \quad (2-9.3)$$

式中:t_d——平均停靠时间,s;

P_a——最拥挤车门得下车乘客数,p;

t_a——下车乘客服务时间,s/p;
P_b——最拥挤车门的上车乘客数,p;
t_b——上车乘客服务时间,s/p;
t_{oc}——开关门时间,s。

关于轮椅乘客上下车对停靠时间的影响,美国所有的新型公交车辆都安装了轮椅升降机或坡道。当轮椅升降机正在使用时,其他乘客无法使用该公交车门通行。通常,轮椅升降机上车周期为60~200s,而低底盘公交车辆采用坡道方式会将时间降低为30~60s(包括将轮椅固定在车内的时间)。当某公交停靠站有固定轮椅乘客需求时,轮椅的上车时间应该纳入该站的平均停靠时间内。

越来越多的公交系统在车辆上为折叠自行车提供停车架;当没有自行车时,折叠的自行车车架垂直置于公交车前方(一些公交车仍然使用后置车架,还有极少数的长途公交允许自行车直接上车)。装载自行车时,乘客将自行车车架置于适当位置并放好车辆(通常提供两个位置)。这个过程耗时20~30s。当自行车架在靠站且使用频率较高时,车辆的平均停靠时间需要计入更多的乘客服务时间或自行车装卸时间。

2)清空时间

当公交车辆关门准备离开公交站时,存在一段附加时间,即为清空时间。在这段时间内,该泊位无法被其他公交车使用。这段时间是固定不变的,由车辆起动时间和车辆驶过车长距离以清空停靠站的时间组成。当停靠站为路内停靠站时,清空时间仅由这两部分时间组成。

当停靠站为路外式停靠站时,泊位清空时间还有另外一个组成部分:这部分时间是公交车等待一个合适的车流间隙以重新回到道路上的时间,该时间延误与路侧车道的交通量有关,并且随着交通量的增加而增加;延误也与上游交通信号的影响有关。

许多公交机构为避免产生返道延误,在拥挤的道路上避免采用路外式公交停靠站。但是,许多道路设计部门通常采用路外式停靠站以减少公交车对其他车辆的延误,并降低其他车辆与停站公交车发生追尾碰撞的几率。图2-9.4为路内式、路外式停靠站。

a)路内式公交停靠站(波特兰,俄勒冈州)

b)路外式公交停靠站(阿尔伯克基)

图2-9.4 路内式和路外式公交停靠站

多项研究讨论了泊位清空时间组成,并认为总清空时间范围为9~20s。公交车辆起动和驶出车长距离并离开停靠站耗时约为10s。路外式公交停靠站返道延误可以现场测定或按照表2-9.4进行估计(注意:表中的数据适用于车辆随机到达的情况)。

如果通过停靠站的交通流受到上游交通信号的影响,或者如果公交车必须等待下游信号灯来清空它所要重返的车道,可用道路通行能力手册 HCM 或交通仿真来预测可接受的间隙之间的平均时间间隔(在其他信息缺失的情况下假定为 7s)。

公交车辆的平均返道延误(车辆为随机到达)　　　　表 2-9.4

相邻车道混合交通量(veh/h)	平均返道延误(s)
100	1
200	2
300	3
400	4
500	5
600	6
700	8
800	10
900	12
1000	15

3)停靠时间波动性

并不是所有的公交车辆在停靠站的停靠时间都相同,这取决于车辆间及线路间的乘客需求量,公交停靠时间波动性对公交通行能力的影响可用驻留时间波动系数 C_v 表示,C_v 为停靠时间标准差与平均停靠时间的比值。当 $C_v=0$ 时,表明所有公交车停靠时间相等;$C_v=1.0$ 时,停靠时间标准差与平均停靠时间均值相等,即约有 1/3 的公交车辆停靠时间是平均停靠时间的两倍。

根据美国多个城市公交停靠时间的实地观测,发现 C_v 取值通常在 0.4~0.8;现场数据缺失的情况下,C_v 的推荐值为 0.6。影响停靠时间波动性的因素与影响停靠时间的因素相同。

停靠时间满足正态分布,如果正态分布图形较窄、峰值较高,则表明停靠时间波动性不大;反之,如果图形较宽、峰值较低则表明停靠时间波动性较大。

当后一辆公交车在前一辆公交刚离开时,随即到达该公交泊位,则该公交停靠泊位的通行能力将达到最大。但是,有几个原因使得该情况变得不现实:

(1)由于存在等待进入公交停靠站泊位进行服务的时间,车辆行驶速度将降低。

(2)附加延误的产生使公交时刻表的可靠性降低。

(3)排队公交车辆阻碍交通,造成长时间的拥堵。

公交通行能力分析引入了"进站失败率"的概念,进站失败率用来描述车辆到达公交停靠站时发现所有公交泊位被占用的概率。

进站失败率、停靠时间波动性和平均停靠时间共同确定运营裕量,在停靠时间和清空时间中加入运营裕量以确保进站失败率不会超过期望值。实际上,运营裕量是车辆停靠时间超过平均值的最大时间,设定的进站失败率越低,运营裕量就越长,公交运营时刻表可靠性越高,而公交泊位的通行能力越小。

从统计数据来看,停靠时间值与对应的期望进站失败率间关系见式(2-9.4)。

$$Z=\frac{t_{om}}{s}=\frac{t_i-t_d}{s} \tag{2-9.4}$$

式中：Z——满足期望进站失败率的标准正态变量；

　　　s——停靠时间的标准差；

　　　t_{om}——运营裕量，s；

　　　t_d——平均停靠时间，s；

　　　t_i——停靠时间值，停靠时间超过该值的概率小于期望进站失败率。

当公交泊位接近其通行能力时，可以对式(2-9.5)进行修正，由特定的设计进站失败率得到运营裕量：

$$t_{om} = sZ = C_v t_d Z \qquad (2-9.5)$$

式中：C_v——停靠时间波动系数。

表2-9.5列出了不同进站失败率对应的 Z 值。

进站失败率与对应的 Z 值 表2-9.5

失败率(%)	Z	失败率(%)	Z
1.0	2.330	15.0	1.040
2.5	1.960	20.0	0.840
5.0	1.645	25.0	0.675
7.5	1.440	30.0	0.525
10.0	1.280	50.0	0.000

在市中心区，进站失败率推荐值为7.5%~15%。这样取值既能保证一定的车辆运行速度，又能达到较高的通行能力。上限值15%表明每小时有10min的公交停靠失败时间，进站时车辆形成排队，该值也是公交运行速度显著下降的起始点；在市中心外围，进站失败率推荐值为2.5%，尤其对于路外式公交停靠站，只要停靠失败发生，引起的排队会造成通行车道阻塞。然而，进站失败率最高达到7.5%也是可接受的。

进站失败率为25%时，公交通行能力达到最大值。理论上，进站失败率为50%的情况下，公交通行能力才能达到最大值。但是这需要精确控制公交车车头时距，且公交的乘客量为唯一变量，这样的条件在实际中是无法达到的。公交车在行驶过程中普遍存在相互干扰，在运行周期内并不是所有车辆都能在指定的公交停靠站停靠。此外，进站失败率为50%时，车辆运行速度极低，乘客服务质量也很差。图2-9.5表明了进站失败率、运营裕量与公交泊位通行能力的关系，假定停靠时间为60s，停靠时间波动系数为60%。

4）交通信号配时

公交停靠站附近的交通信号灯可以用来估计进出该停靠站的公交车辆数。例如，在出口停靠站（或信号灯下游的路段停靠站），车辆只能在信号灯为绿灯时进入公交停靠站。绿灯时长越短，公交通行能力越低。同样，在交叉口进口道的停靠站，完成载客的公交车辆必须等待绿灯信号才能离开公交停靠站，因此公交车辆将比正常情况下的停靠时间更长，从而导致通行能力降低。根据车辆的交通运行特性，信号周期越短，公交车就有更多的机会通过信号灯。在无信号控制或不受上游信号灯影响的路口，车辆可以即进即出停靠站，交叉口对站点通行能力没有影响。

5）计算方法

每小时每个公交泊位的通行能力计算公式如下：

$$B_1 = \frac{3600(g/C)}{t_c + t_d(g/C) + t_{om}} = \frac{3600(g/C)}{t_c + t_d(g/C) + Zc_v t_d}$$

式中：B_1——停靠泊位通行能力，veh/h；

3600——1h 的秒数；

g/C——绿信比（有效绿灯时间与信号周期时长的比值，无信号控制的交叉口和公交设施取值为 1.0）；

t_c——清空时间，s；

t_d——平均停靠时间，s；

t_{om}——运营裕量，s；

Z——满足期望进站失败率的标准正态变量；

c_v——停靠时间波动系数。

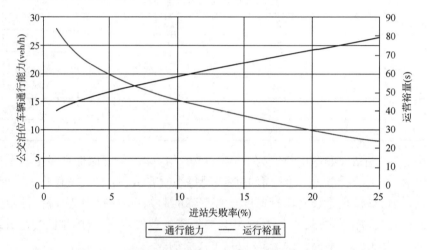

图 2-9.5 进站失败率、运营裕量、公交泊位车辆通行能力的关系

表 2-9.6 给出不同清空时间及停靠时间组合下，进站失败率为 25%、停靠时间波动系数为 60%，且附近没有信号灯情况下每个泊位的最大计算通行车辆数。

公交泊位的最大计算通行能力 表 2-9.6

停靠时间(s)	清空时间	
	10s	15s
15	116	100
30	69	60
45	49	46
60	38	36
75	31	30
90	26	25
105	23	22
120	20	20

注：假设进站失败率为 25%、停靠时间波动系数为 60%，且 $g/C = 1.0$。

9.2.3 公交停靠站通行能力

1) 站点设计形式及位置

公交停靠站是车辆停靠和乘客上下车的场所,通常由 1 个或多个公交泊位组成。公交停靠站车辆通行能力与该站的单个停靠泊位的通行能力、停靠泊位数和停靠泊位的设计有关。

路外式停靠站(即停靠站设置于道路交通流以外,为港湾式)在提供 4 个或以上泊位时,比路内式停靠站的车辆通行能力更高。而路内式停靠站在提供 1 个或 2 个停靠泊位的情况下车辆通行能力较强;在提供 3 个停靠泊位的情况,二者车辆通行能力相当。

路内式停靠站常位于路边的三个位置,图 2-9.6 为路内式公交停靠站的典型位置。

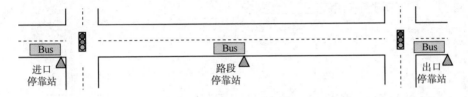

图 2-9.6 路内式公交停靠站位置示意图

然而,停靠站的通行能力并不是选择停靠站位置所要考虑的唯一因素,公交车辆与其他车辆运行中存在的潜在冲突、公交换乘、乘客步行距离、客流产生位置、信号配时、车道位置、障碍物以及可能的公交优先方案等对公交停靠站的通行能力有潜在影响。

2) 公交停靠站效率

停靠站的公交停靠泊位越多,停靠站的通行能力越大。表 2-9.7 比较了路内式停靠站布设位置的利弊。对于停靠站间距、位置和停靠站几何设计的附加说明见 TCRP 报告 19。

不同位置公交停靠站的利弊 表 2-9.7

位置	优 点	缺 点
交叉口出口道	右转车辆与公交车辆之间的冲突最小; 社会车辆可使用路边车道右转,增加了右转通行能力; 交叉口进口道的视距问题最小化; 利于行人从公交车后方过街; 缩短了公交车减速距离; 公交车可利用信号交叉口产生的交通流间隙; 公交优先易于实施,公交车在可优先通行交叉口	公交车停在通行车道上,可能导致车辆排队至信号交叉口; 可能影响穿越交叉口车辆的视距; 可能影响行人穿越交叉口的视距; 可引起公交车二次停车,干扰其他车辆通行; 可能增加追尾事故发生的可能性
交叉口进口道	交叉口出口交通量大时,可最大程度减小机动车之间的干扰; 乘客可使用临近的人行横道上车; 公交车可从交叉口获得额外的车道宽度; 消除了二次停车可能性; 允许乘客在红灯期间上下车; 允许驾驶员充分观察交通运行状况	加剧了公交车和右转车冲突; 保留的公交车可能遮挡了信号灯和过街行人; 可能影响停在公交车右侧的车辆视距; 影响行人过街视距; 会减少公交优先的效用

续上表

位置	优 点	缺 点
路段	行人和车辆间的视距问题最大程度减小； 有利于减轻停靠站乘客等待区的拥挤程度	需要延长路侧禁止停车区域长度； 易造成乘客乱穿街道； 增加行人过街的绕行距离

根据设计方式的不同，路外式停靠站一般分为 4 种类型：直线型、锯齿型、穿越型和倾角型，见图 2-9.7。后三种类型为非直线型停靠车位，允许车辆独立地驶入和驶出停靠车位。非直线型的设计是充分有效的：即停靠泊位数量加倍，可带来停靠站总的通行能力加倍。

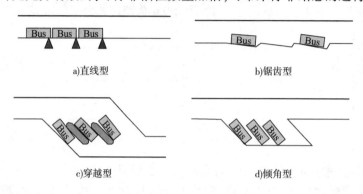

图 2-9.7 公交停靠站设计类型

绝大多数公交停靠站都属于直线型，公交停靠站的利用率见表 2-9.8。

直线型多车位公交停靠站的利用效率   表 2-9.8

公交泊位数（个）	路内式停靠站				路外式停靠站	
	随机到达		车队到达		所有到达形式	
	利用率（%）	累计有效泊位（个）	利用率（%）	累计有效泊位（个）	利用率（%）	累计有效泊位（个）
1	100	1.00	100	1.00	100	1.00
2	75	1.75	85	1.85	85	1.85
3	70	2.45	80	2.65	80	2.65
4	20	2.65	25	2.90	65	3.25
5	10	2.75	10	3.00	50	3.75

注：假设路内式停靠站上的公交车辆无超车情况。

从表中可以看出，拥有四个或五个车位的停靠站的实际效用与拥有三个车位的停靠站相当。要保证两个"有效的"路内式车位，至少应有三个实际停靠车位，表 2-7 仅适用于直线型停靠车位。所有其他类型多车位停靠站的利用率都为 100%，即有效停靠车位与实际车位数相同。

基于 10s 的车位清空时间、25% 的进站失败率、60% 的停靠时间波动系数以及随机到达的路内式停靠站，其停靠时间、绿信比及车位数对公交停靠站通行能力影响的比较见图 2-9.8。

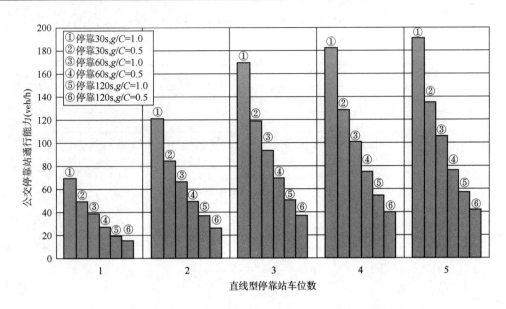

图 2-9.8 停靠时间、绿信比、车位数对公交停靠站通行能力影响的比较

从图 2-9.8 可以看出,随着直线型停靠车位的增加,停靠站总通行能力的增加量逐渐减小,它反映在 10s 的车位清空时间和随机到站的条件下,特定停靠时间和绿信比组合的路内式停靠站的通行能力,增加直线型车位对停靠站通行能力的影响比减少停靠时间要小得多。值得注意的是,当停靠时间大于 60s 时,绿信比为 0.5 或 1.0 的差异很小。

3）公交设施概念

公交设施的通行能力主要依赖于设施的专用性,公共交通受到其他机动车交通的干扰越小,通行能力越大。各类公交设施不同,其通行能力的计算方法存在差异,如平面分隔的公交汽车专用路和高速公路 HOV 车道,主干路公交专用道和混合交通车道。

在公交设施中没有停靠站的部分,其通行能力受限于：

（1）该部分前后其他公交设施的通行能力。

（2）公交线路端点的公交终点站、换乘枢纽的通行能力。在所有其他各类公交设施中,关键停靠站——出现最大车头时距的停靠站,很大程度上决定了设施的通行能力。一般来说,关键停靠站是停靠时间最长的站点,但也可能有例外,如信号交叉口左转的出口停靠站,或者右转机动车流量较大的进口停靠站。

公交设施的一些特有属性,也会影响它的通行能力,图 2-9.9 列出了影响主干路公交汽车专用道通行能力的各种因素。

9.2.4 客运通行能力

只要计算出公交设施的车辆通行能力,就可以计算出其客运通行能力。除了考虑图 2-9.9中的公交车辆通行能力影响因素之外,在计算客运通行能力时,还需要考虑其他几个因素。

1）客流到达变化

一条线路上的客流需求在空间上和时间上是如何分布的,会影响到可运输客流的数量。设计公交系统时,应能够提供足够的通行能力以满足高峰时段的乘客需求。由于高峰需求并不会持续整个小时,所以 1h 内可能达到的客运量将小于根据高峰小时内的高峰需求量所得的计算值。

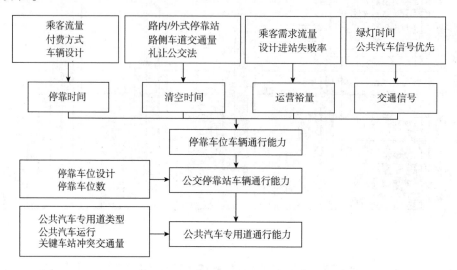

图 2-9.9 公共汽车专用道通行能力影响因素

乘客出行距离长,那么该线路的乘客就不如那些在各站都有乘客上下的线路多,每条线路在最大负荷点的总乘客数可能会十分接近。如果乘客集中在同一站上车,则该线路的公交车辆通行能力将较低,如果客流是均匀分布,则最大负载点处的潜在公交通行能力和客运通行能力更大。

2) 运营政策

客运通行能力是指在当前运营时刻表下,能够运送的最大乘客数,还是在公交设施能够容纳的最多公交班次下,能够运送的最大乘客数?式(2-9.6)表明了二者计算上的区别,它同时适用于公交线路和公交设施。

$$P = \min \left\{ \begin{array}{l} P_{\max} f(\text{PHF}) \\ P_{\max} B(\text{PHF}) \end{array} \right. \tag{2-9.6}$$

式中:P——客运通行能力,p/h;

$P_{\max}$——每车额定最大载客量,p/车;

f——额定发车频率,车/h;

B——公交设施通行能力;

PHF——高峰小时系数,推荐的高峰小时系数见停靠时间计算部分。

当不同尺寸的公交车使用同一设施时,需要根据各种类型公交车的数量和载客量,使用式(2-9.6),通过加权平均得到每辆公交车的最大额定载客量,表 2-9.9 列出了常规公交车的类型、尺寸和额定载客量。

美国和加拿大常规公交车辆特征参数　　表 2-9.9

车 辆 类 型	额定载客量				
	长(ft)	宽(ft)	座位数	站立数	总数
小型公交车/迷你公交车	18~30	6.5~8.5	8~30	0~10	8~40

续上表

车辆类型	额定载客量				
	长(ft)	宽(ft)	座位数	站立数	总数
公交车(高底盘)	35	8.0~8.5	35~40	20~30	50~60
	40	8.5	40~45	20~35	65~75
公交车(低底盘)	35	8.0~8.5	30~35	20~35	55~70
	40	8.5	35~40	25~40	55~70
链接车(高底盘)	60	8.5	65	33~55	100~120

注：任何公交车辆的总载客量，都可以通过移除座椅和增加站立空间来增加，但是这样就降低了服务质量，载客总数的上限指的是拥挤载客量，它不能用来计算公交载客量。

9.3 轨道交通通行能力

9.3.1 线路通行能力

线路通行能力是在一定时期内(通常1h)能够在一段轨道上运行的最大列车数。理想情况下，线路通行能力由列车信号系统及最长停靠时间决定。然而，在非理想状态下，其他一些相关因素都可能会影响到线路通行能力。这些因素包括：

(1)信号系统设计的最小列车间隔。
(2)小半径曲线或陡坡限制了车辆的进站速度。
(3)线路交叉或汇合，尤其是平面轨道交叉。
(4)终点站折返时间。
(5)与模式有关的因素，如轻轨与通勤铁路列车混合运行，客运与货运列车共轨运行。

1)列车控制和信号

大多数轨道交通都依靠信号系统保持安全间隔，列车之间的最小距离必须足够长，以保证后行列车能在前方列车后完全停止并保持一定的安全距离。列车控制系统将轨道划分为若干区段，每一区段叫一个闭塞分区，列车通过闭塞分区的时间越长，无论是由于分区的长度大、速度低还是停靠时间长，该线路的通行能力都将越低。图 2-9.10 为典型三显示信号系统的运作过程。

2)停靠时间

停靠时间是确定最小列车间隔和线路通行能力的主要因素。主要由三个部分组成：

(1)开门与关门时间以及关门后列车等待离开的时间。
(2)乘客上下车时间。
(3)乘客上下车停止后车门仍未封闭的时间。

三个因素中，乘客上下车时间是影响最大也是最难控制的因素。它取决于车站上乘客的数量、车门数量、车门宽度、站台和车内的拥挤程度、乘客在上下车门时的拥挤堵程度。另外两个因素在一定程度上由运营机构控制。当运营水平接近线路的通行能力时，花在车站的时间尽量最少(除去没有客流的情况)，对于维持列车正常运行很重要。

3)运营裕量

当轨道交通在运营中接近通行能力时，很小的无规律服务都可能导致延误，因为列车没有出站则后续列车不允许进站。这些无规律服务产生的可能原因有车辆停留时间的差异、列车性能的差异、人工驾驶系统中不同操作人员之间的差异。为了弥补这些差异,在确定列车最小间隔时,大多数轨道交通系统会增加运营裕量时间,与信号系统最小列车间隔时间和临界停靠时间一起,构成最小列车间隔。运营裕量时间实际上是列车晚点于时刻表运行而不影响后行列车的有效时间量,是线路通行能力的重要组成部分。

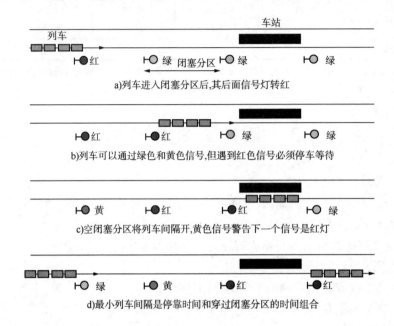

图 2-9.10　三显示信号控制示意图

4) 折返

典型的终点站有一个中央(岛)站台,方便乘客在车厢两侧上下车。可能的设计方法有很多,而一种较为普遍、低成本的(但可能会影响通行能力)设计方法是在进站前设置交叉渡线。这种交叉渡线允许进站列车进入站台任一侧,将出发列车安排到正确的发车轨道。如果线路的发车间隔时间很短,上下乘客、交换场地、检查列车、检查制动的时间总和可能会比列车间隔时间更长。因此,当第一辆列车在站内等待出发时,第二辆车只能占据另一侧的站台。如果在第三辆车也将到达时,第一辆车仍未腾出站前的交叉渡线,就会导致容量限制。图 2-9.11 说明了这个过程。

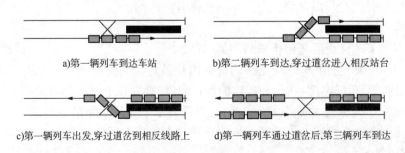

图 2-9.11　站前的折返过程

如果能正确地设计和运营折返线，就不会影响轨道交通的通行能力。但是，在旧系统中，特别是地铁，可能由于设计不够最优或者客流需求超过了设计水平，而限制列车的折返。

5）交叉口

线路合并、分流或平面交叉的地方也可能限制其通行能力。轨道交叉处，两列列车可能需要同时使用此空间，而同一时刻只允许一辆车占用。在给定平面交叉口处列车之间最小间隔时间由下列因素决定：

(1) 反向列车通过交叉口所需的时间。
(2) 道岔扳动和锁闭需要的时间。
(3) 加减速的延误时间。
(4) 线路信号系统限定的最小车辆间隔时间。

从概念上讲，这个过程类似于计算在车站的停靠时间，因为都是根据线路上列车的最小间隔时间加上停留时间计算。不同的是，该停车时间是在交叉口处等待另一辆列车通过的时间，而不是等乘客上下车的时间。

使一辆列车等待另一辆列车的情况是不可取的。如果需要更大的能力，通常采取分层的设计方式。图2-9.12描述了两种类型的交叉口、图2-9.13说明了平面交叉口的运行情况。

a)平面相交(匹兹堡)

b)高架相交(巴黎)

图2-9.12　典型的轨道交通交叉口类型

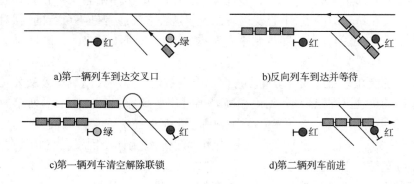

图2-9.13　平面交叉口的运行

6）与模式有关的问题

迄今讨论的通行能力的影响因素适用于大多数轨道交通模式，特别适用于重轨（快速轨道交通），且其中提及的某些因素会影响到整体的通行能力。但有时一些特定的模式也需要考虑：

（1）轻轨交通——单线运作，在街面运行（混合交通或专用路权）。

（2）通勤轨道——货客混运，受线路所有者对列车数量的限制，机车功率的差异限制，单线运行。

（3）自动导轨公交系统——技术多样，车站允许列车绕过站台和其他列车。

9.3.2 客运通行能力

客运通行能力是指在某种运营条件下（没有不合理的延迟、危险或者限制、明确合理）、给定的时间内（通常1h）、给定线路区段、某一方向载运的最大乘客数。

客运通行能力的定义没有线路通行能力的定义那么绝对，它取决于各运营列车的数量与长度、乘客负荷标准、列车与列车之间及同一列车不同车厢之间乘客需求的不同因素。

负荷差异为线路的理论通行能力与实际能承载乘客数量之间的重要差别。理论通行能力是假设线路提供的通行能力都能被乘客所利用。在实践中，只有当乘客的持续排队填满所有可提供座位和站立空间时，这种情况才能发生。

乘务人员和设备资源上的限制也必须考虑。线路通行能力考虑有多少车辆可以运行（假设列车车厢无限供应，机车操纵人员数量也不受限制）。远期规划中，线路的最终客运通行能力非常重要，但是了解近期既有资源条件下能够运营多少列车和这些列车的载客能力也同样重要。

1）负荷差异

乘客不会在高峰小时均匀分布到各个列车和车厢中，以下三类负荷差异必须考虑到：

（1）一节车厢内的负荷差异。

（2）车厢之间的负荷差异。

（3）高峰小时内乘客需求的不平衡。

第一类负荷差异是一个车厢内的。对于一个车厢个体，密度最高的部位在车门附近，而密度最低的部位在车厢两端。有些欧洲城市的轨道交通系统会在车辆端部增设车门（有时是单向的），以缓解这种不平衡。

第二类差异是列车车厢装载不均。靠近车站出入口的车厢乘客密度较大。通过将站台出入口分段布设在站台的端点、中心及第三点。但这种方法通常是不可行的，相对的装载不均匀仍会发生，因为可能上不去即将到来列车的风险也迫使乘客在出行高峰时间沿站台分散开。

很少有系统能在车厢过载时统计出里面的乘客数量。加拿大温哥华公交公司曾经在车站测量过车厢的负载。在温哥华，无论在高峰小时还是高峰2h内，在一辆列车的不同车厢之间，平均负荷差异不明显，二者变化范围在平均负荷的-6%~5%。然而，不同列车车辆之间不均衡达到-33%~61%。平均负荷比较均衡，可以归结为四个因素：短列车、宽站台、发车间隔短和系统车站出入口位置分散。

多伦多的Yonge街地铁更多地显示了车厢之间负荷的不平衡。在早高峰时段，列车后面的车厢负荷更大。由于繁忙时段乘客沿站台均匀分布，各车厢的负荷差异较小。高峰期各车厢的负荷在平均值-39%~26%范围内波动。而不同列车之间的波动范围为-89%~156%。

第三种也是最重要的一种差异类型，是高峰小时乘客需求的差异，通过高峰小时系数进行衡量，即：

$$\text{PHF} = \frac{P_h}{4P_{15}} \qquad (2\text{-}9.7)$$

式中：PHF——高峰小时系数；
　　　P_h——高峰小时乘客流量，人；
　　　P_{15}——高峰15min的乘客流量，人。

在任何轨道交通系统中，乘客都不可能均匀到达，图 2-9.14 说明了这个问题。图中为轨道交通日常的运营情况。早高峰 15min 时段出现在上午 8:35，之后列车之间的负荷差异逐渐不明显，很难挑出明显的高峰时段。

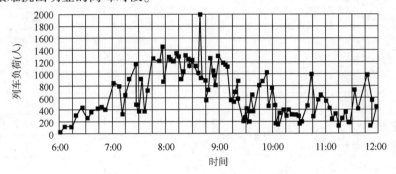

图 2-9.14　上午单列列车荷载（多伦多）

图 2-9.15 显示了温哥华早高峰时段的轨道交通情况，即使没有大的延误，仍然可以看出由于快速折返列车与上午 7:30 后正常开行的列车有交错，显示列车间负荷的不均衡性。

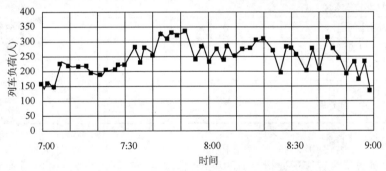

图 2-9.15　上午单列列车荷载（温哥华）

美国和加拿大的轨道交通高峰小时系数见表 2-9.10。

观测的高峰小时系数　　　　　　　　表 2-9.10

交通系统名称（城市）	线路号码	高峰小时系数
通勤轨道交通		
ATM（蒙特利尔）	2	0.71
CalTrain（旧金山）	1	0.64
Go Transit（多伦多）	7	0.49
Long Island Rail Road（纽约）	13	0.56

续上表

交通系统名称(城市)	线路号码	高峰小时系数
通勤轨道交通		
MARC(巴尔的摩)	3	0.60
MBTA(波士顿)	9	0.53
Metra(芝加哥)	11	0.63
Metra-North(纽约)	4	0.75
NICTD(芝加哥)	1	0.46
新泽西公共交通	9	0.57
SCRRA(洛杉矶)	5	0.44
SEPTA(费城)	7	0.57
VRE(华盛顿)	2	0.35
轻轨		
CTS(卡尔加里)	2	0.62
RTD(丹佛)	1	0.75
SEPTA(费城)	8	0.75
TriMet(波特兰)	1	0.80
快速公共交通		
Sky Train(温哥华)	1	0.84
CTA(芝加哥)	7	0.81
MARTA(亚特兰大)	2	0.76
Metrorail(迈阿密)	1	0.63
NYCT(纽约)	23	0.81
PATH(新泽西)	4	0.79
STM(蒙特利尔)	4	0.71
TTC(多伦多)	3	0.79

2)车辆数

列车的车辆数是决定客运通行能力的重要因素。列车越长,可装载的乘客数越多。然而,一辆列车的车辆数是有限制的,由站台的长度、车辆供给情况和轻轨街道区段长度共同决定。

(1)站台长度

站台长度是根据计划投入运营的最长列车来设计的。当站台位于地下或高架路段,一旦建成,长度难以增加。如纽约南部港口地铁车站以及年代较早的通勤轨道车站,站台长度要比列车长度短,想要下车的乘客必须从前面的车辆下车。对于新建系统则不存在这种情况。

(2)车辆供应情况

即使站台长度足够长,也还要考虑有没有足够的车辆数。如华盛顿地区的地铁车站可以容纳8节编组的列车,但受车辆供应数的限制,一般列车的车厢数都只有4~6节。这种限制是属于财政上的限制,轨道交通新车在2000—2001年每节的平均价格在120万~250万美元,同时,增加车辆节数,需要增加相应的操作和维护管理人员。

(3)街道区段长度

对于街道上运行的平面交叉系统来说,街区长度是主要的制约因素。大多数地区都不希望停止的列车挡住交叉口,因此要求列车长度不能超过可能设站的最短街区长度。尤其是俄勒冈州波特兰市,街道比较短(65m),因此限制两节以上的列车。圣地亚哥也面临着同样的问题,限制四节车厢。由于适宜的最大车厢数为3节,列车在进入市区前先被解体成两段。

当轻轨车道被另一辆车占用时,也会面临街区长度问题。如果有一辆车在车道上,将会引起列车对路口的影响,并需要等待腾出空间后才能继续前进。因此,在新建轻轨交通系统中很少会有混合交通运营的情况。

3) 列车数量

1h 内可运行的最大列车数量通常由线路的通行能力决定。对于给定线路给定区域的列车数量还受供电系统限制。例如,在波特兰市区段轻轨线路通行能力为每小时 30 列(发车间隔为 2min),取决于市区交通信号周期,但是既有供电系统设计是按 3min 的发车间隔设计的。

电动火车需要大量的能源,尤其是在加速过程。如圣地亚哥的有轨电车,从静止到加速过程需要使用 500~550kW 的电力,而在运行过程中只需要 150~165kW 的电力。

4) 计算过程

轨道交通客运通行能力由以下因素确定:最大设计负荷、每小时运行车辆数及高峰小时系数,其计算公式为:

$$P = P_c \times C_h \times PHF \tag{2-9.8}$$

式中:P——客运通行能力,人/h;

P_c——每节车厢的最大设计负荷,人/车;

C_h——每小时运行的车辆数,车/h;

PHF——高峰小时系数。

假设电源供应不受限制,也可以按下式计算:

$$P = T \times N_e \times P_e \times PHF \tag{2-9.9}$$

式中:P——客运通行能力,人/h;

T——线路通行能力,列/h;

N_e——每列车上的车辆数,车/列;

P_e——规定的每节车厢最大负荷,人/车;

PHF——高峰小时系数。

9.4 轻轨通行能力

9.4.1 概述

轻轨交通线会有一些自身特点,如行驶在城市道路上、平面交叉以及单线区段,这些对确定轻轨交通的通行能力非常重要。确定轻轨交通通行能力的关键在于找到系统中通行能力最薄弱的环节——导致整条线路的通行能力受到约束的某个位置或者因素。

9.4.2 确定最薄弱环节

由于可采用的路权形式不同,确定轻轨线路通行能力十分复杂。大多数的轻轨线路采用了多种路权相结合的模式,包括路面运营(通常在预留的车道上)和有平交道口的私有路权。单行线区域和街区长度也成为限制因素的一部分。整条线路的通行能力决定于最薄弱环节,该环节可能是最长周期的信号,但最常见的是闭塞信号区段可能的最小发车间隔。

以下部分将按照影响程度由强到弱的顺序,讨论由于路权因素带来的轻轨通行能力限制问题。顺序如下:

(1)双向交通的单线。
(2)信号控制区域。
(3)专有车道或混合交通中的路面运营。
(4)交叉口的专有路权。

这个顺序并不适用于所有的系统,但适用于绝大多数情况。系统的具体差异将改变各项的影响程度,例如信号控制路段上闭塞区段长度很短。

1)单线轨道

在广泛使用单线轨道实行双向运营的路段,对轻轨线路运能造成的影响最大。一些线路,在允许建设双线轨道的情况下,使用单线是为了节省成本,而另外一些区域,由于拓展线路或者建设用地受限,采用了单线轨道。

尽管可以确定单线轨道可能存在的范围,但精确地布局却因系统而异。当要求的发车间隔已知,则某一长度线路所需的路线里程就能估计出来。

区间长大于 0.25~0.30mi 的单线轨道路段长度对轻轨线路通行能力的限制最大。发车间隔包括通过单线轨道路段的时间、道岔拨动和锁闭时间、减少反方向列车可能的等待时间的运营裕量,这几项时间总和的两倍。

通过单线轨道区间的时间为:

$$t_{st}=S_m\left[\frac{N_{st}+1}{2}\left(\frac{3v_{max}}{d}+t_{jl}+t_{br}\right)+\frac{L_{st}+L_t}{v_{max}}\right]+N_{st}t_d+t_d+t_{om} \qquad (2\text{-}9.10)$$

式中:t_{st}——单线区段行驶时间,s;

L_{st}——单线区段长度,ft(m);

L_t——列车长度,ft(m);

N_{st}——单线轨道区段车站数;

t_d——车站停靠时间,s;

v_{max}——线路最大速度,ft/s(m/s);

d——常规减速度,ft/s²(m/s²);

t_{jl}——制动限制对应的时间损失,s;

t_{br}——制动系统反应时间,s;

S_m——速度裕量;

t_d——道岔拨动和锁闭时间,s;

t_{om}——运营裕量,s。

单线轨道区段最短车头时距为 $2t_{st}$。

式(2-9.10)的初始值在表 2-9.11 中给出。

单线轨道轻轨运营时间计算的参数默认值　　　　表 2-9.11

名　称	值	名　称	值
制动限制对应的时间损失	0.5s	服务制动率	4.3ft/s^2
制动系统反应时间	1.5s	速度裕量	1.1～1.2
停靠时间	15～25s	运营裕量	10～30s
道岔搬动和锁闭时间	6s		

假设速度限制为 35mi/h，列车长度为 180ft，停靠时间 20s，运营裕量 20s，其他数据按照图 2-9.16，推荐的最小发车间隔时间为这一时间的 2 倍。

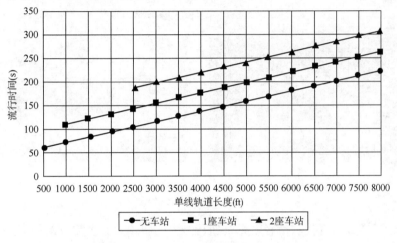

图 2-9.16　单线轨道区间长度与运行时间关系

图 2-9.16 显示，单线轨道区间最大速度必须适合这一路段的速度限制。对于大多数有防护立体交叉的线路来说 35mi/h 的速度是比较合适的。若单线路段在路面上运行，那么速度应该低于通行速度限速。如果有信号控制的区域，就应针对每个信号控制区域，增加信号周期时间的一半作为容许时间补差，以适应交通信号优先。

过长的单线轨道区间将严重影响发车间隔和通行能力，可能需要在单线路段中设置一个或多个双线路段。在可能的情形下，双线路段应足够长，允许反方向的列车通过，并为与时刻表有误差的列车留有余地。显然，车辆调度应安排列车在此位置相遇，单线轨道交通线路示例见图 2-9.17。

2) 信号控制区域

很多轻轨交通并未按照最小可能时间间隔控制信号设定，而是采取更加经济的最小计划间隔，这使得信号控制路段很容易成为整条线路的运行瓶颈。在这种情形下，应采用信号控制系统设计能力确定最大列车通行能力，经典的设计间隔是 3～3.5min，即每小时发车 17 或 20 列，信号控制示例见图 2-9.18。

3) 路面运营

历史上，北美很多地区的有轨电车运营都达到单线上每小时超过 125 节车厢的通过量。即使现在，多伦多公共运输委员会规定在多伦多东部皇后大街上高峰时间发车间隔为

15min，发车率大于60车厢每小时，并且有几条有轨电车线路共用一段长达四个闭塞长度的路段。这一通行能力的代价就是低速、拥堵、运行无规律和由于频繁停车造成的乘客不满。

a)西雅图　　　　　　　　　　　　b)萨克拉曼多

图2-9.17　单线轨道交通实例

a)波特兰　　　　　　　　　　　　b)丹佛

图2-9.18　信号控制区域实例

路面运营经常成为现代城市轻轨系统通行能力的瓶颈。大多数较新的线路较少出现这种情况，图2-9.19为具有优先权的路面运营线路。

a)混行交通——中央车道/多伦多　　　　b)混行交通——路边车道(波特兰)

c)专用车道(盐湖城)　　　　　　　d)专用车道——反向(丹佛)

图2-9.19　路面运营轻轨优先通行实例

尽管将轻轨与其他交通隔离,但轻轨还是需要与交通信号、行人和其他交通因素竞争。近期建设的很多轻轨线路都在专有车道上运行,因此降低了交通拥堵。一些建设较早的轻轨系统仍存在混合交通运行、交通拥挤排队、左转车、平行停车都会影响轻轨的通行能力。

交通信号优先使得轻轨在到达下一个信号时可以获得绿灯。根据交叉口的密度和交通拥挤程度,这将对区域整体的交通流产生实质性的影响。拥挤区域的交通信号优先通常受到限制,以免对其他交通方式产生过多的负面影响。

当轻轨列车长度接近市区内街区长度时,假设轨道与其他交通相互分离,则通行量只能是每一信号周期一辆轻轨列车,此时它的通行将受到其他交通方式的限制。如排队的左转车辆使得列车不能拥有整个时段时,便不能保证有绿灯信号时每趟列车都能前进。按照经验计算,通常可行的最小发车间隔是两倍于最大信号周期。如式(2-9.11)可以确定路面运营时专有车道或混合交通运行的最小车头时距。

$$h_{os} = \max \left\{ \begin{array}{l} \dfrac{t_c + (g/C)t_d + ZC_v t_d}{(g/C)} \\ 2C_{\max} \end{array} \right. \tag{2-9.11}$$

式中:h_{os}——列车最小车头时距,s;

g——对于车辆和行人的有效绿灯时间,s,反映了路面停车、行人移动(只在混合交通中)及交通信号优先产生的影响;

C——信号周期长度,s;

$C_{\max}$——区段信号的最长周期,s;

t_d——关键站停靠时间,s;

t_c——清空时间,s,由列车之间最小净距离(一般是15~20s或者信号周期时间)以及列车完全驶离车站的时间(通常为5s/车)之和;

Z——满足期望进站失败率的标准正态变量,见表2-9.5;

C_v——停靠时间波动系数,一般轻轨为40%,有轨电车为60%。

4) 带有交叉口的专有路权线路

带有交叉口的专有路权线路是常见的设置形式,如图2-9.20所示。除了交叉口以外,与街道上其他交通方式分离。

a) 专有路权(费城)　　　　　b) 道路中央轨道(洛杉矶)

图2-9.20 轻轨专有路权线路

轻轨专有路权线路通常在平面交叉口有优先通行权。传统的铁路保护形式对交叉口处过街交通的延误时间大约比交叉口信号强制优先带来的延误多3倍。当发车频率变高时，这些延误将难以接受，此时要求采用信号控制交叉口，可能会降低轻轨的运行速度，但不会降低轻轨的通行能力，因为轻轨通过占用的时间在正常绿灯范围内。

平面交叉口处的信号占用时间受邻近车站情况影响。如果列车停站后必须穿越平面交叉口，交叉口处的交通信号允许轻轨通过的信号会提前，其他交通不能通行的时间就会增加。这种情况下，列车从静止开始起动，必须加速穿越交叉口，增加了总的延误时间。当轻轨站台在平面交叉口的出口端，列车到达交叉口的时间将可以预测，也就不会出现交通信号过早开启的现象。列车要么沿着交叉口前进，要么以正常行驶的速度开始制动，因此占道口的时间较短。

车站可设计成将两站台放在交叉口一侧，或交叉口两侧。设置方式见图2-9.21。

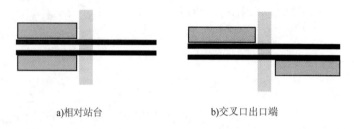

a)相对站台　　　　　　　　b)交叉口出口端

图2-9.21　交叉口处的车站设置位置

利用路边的通信设备，可以减少由于交叉口处的栏门和信号过早开启带来的延误。可以通过人工控制或自动控制的方式，当列车离开车站时，开启交叉口的通过信号。当车站邻近交叉口时，预留10s的车站停靠时间，列车驾驶员在乘客上下车结束后，手动开启交通的通过信号。

9.4.3　通行能力计估算

1）列车通行能力

轻轨通行能力的计算方法十分复杂，因为其采用的优先通行方式多种多样。最基本的方法是找出路线上的限制因素和最薄弱环节，在此基础上计算通行能力。

需要考虑的关键因素如下：

(1)单线轨道。

(2)信控区域。

(3)路面运营。

(4)无信号强制优先的专有路权。

(5)平交道口和信号强制优先条件下的专有路权。

第一步是确定长度超过1600ft的单线轨道路段的列车间隔能力，将这一间隔与信号系统的设计间隔及路面运行路段中最长信号周期的两倍进行比较，选择最大间隙时间，换算成小时，确定每小时通过的列车数(线路通行能力)，计算方法如下：

$$h_{lr} = \max \begin{cases} h_{st} \\ h_{gs} \\ h_{os} \end{cases} \qquad (2\text{-}9.12)$$

式中：h_{lr}——轻轨最小车头时距，s；

h_{st}——单线轨道区段最小车头时距，s，等于 $2t_{st}$，见式(2-9.10)；

h_{gs}——隔离式轨道交通线路的最小车头时距，s，为列车控制间隔时间、关键站停靠时间、运营裕量之和；

h_{os}——临街运营路段最小车头时距，s，见式(2-9.11)。

线路通行能力 T：

$$T=\frac{3600}{h_{lr}}$$

2) 载客能力

最大载客能力 P 是列车数乘以列车长度和单位长度运载的乘客人数，并将高峰小时内高峰时段的乘客输送量调整为高峰小时的输送量。如式(2-9.13)所示：

$$P=T\times L\times P_m \times PHF=\frac{3600L\times P_m \times PHF}{h_{lr}} \tag{2-9.13}$$

式中：P——最大载客能力，人/h；

T——线路通行能力，列/h；

L——列车长度，ft；

P_m——单位长度负荷水平，人/ft；

PHF——高峰小时系数；

h_{lr}——轻轨最小车头时距，s。

在美国和加拿大，除了由六条线路共用的旧金山都市地铁和波士顿绿线地铁外，轻轨线路高峰小时单方向运载能力接近10000人。

欧洲报道了轻轨线路高峰小时单方向运载能力超过20000人以上的系统；然而，这些线路通常被称为轻轨地铁、预留地铁，它们具有重轨交通的许多或者所有特征，但却以轻轨设备运营。

9.5 通勤铁路通行能力

9.5.1 概述

北美的通勤铁路客流量受纽约区域采用系统的制约，最繁忙的线路使用动车或专用轨道，几乎不提供货运服务。与快速轨道交通相比，铁路的车辆性能差，信号系统通行能力低。

除了费城的 SEPTA 线路、芝加哥的 Metra 通勤轨道交通系统和南海岸线以及由加拿大蒙特利尔市所管理的自蒙特利尔至英国的 Mont-Royal 隧道线路以外，其他地方通勤铁路采用内燃机车牵引，并按照铁路的方式运行。

同一模式的轻轨车辆的运行特征相似，美国运营的各种通勤铁路与轻轨交通不同，内燃机车的性能差异很大，致使线路运力差别很大。现有的 P/W 动力质量比比例计算方法不能很好解决通行能力计算问题。

另外还有一些其他问题致使无法提出简便的分析方法来计算通勤线路通行能力，由于这些问题，仿真模拟成为可用于计算通勤铁路运能的唯一有效办法。

本节主要侧重于讨论影响通勤运力的因素及可能提高运力的方法。

9.5.2 轨道所有权及使用

对于通勤铁路线路,由于铁路的使用权和所有权分属不同经营者,一些小规模经营者不具有铁路的所有权,在高峰小时可以运营的列车数取决于与轨道拥有者之间的协议。随着使用轨道的列车数量的增加,特别是只有单线轨道可用的时候,整条线路列车的平均速度都会降低,并直接导致通勤铁路相遇次数增加。通勤铁路相遇会对铁路运力产生综合影响,每一次相遇都会增加延误,而延误又会进一步增大下一次相遇的可能性。这种相遇对在同一条线路上运营的不同型号和性能的通勤铁路的影响作用尤为严重。

影响轨道线路通行能力的因素很多,其中一些因素是重复性的,大多数则是偶发性的。最常见的因素包括:列车、轨道巡检、轨道维修、轨道状况恶化导致的暂时速度限制、车站停靠、道岔转换、货场相互配合、列车或列车控制系统故障、突发事件(例如,交叉口事故、动物和人的侵入)及天气。

列车将被分配不同等级的优先通行权,同一类的列车的优先通行等级也可能不同,例如,旅客列车可包括城际高速、城际常规、通勤区域特快、通勤慢车和免费旅客列车等类型。货运列车类型包括多模式联运、运单、散货和地方货运。根据特殊情况,个别列车的优先权也可能提高或降低。例如,新近使用的列车优先通行程度较低,接近法定行驶时间极限的列车具有更高的优先权,重载列车拥有更高的优先通行权,特别是在坡道上,因为停车后恢复到原来的行驶速度需要更长的时间。当两列车相遇时,相对优先通行等级将决定哪一辆车需要等待。

9.5.3 列车通过能力

确定列车通过能力需要参考铁路运输协议或者咨询铁路或代理信号工程师以确定单位小时允许通过的通勤列车最大数量。一般来说,这些数量以列车最大长度为基础。

货运交通具有季节性,而且可利用的通勤运输是变化的。运输协议往往确保了每小时通勤列车的最低数量。这些可能是单向的,也就是说在高峰期所有列车都在一个方向上排队运行。这通常不是能力问题,而是设备和人员利用的效率问题。

货运列车的信号闭塞区段比公共轨道客运交通的时间长很多,因为货运列车的长度较长,使货运列车停下来需要的时间和距离都很长。轨道交通是唯一不能在视距范围内停车的交通方式。由于停车距离较长,由此引起的闭塞区段距离增长,较客运列车而言,货运列车速度又较低,因此通勤列车和货运列车穿越一个信号闭塞区段需要的时间都比类似的轨道交通列车长。较长的运行时间延长了发车间隔,降低了通行能力。

1)线路通行能力范围

轨道交通通勤数量可达到每小时1~2位数之间。使用传统铁路信号,每小时通过列车的上限为10列或更多列。

通勤服务的多样性和可用轨道的数量不同带来更多的复杂性。繁忙的通勤铁路线往往会提供各种停站模式,以尽量减少旅客旅行时间和最大限度地提高设备利用率。一个常见的做法是将线路划分为几个区段,列车为一个区段内的车站提供服务,然后直接开往中央商务区的车站。区域慢车为各区段之间的联系服务。在芝加哥和纽约地区的一些线路采用这种经营方式。通常大部分路线为三线轨道,并且道岔采用联锁装置的情况下才可能采用这种运营方式。

当线路交叉或汇集繁忙时,这种繁忙的运营方式的运能难以概述,需要具体问题具体分析。这种繁忙的运营在很大程度上与立体式快速轨道交通类似,但也有一些显著的例外,如运营服务的范围很宽。

2) 车站限制

通勤铁路和其他轨道交通方式之间的另一个主要区别是通勤铁路白天通常存储在市区的终端站。这样就减少了在非高峰方向上对轨道能力的需求,同时可以满足高峰方向上更高的服务水平。纽约的北方地铁,在中央大车站拥有46股站台轨道,因而能够利用高峰方向上的四条隧道轨道中的三条。即便是同一个隧道轨道封闭改造,每小时也有23列车能够在剩下的两条高峰方向轨道上运营。

纽约佩恩车站的情况相对比较紧张,长岛铁路拥有5股轨道线路的独立使用权,且与美国国家铁路公司和新泽西铁路共用另外4条轨道。目前,长岛铁路运营的东河隧道,拥有2条轨道进站、2条轨道出站且高峰时间间隔为每条线路3min。由于有限的车站容量,长岛铁路2/3的车辆要开过佩恩车站至曼哈顿西区。

3) 车站停靠

通勤铁路路线上的车站停靠时间通常不像快速公交系统和轻轨路线要求那样严格,因为通勤铁路的发车频率较低,主要车站的站台数也较多。在大多数情况下,最长的停靠时间发生在市区的终端。乘客在那里上下列车不会阻挡其他列车的运行(图2-9.22)。

a)多伦多

b)费城

图2-9.22 多站台通勤铁路实例

客流一般是单向的,因此不会出现上车乘客被下车乘客延误的情况,反之亦然。但列车之间发生大量换乘的地方则例外。长岛铁路的牙买加车站是少数几个拥有发生大量换乘车站中的一个,其中8条线路从东部聚集、2条主要线路延伸分散到西边。大多数换乘是同站换乘,换乘时间预定为2~3min。

通勤铁路车站停靠时间取决于站台高度和车门设计,最繁忙的线路类似于快速轨道交通,设置高站台和遥控滑门。单层汽车通常用地板上的常规活动门来适应常规的高低站台车站,但是这样比较浪费时间而且需要大量的运营工作人员。对于既有高站台又有低站台的线路,两端的车厢采用传统滑动门,中间车厢采用滑门,如新泽西铁路、芝加哥南部海岸和蒙特利尔的Mont-Royal线路。大多数双层和廊式车辆为低站台设计,最低台阶与站台接近,以便于乘客快速地上下车。廊式车辆以车厢两侧中间非常宽的门(6.5ft)为特点,允许大量乘客快速上下车。

9.5.4　增加线路通行能力的方法

如果线路通行能力低于通勤铁路运营水平的要求,有以下3种主要方法可以提高线路运能:

(1)增加轨道。
(2)减少侧线间的行驶时间。
(3)降低列车会让与越行浪费的时间。

1)增建第二线

双线轨道使得一些车辆相遇无需停车等待。通过连接或延长已有铁路侧线即可形成双线,但长度至少需要三个信号闭塞区间(4.5~7.5mi)才能发挥作用。较长的双线轨道段应当提供渡线以供双线路段内发生的会让及越行使用。

侧线或双线轨道路段的两端不应位于或靠近坡度大(1%或更大)的地方,因为这种路段重型车辆难以起动和停止。由于曲线上的道岔难以安装和维护,双线轨道两端也应避免曲线。最后,双线轨道两端附近也不能有平交道口,因为道口可能会被线上等待或越行的车辆阻塞。

在极端情况下,整个线路都可以变成双线轨道。然而,较长线路增建第二线成本会非常高,尤其当需要建造桥梁、隧道的时候或者需要额外通行权的时候。

2)增加与延长侧线

铁路旁边较短的第二线被定义为侧线。当侧线处列车相遇,一辆列车必须停下等待对向车通过(侧线足够长以致列车不需要停下来会让,这种侧线被称为"第二线")。侧线列车的延误包括两种类型:固定和可变。固定延误包括减速、停车、加速以及在侧线处与正线上运营速度的不同有关。可变延误时间是当列车在侧线上时,需要等待对面车辆通过的时间。

增加侧线数量可以减少可变延误,因为列车可以接近会让时间进入侧线,但是这样不能改变与停车相关的固定延误时间。每增加一条侧线,对通行能力的提高会相应减少,因为可变延误随着越来越小的增量而减少,但是固定延误仍然存在。

加长侧线减少了可变延误时间,然而,却增加了固定延误时间。

3)提供高速进出侧线出入口

当列车可以高速进出正线时,固定延误时间减少。进出侧线的速度受到从正线到侧线的道岔角度大小控制。道岔角越小,列车过道岔速度越大。另外,侧线允许的行车速度必须至少和列车的过道岔速度一样,侧线需要信号控制,同时长度需满足高速过道岔后的停车需求。

4)列车控制系统改进

信号移近,可以缩短闭塞分区长度,从而使列车之间行驶距离比较近,但这要受到最不利的安全制动距离的限制。改变信号之间的距离主要作用是减少列车越行的时间延误。缩短闭塞长度也会减小会让延误,因为列车的位置信息变得更加准确,调度者可以更好地决定列车在哪条侧线上会让。

5)基础设施改善

铁路上的轨道条件可能会限制列车的最高速度。美国联邦铁路管理局基于曲率、超高、轨道条件、单位长度轨枕数等对轨道进行分级,并按照轨道类别定义了客货列车的最高速度。升级轨道,可以改变列车的运营速度,然而通行能力可能不会改变。运行速度提高,为保证安全信号闭塞区间长度可能要加长,通过一个闭塞区间的时间可能不会有大的变化或没有变化。表2-9.12给出了不同等级轨道下的最高速度。

美国不同等级轨道下的最高速度 表 2-9.12

轨道等级	客运列车		货运列车	
	mi/h	km/h	mi/h	km/h
等外	禁止	禁止	10	16
1	15	24	10	16
2	30	48	25	40
3	60	96	40	64
4	80	128	60	96
5	90	144	80	128

9.5.5 通勤列车运营速度

表 2-9.13 给出了根据 P/W 比、站间距、停靠时间的不同组合,得到的通勤铁路包括了车站停车的平均运营速度。表 2-9.13 假设使用常规的信号闭塞,轨道条件允许列车时速 128km/h。值得注意的是,除了 P/W 比很高和站间距较大的情况,列车还没能加速至速度限制,就要为进入下一个车站停车而进行减速。如果线路条件以及使用的设备已知,可以模拟估计其运营速度。在大容量的线路上,很难达到 30s 的停靠时间,而在低容量线路和非高峰时段可能比较适合。

通勤轨道交通的平均运营速度 表 2-9.13

车站间距(mi)	平均运行速度(mi/h)		
	$P/W=3.0$	$P/W=5.8$	$P/W=9.1$
平均停靠时间 = 30s			
1.0	16.8	20.3	22.3
2.0	25.8	30.9	35.0
4.0	36.4	44.1	48.6
5.0	40.3	48.7	52.7
平均停靠时间 = 60s			
1.0	14.8	17.4	18.8
2.0	23.3	27.4	30.6
4.0	33.8	40.4	44.1
5.0	37.8	45.0	48.5

注:1. P/W 为动力质量比。
2. 假设速度限制值为 80mi/h,没有坡度,没有其他列车带来的延误。

9.5.6 载客量

除了一些短途通勤列车允许乘客站立,通勤列车的通行能力一般是基于每列车提供的座椅数量来决定的。考虑乘客乘坐需求变化,高峰小时系数取 0.90 或 0.95。

在车辆设计已知的情形下,最好的方法是将列车的座位数累加,除非某部门规定高峰小时满座率为 95%,一般高峰小时系数应使用 0.90。相同长度的列车,通勤铁路运输能力可简单表示为:每小时车列数×每列车座位数×0.90。

在很多情况下，列车长度是根据客流需求调整的。最长的列车通常是在主要的商业活动开始前到达，下午反之。在高峰时段的末端使用较短车辆，在这种情况下高峰小时需要提供的座位总数和使用的高峰小时系数需要进行确定。

表 2-9.14 给出了北美通勤铁路部分列车的车厢座位数和每米长度座位数。所有车厢的外形尺寸都有相同。

旅客负荷范围为 2~7 人/m，要达到 7 人/m 就需要采用 2+3 式的座椅布置。但乘客并不喜欢这样的座位布置形式，一些短途乘客宁愿选择站着，使得中间的座位经常空着。

一个 2.1 人/ft（7 人/m）的容量可以作为上限。单层车的能力上限为 1.5 人/ft（5 人/m），推荐 1.2 人/ft（4 人/m）。

原则上不推荐考虑乘客站立。然而，如果有大量距离很短的通勤服务，可以适当增加 10%的座位数。重轨交通的站立密度不适合通勤铁路。

北美车厢座位数和每个座位的长度　　　　　　表 2-9.14

列车系统及城市	车辆名称	建成日期(年)	座椅	座椅[ft(m)]
双层车厢				
LIRR(纽约)	C-1	1990	190	2.4(7.3)
MBTA(波士顿)	BTC	1991	185	2.3(7.1)
MBTA(波士顿)	CTC	1991	180	2.3(6.9)
Go Transit(多伦多)	Bi-level Trailer	1977—1991	162	2.1(6.3)
Metra(芝加哥)	TA2D,E,F	1974—1980	157	2.0(6.1)
Tri-rail(迈阿密)	Bi-level III	1988	159	2.0(6.1)
CalTrain(旧金山)	Gallery Coach	1985—1987	148	1.9(5.7)
SCRRA(洛杉矶)	Bi-level V Mod	1992—1993	148	1.9(5.7)
Metra(芝加哥)	Gallery	1995	148	1.9(5.7)
单层车厢				
NICTD(芝加哥)	TMU-1	1992	130	1.6(5.0)
NJT(新泽西)	Comet IIB	1987—1988	126	1.6(4.9)
Metro-North(纽约)	M-6D	1993	126	1.6(4.9)
MBTA(波士顿)	CTC-1A	1989—1990	122	1.55(4.7)
NJT(新泽西)	Comet III	1990—1991	118	1.5(4.6)
LIRR(纽约)	M-3	1985	120	1.5(4.6)
SEPTA(费城)	JW2-C	1987	118	1.5(4.6)
MARC(巴尔的摩)	Coach	1992—1993	120	1.5(4.6)
MARC(巴尔的摩)	Coach	1985—1987	114	1.45(4.4)
NJT(新泽西)	Comet II/IIA	1982—1983	113	1.45(4.4)
LIRR(纽约)	M-3	1985	114	1.45(4.4)
MARC(巴尔的摩)	E/H Cab	1991	114	1.45(4.4)
VRE(华盛顿)	Cab	1992	112	1.4(4.3)
Metro-North(纽约)	SPV2000	1981	109	1.4(4.2)

续上表

列车系统及城市	车辆名称	建成日期(年)	座椅	座椅[ft(m)]
单层车厢				
NICTD(芝加哥)	EMU-2	1992	110	1.4(4.2)
Metro-North(纽约)	M-6B	1993	106	1.35(4.1)
MARC(巴尔的摩)	E/H Cab	1985—1987	104	1.3(4.0)
NJT(新泽西)	Comet III	1990—1991	103	1.3(4.0)
MBTA(波士顿)	BTC-3	1987—1988	96	1.2(3.7)
ATM(蒙特利尔)	MR90(EMU)	1994	95	1.2(3.7)
NICTD(芝加哥)	EMU-1	1982	93	1.2(3.6)
Conn DOT(纽约)	SPV2000	1979	84	1.05(3.2)

参 考 文 献

[1] 交通运输部.2016交通运输行业发展统计公报[R].2017.
[2] 住房和城乡建设部.2016年城乡建设统计公报[R].2017.
[3] 中华人民共和国行业标准.JTG B01—2014 公路工程技术标准[S].北京:人民交通出版社,2014.
[4] 中华人民共和国行业标准.JTG D20—2017 公路路线设计规范[S].北京:人民交通出版社,2017.
[5] 中华人民共和国行业标准.CJJ-37—2012 城市道路工程设计规范[S].北京:中国建筑工业出版社,2016.
[6] 张亚平.道路通行能力理论[M].哈尔滨:哈尔滨工业大学出版社,2007.
[7] 美国交通研究委员会.道路通行能力手册[M].任福田,刘小明,荣建,等,译.北京:人民交通出版社,2007.
[8] Transportation Research Board.Highway Capacity Manual[M].5th Edition.[S.I.]:[s.n.],2010.
[9] 张亚平,程国柱.道路通行能力[M].北京:中国建筑工业出版社,2016.
[10] 美国交通运输研究委员会.公共交通通行能力和服务质量手册[M].杨晓光,滕靖,译.北京:中国建筑工业出版社,2010.
[11] Transportation Research Board.Transit Capacity and Quality of Service Manual[M].3nd Edition.[S.I]:[s.n.]:2013.
[12] 周荣贵,钟连德.公路通行能力手册[M].北京:人民交通出版社,2017.
[13] 陈宽民,严宝杰.道路通行能力分析[M].北京:人民交通出版社,2011.
[14] 中国公路学会交通工程手册编委会.交通工程手册[M].北京:人民交通出版社,1998.
[15] 王炜,高海龙,李文权.公路交叉口通行能力分析方法[M].北京:人民交通出版社,2000.
[16] 张起森,张亚平.道路通行能力分析[M].北京:人民交通出版社,2002.
[17] Washburn S S,Modi V,Kulshrestha A.Investigation of Freeway Capacity:a) Effect of Auxiliary Lanes on Freeway Segment Volume Throughput and b) Freeway Segment Capacity Estimation for Florida Freeways[R].Gainesville Florida:Department of Civil and Coastal Engineering,Transportation Research Center,University of Florida,2010.
[18] Borchardt D W,Pesti G,Sun D,et al.Capacity and Road User Cost Analysis of Selected Freeway Work Zones in Texas[J].Highway Capacity,2009.
[19] Transportation Research Board of the National Academies.Extent of Highway Capacity Manual Use in Planning[R],2012.
[20] Sabra Z A,Gettman D,Henry R D,et al.Balancing Safety and Capacity in an Adaptive Signal Control System (Phase 1)[J].Highway Safety,2010.
[21] Dowling R,List G,Yang B,et al.Incorporating Truck Analysis into the Highway Capacity Manual[M].[S.I.]:[s.n],2014.
[22] Washburn S S,Carlos O.Cruz-Casas.Impact of Trucks on Arterial LOS and Freeway Work Zone Capacity (Part B)[R].2007.
[23] Elefteriadou L,Arguea D,Kondyli A,et al.Impact of Trucks on Arterial LOS and Freeway Work Zone Capacity (Part B)[R].2007.